教育部人文社会科学重点研究基地
南开大学中国社会史研究中心资助
中央高校基本科研业务费专项资金资助
中国社会科学引文索引（CSSCI）来源集刊

中国社会历史评论

Chinese Social History Review

第二十五卷·二○二○

常建华　主编

天津出版传媒集团

天津古籍出版社

图书在版编目（CIP）数据

中国社会历史评论. 第二十五卷, 二〇二〇 / 常建华主编. -- 天津：天津古籍出版社, 2020.11
ISBN 978 7 5528 1026 4

Ⅰ. ①中… Ⅱ. ①常… Ⅲ. ①史评-中国 Ⅳ. ①K207

中国版本图书馆CIP数据核字（2020）第199960号

中国社会历史评论　第二十五卷　二〇二〇
ZHONGGUO SHEHUI LISHI PINGLUN

常建华/主编

出　　版	天津古籍出版社
出 版 人	张　玮
地　　址	天津市和平区西康路35号康岳大厦
邮政编码	300051
邮购电话	（022）23517902
责任编辑	侯林莉
封面设计	鞠佳美
印　　刷	北京建宏印刷有限公司
经　　销	新华书店
开　　本	787 毫米 × 1092 毫米　1/16
印　　张	19.25
字　　数	440 千字
版次印次	2020年11月第1版　2020年11月第1次印刷
定　　价	129.00元

版权所有　侵权必究
图书如出现印装质量问题，请致电联系调换（022—23517902）

编 辑 委 员 会
（以姓名拼音字母为序）

顾 问

冯尔康　李治安　张国刚　朱凤瀚

委 员

卞　利　常建华　陈　絜　侯　杰　江　沛　李金铮
刘　毅　刘尊志　王利华　王力平　王先明　夏　炎
阎爱民　杨振红　余新忠　张荣明　张　思　朱彦民

编辑部

夏　炎　张传勇

主　编

常建华

目　录

【社会治理】

法家实践中的违法者群像及其反映的秦代社会
　　——以岳麓秦简《为狱等状四种》为中心 …………………… 李勤通（1）

帛爵赐予与汉代民间社会治理的实践
　　——以赐"三老"帛爵为考察中心 …………………………… 吴方浪（29）

【社会文化史】

"守藩"：汉代列侯的文化角色 ……………………………………… 秦铁柱（46）

场景的回溯：P.3644学童习字所示敦煌的社会生活与文化再生 …… 周尚兵（60）

从寓贤到乡贤：元明之际庐山陈氏在吴中的经营 ………………… 陈青松（80）

晚清老年官员生活感受初探
　　——以翁心存为个案的考察 …………………………………… 彭　法（94）

李叔同的人生价值 …………………………………………………… 李少龙（106）

【社会经济史】

赋役、烧造与商业：景德镇官窑制度改革与市镇变迁 …………… 胡　宸（126）

从嘉靖时期万寿宝塔的捐建看辽藩与沙市市镇经济 ……………… 谢宁静（141）

矛盾与整合：晚明时期江南地区儒匠群体的社会网络构建
　　——以程、方斗墨为例 ………………………………………… 吴　玢（154）

清代陕南义渡的社会史考察 ………………………………………… 董永强（168）

光绪朝（1875—1908）中朝人参贸易探论 ………………………… 余　辉（184）

【日本的中国社会研究】

谷川共同体与家庭、宗族 ……………………………………………… ［日］小林义广（198）

"礼教"的渗透、泛化及其展开

　　——以中国为中心的近世东亚的事例 …………………………… ［日］伊东贵之（215）

【社会心态】

瘟疫、谣言与近代东北民众心态

　　——1911年春"日人水井撒毒"谣言事件研究 ………………………………… 管书合（226）

【学术综述】

纪念郑天挺先生诞辰120周年暨第五届明清史国际学术讨论会综述

　　…………………………………………………………………… 郭志慧　张传勇（241）

【书评】

法律社会史范式下的中国法律文明书写

　　——读张仁善教授《中国法律文明》…………………………………………… 李相森（255）

弱势区域的强势研究

　　——评吴金成《矛与盾的共存：明清时期江西社会研究》…………………… 邢书航（266）

社会生活视野中的艺术史

　　——柯律格《蕴秀之域：中国明代园林文化》读后 …………………………… 郭志慧（272）

从"旅游"到"行旅"

　　——《明清旅游活动研究：以长江三角洲为中心》读后 ……………………… 向亚军（281）

编后语 ………………………………………………………………………………………（291）

英文摘要 ……………………………………………………………………………………（292）

CONTENTS

【Social Governance】

The Lawbreakers in the Practice of Legalism and Their Reflection on the Society of Qin Dynasty
—Qin Bamboo Slips Collected by Yuelu Academy, "Four Types of Documents for Trying Criminal Cases and Other" as the Center ········· Li Qintong(1)

The Giving of Silk, Jüe and the Practice of Civil Society Governance in the Han Dynasty
········· Wu Fanglang(29)

【Social and Cultural History】

Guarding Vassals: the Cultural Role of the Liehou in the Han Dynasty
········· Qin Tiezhu(46)

P.3644 in the French Collection of Dunhuang Documents Shows Dunhuang People's Daily Life and Their Regenerating Local Culture ········· Zhou Shangbing(60)

From Sojourners to Local Gentries: The Study for the Management of Lushan Chen's Family in Wuzhong during Yuan-Ming Transition ········· Chen Qingsong(80)

Exploratory Research on the Lives of the Elderly Officials in the Late Qing Dynasty: A Case Study on Weng Xincun ········· Peng Fa(94)

A Study on Li Shu-tong's Life Value ········· Li Shaolong(106)

【Social and Economical History】

Tribute, Fire and Commerce: The System Reform of Jingdezhen's Official Kiln and The Change of Jingdezhen Town ········· Hu Chen(126)

A Perspective of the Relationship between Liao Seigniors and the Shashi Economy From the Construction of Wanshou Pagoda in Jiajing Period ········· Xie Ningjing(141)

Contradiction and Integration: Confucianism as the Collective Social Network Building of Late

Ming Dynasty in Jiangnan Region——the Case of the Ink Industry Competition
.... Wu Bin(154)

A Social Historical Study of the Charitable Ferries in Southern Shanxi in Qing Dynasty
.... Dong Yongqiang(168)

A Study on the Ginseng Trade between China and Korea in the Guangxu Period of Qing Dynasty .... Yu Hui(184)

【Chinese Social Studies in Japan】

Tanigawa Community Theory and Family·Clan .... Yoshihiro Kobayashi(198)

Generalization of "Confucian-Rituals" and its Development: A Case Study of Early Modern East Asia Centered on China .... Takayuki Ito(215)

【Society Mentality】

Plague, Rumors and Public Mindset in Mordern Northeast China: A Study on the Rumor Event of "the Japanese Spreading Poison in the wells" in the Spring of 1911
.... Guan Shuhe(226)

【Academic Commentaries】

Exploring the Diversity of Chinese Society in Ming and Qing Dynasties——A Summary of "The 5th International Symposium on Ming-Qing History: Commemoration of the 120th Anniversary of the Birth of Professor Zheng Tianting" .... Guo Zhihui; Zhang Chuanyong(241)

【Book Reviews】

Writing Chinese Legal Civilization in Legal Social history: A Review to *Traditional Legal Culture in China* by Professor Zhang Renshan .... Li Xiangsen(255)

Advantaged Study on the Disadvantaged Areas——Commentary on *Coexistence of Spear and Shield: A Study on the Society of Jiangxi during the Ming and Qing Dynasties* by Keum-sung Oh .... Xing Shuhang(266)

History of Art in the Perspective of Social Life——Book Review of *Fruitful Sites: Garden Culture in Ming Dynasty China* by Craig Clunas .... Guo Zhihui(272)

A Book Review on *the Study of Tourism Activities in the Yangtze Delta in Ming and Qing Dynasties*: the Perspective of Shifting from Tour to Travel .... Xiang Yajun(281)

【社会治理】

法家实践中的违法者群像及其反映的秦代社会
——以岳麓秦简《为狱等状四种》为中心*

李勤通

【摘　要】透过岳麓秦简《为狱等状四种》可以发现，秦代各个阶层都存在很多违法者，举凡官吏、奴婢、工商业者、军人、新秦民等莫不如是。由于法网的无处不在，各阶层的秦人都处在动辄得咎的状态，于是整个社会处于行政压力传导型的结构。法律对官僚阶层的苛刻使得他们很容易将这些压力转嫁到社会的其他群体，由此整个社会处于持续紧张状态，这使得秦法本身就存在诱发人违法的根本要素。一旦起义者振臂一呼，云集影从，秦二世而亡。部分学者提出的秦非亡于法家的观点忽视了秦法所导致的紧张社会关系。

【关键词】岳麓秦简；官吏违法；行政压力传导型；秦非亡于秦法；秦代社会

秦代是法家思想实践的重要时期，透过实践分析，我们可以对这种"法治"形态的法律实效有更进一步了解。司法场域是人性与欲望交织的场合①，通过分析直接反映秦代司法实践的法律文书，秦代人的某些生活样态、人性诉求等等，都可以呈现一二。尤其当观察违法者时，视野在社会与法律规则中内外徘徊，守法者与越轨者并存，我们因之建立起来的关于秦代法律与社会的知识就会更加形象生动，也更有利于加深对秦代法制的理解。关于法家对秦代的影响，前人多有所述，而随着出土材料的不断发现，法家在秦代的法治实践越发清晰。其中，岳麓秦简的发现与整理对于理解秦代社会提供了相当多的新资料，其中存在不少有关秦汉司法实践的一手资料。通过岳麓秦简，尤其是《为狱等状四种》等分析秦代司法实践，学界已经取得相当的学术成果。②本文侧重于分析其中的违法者，并试图建构起秦代司

---

* 基金项目：本文系 2018 年度国家社会科学基金后期资助项目《岳麓秦简所见秦代司法实践及其后的转型》（项目号 18FFX009）的研究成果。

① "司法的独特性质及其对社会生活的直接介入，很容易使自己处在社会矛盾和冲突的中心，它所处理的事项扭结着社会政治的、经济的、外交的、道德的、民族的等等各种复杂的关系和利益"。舒国滢：《从司法的广场化到司法的剧场化——一个符号学的视角》，《政法论坛》1999 年第 3 期，第 12—13 页。

② 参见［德］劳武利著，李婧嵘译：《张家山汉简〈奏谳书〉与岳麓书院秦简〈为狱等状四种〉的初步比较》，《湖南大学学报（社会科学版）》2013 年第 3 期，第 5—9 页；陈松长：《岳麓秦简"为伪私书"案例及相关问题》，《文物》2013 年第 5 期，第 84—89 页；陈松长：《〈岳麓简（三）〉"癸、琐相移谋购案"相关问题琐议》，《华东政法大学学报》2014 年第 2 期，第 12—18 页；张伯元：《〈岳麓简（三）〉的内容及法律史价值》，《华东政法大学学报》2014 年第 2 期，第 4—11 页；［日］水间大辅：《岳麓书院藏秦简"尸等捕盗疑购"案》，《中国社会经济史研究》2014 年第 3 期，第 89—92 页等。

法实践的某种侧面,从而也为更深刻地理解法家影响下的秦代社会提供素材。

一、岳麓秦简司法实践中的违法者概述

《为狱等状四种》的案例来源较为丰富,从刑事到行政,这些不同类型的案件包括多种违法情形,也就包括各种不同的违法者。不同主体为了追求不同利益或者因为种种过失而受到法律处罚。从中既可以看到官员,也能窥见奴婢、商人、士兵等等。尽管直观上看,这些违法者被放到个案中,但透过他们的行为能够对秦代官员的日常行政、奴婢的生活境遇、商人的商业活动、士兵的战斗精神等有所了解。这反映出,秦代社会确实举手投足之间"皆有法式"①,动辄得咎,民众生活的拘束性很强。首先,可以对《为狱等状四种》中的违法者及其身份、罪行进行初步统计。同时,在睡虎地秦简《封诊式》中也有一部分案例,但这些案例是否是秦代的真实司法实践还有待考察,因此本文只以之为参考。②

表1 《为狱等状四种》违法者身份、罪行统计表

序列号	案例	违法者	违法者身份	主要罪行
1	癸、琐相移谋购案	癸	上造	骗取奖赏,坐赃
		行	令佐士伍	骗取奖赏,坐赃
		柳	求盗	骗取奖赏,坐赃
		轿、沃	士伍	骗取奖赏,坐赃
		琐、渠、乐、得、潘、沛	士伍	受人货财以枉律令,坐赃
		绾	县守	行政违法:不当谳而谳③
		越	县丞	行政违法:不当谳而谳
		获	县史	行政违法:不当谳而谳
2	尸等捕盗疑购案	男子治等四人	邦亡荆的秦人返秦	群盗杀伤走马
		男子闻等十人	荆人邦亡秦	群盗杀伤走马
3	猩、敞知盗分赃案	敞	上造	知人盗墓,分赃
		猩	士伍	知人盗墓,分赃

---

① [汉]司马迁:《史记》卷六《秦始皇本纪》,北京:中华书局,2014年,第312页。
② 支持《封诊式》是秦代司法实践的观点,如黄盛璋:《云梦秦简辨正》,《考古学报》1979年第1期,第6—7页;刘海年:《从云梦出土的秦简看秦代的法律制度》,《学术与探索》1980年第2期,第12页;[日]富谷至著:《木简竹简述说的古代中国》,刘恒武译,北京:人民出版社,2007年,第49页;[日]富谷至著,柴生芳、朱恒晔译:《秦汉刑罚制度研究》,桂林:广西师范大学出版社,2006年,序言第2—10页。否定《封诊式》是秦代司法实践的观点,如黄展岳:《云梦秦简简论》,《考古学报》1980年第1期,第1—2页;南玉泉:《秦汉式的种类与性质》,《中国古代法律文献研究》(第六辑),北京:社会科学文献出版社,2012年,第203页;汪桂海:《汉代官文书制度》,南宁:广西教育出版社,1999年,第75页;高恒:《秦汉简牍中法制文书辑考》,北京:社会科学文献出版社,2008年,第230页。还有人认为《封诊式》是对司法实践中的真实案例进行总结的文书格式,参见吴福助:《睡虎地秦简论考》,北京:文津出版社,1994年,第10—13页。
③ 邬勖似乎认为该案中县守等三人被处以罚赀一盾的原因是断狱不直。参见邬勖:《岳麓简(三)"癸、琐相移谋购案"中的法律适用》,《华东政法大学学报》2014年第2期,第26页。但从具体判刑来说,郡守认为他们是不当谳而谳。

续表

序列号	案例	违法者	违法者身份	主要罪行
		去疾、号	士伍	非法运铜
		禄	上造	逃亡
		达	士伍	逃亡,盗墓
		苟	达的仆徒	盗墓
4	芮盗卖公列地案	芮	公卒	盗卖公有土地
5	多小未能与谋案	多	小走马,秦人邦亡荆	邦亡
		儿	多的母亲,秦人邦亡荆	邦亡
6	暨过误坐失官案	暨	县守	行政违法:1.不传达戍令;2.箭杆存在问题;3.非法拘禁;4.谷乡粮仓的天窗有洞可容鸟;5.应判处返回劳作的人被判戍边,未省察;6.不应傅籍而傅籍,未省察;4.擅自任用官员;7.盘点仓库,弩弓少一百;8.非法拘禁
		豖	公士	将阳
7	识劫婉案	婉	待定:大夫妻或庶人	匿赀不占吏
		识	故为沛奴①	敲诈勒索
8	诡、妢刑杀人等案	诡	不知	刑人
		妢	不知	怀疑杀人
		喜	隶臣	被告盗杀人
9	同、显盗杀人案	同	隶臣、吏仆	盗杀人
		显	未知	盗杀人
10	鹭盗杀安、宜等案	鹭	疑为魏国降秦人、隶臣	去亡、盗杀人
11	得之强与弃妻奸案	得之	隶臣	强奸
12	田与市和奸案	田	隶臣	和奸
		市	不知	和奸
13	善等去作所案	善	士伍	去作所
		定	公士	去作所
		良	公卒	去作所
14	学为伪书案	学	不知	诈为伪书、欲邦亡
		某	不知	行政违法:文书有误
		某	不知	行政违法:文书有误
15	绾等畏要还走案	绾等十四人	士兵	畏懦还走

---

① 王彦辉认为,案发时识已有自由民身份。参见王彦辉:《秦简"识劫婉案"发微》,《古代文明》2015年第1期,第79页。这一点原文并未明确,但不排除这种可能性。

这些案件多数发生在县,相关违法行为不仅有极为严重的盗杀人、强奸等,而且还有非法运铜、去作所(也就是离开劳作场所)等。这些违法者中,排除掉爵位未知的县守等人,爵位最高为上造①,官职最高为县守,身份最低为隶臣,可见违法者身份的多元。这里需要注意到,《为狱等状四种》中的官员违法多属于行政违法。现代法律观念注意到违法与犯罪的区分。违法包括行政违法和刑事违法,犯罪则主要指刑事犯罪。②本文主要以词义来界定违法一词,统称违反法律的行为。因此,在性质上有差的行政违法与刑事犯罪就被统摄到本文的研究范畴。当然,秦代尚未形成严格的行政违法与刑事犯罪的界限,尽管很多时候行政违法所受的惩罚要远轻于刑事犯罪③,但是这种差异究竟是量的差异还是质的差异确实很难界定。不过综合这两种情况,能更全面地展现秦代社会中的法律实效。

这些违法者违法的原因也是很多元的,但基于身份的不同又可以分为三种情况:第一,普通行政违法,无论是由于懈怠或者过失,官吏因为行政职权而产生各种作为或不作为的违法;第二,职务犯罪,这是官员中较为严重的行政违法,举凡滥用职权、谋取私利等都可纳入;第三,普通刑事犯罪,无论是普通行政违法还是职务犯罪,这些行为常常都与违法者的身份关系密切,但普通刑事犯罪与违法者的身份无关,尽管某些案件可能受到违法者身份的影响而受制于专门程序④,但就违法实质而言则与身份无关。考察违法原因既可以发现实际犯罪的共同点,也可以发现不同点。就共同点而言,不少违法行为本质属于法定犯而非自然犯⑤,即很多违法的产生主要由于法网密布,因此很多小事都可能成为违法事件。如普通人所犯的非法运铜、去作所,这些犯罪实际上是较轻微的,很多时代可能并不视之为违法。再如,"学为伪书案"中的官员文书有误,在当时资讯不发达的情况下,对上级的身份变化有所不知按理说应该是可以谅解的,但有关官吏却受到行政处罚。这些与伦理价值无关的违法行为的产生,与法律的深度和广度有关。就不同点而言,由于身份差异造成适法差异,因此违法的种类会因为所受约束的法律的不同而不同。如官员身上常常会发生某些类型的行政违法案件,普通人就不存在这种可能性。

观察这些违法者还可以发现,相关案件主要是发生在家庭外部。在中国传统法律实践

---

① 《汉书·百官公卿表》载:"爵:一级曰公士,二上造,三簪袅,四不更,五大夫,六官大夫,七公大夫,八公乘,九五大夫,十左庶长,十一右庶长,十二左更,十三中更,十四右更,十五少上造,十六大上造,十七驷车庶长,十八大庶长,十九关内侯,二十彻侯。皆秦制,以赏功劳。"[汉]班固:《汉书》卷十九《百官公卿表上》,北京:中华书局,1962年,第937—938页。可见,上造的爵位在整个秦代爵位制度中是比较低等的。

② 参见张明楷:《避免将行政违法认定为刑事犯罪》,《中国法学》2017年第4期,第37—56页。

③ 如《法律答问》载:"甲徙居,徙数谒吏,吏环,弗为更籍,今甲有耐、赀罪,问吏可(何)论?耐以上,当赀二甲。"睡虎地秦墓竹简整理小组:《睡虎地秦墓竹简》,北京:文物出版社1990年,第127页。赀二甲在秦代的刑罚体系中是极轻的,因此很难认为这属于严格意义上的刑事犯罪。

④ 《奏谳书》中由郡守专门处理的案件。例如《奏谳书》案例十四与十五的犯罪者是政府的官吏,因此由郡守、郡守丞以及卒史等进行了初审。参见张家山二四七号汉墓竹简整理小组:《张家山汉墓竹简[二四七号墓]》(释文修订本),北京:文物出版社,2006年,第97—98页。

⑤ "自然犯是侵害或威胁法益同时又违反伦理道德的犯罪;法定犯是侵害或威胁法益,既具有行政违法性又具有刑事违法性但没有明显违反道德伦理的犯罪。"谭兆强:《法定犯理论与实践》,上海:上海人民出版社,2013年,第28页。秦代很多经济违法、行政违法等都不存在违反伦理道德的层面。

中,在家庭内部发生的案件并不少见①,而从秦律来看,对于家族内部规范的律令并不多见。②之所以出现这种情况,可能与秦代对家庭案件的司法审理进行限制有关。一方面,程序性限制。如秦代在犯罪举告方面采取公室告与非公室告有别的规定③,部分案件官府不会受理。另一方面,实体性限制。如《法律答问》载:"'家罪'者,父杀伤人及奴妾,父死而告之,勿治。"④相关案件尽管可能会被受理,但是不会对之进行实体裁决,这就使我们较难通过司法实践发现秦代家庭内部的生活情况。当然,这也可能是因为目前被发现的案件仍然相对较少。例如《封诊式·告子》云:"爰书:某里士五(伍)甲告曰:'甲亲子同里士五(伍)丙不孝,谒杀,敢告。'即令令史己往执。令史己爰书:与牢隶臣某执丙,得某室。丞某讯丙,辞曰:'甲亲子,诚不孝甲所,毋(无)它坐罪。'"⑤不过,在一些涉及家庭的案件中,如《为狱等状四种》的"田与市和奸案",违法者的生活轨迹或者与亲属之间的互动仍然可以显露一二。

这些案件把秦代部分违法者的犯罪事实与人生轨迹展现在我们面前,他们之所以会成为违法者,或者为满足自身的欲望,或者在社会中生活艰难,又或者因为无处不在的法律。这些违法者在一定程度上代表着秦代特定社会阶层的命运与经历,通过对以他们为代表的相关阶层的违法行为的深入探讨,我们可以对法家影响下秦代社会有更为深入的了解,并进一步探讨法治与社会的关系。

二、岳麓秦简司法实践中的违法官吏

在《为狱等状四种》中,官吏中存在大量违法行为。从权力运行的普遍规律来说,有权力存在往往就存在滥用的可能,也容易产生各种的腐败。更有甚者则认为:"权力导致腐败,绝对的权力导致绝对的腐败。"⑥或者认为:"一切有权力的人都容易滥用权力,这是万古不易的一条经验。"⑦虽然不同国家对政治制度有不同理解,但对权力的这种认知存在某种共识。⑧因此,防范权力腐败是政治制度建构的重要内容,这一点也被中国古人认识到。

法家在看待权力导致的腐败问题时,往往着重从君臣关系出发。一方面,臣子被认为随

---

① 参见贾丽英:《秦汉家族犯罪研究》,北京:人民出版社,2010年。
② 如《法律答问》载:"'殴大父母,黥为城旦舂。'今殴高大父母,可(何)论? 比大父母。"睡虎地秦墓竹简整理小组:《睡虎地秦墓竹简》,第111页。类似还有不少。
③ 如《法律答问》载:"'公室告'【何】殴(也)? '非公室告'可(何)殴(也)? 贼杀伤、盗它人为'公室';子盗父母,父母擅杀、刑、髡子及奴妾,不为'公室告'。"睡虎地秦墓竹简整理小组:《睡虎地秦墓竹简》,第117页。又载:"'子告父母,臣妾告主,非公室告,勿听。'可(何)谓'非公室告'? 主擅杀、刑、髡其子、臣妾,是谓'非公室告',勿听。而行告,告者罪。告【者】罪已行,它人有(又)袭其告之,亦不当听。"睡虎地秦墓竹简整理小组:《睡虎地秦墓竹简》,第118页。
④ 睡虎地秦墓竹简整理小组:《睡虎地秦墓竹简》,第118页。
⑤ 睡虎地秦墓竹简整理小组:《睡虎地秦墓竹简》,第156页。
⑥ [英]阿克顿著,侯健、范亚峰译:《自由与权力》,南京:译林出版社,2011年,第256页。
⑦ [法]孟德斯鸠著,张雁深译:《论法的精神》,北京:商务印书馆,1963年,第154页。
⑧ 如《韩非子·饰邪》载:"释法禁而听请谒,群臣卖官于上,取赏于下。"[清]王先慎撰,钟哲点校:《韩非子集解》卷五《饰邪》,北京:中华书局,1978年,第127页。这段话实际上就是强调不受控制的权力就存在滥用的可能性,当然从韩非的立场来看,他主要强调这种做法对君主权力的威胁性。

时有取代君主之心。如《韩非子·爱臣》载:"爱臣太亲,必危其身;人臣太贵,必易主位……是以奸臣蕃息,主道衰亡。"①另一方面,臣下能否奉公去私则被认为是国家富强的重要层面,而依法治官就成为制度选择,如《韩非子·有度》载:"故当今之时,能去私曲就公法者,民安而国治;能去私行行公法者,则兵强而敌弱。故审得失有法度之制者加以群臣之上,则主不可欺以诈伪。"②在这种君臣观下,"法家的吏治观则建立在性恶论基础上,以权力中心主义为原则,主张行政安全优先"③。故而,法家推崇"明主治吏不治民"④的政治观念⑤,因此职务犯罪自秦汉时期就已经成为制度设计者所关注的重点,有学者认为秦汉时期就已经有公罪与私罪的差异⑥,公罪主要就是以官员为主体的职务犯罪。而从秦汉司法实践来看,官员违法确乎常见。⑦

《为狱等状四种》中可以看到两种类型的官员违法,一种是严格意义上的职务犯罪,另一方面则属于行为性质较为轻微的行政违法。⑧

首先,从秦代底层官吏的职务犯罪行为中可以窥见一二。在"癸、琐相移谋购案"中,癸、琐等被郡守认为"受人货财以枉律令",且"坐赃为盗"。⑨按秦律令,捕盗求赏的行为带有一定人身属性。如睡虎地秦简《法律杂抄》载:"捕盗律曰:捕人相移以受爵者,耐。"⑩从癸、琐等的身份来看,他们是有捕盗职责的,因此他们相互转移被捕盗贼以骗取奖赏的行为就带有职务犯罪的性质,也就会被判处刑罚。其他的职务类犯罪见到的较少,但是也可能从某些材料中窥见一二。如《法律答问》载:"甲诬乙通一钱黥城旦罪,问甲同居、典、老当论不当?不当。"⑪按照秦律诬告反坐的法律规定,甲污蔑乙行贿一文钱即黥城旦,那么也就相当于甲行贿一文钱判处黥城旦。由此可见,受贿行为在秦代会受到很严厉的惩罚。而这样的规范能够列入《法律答问》,说明相关的行为在地方司法实践中也是出现过的。再如司法职务类犯罪在秦代也是比较常见的。秦代已经对司法职务犯罪有了专门规范。如《史记·秦始皇本纪》载:"三十四年,适治狱吏不直者,筑长城,及南越地。"⑫这说明司法职务类犯罪的数量还是比较大的。在《里耶秦简》8-1831、8-1418、8-1133、8-1132简中也有相关的司法案例,如其载:"卂(讯)敬:令曰:诸有吏治已决而更治者,其罪节(即)重若益轻,吏前治者皆当以纵不

---

① [清]王先慎:《韩非子集解》卷一《爱臣》,第24页。
② [清]王先慎:《韩非子集解》卷二《有度》,第32页。
③ 秦晖:《传统十论》,北京:东方出版社,2014年,第144页。
④ [清]王先慎:《韩非子集解》卷十四《外储说右下》,第332页。
⑤ 参见王凯旋:《小议秦汉惩治贪官吏的立法》,《史学月刊》2006年第6期,第114—116页;于振波:《秦代吏治管窥——以秦简司法、行政文书为中心》,《湖南大学学报(社会科学版)》2013年第3期,第10—13页。
⑥ 参见徐世虹:《秦汉律中的职务犯罪——以"公罪"为考察对象》,《政法论丛》2014年第6期,第41—49页。
⑦ 从另一方面来说,秦代官员承担了相当重的责任。参见吴方基:《秦代地方日常行政的权责关系——以县令丞行政权责为中心的考察》,《求索》2017年第4期,第175—181页。
⑧ 也有学者不区分这样差异。参见武玉环:《从〈睡虎地秦墓竹简〉看秦国地方官吏的犯罪与惩罚》,《吉林大学社会科学学报》2003年第5期,第75—80页。但这种看法对相关行为的性质认识缺乏启发性。
⑨ 朱汉民、陈松长:《岳麓书院藏秦简(叁)》,上海:上海辞书出版社,2013年,第104页。
⑩ 睡虎地秦墓竹简整理小组:《睡虎地秦墓竹简》,第89页。
⑪ 睡虎地秦墓竹简整理小组:《睡虎地秦墓竹简》,第137页。
⑫ [汉]司马迁:《史记》卷六《秦始皇本纪》,第323页。

直论。今甾等当赎耐,是即敬等纵弗论殴。何故不以纵论?"①

其次,秦代官员还会面临大量的行政违法。从现代法律的角度来说,行政法与刑法本质上采取不同分类标准的结果。行政法是按照法律关系的性质进行的划分,可以与民法、诉讼法等相并列;刑法则是按照法律后果的性质进行的划分。②从这种意义上来说,轻微的违法行为被纳入行政法处罚,严重的违法行为则被归入刑法处罚,而区分两者的现代做法是处罚方式的差异,而在中国古代这种处罚方式的差异并不明显,因此很难区分行政违法与犯罪。但总的来说,行政违法的处罚要比犯罪轻,有些处罚也很难被列入刑罚的范畴。如睡虎地秦简《秦律十八种·厩苑律》载:"以四月、七月、十月、正月肤田牛。卒岁,以正月大课之,最,赐田啬夫壶酉(酒)束脯,为旱〈皂〉者除一更,赐牛长日三旬;殿者,谇田啬夫,罚冗皂者二月。"③这种谇与罚很难被称之为刑罚。再如《为狱等状四种》中的"癸、琐相移谋购案"中对县守等三人罚赀一甲和"学为伪书案"中对某两人罚赀一甲,甚至"暨过误坐失官案"中的处罚很难说是刑罚。但从中却可以看到,秦代官员在日常工作中可能会面临不同程度的行政违法。透视暨的遭遇,可以说"称'主'官吏通常处于统摄全局的职位或需要对某事直接负责,在行政运作中的地位较为核心,比其他官吏承担更多的责任和风险"④。秦代官员的职位与职责密切联系在一起,官员职权越多受到的法律约束就越多,而这种法律约束显然并未给官员留出对过失予以宽容的空间,行政违法的概率大幅提高。

从这两个层面可以看出,秦代对官员进行了较为严苛的管理。⑤事实上,早在商鞅变法时期,严整吏治就带有法家的象征意义。如《史记·商君列传》载:"令行于民期年,秦民之国都言初令之不便者以千数。于是太子犯法。卫鞅曰:'法之不行,自上犯之。'将法太子。太子,君嗣也,不可施刑,刑其傅公子虔,黥其师公孙贾。"⑥商鞅严惩太子太傅与太子太师的行为虽然存在有法必依的思考,但显然也想产生"辕门立木"式的效应。同时,秦代还对官吏规定了较为严苛的连坐规定。如《史记·秦始皇本纪》载:"臣请史官非秦记皆烧之。非博士官所职,天下敢有藏诗、书、百家语者,悉诣守、尉杂烧之。有敢偶语诗书者弃市,以古非今者族。吏见知不举者与同罪。令下三十日不烧,黥为城旦。"⑦见知不举之吏要与同罪,这种做法显然对官吏施加了很强的法律责任,使其不敢不从。皇帝对臣子的这种严苛性到秦二世时更重。

《史记·秦始皇本纪》载:"于是二世乃遵用赵高,申法令。乃阴与赵高谋曰:'大臣不服,官吏尚强,及诸公子必与我争,为之奈何?'高曰:'臣固愿言而未敢也。先帝之大臣,皆天下累世名贵人也,积功劳世以相传久矣。今高素小贱,陛下幸称举,令在上位,管中事。大臣鞅鞅,特以貌从臣,其心实不服。今上出,不因此时案郡县守尉有罪者诛之,上以振威天下,下

---

① 陈伟主编:《里耶秦简牍校释(第一卷)》,武汉:武汉大学出版社,2012年,第281页。
② 参见周永坤:《法理学——全球视野》,北京:法律出版社,2010年,第90页。
③ 睡虎地秦墓竹简整理小组编:《睡虎地秦墓竹简》,第22页。
④ 刘晓满:《秦汉官吏称"主"与行政责任》,《史学月刊》2015年第12期,第42页。
⑤ 还可以参见武玉环:《从〈睡虎地秦墓竹简〉看秦国地方官吏的犯罪与惩罚》,《吉林大学社会科学学报》2003年第5期,第75—80页。
⑥ [汉]司马迁:《史记》卷六十八《商君列传》,第2711—2712页。
⑦ [汉]司马迁:《史记》卷六《秦始皇本纪》,第326页。

以除去上生平所不可者。今时不师文而决于武力,愿陛下遂从时毋疑,即群臣不及谋。明主收举余民,贱者贵之,贫者富之,远者近之,则上下集而国安矣。'二世曰:'善。'乃行诛大臣及诸公子,以罪过连逮少近官三郎,无得立者,而六公子戮死于杜。公子将闾昆弟三人囚于内宫,议其罪独后。二世使使令将闾曰:'公子不臣,罪当死,吏致法焉。'将闾曰:'阙廷之礼,吾未尝敢不从宾赞也;廊庙之位,吾未尝敢失节也;受命应对,吾未尝敢失辞也。何谓不臣?愿闻罪而死。'使者曰:'臣不得与谋,奉书从事。'将闾乃仰天大呼天者三,曰:'天乎!吾无罪!'昆弟三人皆流涕拔剑自杀。宗室振恐。群臣谏者以为诽谤,大吏持禄取容,黔首振恐。"①

从秦二世诛杀兄弟及大臣这件事来看,一方面法律仍然被认为是进行刑罚惩罚的依据,因此尽管是政治事件,但却披着法律的外衣,这也说明法律对整个秦代的重要影响;另一方面,从将闾的说法来看,阙廷之礼、廊庙之位、受命应对等等都涉及法律对臣下的规范,法律对臣下的规范所涉及的层面之广令人吃惊,而且这些又构成对官吏进行惩罚的依据。秦法的严苛不仅是对民众的,也是对官吏的。

秦法对官吏的严苛导致两个方面的主要后果。其一,官吏不敢违法。《史记·秦始皇本纪》载赵高谓秦二世:"先帝临制天下久,故群臣不敢为非,进邪说。"②有学者也指出,秦国扫六合,一匡天下,除"拥有一支战斗力极强的铁军外,秦官吏队伍的廉洁、高效也是重要因素"③。重典治吏的后果还有官吏的谨小慎微。从《为狱等状四种》中可以发现,县级政府进行奏谳的事项有些并不重要。如"尸等捕盗疑购案"中不过是几两金的差异,县级官员硬是不敢单独做出决定。④"多小未能与谋案"则涉及一个比较简单的问题即刑事责任年龄,这种案件一般不涉及法律解释,或者说法律规定可能是比较清楚的。但县级政府却不敢直接做出司法裁决,而且进行了奏谳。再如在"田与市和奸案"中,市的弟弟和亲戚贿赂逮捕田和市的小吏,结果小吏收钱后又惧怕惩罚而还钱。⑤秦代官员战战兢兢、如履薄冰之态跃然纸上。其二,官吏对下的苛刻。当法律规定对官吏极为严苛时,为实现特定的行政目的,官吏显然就要用更加严格的标准去要求自己的部署或者属民。如在《为狱等状四种》"田与市和奸案"中,狱吏相是因为"怒田、市奸于官府"而派人捉拿两人的。尽管这种亲属和奸案在秦代处罚本来就较重⑥,但从相的态度中就可以看出官吏对自己所管理事项的重视程度。再如《史记·高祖本纪》载:"及壮,试为吏,为泗水亭长,廷中吏无所不狎侮。好酒及色。"⑦高祖作为亭长对待下属也是较为严苛的。由于责任制度导致官长的严苛到汉代也如此。如《史记·平准书》载:"其明年,淮南、衡山、江都王谋反迹见,而公卿寻端治之,竟其党与,而坐死者数万人,长

---

① [汉]司马迁:《史记》卷六《秦始皇本纪》,第340页。这段话在《资治通鉴》表达得更为简洁。《资治通鉴·秦纪二》载:"赵高曰:'陛下严法而刻刑,令有罪者相坐,诛灭大臣及宗室;然后收举遗民,贫者富之,贱者贵之。尽除去先帝之故臣,更置陛下之所亲信者,此则阴德归陛下,害除而列谋塞,群臣莫不被润泽,蒙厚德,陛下则高枕肆志宠乐矣。计莫出于此。'二世然之。乃更为法律,务益刻深,大臣、诸公子有罪,辄下高鞫治之。"[宋]司马光:《资治通鉴》卷七《秦纪二》"二世皇帝元年夏四月条",北京:中华书局,1956年,第252页。
② [汉]司马迁:《史记》卷六《秦始皇本纪》,第343页。
③ 王春瑜:《中国反贪史》,成都:四川人民出版社,2000年,第77页。
④ 朱汉民、陈松长:《岳麓书院藏秦简(叁)》,第114—115页。
⑤ 参见朱汉民、陈松长:《岳麓书院藏秦简(叁)》,第206页。
⑥ 如《法律答问》载:"同母异父相与奸,可(何)论?弃市。"睡虎地秦墓竹简整理小组编:《睡虎地秦墓竹简》,第134页。
⑦ [汉]司马迁:《史记》卷八《高祖本纪》,第437页。

吏益惨急而法令明察。"①严苛的进一步结果,一是下属与属民对官长的畏惧。如《史记·高祖本纪》载:"单父人吕公善沛令,避仇从之客,因家沛焉。沛中豪桀吏闻令有重客,皆往贺。萧何为主吏,主进,令诸大夫曰:'进不满千钱,坐之堂下。'"②吕父因为与沛令相善,就引得沛县的豪强和小吏纷纷进送贺礼,足见地方对官长的态度。二是,下属与属民对官长的痛恨。官长的种种严苛对待并未建构起官长的特殊权威,反而是蓄势待发。秦末战争中,地方对官长的厌恶集中爆发。如《史记·高祖本纪》载:"秦二世元年秋,陈胜等起蕲,至陈而王,号为'张楚'。诸郡县皆多杀其长吏以应陈涉。"③《史记·陈涉世家》则载:"当此时,诸郡县苦秦吏者,皆刑其长吏,杀之以应陈涉。"④

从某种意义上来说,秦代官僚体制是一种科层制的管理模式。⑤通过上下连接的行政系统,层层传递行政压力。在这种政治体制下,除了最上层的少数统治者,没有多少人是幸免者。尽管秦代的忠君思想尚处于发展中⑥,但秦末的起义大潮中,秦代官吏忠于君主的人并不多。《史记·秦始皇本纪》载:"及项羽虏秦将王离等巨鹿下而前,章邯等军数却,上书请益助,燕、赵、齐、楚、韩、魏皆立为王,自关以东,大氐尽畔秦吏应诸侯,诸侯咸率其众西乡。"⑦巨鹿之战后,秦军颓势俱现,已经归降秦朝的各国旧贵族纷纷起义,形成共同打击秦朝的趋势。尽管这些旧贵族未必自始忠于秦朝,但仍然可以从中看出秦朝统治所导致的后果。当然,更为直接的案例可以在刘邦攻打咸阳的历程中发现。

《史记·高祖本纪》载:"当是时,赵别将司马卬方欲渡河入关,沛公乃北攻平阴,绝河津。南,战雒阳东,军不利,还至阳城,收军中马骑,与南阳守齮战犨东,破之。略南阳郡,南阳守齮走,保城守宛。沛公引兵过而西。张良谏曰:'沛公虽欲急入关,秦兵尚众,距险。今不下宛,宛从后击,强秦在前,此危道也。'于是沛公乃夜引兵从他道还,更旗帜,黎明,围宛城三匝。南阳守欲自刭。其舍人陈恢曰:'死未晚也。'乃逾城见沛公,曰:'臣闻足下约,先入咸阳者王之。今足下留守宛。宛,大郡之都也,连城数十,人民众,积蓄多,吏人自以为降必死,故皆坚守乘城。今足下尽日止攻,士死伤者必多;引兵去宛,宛必随足下后:足下前则失咸阳之约,后又有强宛之患。为足下计,莫若约降,封其守,因使止守,引其甲卒与之西。诸城未下者,闻声争开门而待,足下通行无所累。'沛公曰:'善。'乃以宛守为殷侯,封陈恢千户。引兵西,无不下者。至丹水,高武侯鳃、襄侯王陵降西陵。还攻胡阳,遇番君别将梅鋗,与皆,降析、郦。遣魏人宁昌使秦,使者未来。是时章邯已以军降项羽于赵矣。"⑧

从刘邦的这一战争经历可以发现,维系秦代地方官吏与中央政府关系的机制在当时已经消亡,地方官吏之所以不愿意投降的主要原因是害怕投降之后会被杀害。事实上,如项羽在章邯投降后确有坑杀降卒二十余万的做法。因此,当死亡威胁因为"约"解除后,刘邦一路

---

① [汉]司马迁:《史记》卷三十《平准书》,第1718页。
② [汉]司马迁:《史记》卷八《高祖本纪》,第439页。
③ [汉]司马迁:《史记》卷八《高祖本纪》,第445页。
④ [汉]司马迁:《史记》卷四十八《陈涉世家》,第2370页。
⑤ 参见邹水杰:《简牍所见秦汉县属吏设置及演变》,《中国史研究》2007年第3期,第3—21页。
⑥ 参见周东平、李勤通:《论传统治道中君罪的形成与消解》,《原道》2016年第1辑,第111页。
⑦ [汉]司马迁:《史记》卷六《秦始皇本纪》,第346页。
⑧ [汉]司马迁:《史记》卷八《高祖本纪》,第457页。

势如破竹,率先攻入咸阳。这说明,秦代中央与地方政府之间关系的脆弱。而且,当行政压力取消之后,秦代官吏对中央政府也并无好感。这一点在儒生官吏上尤为突出。《通志·校雠略一》载:"陆贾,秦之巨儒也。郦食其,秦之儒生也。叔孙通,秦时以文学召,待诏博士。数岁,陈胜起,二世召博士诸儒生三十余人而问其故,皆引《春秋》之义以对,是秦时未尝不用诸生与经学也。"①行政压力犹如悬在官吏头上的达摩克利斯之剑,使得官吏的每一根弦都处于紧绷状态,生怕动辄得罪。尽管透过《为吏之道》可以发现如"吏有五善:一曰中(忠)信敬上,二曰精(清)廉毋谤,三曰举事审当,四曰喜为善行,五曰龚(恭)敬多让。五者毕至,必有大赏"②等道德说教,但是这种以忠求赏的道德观并没有建构起君、臣之间的紧密关系。③反而因处罚的无处不在,官吏对君主可能存在某种程度地离心离德。贾谊《过秦论》谓陈涉起义后"天下云集响应,赢粮而景从,山东豪俊遂并起而亡秦族矣。"④这其中云集响应的不仅有困苦的百姓,也有疲敝的官吏吧。

三、岳麓秦简司法实践中的违法奴婢

在秦代,奴婢作为最底层的存在,生活相当困苦。他们在不断遭受官吏、主人等支配的同时,违法犯罪的行为也层出不穷。⑤这一点在《为狱等状四种》和《奏谳书》中都可以窥见一二。在《为狱等状四种》中,"猩、敞知盗分赃案"中的盗墓贼莳、"识劫婉案"中的识、"诡、妢刑杀人等案"中的喜、"魋盗杀安、宜等案"中的魋、"得之强与弃妻奸案"中的得之、"田与市和奸案"中的田等都是奴婢。《奏谳书》中奴婢的违法行为也是有不少。从中会发现,秦汉时期奴婢违法行为具有多发性。如果从其处境出发的话,或许可以有同情的理解。

奴婢是秦汉的贱民阶层。从来源来看,奴婢可以分为官奴婢和私奴婢。这些奴婢的来源相当多元化。文霞认为秦汉奴婢主要有四种来源:罪人与"收人"、平民被卖为奴、俘虏、"奴产子"等。⑥作为秦汉的贱民阶层,奴婢不仅意味着身份地位的低等,而且常常意味着身份地位的转变、下沉和生活境遇的恶化。在汉文帝刑罚改革之前,作为刑罚的城旦舂、鬼薪白粲、隶臣妾、司寇等,在对犯罪者处以劳役刑的同时,也可以说是将其身份降级的"身份刑"。⑦在秦代,身份与生活状况有极为密切的关系。一方面,奴婢的生存状态相较于一般人为差。另一方面,奴婢受法律保护的程度相较于一般人为差。

首先,无论是官奴婢还是私奴婢,其生活状态都较庶民为差。作为官奴婢,他们首先要

---

① [宋]郑樵:《通志·校雠略》,北京:中华书局,1995年,第1803页。
② 睡虎地秦墓竹简整理小组编:《睡虎地秦墓竹简》,第168页。
③ 参见吕红梅:《秦汉士人犯罪研究》,首都师范大学博士学位论文,2006年。
④ [汉]司马迁:《史记》卷六《秦始皇本纪》,第355页。
⑤ 关于秦汉奴婢犯罪的相关研究,参见文霞:《秦汉奴婢的法律地位》,北京:社会科学文献出版社,2016年,第179—221页。
⑥ 参见文霞:《秦汉奴婢的法律地位》,第103—110页。
⑦ 参见[日]鹰取祐司:《秦漢時代の刑罰と爵制の身分序列》,《立命館文學》第608号,2008年;《秦漢時代の司寇·隸臣妾·鬼薪白粲·城旦舂》,《中國史學》第19卷,2009年;[德]陶安:《刑罰と身分》,载氏著:《秦漢刑罰體系の研究》,東京:創文社,2009年,第54—108页。

参与高强度的劳作。①但在高强度劳作的同时,秦代官奴婢的待遇却不高②,如《秦律十八种·金布律》载:"隶臣妾其从事公,隶臣月禾二石,隶妾一石半;其不从事,勿稟。小城旦、隶臣作者,月禾一石半石;未能作者,月禾一石。小妾、舂作者,月禾一石二斗半斗;未能作者,月禾一石。婴儿之毋(无)母者各半石;虽有母而与其母冗居公者,亦稟之,禾月半石。隶臣田者,以二月月稟二石半石,到九月尽而止其半石。舂,月一石半石。隶臣、城旦高不盈六尺五寸,隶妾、舂高不盈六尺二寸,皆为小;高五尺二寸,皆作之。"③针对其中官奴婢的口粮待遇,曹旅宁经过论证指出:"隶臣公月禾两石应为原粮60市斤,隶妾月禾一石半为原粮45市斤,因为秦简有'驾传马,一食禾'的规定,禾是谷物一类。根据秦简《仓律》所载'米率'即'粟一石六斗大半斗,舂之为米一石'折算,只合口粮36市斤,24市斤。对在押的囚犯实行饥饿惩罚,每日只有几两口粮。"④这应该属于官奴婢的待遇。尽管从《香港中文大学文物馆藏简牍》中所发现的西汉"奴婢稟食出入簿"有官府对私奴婢口粮的规定⑤,但之所以出现这种情况很可能是因为这种私奴婢是政府征发从事经济建设或生产。⑥因此,有直接的官文书依据可见官奴婢的生活状况之艰难。同时,官奴婢还有被官吏随意役使的情况出现。如《奏谳书》案例九载:"蜀守灂(谳):佐启、主徒令史冰私使城旦环为家作,告启,启诈(诈)薄(簿)曰:治官府。疑罪。廷报:启为伪书也。"⑦《奏谳书》案例十也有类似案件。⑧因此,官奴婢不仅要完成法定的劳作义务,而且还可能被某些官吏非法役使,其生活状况进一步恶化。

其次,私奴婢从某种意义上比官奴婢的生活状况更为恶劣。从前述秦律规定和《奏谳书》的案例中可以看出,官奴婢虽然生活状况恶劣,但仍然还有相关法律予以保护。而由于私奴婢在性质上很大程度上类似于私人财产⑨,私人对自身所属奴婢的处置权力就变得较大。如《法律答问》载:"主擅杀、刑、髡其子、臣妾,是谓'非公室告',勿听。"⑩也即,主人擅杀

---

① 参见吴荣增:《先秦两汉史研究》,北京:中华书局,1995年,第210—214页;魏永康:《里耶秦简所见秦代公田及相关问题》,《中国农史》2015年第2期,第44—46页。
② 文霞认为未必是官奴婢。参见文霞:《秦汉奴婢的法律地位》,第60页。
③ 睡虎地秦墓竹简整理小组编:《睡虎地秦墓竹简》,第32页。
④ 曹旅宁:《秦律新探》,北京:中国社会科学出版社,2002年,第108页。当然也有学者有不同观点。参见王忠全:《秦汉时代"钟""斛""石"新考》,《中国史研究》1988年第1期,第11—23页。
⑤ 参见李均明:《秦汉简牍文书分类辑解》,北京:文物出版社,2009年,第286—295页。
⑥ 朱德贵等:《香港中文大学文物馆藏简牍所见西汉"奴婢稟食出入簿"问题探讨》,《中国农史》2015年第5期,第42—53页。
⑦ 张家山二四七号汉墓竹简整理小组:《张家山汉墓竹简[二四七号墓]》(释文修订本),第96页。
⑧ 张家山二四七号汉墓竹简整理小组:《张家山汉墓竹简[二四七号墓]》(释文修订本),第96页。
⑨ 有人认为是"半人半物"。参见文霞:《秦汉奴婢的法律地位》,第222页。也有人认为,秦汉奴婢拥有最低限度的人格。参见吕利:《律简身份法考论》,华东政法大学博士学位论文,2010年,第73页。但是也有不同观点,参见王彦辉:《从张家山汉简看西汉时期私奴婢的社会地位》,《东北师大学报(哲学社会科学版)》2003年第2期,第20页。折中性的观点则认为,奴婢对主人而言是财产,但法律地位却是人,当然是"贱人"。参见杨际平:《秦汉户籍管理制度研究》,《中华文史论丛》总第八十五辑,第1—35页。不过,从私奴婢对主人的人身依附性来说,奴婢的生命权甚至在一定程度上都受到主人的掌握,因此某一种意义上来说,秦汉的私奴婢确实有被物化的倾向。且《二年律令·户律》载:"民大父母、父母、子、孙、同产、同产子,欲相分予奴婢、马牛羊、它财物者,皆许之,辄为定籍。"张家山二四七号汉墓竹简整理小组:《张家山汉墓竹简[二四七号墓]》(释文修订本),第55页。这里显然把奴婢当作了家庭财产。
⑩ 睡虎地秦墓竹简整理小组:《睡虎地秦墓竹简》,第118页。

奴婢被认为是非公室告,如果子、臣妾等欲告诉时司法是不能受理的,当然如果是其他人告诉的话还是有可能被官府受理的。①再如《封诊式·黥妾》载:"爰书:某里公士甲缚诣大女子丙,告曰:'某里五大夫乙家吏。丙,乙妾殹(也)。乙使甲曰:丙悍,谒黥劓丙。'讯丙,辞曰:'乙妾殹(也),毋(无)它坐。'丞某告某乡主:某里五大夫乙家吏甲诣乙妾丙,曰:'乙令甲谒黥劓丙。'其问如言不然?定名事里,所坐论云可(何),或覆问毋(无)有,以书言。"②又《封诊式·告臣》中的私家奴婢也因为骄悍而被主人卖给官府充当城旦。③奴隶不仅没有人身自由,而且在一定条件下也会因为对主人的反抗而受到严厉处罚。尽管这种处罚需要经过官府的同意,但确乎比较严厉。当然,从《封诊式》的案例来看,主人对奴婢的处置权仍然有所限制。再如《二年律令·贼律》则规定:"父母殴笞子及奴婢,子及奴婢以殴笞辜死,令赎死。"④从中也可见,主人对私奴婢的处罚有其限度,但殴笞奴婢致死仅仅是赎死,显然处罚十分轻。⑤因此有学者认为:"家长对奴婢的主权,除禁止擅自刑杀外,秦汉国家初期的立法非但少有触动,甚至可以说是小心地呵护。"⑥当然也不仅如此,与官奴婢可能会被髡发以象征身体减等相似,私奴婢也会被在身体上打上特殊标记。《史记·季布列传》载:"及项羽灭,高祖购求布千金,敢有舍匿,罪及三族。季布匿濮阳周氏。周氏曰:'汉购将军急,迹且至臣家,将军能听臣,臣敢献计;即不能,愿先自刭。'季布许之。乃髡钳季布,衣褐衣,置广柳车中,并与其家僮数十人,之鲁朱家所卖之。"⑦髡钳大概是官、私奴婢的共同特征,象征奴婢的低贱身份。

当然从秦汉记载来看,并不是所有奴婢生活都十分困窘。有些奴婢虽然身份等级低,但因为主人的关系而生活优越,甚至为非作恶。⑧如《汉书·尹翁归传》载:"是时大将军霍光秉政,诸霍在平阳,奴客持刀兵入市斗变,吏不能禁。"⑨当然秦代的奴婢也有人因为与主人关系良好而生活状态较好的。在《为狱等状四种》"识劫婉案"中,识原为大夫沛的隶,"沛以三岁时为识取(娶)妻;居一岁为识买室,贾(价)五千钱;分马一匹、稻田廿(二十)亩,异识。识从军,沛死。来归,谓婉曰:沛未死时言以肆、舍客室鼠(予)识,识欲得"⑩。作为该案另一名重要的人物,婉则"故大夫沛妾。沛御婉,婉产羛(义)、女姝。沛妻危以十岁时死,沛不取(娶)妻。居可二岁,沛免婉为庶人,妻婉。婉有(又)产男必、女若。居二岁,沛告宗人、里人大夫快、臣、走马拳、上造嘉、頡曰:沛有子婉所四人,不取(娶)妻矣。欲令婉入宗,出里单赋,与里人

---

① 参见于振波:《从"公室告"与"家罪"看秦律的立法精神》,《湖南大学学报(社会科学版)》2005年第5期,第40页。
② 睡虎地秦墓竹简整理小组:《睡虎地秦墓竹简》,第155页。
③ 睡虎地秦墓竹简整理小组:《睡虎地秦墓竹简》,第154页。
④ 张家山二四七号汉墓竹简整理小组:《张家山汉墓竹简[二四七号墓]》(释文修订本),第14页。
⑤ 《二年律令》载:"告不审及有罪先自告,各减其罪一等,死罪黥为城旦舂,城旦舂完为城旦,完为城旦舂罪□,□鬼薪白粲及府(腐)罪耐为隶臣妾,耐为隶臣妾罪耐为司寇,司寇、迁及黥颜頯罪赎耐,赎耐罪罚金四两,赎死罪赎城旦舂,赎城旦舂罪赎斩,赎斩罪赎黥,赎黥罪赎耐,耐罪□金四两罪罚金二两,罚金二两罪罚金一两。"张家山二四七号汉墓竹简整理小组:《张家山汉墓竹简[二四七号墓]》(释文修订本),第98页。按照该条的相关规定及其所确定的刑罚等级序列,赎死虽然是财产刑的最高刑,但都排在所有肉刑和自由刑之后,因此处罚是比较轻的。
⑥ 吕利:《律简身份法考论》,第73页。
⑦ [汉]司马迁:《史记》卷一百《季布列传》,第3305页。
⑧ 参见施伟青:《秦汉时期的私家奴婢新探》,《中国社会经济史研究》2003年第4期,第5页。
⑨ [汉]班固:《汉书》卷七十六《尹翁归传》,第3206页。
⑩ 朱汉民、陈松长:《岳麓书院藏秦简(叁)》,第155—156页。

通歃(饮)食。快等曰:可。"①从这里来看,作为奴婢的识和婉可谓生逢明主,他们的生活待遇显然不是一般的奴婢可比的。不过,沛对识的恩情(从当时来看,确实可以看作恩情)却并没有换来识最大的感激,沛死后识就试图敲诈沛的妻子。②到后世奴婢的地位获得不断提高。如到汉代时,某些奴婢还能通过放良等途径获得主人的继承权。"由于奴婢不具有完全独立之人格,所以当主人'死无后'这种情况发生时,奴婢不能直接代户,还必须通过放良而具有完全独立之人格后,才能继承主人户主之地步。"③再比如《后汉书·光武帝纪下》载:"十一年春二月己卯,诏曰:'天地之性人为贵。其杀奴婢,不得减罪。'"④奴婢的生命权得到一定程度的保障,只不过这种保障到后世有不同程度削弱。⑤

虽然奴婢生活状态不一,有些情况下也会有改善。但奴婢整体生活的困境仍然无法从根本上改变,当社会制度无法改变时通过自身力量改变处境的情况就会出现,极端情况下就表现为违法。当然,非基于抗争性也会发生种种违法行为。因此,奴婢的违法状况主要表现在两个方面:奴婢改变自身生活状态的违法与一般性的违法。从《为狱等状四种》来看,奴婢可能犯有敲诈勒索、盗杀人、强奸、和奸以及"去作所"等罪行。文霞总结秦汉奴婢的犯罪种类主要有杀人罪、盗窃罪、奸罪、逃亡罪、巫蛊罪、谋反罪以及治安类的违法犯罪等。⑥当然,类似魃的盗杀人罪并非简单的盗杀人,根据"魃盗杀安、宜等案"的记载,魃在盗杀人之前是输寺从后去亡的,盗杀人的目的则是希望获取进一步逃亡到魏国的钱财。⑦作为投降秦国而成为奴婢的魃,他的身份地位为此发生极大变化,因此他很可能产生改变自身命运的想法,故而不断违法,希望能够回到魏国以改变生活的窘境。⑧从中可知,秦代奴婢为改变自身命运而进行的犯罪行为。这种奴婢逃亡类的案例在《奏谳书》中更多。⑨汉代甚至有奴婢因为不忍奴役而逃亡外族匈奴的案例。⑩与此相对的,有学者透过对《说文解字》的分析认为汉代就已经有较为浓烈的安土重迁观念。⑪从《史记·项羽本纪》所载项羽锦衣夜行之事也可窥

---

① 朱汉民、陈松长:《岳麓书院藏秦简(叁)》,第154—155页。
② 婉显然是沛的妻子。按照秦律的规定,妻子的身份受到户籍制度的限制。如《法律答问》载:"女子甲为人妻,去亡,得及自出,小未盈六尺,当论不当? 已官,当论;未官,不当论。"睡虎地秦墓竹简整理小组:《睡虎地秦墓竹简》,第132页。这意味着,婚姻关系是否受到法律保护,或者在夫权是否受法律保护,取决于该婚姻关系是否已经在官府户籍上登记。但是从该案中却可以发现,大夫沛不娶婉,而试图使其"入宗",这可能意味着婚姻的成立与否受到宗族身份的影响。而大夫沛出里单赋后,两人的婚姻关系受到宗族承认。这说明,婉作为沛妻子的身份尽管在法律上尚未登记,但是已经受到社会承认。
③ 曹骥:《秦汉家庭继承研究》,河南大学博士学位论文,2014年,第167页。
④ [南朝宋]范晔:《后汉书》卷一下《光武帝纪下》,北京:中华书局,1965年,第57页。
⑤ 参见李勤通:《中国古代法律中生命价值的双重性解析》,《北京社会科学》2015年第11期,第96—102页。
⑥ 参见文霞:《秦汉奴婢的法律地位》,第179—221页。
⑦ 参见朱汉民、陈松长:《岳麓书院藏秦简(叁)》,第189页。
⑧ 这种导致逃亡多发的原因并没有受到足够重视,例如有学者在总结当时逃亡罪犯罪原因时没有注意到这一点。参见张功:《秦汉逃亡犯罪研究》,首都师范大学博士学位论文,2005年,第77—128页。当然该文已经注意到社会劳动方式、社会经济组织、政治管理体制的转变使得个体生活面临更大的生存压力。
⑨ 如《奏谳书》案例二的奴婢媚在楚汉之争时逃亡,案例五的奴武也在楚汉之争时逃亡。张家山二四七号汉墓竹简整理小组:《张家山汉墓竹简[二四七号墓]》(释文修订本),第92、94页。
⑩ 参见汪贵海:《从汉简看汉人逃亡匈奴之现象》,《史学月刊》1993年第6期,第37—42页。
⑪ 参见贺菊玲:《从〈说文解字〉土字部看中国人的安土重迁思想》,《社会科学家》2008年第3期,第154—156页。

探一二,其文:"项王见秦宫皆以烧残破,又心怀思欲东归,曰:'富贵不归故乡,如衣绣夜行,谁知之者!'"①上层犹恋故土,何况下层民众。因此,奴婢逃亡罪的多发可以使人想见当时的生活境遇,或者奴婢生存境遇的恶劣导致类似的违法行为不断出现。类似"去作所"这类违法行为,从性质上来看,与将阳等行为多有相似之处②,从奴婢的劳动强度等方面考虑,四处游荡而不劳作显然也与其生活状态有某种程度的联系。当然,《为狱等状四种》所反映出的其他奴隶违法如强奸、和奸等属于人性欲望的恶性表达,在任何阶层都属常见,不能说明太多问题。③

通过分析秦代奴婢的生活境遇可以发现,无论是官奴婢还是私奴婢,其生活境遇在一定程度上促成某些犯罪在其群体内的多发。当然也不仅仅是逃亡罪,类似盗窃罪也能说明这一问题。虽然从"识劫婉案"中可以看出,私奴婢可能会有一定的财产权,而施伟青则认为官奴婢也有一定的财产权。④但总的来说,对人身尚可以被随意买卖的奴婢来说,他们多数也没有私人财产。⑤因此,通过盗窃获取财产也成为改变生活状况的一种方式。⑥在秦代严密的身份制度下,作为低等级的奴婢,他们的生活状况比其他阶层更为凄惨,与之有关的违法也就多发,这些违法的出现具有强烈的社会色彩。当然,作为一般人类的奴婢也还会犯有其他违法行为。尽管可能从某些方面存在生活境遇与这些犯罪之间的联系,但这种证据的说服力可能就比较有限。⑦

四、岳麓秦简司法实践中的违法工商业者

尽管《为狱等状四种》所出现的司法文书数量有限,但种类相当丰富。"岳麓秦简显示,秦不仅商品交易种类丰富、货币经济发达,而且还出现了合伙经商的情况。"⑧其中"芮盗卖公列地案"等对工商业者的生活境遇有很好的展现,当然从"猩、敞知盗分赃案"中也能窥见

---

① [汉]司马迁:《史记》卷七《项羽本纪》,第402页。
② "'将阳'或'将阳亡'应该是逃亡犯罪中情节最轻的一种逃亡,它很可能是指那种在某一个区域内随便晃荡,既不阑越关卡,也不逃离国境,但就是不向地方守吏报告,属于那种随便出走而又可能流窜回来的一种逃亡"。陈松长:《睡虎地秦简中的"将阳"小考》,《湖南大学学报(社会科学版)》2012年第5期,第7页。
③ 例如汉代有大量的"禽兽行"即乱伦行为是发生在贵族中的。参见贾丽英:《秦汉家族犯罪研究》,第113—117页。
④ 参见施伟青:《"隶臣妾"的身份复议》,《中国社会经济史研究》1984年第1期,第87页。
⑤ 参见文霞:《秦汉奴婢的法律地位》,第162页。
⑥ 《法律答问》载:"夫盗三百钱,告妻,妻与共饮食之,可(何)以论妻?非前谋殹(也),当为收;其前谋,同罪。"睡虎地秦墓竹简整理小组:《睡虎地秦墓竹简》,第97页。从这里来看,盗窃显然被认为是犯罪者试图改变自身生活状态的一种方式,甚至是为满足基本生活需求。
⑦ 例如,奸罪在奴婢中的出现也可能会受其身份地位的影响。尽管奴婢仍然存在一定的婚姻权,但是由于这种婚姻权仍然受到限制,比如不能与高身份等级的人通婚等,同时由于他们没有多少财产,所以成婚的难度可能相较于庶民为难。在这种情况下,奸罪的发生就可能与其身份境遇有关。但是这种观点的猜测性比逃亡罪、盗窃罪等与其生活境遇的联系更强,所以很难直接作为证据。
⑧ 朱德贵:《岳麓秦简奏谳文书商业问题新证》,《社会科学》2014年第11期,第154页。

秦代的经济法制。在两个案例中,工商业者有不同方式的违法行为。①之所以出现这些违法行为,不仅有追求工商业利益的原因,还可能源于受到政府压迫或生活际遇。

从秦的商业政策来看,自商鞅变法开始就采取重农抑商的政策。②但是实际上,"中央集权制国家既有有利于商品经济发展的一面,也有依赖于商品经济发展的一面"③。因此,在整体重农抑商政策的前提下,秦代工商业仍然得到很大发展。④甚至钱穆认为秦始皇农工商并重。⑤《史记·货殖列传》载:"乌氏倮畜牧,及众,斥卖,求奇缯物,间献遗戎王。戎王什倍其偿,与之畜,畜至用谷量马牛。秦始皇帝令倮比封君,以时与列臣朝请。而巴寡妇清,其先得丹穴,而擅其利数世,家亦不訾。清,寡妇也,能守其业,用财自卫,不见侵犯。秦皇帝以为贞妇而客之,为筑女怀清台。"⑥乌氏和寡妇清的经历都显示,秦始皇对商业是较为重视的。当然,秦始皇对商业的重视很大程度上是采取工具主义的思路,即不囿于特定的意识形态,大凡有益于富国强兵之举都可以得到其支持。这种工具主义的态度也使秦代对商业的态度呈现出双重性,兼具开放性与封闭性。

其一,对特种行业采取封闭性,即政府专营。在"溥天之下,莫非王土"的观念下,经济资源的君主所有观产生得很早,专营制度也很早就出现了。如周厉王时期君主"专利"的做法已经出现。⑦随着先秦国家最高统治权力由弱而强的变化⑧,国家对经济资源的控制逐渐加强,专营制度也得到进一步发展。"早在先秦,国家对工商业的管理已初步形成一套制度。与此同时,反映工商业国有经营的思想也不断涌现,成为以后封建中央集权国家全面垄断经营的滥觞。"⑨如管仲很早就推行"官山海"的政策,以实行盐铁专卖制度,控制盐铁的流通和买卖。⑩秦代也有类似的官营专门制度,如睡虎地秦简《秦律十八种·田律》规定:"百姓居田舍者毋敢酤(酤)酉(酒),田啬夫、部佐谨禁御之,有不从令者有罪。"⑪再如《睡虎地秦墓竹简·封诊式》记载了秦代盗铸钱被捕的案例。⑫也不仅如此,在《为狱等状四种》"猩、敵知盗分

---

① 秦代工商业者犯罪的研究还可参见李佳艳:《秦汉工商业者犯罪研究》,《首都师范大学学报(社会科学版)》2004年增刊,第1—17页;张楠:《秦商人经济犯罪研究》,郑州大学硕士学位论文,2014年。
② 参见施伟青:《论秦自商鞅变法后的商品经济》,《中国社会经济史研究》2002年第1期,第65—69页。
③ 阎守诚:《重农抑商术析》,《历史研究》1988年第4期,第138页。
④ 也有学者称之为"重农但不完全抑商"。参见杨玲:《从秦代刻石看秦始皇对法家思想的接受与发展》,《兰州大学学报(社会科学版)》2014年第4期,第20页。
⑤ 参见钱穆:《中国经济史》,北京:北京联合出版公司,2014年,第33页。
⑥ [汉]司马迁:《史记》卷一百二十九《货殖列传》,第3957页。
⑦ "所谓'专利'就是独占山泽之利,独占天地间所生的百物。"杨宽:《西周史》,上海:上海人民出版社,1999年,第841页。又见《国语·周语上》《史记·周本纪》等。也有学者认为周厉王采取这种措施的原因在于厉王时多次对外战争导致的财政空虚。参见张应桥:《重评周厉王》,《郑州大学学报(哲学社会科学版)》2006年第2期,第113—116页。这也进一步说明经济秩序与国家统治之间的关系。
⑧ 参见晁福林:《先秦社会最高权力的变迁及其影响要素》,《中国社会科学》2015年第2期,第183—201页。
⑨ 严国海:《中国古代国家所有制思想研究》,上海:世界图书出版公司,2011年,第95页。
⑩ 参见万海峰、肖燕:《略论汉武帝时期的盐铁专卖制度》,《江西社会科学》2007年第2期,第124—125页;严国海:《中国古代国家所有制思想研究》,第102—108页;吴慧:《中国盐法史》,北京:社会科学文献出版社,2013年,第17—24页。
⑪ 睡虎地秦墓竹简整理小组:《睡虎地秦墓竹简》,第22页。
⑫ 参见睡虎地秦墓竹简整理小组:《睡虎地秦墓竹简》,第151页。

赃案"中,铜似乎也被政府专卖了。①之所以如此,可能是因为铁、铜在秦汉冶铸业中是主要的原材料②,那就可能直接关系到政府收入。而秦朝政府在某种程度上是十分重视采取不同方式获取社会财富的。如睡虎地秦简《秦律十八种·工律》规定:"毋擅叚(假)公器,者(诸)擅叚(假)公器者有罪。"③有学者猜测,秦律中质钱的规定有可能是国家借公器于民的行为。④当政府采取各种措施获取社会财富时,商业专营就变得可以理解,更为重要的是产生与民争利的结果。

其二,对部分商业采取开放性。秦代在发展官营工商业的同时,部分开放私营工商业。秦代私营手工业已经有所发展,出现了手工业作坊和个体手工业者。⑤秦代对商业则有比较严格的管理。⑥从前引《史记·货殖列传》中可以看出,畜牧贩卖业和采矿业等在秦代有私营的部分。张仁玺认为秦汉时期的私营工商业主要涉及铸钱与盐铁、酿酒、食品加工、纺织、皮革加工、木器加工、造船、畜牧、种植、高利贷、经纪、囤积和贩运等行业。⑦但这些行业部分在秦代是禁止私营的,如前文指出的酿酒、铸钱等。当然,秦代工商业之所以得以发展的理由不仅在于政府的开放态度,商业所带来的利润以及其他经营的艰难也是重要原因。一方面,工商业与财富增长有密切关系。工商业是产生"左右市场、富比王侯的富商巨贾"的重要途径。⑧这种因工商业而产生的巨富在秦代并不鲜见,前引乌氏和寡妇清都是适例。再如《史记·吕不韦列传》载:"吕不韦者,阳翟大贾人也。往来贩贱卖贵,家累千金。"⑨另一方面,当其他行业艰辛的时候,工商业是一个重要选择。在《为狱等状四种》"猩、敞知盗分赃案"中,犯人达之所以"盗发冢"的原因之一就是因为渔猎(即捕鱼、打猎)失败而负债。⑩而在"芮盗卖公列地案"中,芮想要与人共渔却没有钱才出现盗卖公列地的行为。⑪这些都说明了工商业成为人们谋生选择的原因。

违法行为出现的诱因还可以进一步分析。首先,专营之下,其利百倍。由于政府采取专营制度,相关定价等只能由官方确定。在垄断制度下,利润相对较大。这对一般人也有很强的吸引力。因此,私铸钱、私自贩铜等成为牟利手段。其次,当私营工商业得到发展时,为追求利润敢冒风险的行为也必然会出现。《资本论》注引托·约·邓宁《工联与罢工》载:"一旦有适当的利润,资本就胆大起来。如果有10%的利润,它就保证到处被使用;有20%的利润,它就活跃起来;有50%的利润,它就铤而走险;为了100%的利润,它就敢践踏一切人间法律;有300%的利润,它就敢犯任何罪行,甚至冒绞首的危险。如果动乱和纷争能带来利润,

---

① 朱汉民、陈松长:《岳麓书院藏秦简(叁)》,第120页。
② 参见高维刚:《秦汉市场研究》,成都:四川大学出版社,2008年,第59页。
③ 睡虎地秦墓竹简整理小组:《睡虎地秦墓竹简》,第45页。
④ 参见徐世虹:《也说质钱》,载王沛主编:《出土文献与法律史研究》,上海:上海人民出版社,2013年,第5—6页。
⑤ 参见杨剑虹:《从云梦秦简看秦代手工业和商业的若干问题》,《江汉考古》1989年第2期,第87页。
⑥ 参见丁华:《从云梦秦简看秦国的商业政策》,《江汉考古》2001年第3期,第83—85页。
⑦ 参见张仁玺:《秦汉时期私营工商业的行业类型考述》,《山东师大学报(社会科学版)》2000年第4期,第43—46页。
⑧ 马克林:《略论战国秦汉的经济立法思想》,《西北师大学报(社会科学版)》1997年第3期,第35页。
⑨ [汉]司马迁:《史记》卷八十五《吕不韦列传》,第3041页。
⑩ 朱汉民、陈松长:《岳麓书院藏秦简(叁)》,第121页。
⑪ 朱汉民、陈松长:《岳麓书院藏秦简(叁)》,第132页。

它就会鼓励动乱和纷争。走私和贩卖奴隶就是证明。"①这种对资本逐利性的描述实际上也适合任何时期的工商业。也故《史记·货殖列传》在描述先秦乃至秦汉工商业的发展时提出"天下熙熙，皆为利来；天下攘攘，皆为利往"②。当然，在政府管控之下，违法行为往往在可控范围内。再次，私营经济的发展所带来的竞争关系也可能成为违法行为出现的诱因。秦代工商业的发展也遵循着基本的供需关系。如有学者针对"芮盗卖公列地案"的发生原因指出："棺材铺的生意好，大家争着开棺材店。有人就动起了盗卖'公列地'的主意。"③工商业的竞争也容易导致管理不足和违法行为的多发。例如囤积居奇的行为。《史记·平准书》载："（汉初）而不轨逐利之民，蓄积余业以稽市物，物踊腾粜，米至石万钱，马一匹则百金。"④虽然这发生在汉代，但工商业者利用市场杠杆赚取差价的行为显然具有共性。最后，商业财富的增多也会引起他人觊觎。如《为狱等状四种》"识劫婉案"载："识从军，沛死。来归，谓婉曰：沛未死时言以肆、舍客室鼠（予）识，识欲得。"⑤所谓肆就是指市场中的商铺。⑥但这种衍生性的违法行为与前面的有所区别。

当然，不仅逐利催生了当时工商业者的违法行为，而且工商业者在经营过程中还会遭遇到政府刁难或者不公待遇。在"芮盗卖公列地案"中，大夫材的店铺被"王室置市府，夺材以为府"，但"府罢，欲复受，弗得"。因此，材向当时的州陵县守感提出异议，感的处理结果却是"感令亭贺曰：毋（无）争者鼠（予）材"，最后"走马喜争，贺即不鼠（予）材"。再后来，材因为提出与喜交换回这个店铺后，芮又来争，结果引出后来的案件。⑦尽管材的店铺被征用以及后来欲重新索回时被县守刁难这些事情与芮盗卖公列地的行为没有直接联系。但这个案件充分反映当时工商业者在秦代政府治理下的处境。⑧在秦汉时期，立公废私⑨的观念导致私有产权并不明晰。有学者在研究汉代盐铁专卖之辩时指出："盐铁专卖之困反映出的情况是：因为没有完整的公、私产权观念及明晰的产权制度和保障机制，导致西汉王朝产权所有者缺失，于是整个社会的情况是谁有权力谁就在夺取财货中占据有利地位，就可以任意兼并、压榨无势之商、民，甚至同僚之间，国家与豪富权贵之间也相互争夺、兼并。"⑩这种产权不明晰所导致的随意倾轧从"芮盗卖公列地案"也可以窥见一斑。材的店铺被国家征用，征用后不仅没有及时返还，反而县守有了处理权。这说明，在征用之后，政府不再认可原所有

---

① ［德］卡尔·马克思著，中共中央马克思、恩格斯、列宁、斯大林著作编译局译：《资本论（第一卷）》，北京：人民出版社，2004年，第871页。尽管这是对资本主义社会市场经济的描述，却也涉及人性、利润与经济动因之间的关系。
② ［汉］司马迁：《史记》卷一百二十九《货殖列传》，第3952页。
③ 张伯元：《〈岳麓简（三）〉的内容及法律史价值》，《华东政法大学学报》2014年第2期，第7页。
④ ［汉］司马迁：《史记》卷三十《平准书》，第1711页。
⑤ 朱汉民、陈松长：《岳麓书院藏秦简（叁）》，第155—156页。
⑥ 《史记·平准书》载："今弘羊令吏坐市列肆，贩物求利。"司马贞索隐："坐市列。谓吏坐市肆行列之中。"［汉］司马迁：《史记》卷三十《平准书》，第1738页。
⑦ 朱汉民、陈松长：《岳麓书院藏秦简（叁）》，第130—131页。
⑧ 有学者据此认为，秦代商业用地的剥夺较为随意。参见邬勤：《秦汉商业用地制度初探——以出土文献为中心》，《江西社会科学》2015年第7期，第130页。
⑨ 参见郭成伟、方潇：《中国传统"公之于法"特质探究》，《中国法学》2003年第1期，第158—169页。
⑩ 参见冯渝杰：《公司产权制视野下的西汉盐铁专卖之争》，《中国社会经济史研究》2017年第1期，第7页。

人的财产所有权。①秦国自商鞅变法后推行土地私有,但商鞅变法本身就意味着对民众财产权与人身权的侵害。②这一点还可以从《二年律令》中得到进一步的线索。如《二年律令·置后律》对当时民众的身份、财产继承序列进行了明确规定。③这与尊重财产权的做法明显不符。在所有权权能中,处分权是极为重要的权能组成,现代法律之所以规定遗嘱优先于法定继承顺序的主要原因之一就是尊重私人的财产权。④因此,类似《置后律》的这些规定是对私人财产权的严重干预。同时,秦代君主还肆意迁徙工商业者,这显然对其财产权造成很大冲击。如《史记·秦始皇本纪》载:"(秦始皇二十六年)徙天下豪富于咸阳十二万户。"⑤这里面显然有富裕的工商业者。《通典·食货一·田制上》引崔寔《政论》云:"始暴秦堕坏法度,制人之财,既无纲纪,而乃尊奖并兼之人。"⑥

在这种制度环境下,秦代工商业者受到政府一定程度的压制。《史记·商君列传》载:"事末利及怠而贫者,举以为收孥。"⑦这是极端情况。《汉书·地理志下》则载:"秦既灭韩,徙天下不轨之民于南阳,故其俗夸奢,上气力,好商贾渔猎,藏匿难制御也。"⑧工商业者也受到不合理待遇。甚至,汉代商人有受到官吏迫害而家破人亡的案例。如《后汉书·梁统列传》载:"扶风人士孙奋居富而性吝,冀因以马乘遗之,从贷钱五千万,奋以三千万与之,冀大怒,乃告郡县,认奋母为其守臧婢,云盗白珠十斛、紫金千斤以叛,遂收考奋兄弟,死于狱中,悉没资财亿七千余万。"⑨工商业者受到政府压制的另一个原因可能是,整体工商业者的社会地位低下。如《秦律十八种·司空律》载:"居赀赎责(债)欲代者,耆弱相当,许之。作务及贾而负责(债)者,不得代。"⑩再如《史记·秦始皇本纪》载:"三十三年,发诸尝逋亡人、赘婿、贾人略取陆梁地,为桂林、象郡、南海,以适遣戍。"⑪将赘婿、贾人等并列有说明贾人身份低下之意。这点还可以参考《汉书·贡禹传》载:"孝文皇帝时,贵廉洁,贱贪污,贾人赘婿及吏坐赃者皆禁锢不得为吏。"⑫面对这种社会地位以及政府待遇,工商业者有两种改变自身处遇的方式。其一,试图改变自己的身份地位,进入官僚阶层。⑬其二,依附权贵阶层。"战国秦汉时期,商人为招揽主顾、压抑同行和平民,以确保商业经营活动的顺利进行劾商业利润,多结托官吏权贵之家。"⑭这容易导致违法行为的发生。《史记·货殖列传》载:"秦伐魏,迁孔氏南阳。大鼓

---

① 从现代法学的角度出发,明晰的产权制度意味着征用并不导致所有权的转移。
② 参见杨师群:《论东周秦代社会财产私有权问题》,《学术月刊》1998年第5期,第68—74页。
③ 张家山二四七号汉墓竹简整理小组:《张家山汉墓竹简[二四七号墓]》(释文修订本),第59—61页。
④ 参见宋刚、刘阅春:《婚姻与继承法教程》,北京:对外经济贸易大学出版社,2007年,第262页。
⑤ [汉]司马迁:《史记》卷六《秦始皇本纪》,第308页。
⑥ [唐]杜佑:《通典》卷一《食货一》,王文锦等点校,北京:中华书局,1988年,第13页。
⑦ [汉]司马迁:《史记》卷六十八《商君列传》,第2710页。
⑧ [汉]班固:《汉书》卷二十八下《地理志下》,第1654页。
⑨ [南朝宋]范晔:《后汉书》卷三十四《梁统列传》,第1181页。
⑩ 睡虎地秦墓竹简整理小组编:《睡虎地秦墓竹简》,第51页。
⑪ [汉]司马迁:《史记》卷六《秦始皇本纪》,第323页。
⑫ [汉]班固:《汉书》卷七十二《贡禹传》,第3077页。
⑬ 参见卜宪群:《秦汉社会势力及其官僚化问题——以商人为中的探讨》,《江苏行政学院学报》2006年第5期,第126—131页。
⑭ 张弘:《战国秦汉时期商人和商业资本研究》,济南:齐鲁书社,2003年,第159页。

铸,规陂池,连车骑,游诸侯,因通商贾之利,有游闲公子之赐与名。"①其中颇有行贿意味。同时,这种压制性或歧视性的做法意味着正常工商业经营会受到影响。在这种情况下,非法经营活动就有可能不断发生。从中可见,工商业者的违法在当时诱因多元。

从秦代工商业者的违法状况来看,一方面基于逐利性而产生的违法行为大量存在。经济利益在各个时代都是违法行为的重要诱因。再如,在"识劫娩案"中,娩匿訾不报,希望能够规避课税。②商人逐利的心态油然显露,结果反而被识找到敲诈把柄。另一方面,政府的压制性或歧视性做法也成为工商业者违法行为多发的诱因。政府的压制做法使得正常市场行为变得困难,因此通过其他手段获取利益就成为很多人的选择。同时,由于其他生活手段的失败,从事工商业成为一种生存方式。现代犯罪学认为,"就包括中国在内的世界各国的情形来看,贫困依然是一种重要的致罪因素"③。事实上,从《为狱等状四种》的案例来看,在秦代贫困仍然可能是导致违法行为多发的原因,而其表现可能就是从事工商业等的投机取巧等。这些都可以从上述论证中窥见一二。

五、岳麓秦简司法实践中的违法军人

《为狱等状四种》中"绾等畏耎还走案"颇有趣味。④所谓畏耎,又称畏懦,有怯战之意。《史记·东越列传》载:"是时汉使大农张成、故山州侯齿将屯,弗敢击,却就便处,皆坐畏懦诛。"⑤《汉书·元后传》载:"为武帝绣衣御史,逐捕魏郡群盗坚卢等党与,及吏畏懦逗留当坐者,翁孺皆纵不诛。"⑥临阵脱逃在秦代是严重犯罪,而从前两个案例来看,无论是在战争中还是捕盗中临阵脱逃的犯罪都有发生。不仅在《为狱等状四种》中,《二年律令》中的案例十八也能说明这一点。⑦在这个案例中,讨伐反盗的新黔首因为领头一人阵亡之后便溃败逃窜,后来又因为惧怕受到处罚而拒绝返回原驻地。

作为严重犯罪,畏耎罪所受到的刑事处罚较为严厉,而且有严厉化趋势。按照《为狱等状四种》的记载,根据其畏耎的程度,"绾等畏耎还走案"中的违法者中,严重者被处以完为城旦、鬼薪,较轻者被处以"耐以……"虽然这里是缺字的,但《二年律令·具律》载:"告不审及有罪先自告,各减其罪一等,死罪黥为城旦舂,城旦舂完为城旦舂,完为城旦舂罪□,□鬼薪白粲及府(腐)罪耐为隶臣妾……"⑧也即完为城旦、鬼薪的下一级刑罚是耐为隶臣妾,因此"绾等畏耎还走案"中的较轻者可能会被处于耐为隶臣妾的刑罚。秦律对畏耎的处罚可能

---

① [汉]司马迁:《史记》卷一百二十九《货殖列传》,第3977页。
② 朱汉民、陈松长:《岳麓书院藏秦简(叁)》,第153页。不过在这个案例中,因为娩不是户主,所以在她儿子尚未成人之前,她是替她儿子进行匿訾的。参见朱德贵:《岳麓秦简所见"訾税"新证》,《中国经济史研究》2016年第4期,第82页。
③ 许章润等:《犯罪学》,北京:法律出版社,2007年,第209页。
④ 关于畏耎的研究,还可以参见朱潇:《岳麓书院藏秦简〈为狱等状四种〉与秦代法制研究》,北京:中国政法大学出版社,2016年,第97—109页。
⑤ [汉]司马迁:《史记》卷一百一十四《东越列传》,第3612页。
⑥ [汉]班固:《汉书》卷九十八《元后传》,第4013页。
⑦ 参见张家山二四七号汉墓竹简整理小组:《张家山汉墓竹简[二四七号墓]》(释文修订本),第103页。
⑧ 张家山二四七号汉墓竹简整理小组:《张家山汉墓竹简[二四七号墓]》(释文修订本),第26页。

是多样性的。前引《奏谳书》案例十八载:"令:所取荆新地,多群盗,吏所兴与群盗遇。去北,以儋乏不斗论。律:儋乏不斗,斩。"①这件案件发生在秦始皇二十七年,所谓"儋乏不斗",彭浩认为其跟《汉书·武帝纪》所引如淳注汉律"行逗留畏愞者要(腰)斩"②有继承性。③杨振红则认为儋乏、不斗是两个罪名,儋乏相当于汉律的乏军之兴也即缺乏军事供给等,不斗则相当于逗留、畏愞等。④按整理小组的解释,"绾等畏耎还走案"发生在秦始皇二十六年。⑤这两个案例间隔一年,是否畏耎罪的刑罚在这一时间内有所加重或者还是根据具体情形的不同而有所不同,具体仍然不太清楚。当然从这两个案例来看,"绾等畏耎还走案"的案例是士兵畏耎而后退,但并未完全离开战场;《奏谳书》的案例则是士兵畏耎不敢战,同时离开了战场。这可能是处罚存在差异的原因。

秦律的这种差异到汉代仍然存在。《二年律令·捕律》载:"与盗贼遇而去北,及力足以追逮捕之【而官】□□□□□【逗】留畏耎弗敢就,夺其将爵一络〈级〉,免之毋爵者戍边二岁;【而罚其所将吏徒以卒戍边各一岁。】兴吏徒追盗贼,已受令而逋,以畏耎论之。"⑥夺爵一级比秦律为轻,戍边则很难比较。但在某些情况下,汉律对畏耎罪的处分也是斩刑,与《奏谳书》案例十八的律令相同。《史记·韩长孺传》载:"天子怒王恢不出击单于辎重,擅引兵罢也……于是下恢廷尉。廷尉当恢逗桡,当斩。"裴骃集解云:"汉书音义曰:'逗,曲行避敌也;桡,顾望。军法语也。'"⑦《汉书·匈奴传上》亦载:"上以虎牙将军不至期,诈增卤获,而祁连知房在前,逗留不进,皆下吏自杀。"⑧畏耎罪当死刑的律法到东汉亦如是。如《后汉书·光武帝纪下》载李贤注云:"汉法,军行逗留畏懦者斩。"⑨《后汉书·孝质帝纪》载:"壬子,广陵太守王喜坐讨贼逗留,下狱死。"⑩从汉律中来看,有没有离开战场似乎也是区分刑罚轻重的原因,离开战场在汉代案例中主要体现为避战。当然,《二年律令·捕律》中所规定的"兴吏徒追盗贼,已受令而逋,以畏耎论之"⑪,大概说的是,抓捕盗贼的吏徒如果还没有进入战斗场所而直接逃跑的话,也是以较轻的畏耎罪处罚。之所以出现这种情况,可能是因为这些吏徒有可能是没有捕盗职责的吏徒。⑫

---

① 张家山二四七号汉墓竹简整理小组:《张家山汉墓竹简[二四七号墓]》(释文修订本),第104页。
② 《汉书·武帝纪》载:"秋,匈奴入雁门,太守坐畏懦弃市。"如淳注:"军法,行逗留畏懦者要斩。"[汉]班固:《汉书》卷六《武帝纪》,第204页。
③ 参见彭浩:《谈〈奏谳书〉中秦代和东周时期的案例》,《考古》1995年第3期,第46页。
④ 参见杨振红:《"南郡卒史复攸"等狱簿再解读》,《中国古代法律文献研究》(第八辑),北京:社会科学文献出版社,2014年,第116—117页。
⑤ 参见朱汉民、陈松长:《岳麓书院藏秦简(叁)》,第242页。
⑥ 张家山二四七号汉墓竹简整理小组:《张家山汉墓竹简[二四七号墓]》(释文修订本),第28页。
⑦ [汉]司马迁:《史记》卷一百八《韩长孺传》,第3463页。
⑧ [汉]班固:《汉书》卷九十四上《匈奴传》,第3786页。
⑨ [南朝宋]范晔:《后汉书》卷一下《光武帝纪下》,第60页。
⑩ [南朝宋]范晔:《后汉书》卷六《孝质帝纪》,第280页。
⑪ 张家山二四七号汉墓竹简整理小组:《张家山汉墓竹简[二四七号墓]》(释文修订本),第28页。
⑫ "兴吏徒"当指临时征发之意。《二年律令·盗律》载"吏所兴能捕若斩一人,拜爵一级。"整理小组注:兴,征发。张家山二四七号汉墓竹简整理小组:《张家山汉墓竹简[二四七号墓]》(释文修订本),第17页。因此,这里的兴吏徒可能是指临时征发没有捕盗责任的吏徒追捕,但是一旦受令就有了法律责任去追捕盗贼。又因为是临时征发的,所以其所承担的责任要比有专门责任的官吏要轻。

总的来说，秦汉将畏愞区分为两种即畏愞罪与不斗罪。前者轻而后者重。这种根据情节轻重而确定刑罚轻重的做法在"绾等畏愞还走案"中有更为鲜明的体现。这个案例之所以有趣是因为，它体现出秦律对畏愞罪是根据怯战的步数进行处罚的。在著名的"五十步笑百步"的故事中，《孟子·梁惠王上》载："孟子对曰：'王好战，请以战喻。填然鼓之，兵刃既接，弃甲曳兵而走。或百步而后止，或五十步而后止。以五十步笑百步，则何如？'曰：'不可；直不百步耳，是亦走也。'"①也即，孟子与梁惠王都认为怯战是一种质的差别，与量无关。而秦人的思维显然与之有所不同。根据量来确定刑罚的轻重是秦律较为常见的做法。例如有学者认为秦律可能是最早根据数额来确定盗罪刑罚轻重的。②实际上，在商鞅的法律思想中，轻重差别极为重要。《商君书·修权》载："先王县权衡，立尺寸，而至今法之，其分明也。夫释权衡而断轻重，废尺寸而意长短，虽察，商贾不用为其不必也。[故法者，国之权衡也。]"③权衡、尺度等等是确定轻重的重要标志，商鞅所谓"释权衡而断轻重，废尺寸而意长短，虽察，商贾不用"可能意指单纯的性质判断并不重要，重要的是要事物的具体轻重程度有所分别。受这种影响，"五十步笑百步"就从可笑的故事变成了秦律的具体实践。

当然，从违法者角度出发会发现，秦的士兵并未完全按照法家的理念成为以"耕战"为主要功能的战争机器。人性恶是法家的主要思想，而作为秦律谋划者的商鞅对其有奠基作用。④因为人性有趋利避害之本能，所以能为统治者所驱使。故《商君书·错法》谓："人君不可以不审好恶。好恶者，赏罚之本也。夫人情好爵禄而恶刑罚，人君设二者以御民之志，而立所欲焉。夫民力尽而爵随之，功立而赏随之，人君能使其民信于此如明日月，则兵无敌矣。"⑤君主立法需要考察民众之好恶，而利用好恶的引导性则可以实现君主的目的。《商君书·赏刑》云："民之欲富贵也，共阖棺而后止，而富贵之门必出于兵。是故民闻战而相贺也，起居饮食所歌谣者，战也。"⑥法家利用人情好恶引导人们追求富贵，从而实现富国强兵的目标。"商鞅治国理念，首先强调国君必须牢牢掌控人性所好的资源，即富贵名利只能来自利禄官爵，而利禄官爵只能出自国君之手，在国君完全掌控人性所好的资源以后，便把农战定为实现人性所好的唯一途径，也就是说国君利用掌控人性所好的资源来驱民干其所恶之事，若要让臣民乐于干其所恶之事，必须让其所好只能来自其所恶，如此以来，则国君利益与臣民利益一致，故用名利、官爵驱民耕战，是商鞅构建秦国制度的重要一环。"⑦从士兵角度来说，商鞅变法的目的就是推动士兵为国杀敌而不顾自身。《史记·商君列传》谓："有军功者，各以率受上爵；为私斗者，各以轻重被刑大小。"⑧即达到"勇于公斗、怯于私斗"的主要目标。

如果从更广泛的秦代士兵犯罪状况来看⑨，法家所指定的律令的法律实效仍然不能完

---

① 杨伯峻译注：《孟子译注》卷一《梁惠王章句上》，北京：中华书局，1960年，第5页。
② 参见闫晓君：《秦汉盗罪及其立法沿革》，《法学研究》2004年第6期，第138页。
③ 高亨注译：《商君书注译》，北京：中华书局，1974年，第296页。
④ 参见马作武：《先秦法律思想史》，北京：中华书局，2015年，第326页。
⑤ 高亨注译：《商君书注译》，第236—237页。
⑥ 高亨注译：《商君书注译》，第363页。
⑦ 胡铁球：《商鞅构建农战之国的理念及其影响——以〈商君书〉为中心讨论》，《社会科学》2016年第1期，第139页。
⑧ [汉]司马迁：《史记》卷六十八《商君列传》，第2710页。
⑨ 关于军人犯罪的研究，可参见上官红伟：《秦汉军人犯罪研究》，首都师范大学硕士学位论文，2008年。

全合乎制度设计的本意，所谓"民闻战而相贺也"的理想并没有完全实现。当然，从理想上来说，秦代军功制度或者说赏罚制度对其最终统一全国起到极其重要的作用。①但是，一方面畏战之士兵仍然在一定范围内存在，另一方面军功制度既起到激烈耕战的作用也进一步激发出人心的恶性。就后者而言，因为争功而产生的违法行为可能到了比较严重的程度。从前文对官吏违法行为的阐述中可以发现，为获取军功奖励而做出的违法行为，当然也远不止如此。例如，《封诊式·夺首》载："军戏某爰书：某里士五(伍)甲缚诣男子丙，及斩首一，男子丁与偕。甲告曰：'甲，尉某私吏，与战刑(邢)丘城。今日见丙戏瘢，直以剑伐痍丁，夺此首，而捕来诣。'诊首，已诊丁，亦诊其瘢状。"②作为争取军功的凭据，首级成为士兵的争夺对象。这已经是相对不太严重的违法行为。再如《封诊式》载："某爰书：某里士五(伍)甲、公士郑才(在)某里曰丙共诣斩首一，各告曰：'甲、丙战刑(邢)丘城，此甲、丙得首殹(也)，甲、丙相与争，来诣之。'诊首口髯发，其右角痏一所，袤五寸，深到骨，类剑迹；其头所不齐膆膆然。以书谒首曰：'有失伍及菌(迟)不来者，遣来识戏次。'"③从这个案例来看，这个争夺首级的案件似乎别有内情，司法者在进行司法检验后传书军队询问有没有掉落部队或者从伍来迟的人，这说明司法者认为这很有可能是一个因为争取军功而戕害同袍的案件。④这从侧面反映类似杀良冒功的案件可能也不仅是单一的，甚至很有可能是多发的。"在'计首授爵'政策蛊惑下，秦军士兵已变成了杀人狂，不仅在战争中疯狂屠杀敌人，而且也屠杀自己人，杀良冒功更属常见。"⑤贾谊所谓"商君遗礼义，弃仁恩，并心于进取，行之二岁，秦俗日败"⑥可以说甚有所见地。

从法家逻辑来说，以赏罚而驱使人性的目的在于实现目标的统一性，即统一到耕战中。但从结果来看，现实的死亡威胁超过刑罚成为引导士兵行为的意识。而面对死亡与秦法的双重威胁，《奏谳书》案例十八的拒战逃亡就成为一个重要选择，结果畏葸转变为更严重的不斗罪。同时，对于人性趋利避害的引导也在一定程度上把人性的阴暗面进一步暴露出来，违法行为包括极为严重的犯罪都成为士兵追求自身利益的一种途径。秦法的压制性把人性懦弱与黑暗的两个方面都激发出来，导致违法行为的发生。从这种意义上来说，秦代法律的严苛或者极端是造成士兵违法行为多发的重要原因。尽管从严格意义上来说，夺首甚至杀害同袍的行为不是基于秦法的压制，而是很大程度上受到秦法的诱导，即想获取爵位所附带的特权。因此，从这里可以看出，秦法本身就具有诱发犯罪的要素，违法者的行为也可以获得某种意义上的同情理解。

---

① 参见周建波等：《秦军功爵制的经济学分析》，《经济学(季刊)》2013年第1期，第333—350页。
② 睡虎地秦墓竹简整理小组：《睡虎地秦墓竹简》，第153页。
③ 睡虎地秦墓竹简整理小组：《睡虎地秦墓竹简》，第153页。
④ 有学者认为，这是一件普通争夺首级的案件，所谓"以书谒首曰：'有失伍及(迟)不来者，遣来识戏次。'"其意思应该是"用文书来征求掉队和迟到部队的成员来驻地辨认。"参见刘芮方：《周代爵制研究》，东北师范大学博士学位论文，2011年，第114页。但按照秦律规定，"失期当斩"。司法者发出文书请求这些可能会被处于斩刑的人来进行辨识可能性不大。而且，这些人也不可能对由谁斩首给出明确判断，首级最能够证明的应是该人的相貌。因此，这里应该是由司法者发出文书请求军队派人来辨识相貌，确定是否秦自己的军人。相关观点，还可以参见朱绍侯：《军功爵制研究》，北京：商务印书馆，2017年，第34页。
⑤ 参见朱绍侯：《军功爵制研究》，第34页。
⑥ [汉]班固：《汉书》卷四十八《贾谊传》，第2244页。

六、岳麓秦简司法实践中的违法"新秦民"

在《为狱等状四种》中会发现，新秦民也是犯罪率比较高的群体之一。所谓新秦民指的是在秦征服六国后由六国人而变为秦民的群体，以与秦国固有之民相区别。①当六国人处在秦国的法制环境下时，新秦民对制度环境的适应性并不强。这一点可以从《为狱等状四种》的两个案例中发现。

其一，在"尸等捕盗疑购案"中，秦人治等曾经邦亡荆，阆等则欲从京州邦亡秦，但是尚未在官府履行程序就后悔了。京州归降秦后，他们则沦为群盗。②

其二，在"䰍盗杀安、宜等案"中，魏人䰍在投降秦后成为隶臣，但他逃亡了。后来，为了返回魏国，他盗杀人以获取路资，但最终被捕。③

在这两个案例中，前者新秦民尚未成为新秦民就反悔了，但最终由于京州的被征服而成为新秦民，后者新秦民在投降后沦为社会最底层。④秦法的严苛对于新秦民来说大概是一种十分严酷的挑战。而且秦法的严苛不仅及于新秦民中的底层，也及于上层。秦始皇对六国贵族的政策主要采取杀戮、迁徙流放、降为奴仆、去其武装等措施。⑤这些都意味着，新秦民在秦法下生存的困难。在秦扩张的过程中，其对新占领土地的管理采取的是与原有领土一致的模式。《汉书·刑法志》谓："至于秦始皇，兼吞战国，遂毁先王之法，灭礼谊之官，专任刑罚。"⑥同时，由于战胜者对战败者的优势，新秦民似乎受到的待遇更为恶劣。因此，秦政府专门颁布法律禁止官吏对新秦民肆意剥夺或任意凌辱等。⑦如岳麓书院藏秦简（五）载："新地吏及其舍人敢受新黔首钱财酒肉它物，及有卖买叚（假）赁贳于新黔首而故贵赋〈贱〉其贾（价），皆坐其所受及故为贵赋〈贱〉之臧、叚赁费、贳息，与盗同法。其贳买新黔首奴婢畜产及它物盈三月以上而弗予钱者坐贳贾（买）钱数，亦与盗同法。"⑧这些防止官吏侵渔新秦民（也即新黔首）的律令说明当时可能存在很多类似案例。然而由于推行秦法模式需要专门培训的官吏，而新领土没有这种人才储备，秦原有官吏数量可能无法满足这些需求，因此很多受

---

① 秦朝在对原秦民与新秦民的管理中也存在区别。参见沈刚：《秦人与它邦人——新出秦简所见秦代人口身份管理制度的一个方面》，《中国古代法律文献研究》（第九辑），北京：社会科学文献出版社，2015年，第143—153页。
② 朱汉民、陈松长：《岳麓书院藏秦简（叁）》，第113—117页。
③ 朱汉民、陈松长：《岳麓书院藏秦简（叁）》，第185—191页。
④ 即使是主动归附的新秦民，其地位大概也要比原秦民低。参见王子今：《秦王朝关东政策的失败与秦的覆亡》，《史学集刊》1986年第2期，第26页。
⑤ 参见田静：《秦统一后的六国贵族》，《历史教学》1994年第3期，第37页。
⑥ [汉]班固：《汉书》卷二十三《刑法志》，第1096页。
⑦ 参见于振波：《秦律令中的"新黔首"与"新地吏"》，《中国史研究》2009年第3期，第75—76页。
⑧ 陈松长主编：《岳麓书院藏秦简（伍）》，上海：上海辞书出版社，2017年，第51—52页。

到处罚不能在原秦地为官吏者就被派驻到新领土。①这些官吏主要是免废者,也即治理能力不足或有职务犯罪之官。岳麓书院藏秦简谓:"病有瘳,令为新地吏及戍如吏。有适过,免,废为新地吏。"②这些素质较低的官吏可能会使新秦民的生活境遇进一步恶化。

按新秦民的苦难,《史记·陈馀列传》载:"乃引兵东北击范阳。范阳人蒯通说范阳令曰:'窃闻公之将死,故吊。虽然,贺公得通而生。'范阳令曰:'何以吊之?'对曰:'秦法重,足下为范阳令十年矣,杀人之父,孤人之子,断人之足,黥人之首,不可胜数。然而慈父孝子莫敢倳刃公之腹中者,畏秦法耳。今天下大乱,秦法不施,然则慈父孝子且倳刃公之腹中以成其名,此臣之所以吊公也。今诸侯畔秦矣,武信君兵且至,而君坚守范阳,少年皆争杀君,下武信君。君急遣臣见武信君,可转祸为福,在今矣。'"③按《汉书·地理志》载范阳原属燕地。④范阳令任职十年,结果厉行苛法,结果"杀人之父,孤人之子,断人之足,黥人之首,不可胜数"。这使得民怨沸腾,虽然高压统治下新秦人敢怒不敢言,而一旦起义之火四起,民怨就成爆发之势。这充分说明了新秦人在秦法上的生存状态及其反抗之心。

事实上,由于秦法严苛,不仅新秦民不适应,原有秦民很多也不愿意留在秦。"多小未能与谋案"中,多跟母亲很早就从秦逃亡到荆。⑤在"学为伪书案"中,作为"君子子"即基层官吏⑥儿子的学也想逃离秦国。他的父亲因为违法而居赀受辱,这使他产生离开秦逃到荆的想法,为此他试图通过诈骗获取资财但最终被识破。⑦原秦人对秦法的恐惧从"约法三章"中也可以看出。《史记·高祖本纪》载:"(刘邦)召诸县父老豪桀曰:'父老苦秦苛法久矣,诽谤者族,偶语者弃市。吾与诸侯约,先入关者王之,吾当王关中。与父老约法三章耳:杀人者死,伤人及盗抵罪。余悉除去秦法。诸吏人皆案堵如故。凡吾所以来,为父老除害,非有所侵暴,无恐!且吾所以还军霸上,待诸侯至而定约束耳。'乃使人与秦吏行县乡邑,告谕之。秦人大喜,争持牛羊酒食献飨军士。"⑧所谓天下苦秦久矣不仅包括新秦人,也包括原秦人。逃离秦国成为很多人的共识。不过,逃亡相对于谋反来说并不是十分严重的违法。在秦法统治下,谋反行为也逐渐增多。《史记·秦始皇本纪》载:"晋阳反,元年,将军蒙骜击定之。"⑨《史记·秦始皇本纪》载:"(二十一年)新郑反。昌平君徙于郢。"⑩《史记·秦始皇本纪》载:"(二十三年)荆将项燕立昌平君为荆王,反秦于淮南。"⑪秦末二世时,陈胜、吴广登高一呼,群集响应,终于秦灭。

---

① 参见朱锦程:《秦对新征服地的特殊统治政策——以"新地吏"的选用为例》,《湖南师范大学社会科学学报》2017年第2期,第150—156页;张梦晗:《"新地吏"与"为吏之道"——以出土秦简为中的考察》,《中国史研究》2017年第3期,第61—65页;沈刚:《简牍所见秦代对南方新占领地区特殊统治政策探析》,《简牍学研究》(第6辑),兰州:甘肃人民出版社,2016年,第82—84页。
② 陈松长主编:《岳麓书院藏秦简(伍)》,第190页。
③ [汉]司马迁:《史记》卷八十九《陈馀列传》,第3125页。
④ 《汉书·地理志下》载:"燕地,尾、箕分野也……南得涿郡之易、容城、范阳……"[汉]班固:《汉书》,第1657页。
⑤ 朱汉民、陈松长:《岳麓书院藏秦简(叁)》,第141—142页。
⑥ 君子在秦代是指基层官吏。参见李玥凝:《秦简"君子子"含义初探》,《鲁东大学学报(哲学社会科学版)》2016年第3期,第59—64页。
⑦ 朱汉民、陈松长:《岳麓书院藏秦简(叁)》,第223—231页。
⑧ [汉]司马迁:《史记》卷八《高祖本纪》,第459页。
⑨ [汉]司马迁:《史记》卷六《秦始皇本纪》,第290页。
⑩ [汉]司马迁:《史记》卷六《秦始皇本纪》,第301页。
⑪ [汉]司马迁:《史记》卷六《秦始皇本纪》,第302页。

当然，六国人在被征服前就已经认识到秦法之苛。《史记·鲁仲连列传》载："彼秦者，弃礼义而上首功之国也，权使其士，虏使其民。彼即肆然而为帝，过而为政于天下，则连有蹈东海而死耳，吾不忍为之民也。"①同时，秦代对待俘虏也极为苛刻。按照秦律规定，降卒要沦为隶臣，睡虎地秦简《秦律杂抄》载："寇降，以为隶臣。"②这也是"𣪠盗杀安、宜等案"中𣪠所受的待遇。不过沦为隶臣在一定程度上反而是秦代俘虏较好的命运。在秦统一六国的战争中，坑杀降卒或新秦民的行为多次出现。秦代所制定的"计首授爵"的制度在提高军队战斗力的同时也成为诱发大屠杀的原因。③这一点在统一六国的战争中也如是。如《史记·赵世家》载："七年，廉颇免而赵括代将。秦人围赵括，赵括以军降，卒四十余万皆阬之。"④另外，皇帝私人恩怨也曾引起屠杀新秦民的行为。如《史记·秦始皇本纪》载："十九年，王翦、羌瘣尽定取赵地东阳，得赵王。引兵欲攻燕，屯中山。秦王之邯郸，诸尝与王生赵时母家有仇怨，皆阬之。秦王还，从太原、上郡归。"⑤在这种背景下，六国人对成为新秦民多有疑虑，各国都极为抵制。如《史记·白起列传》载："秦尝攻韩，围邢丘，困上党，上党之民皆反为赵，天下不乐为秦民之日久矣。"⑥事实也证明，六国人的想法是正确的，秦法之下的新秦民确实生活困苦。一旦爆发，星星之火，可以燎原。

通过前文已经可以看出，秦代法制对于统治下的社会各阶层都有压制性，不同的群体基于自身的特性对之做出不同的反馈。而新秦民所受秦法之苛要重于原秦民。在这种背景下，新秦民中的违法行为多发就是可以理解的了。甚至像"𣪠盗杀安、宜等案"中𣪠一样，他为获得逃亡资本不惜杀人越货。生活处境的恶化使得个人在面对强大的秦帝国时所具有的手段极为有限，超法规的违法行为在这种意义上也就带有了向秦法抗争的意味。

七、岳麓秦简司法实践所反映的秦代社会

通过《为狱等状四种》可以发现，秦代社会是阶层多元化的社会。在秦代以耕战为中心、以爵位差异为手段建构起的社会中，不同人有着不同的生活方面，也在用不同手段谋求自身的生活出路。当然，以爵位制为构造的社会等级差异，还可以将"负爵位"纳入其中，即形成爵位内差异、无爵者、奴婢等形态，整个社会处于极为紧密的构造中。⑦

秦人的这种紧密构成是以爵位制为中心的，而其是整个秦代社会的支撑性力量。以里为例，"秦汉时期，地方行政组织的基本内容包括郡、县、乡、里四级。里是最低一级行政组织，里可分为城邑之里和乡下辖的里两部分"⑧。在认识中国传统乡村治理模式的过程中，温

---

① [汉]司马迁：《史记》卷八十三《鲁仲连列传》，第2983页。
② 睡虎地秦墓竹简整理小组：《睡虎地秦墓竹简》，第89页。
③ 参见朱绍侯：《军功爵制研究》，第30—36页。
④ [汉]司马迁：《史记》卷四十三《赵世家》，第2199页。
⑤ [汉]司马迁：《史记》卷六《秦始皇本纪》，第300页。
⑥ [汉]司马迁：《史记》卷七十三《白起列传》，第2839页。
⑦ 参见[日]鹰取祐司著，朱腾译：《秦汉时代的刑罚与爵制性身份序列》，载周东平、朱腾编：《法律史译评》，第1—27页。
⑧ 张信通：《秦汉里治研究》，河南大学博士学位论文，2013年，第89页。

铁军曾经提出皇权不下县的说法。①秦晖进一步总结为"国权不下县,县下唯宗族,宗族皆自治,自治靠伦理,伦理造乡绅"②。尽管这一观点受到包括秦晖在内相当一部分学者的批判③,但不得不说它在描述中国传统乡村治理的过程中仍然有其价值所在。④作为皇权不下县的反例,秦代是一个皇权渗透进社会包括基层方方面面的社会。西嶋定生指出:"爵级的多寡就成为爵级的序列,而形成为里的社会秩序。于是,人们作为有爵者的身份特权,在这种秩序结构中,得到具体的实现。这点表明了,国家权力作为每个有爵者在社会生活中的特权而显现出来。因而,若从国家权力的角度来看待这点,为了通过各个有爵者来显现国家权力,作为其实现的场所,于是形成了里的秩序;而由赐爵形成里的秩序,成为副产品。"⑤秦的爵位制对整个社会形成统治力,所有人的行为与生活都与之有密切关系。当然也不仅如此,爵位制所代表的是秦代以赏罚为推动力的社会建构方式。不仅爵位,秦法所包含的各种诱导人们趋利避害的措施都对秦代社会产生重要影响。这一点完全可以透过对其各个违法群体的上述研究予以发现,为获取利益或避免损失违法显然成为重要途径。

违法行为在各个社会都是不可避免的,导致违法的原因也多种多样。而通过对违法群体及其违法原因的考察可以发现,很多违法行为的出现是由于秦法本身的问题,尤其与秦法所导致的压力型社会结构有关。在皆有法式的统治秩序下,整个秦代社会处于一种绷紧状况或者说压力传导状态。从处于国家上层的官吏到处于最为底层的民众,他们都处于行政压力传导的一个层面。尽管官、民之间在政治地位上多有不同,但实际上面对君主专制统治具有某种意义上的一致性。即从官吏到普通民众都不过是君主实现专制统治的特定一环。这一点还可以从"罪臣"观念中窥见一二。在汉代发展出一种罪臣观念,如《史记·陈丞相世家》载:"陛下不知其驽下,使待罪宰相。"⑥雷戈解释谓:"作为一种新的政治共识,'罪臣'较之'罪君'蕴含有更为丰富的思想史意向。它折射出皇权政体对官僚意识的更为专横和强悍的意识形态要求。"⑦罪臣观意味着整个社会的各阶层都是为皇权目的服务的,以皇帝的利益为行政依归,臣下唯恐有所差池。成熟的罪臣观念形成于汉代,但恐怕自秦代就有其萌芽。同时,罪臣观念意味着,在秦制下除皇帝之外的所有人都匍匐于皇权的专制威权下。《史记·秦始皇本纪》载:"仆射周青臣进颂曰:'他时秦地不过千里,赖陛下神灵明圣,平定海内,放逐蛮夷,日月所照,莫不宾服。以诸侯为郡县,人人自安乐,无战争之患,传之万世。自上古不及陛下威德。'"⑧所谓"威德",有学者认为:"秦之核心价值观念'威德'实际具有两层涵义:其一,是指秦始皇兼并六国、统一天下的开拓之功,及其所表现出的,令海内折服的威风、威武、气势及震慑力。其二,是指秦始皇治理天下时所采取的尚威严法、多欲寡恩的暴虐

---

① 参见温铁军:《半个世纪的农村制度变迁》,《战略与管理》1999年第6期,第81页。
② 秦晖:《传统十论》,北京:东方出版社,2014年,第8页。
③ 参见张新光:《质疑古代中国社会"皇权不下县、县下皆自治"之说》,《学习与实践》2007年第4期,第87—97页。
④ 参见胡恒:《"皇权不下县"的由来与反思》,《中华读书报》2015年11月4日第5版。
⑤ [日]西嶋定生著,武尚清译:《中国古代帝国的形成与结构:二十等爵制研究》,北京:中华书局,2004年,第441页。
⑥ [汉]司马迁:《史记》卷五十六《陈丞相世家》,第2504页。
⑦ 雷戈:《"待罪"的观念意义——后战国时代的官僚意识之分析》,《浙江社会科学》2006年第1期,第166页。
⑧ [汉]司马迁:《史记》卷六《秦始皇本纪》,第325页。

政治。"①皇帝的威权渗透到社会的方方面面,使得所有人都感到无从解脱。

皇帝威德对于整个社会的统治,使得各个阶层都要面临压力。尽管各阶层所感受到的压力各有不同,但是在压力传导机制下,各个阶层的恶性似乎都有被刺激的倾向。例如作为社会上层的官吏,按照秦代的理念或者说秦代的官吏教育体系,本应该品格优异且执法公正。②睡虎地秦简《为吏之道》云:"凡为吏之道,必精絜(洁)正直,慎谨坚固,审悉毋(无)私,微密纤(纤)察,安静毋苛,审当赏罚。严刚毋暴,廉而毋刖,毋复期胜,毋以忿怒央(决)。宽俗(容)忠信,和平毋怨,悔过勿重。兹(慈)下勿陵,敬上勿犯,听间(谏)勿塞。"③但事实上,秦吏的残酷在前述论证中已有所见。再如《汉书·谷永传》载:"秦居平土,一夫大呼而海内崩析者,刑罚深酷,吏行残贼也。夫违天害德,为上取怨于下,莫甚乎残贼之吏。"④官吏的这种残酷性显然与秦法本身的残酷性有关,但同时也受到行政压力的影响。或以为:"商鞅为了战争的胜利,要把人性中的善统统去掉,以造虎狼之秦,提升战斗力,而善与智是一体,故去善过程中,也提倡反智。"⑤整个秦代的政治制度并不完全利于塑造公正、廉明的官吏。这一点不仅可以从官吏犯罪中发现,而且内在于法家的制度理念中。

在法家理念中存在一个重要的理念矛盾。一方面,法家主张立公灭私⑥,《韩非子·饰邪》云:"禁主之道,必明于公私之分,明法制,去私恩。"⑦另一方面,法家又主张透过激发人类趋利避害的本能而利用人的自私性达到制度目的。灭私欲与存私欲的冲突使得法家理念有助于推动守法,但也会为人们违法提供理念上的非罪恶化。从官吏的角度来看,一方面守法是为官的基本职责,但另一方面为获取自身利益而违法也变得不具有道德上的可谴责性。如果反过来思考的话,睡虎地秦简的《为吏之道》、岳麓秦简的《为吏治官及黔首》等官箴性文书的出现其目的可能是试图通过强化官吏的道德感以弥补法家理念的内在冲突。在这种法家所设计的行政压力被层层传导的体制下,社会各个阶层为使自己利益最大化就有可能出现不断向下压制的局面。在这种情况下,底层人民的生活压力也会变得越来越大,而无从向下传导压力时,底层人民的违法行为也就层出不穷。而当违法行为不断出现后,秦法的严苛性也就进一步展现出来。暴政与违法行为的多发具有内在互动性。

根本上说,法家所设计的制度具有推动暴政的内在基础。《史记·秦始皇本纪》云:"秦王怀贪鄙之心,行自奋之智,不信功臣,不亲士民,废王道,立私权,禁文书而酷刑法,先诈力而后仁义,以暴虐为天下始。夫并兼者高诈力,安定者贵顺权,此言取与守不同术也。秦离战国而王天下,其道不易,其政不改,是其所以取之守之者无异也。"⑧司马迁认为法家之道作为

---

① 巴晓津:《"威德"与秦之兴亡》,《天津师范大学学报(社会科学版)》2013年第5期,第51页。
② 参见高立梅:《为吏品格与执法公正——秦汉时期"吏道"思想的演变》,《华南农业大学学报(社会科学版)》2008年第3期,第80—85页。
③ 睡虎地秦墓竹简整理小组:《睡虎地秦墓竹简》,第167页。
④ [汉]班固:《汉书》卷八十五《谷永传》,第3449页。
⑤ 胡铁球:《商鞅构建农战之国的理念及其影响——以〈商君书〉为中心讨论》,《社会科学》2016年第1期,第147页。
⑥ 立公灭私可能是诸子共识。参见刘泽华:《春秋战国的"立公灭私"观念与社会整合(上)》,《南开学报(哲学社会科学版)》2003年第4期,第63—72页。
⑦ [清]王先慎:《韩非子集解》卷五《饰邪》,第128页。
⑧ [汉]司马迁:《史记》卷六《秦始皇本纪》,第356页。

秦统一天下的基础有其高效性,但战争与治国本质不同,不能以战争思维取代治国思维。这种观点显然把法家思想作为秦朝最终失败的原因。这种观点对近世也有影响,如翦伯赞认为秦末起义是秦代专制独裁的暴政的结果。他不仅指出暴政是秦朝失败的原因,而且指出苛法(也即法家之法)与暴政的关系。[1]近年来,随着出土文献的增多以及秦律的不断厘清,很多学者开始对这些传统观念提出质疑,例如不少学者认为秦亡与法家无关,秦亡于暴政而非法家的思想多有市场。[2]这种观点充分认识到法家思想本身的优点及其对暴政所具有的限制要素。甚至还有学者认为秦律的"苛法"是经过层累性而被夸大的。[3]这些学者试图表达的理念下,法家所具有的法律理念本身具有内在的限制要素,即要求对权力进行控制。因此,当皇权做出暴虐行为时,他们本质是违背法家理念而非合乎法家理念的。但考察秦代违法者的生存处境会发现,法家的法律制度在很多层面加重社会成员的负担,让相当一部分社会成员处于恶劣状态,不管官还是民皆如此。可以说,法家理念所推导的法律秩序具有生成暴政的基础,并不能仅仅因为法家人物否定暴政就直接否定法家对暴政的推动作用。

结　语

秦法把整个秦代社会变成了一个以国家目的为追求的战车,为了实现这一目的,不仅整个社会被捆绑上去,而且要求每个人最大限度为国家目的服务。但是在为达成国家目的同时,不同阶层都有自身的私人目的。法家的理念从根本上来说是希望能够把个人对私人目的的追求以赏罚为工具统合到国家目的之中,同时这种制度也使得很多人在制度夹缝中生存,由此形成一种行政压力传导性或者说压制性社会模式。当整个秦代社会处于压制性状况下时,除了少数人之外,可能多数人都有打破这种社会的内在渴求。因此,一旦起义之火被点燃,狼烟四起、群雄并立就变得可以理解,而秦二世而亡也就具有制度自身的必然性了。

作者简介: 李勤通,湖南大学法学院副教授。

---

[1] 参见翦伯赞:《秦汉史十五讲》,北京:中华书局,2015年,第50页。

[2] 参见李国明、霍存福:《法家思想与秦亡关系新探》,《当代法学》1993年第3期,第47—51页;王占通:《秦朝灭亡非法家思想之罪》,《古籍整理研究学刊》2012年第5期,第1—8页;乔松林:《秦亡于法家说质疑》,《史学月刊》2013年第6期,第119—122页。也有学者似乎认为,秦始皇在统一后滥用法家学说或制度导致官吏的严酷,并最终将秦王朝推向灭亡。参见肖永明:《读岳麓书院藏秦简〈为吏治官及黔首〉札记》,《中国史研究》2009年第3期,第67—68页;朱红林:《岳麓简〈为吏治官及黔首〉人口管理与控制研究》,《上海师范大学学报(哲学社会科学版)》2013年第4期,第11页。也即,他们认为法家学说内在具有防止权力滥用的倾向,但却受制于君主的意志而有滥用的可能。这种观点与秦亡于暴政而非法家说本质上相似的。

[3] 参见李超:《秦"严刑峻法论"辩》,《秦汉研究》第二辑,西安:三秦出版社,2007年,第333—341页。

帛爵赐予与汉代民间社会治理的实践

——以赐"三老"帛爵为考察中心

吴方浪

【摘 要】关于汉代"三老"问题,学界已有较多研究,但在两汉"三老"社会分层、"三老五更"与"国三老"关系、县乡"三老"参与民间社会治理实践等方面论之不详。以所属行政级别论,汉代"三老"可分为"国三老"("三老五更")、"郡三老"(包括"王国三老")、"县三老"(包括"侯国三老""邑三老")、"乡三老"四个层级,其中"国三老"与"县三老"两汉常见。以身份而论,县、乡"三老"非官非吏,仅为一类拥有功名、具备做官资格的地方士大夫,在地方社会拥有极强号召力和影响力,且在参与民间社会治理中发挥重要作用,成为汉统治者拉拢、礼敬的重要对象。汉统治者并以帛、爵赐予手段,将游离于官制秩序外的地方"三老"纳入王朝统治秩序之中,实践对民间社会治理强化。

【关键词】汉代;"三老";帛爵赐予;民间社会治理

一、问题的提出:从"三老"的社会分层与身份说起

丝织品赏赐是汉代君主惠民措施中的常见手段之一。两汉丝织品赏赐的对象非常广泛,包括皇亲、国戚、三公九卿、各级官吏、"三老"、孝悌、力田、鳏寡孤独、贞妇等,赐帛的同时往往伴随着赐爵。帛、爵赐予,体现了国家对社会管控的加强,其中以对"三老"赐帛、爵最具代表性。"三老",战国时就已有之,秦汉因承不改,并进一步完善"三老"制度。汉代"三老"既是吏,又非吏,具有吏、民的双重属性,在两汉民间社会具有极大的影响力、号召力,既是王朝宣示孝悌、借以维护民间社会治安的工具,同时又可成为威胁统治安全、颠覆王朝的重要力量。故此,本文选择"三老"为考察中心,探析帛、爵赐予制度下汉代民间社会治理的实践方式。

学界关于"三老"的研究,成果丰富,但无定论。其中,对三老的来源,存有原始社会说[①]、春秋说[②]、战国说[③]三种;对于汉代"三老"的身份,特别是"乡三老"的身份,颇具争议,早已成学界公案。如杨联升、范文澜、郭沫若等认为,"乡三老"为汉代地方的一个小官吏[④];陈直、安作璋、熊铁基认为,两汉"三老""比于吏",但并非真正之吏[⑤];而严耕望、朱绍侯、刘敏、黄今言等则指出,汉代"三老"并非真正的乡村吏员[⑥],对此笔者亦赞同。万义广将"三老"研究进一步深化,分汉代"三老"为乡三老、县三老、郡三老、国三老四个层级,指出西汉"乡三老"是官而非吏,东汉"乡三老"则兼备官、吏双重性质,并认为国三老与"三老五更"之"三老"为两类不同级别的"三老"。[⑦]无疑,万文将"三老"进行分层级研究是非常正确,也是很有必要的。但是,认为"乡三老"是官或吏、"国三老"不同于"三老五更"之"三老"似可商榷。此外,在"郡三老"层级之中亦似可再细分为"郡三老""王国三老",而"侯国三老"似乎应划入"县三老"层级为妥。

　　就目前学界对"三老"研究而论,大体从"敬老"、崇孝两点出发探讨汉代"三老"制度渊源,对"三老"的社会功能,特别是赐"三老"帛爵制度下,汉代民间社会治理的实践方面,关注不够。陈明光认为,"乡三老"是乡族势力的代表[⑧],可谓一语中的。邹水杰从汉代基层政治格局这一角度指出,"三老"始终是作为乡里社会的民间权威而存在的[⑨],一定程度上探析了"三老"的社会功能。而在对"三老"帛、爵赐予问题上,学界亦普遍认为是统治者对高年、有德者的恩赐,意在崇"孝"。笔者认为,"孝"是汉代赐"三老"帛、爵的一个原因,但并非主要原因,其真正目的是为了笼络"三老",以稳定王朝统治,强化社会管控,通过"帛爵赐予"的方式将民间社会中具有强大影响力和权威性的郡、县、乡三老纳入国家统治秩序之内,以此寻求新一种民间社会治理实践方式。基于以上种种原因,学界关于"三老"的研究,虽成果丰富,但仍存许多可耕耘之余地,故笔者拟先从分析汉代"三老"身份属性入手,考察两汉君主将"三老"纳入民间社会治理的途径和方式,进而探讨不同层级"三老"与汉代民间社会治理实践之关系演变。

---

① 如刘修明:《汉代以孝治天下发微》,《历史研究》1983年第6期;张金光:《秦乡官制度及乡里亭关系》,《历史研究》1997年第6期;王霜媚:《帝国基础——乡官与乡绅》,《中华文化新论》,北京:三联书店,1992年,第165页等。
② 如吉书时:《略论汉代的三老》,《北京师大学报》1983年第6期;牟发松:《汉代三老:"非吏而得与吏比"的地方社会领袖》,《文史哲》2006年第6期等。
③ 如杨筠如:《三老考》,《语历所周刊》(第2集)1928年第21期;苏莹辉:《论我国三老制度》,《大陆杂志》第二十一卷,1960年第6期;秦进才:《汉代三老、父老异同考》,《河北师院学报》1992年第4期等。
④ 杨联升:《东汉的豪族》,《清华大学学报》1936年第4期;范文澜:《中国通史简编》,北京:人民出版社,1965年,第102页;郭沫若:《中国史稿》第二册,北京:人民出版社,1979年,第121页。
⑤ 陈直:《汉书新证》,天津:天津人民出版社,1979年,第172页;安作璋、熊铁基:《秦汉官制史稿》,济南:齐鲁书社,1984年,第190页。
⑥ 严耕望:《秦汉地方行政制度史》,台北:"中研院史语所"1961年发行,1997年第4版,第245页;朱绍侯:《疑古是解决历史谜团的一把钥匙》,《洛阳大学学报》1999年第1期;刘敏:《论汉代"敬老"道德的法律化》,《天津社会科学》2005年第3期;黄今言:《汉代三老、父老的社会与作用》,《江西师范大学学报》2007年第5期。
⑦ 万义广:《汉代"乡三老"身份再探》,《南昌大学学报》2008年第5期;万义广:《汉代三老的层级结构及其异同考》,《江西师范大学学报》2015年第5期。
⑧ 陈明光:《汉代"乡三老"与乡族势力蠡测》,《中国社会经济史研究》2006年第4期。
⑨ 邹水杰:《三老与汉代基层政治格局之演变》,《史学月刊》2011年第6期。

二、两汉"三老"的社会分层

汉承秦制,又有所变革,全国实行中央—郡—县—乡管理制度的同时,分封诸侯国。在此郡国并行体制下,两汉三老存在鲜明的社会分层现象。

(一)"三老五更"与"国三老"

早在先秦时期,"三老"业已出现。《礼记·文王世子》曰:"天子视学……释奠于先老,遂设三老五更群老之席位焉。适馔省醴……以孝养也。"①秦统一后,郡县亦有"三老"。《汉书·陈胜传》载:"胜自立为将军,广为都尉……攻陈,陈守令皆不在……乃入据陈。数日,号召三老豪桀会计事。"②此秦时,陈县有"三老"之明证。汉代"三老",始置于高祖二年(前205),举民"年五十以上,有修行,能帅众为善"者,每乡选一人为乡三老,从乡三老中选择一人为县三老,"与县令丞尉以事相教,复勿繇戍",以十月赐酒肉。③可见,高祖二年(前205)诏令设置的"三老"分为"县三老"和"乡三老"两个层级。文帝前元十二年(前168)诏令"以户口率置三老、孝悌、力田常员",所置亦为基层"三老"。④"三老五更"则最早出现于王莽居摄元年(6),《汉书·王莽传》曰:

> 居摄元年正月,莽祀上帝于南郊,迎春于东郊,行大射礼于明堂,养三老五更,成礼而去。⑤

此后,明帝永平二年(59)"初行养老礼","尊事三老,兄事五更",将"三老五更"礼仪制度化,并首次选任常山李躬为"三老"、沛国桓荣为"五更"。如《后汉书·明帝纪》云:

> (永平二年)冬十月壬子,幸辟雍,初行养老礼。诏曰:"光武皇帝建三朝之礼……尊事三老,兄事五更,安车软轮,供绥执授。……三老李躬,年耆学明。五更桓荣,授朕《尚书》。《诗》曰:'无德不报,无言不酬。'其赐荣爵关内侯,食邑五千户。三老、五更皆以二千石禄养终厥身。其赐天下三老酒人一石,肉四十斤。"⑥

关于"三老五更"的人选,《礼记·文王世子》引郑玄注曰:"三老、五更各一人也,皆年老更致仕者也,天子以父兄养之,示天下之孝悌也。"⑦由此,"三老五更"中"三老"的人选似乎都是年老、德高且三公中致仕者,但事实并非如此。如:

---

① [清]阮元校刻:《十三经注疏·礼记正义》卷二十《文王世子》,北京:中华书局,1980年,第1410页。
② [汉]班固:《汉书》卷三一《陈胜传》,北京:中华书局,1962年,第1787—1788页。
③ [汉]班固:《汉书》卷一上《高帝纪》,第33—34页。
④ [汉]班固:《汉书》卷四《文帝纪》,第124页。
⑤ [汉]班固:《汉书》卷九九上《王莽传》,第4082页。
⑥ [南朝宋]范晔:《后汉书》卷二《明帝纪》,北京:中华书局,1965年,第102—103页。
⑦ [清]阮元校刻:《十三经注疏·礼记正义》卷二十《文王世子》,第1410页。

(周泽)十八年,拜侍中骑都尉。后数为三老五更。建初中致仕,卒于家。①

(杨赐)奏,甚忤曹节等。蔡邕坐直对抵罪,徙朔方。赐以师傅之恩,故得免咎。其冬,行辟雍礼,引赐为三老。复拜少府、光禄勋,代刘郃为司徒。②

据上,永平十八年(75)后侍中骑都尉周泽已"数为三老五更",章帝建初中方致仕,可见周泽在致仕之前已为"三老五更"明矣。杨赐所为"三老"指"三老五更"之"三老"当无疑义,而其在成为"三老"之后,复拜为少府、光禄勋,代刘郃为司徒,未致仕亦很明显。可见,汉代"三老五更"中"三老"的人选不一定非为致仕者,且不一定为三公九卿(如周泽为"三老五更"前是侍中骑都尉),但为德高者应该可以肯定。

"国三老"最早出现于更始时期,《后汉书·刘玄传》载:

更始即帝位……悉拜置诸将,以族父良为国三老,王匡为定国上公,王凤成国上公,朱鲔大司马,伯升大司徒,陈牧大司空。③

从更始帝"拜置诸将"顺序可看出,"国三老"位于"上公"、大司空、大司马、大司徒前,其地位应高于"上公"、大司空等"三公"。此后,"国三老"于东汉常见,如:

(杨)统作《家法章句》及《内谶》二卷解说,位至光禄大夫,为国三老。④
(李充)迁左中郎将,年八十八,为国三老。安帝常特进见,赐以几杖。⑤
(士孙)瑞以允自专讨董卓之劳,故归功不侯……后为国三老、光禄大夫。⑥

关于"国三老",有学者认为"国三老"即"三老五更"之"三老"。⑦笔者以为不妥,"国三老"与"三老五更"之"三老"实有区别,见表一。

---

① [南朝宋]范晔:《后汉书》卷七九下《儒林传·周泽》,第2579页。
② [南朝宋]范晔:《后汉书》卷五四《杨赐传》,第1780页。
③ [南朝宋]范晔:《后汉书》卷十一《刘玄传》,第469页。
④ [南朝宋]范晔:《后汉书》卷三十上《杨厚传》,第1047页。
⑤ [南朝宋]范晔:《后汉书》卷八一《独行传·李充》,第2685页。
⑥ [南朝宋]范晔:《后汉书》卷六六《王允传》,第2178页。
⑦ 如杨筠如:《三老考》,《语历所周刊》(第2集)1928年第21期;秦进才:《三老父老异同考》,《河北师院学报》1992年第4期;万义广:《汉代三老的层级结构及其异同考》,《江西师范大学学报》2015年第5期等。

表1 两汉"三老五更"与"国三老"对比表

人名	"三老五更"				国三老				
	李躬	伏恭	周泽		李充	鲁丕	士孙瑞	袁良	杨统
条件	年耆学明		有首妻，男女完具					夫人结发	
年龄		90			88	70			90
为"三老"前官职		司空	侍中骑都尉	三公	左中郎将	侍中左中郎将	光禄大夫	议郎符节令	光禄大夫
赐杖			赐玉杖		赐几杖			赐几杖	
礼遇			父事三老皇帝"亲袒割牲"		常特进见			袒割之养	
赐车乘情况	安车软轮，供绥执授		安车濡轮，恭绥执授 安车捄轮					安车亲阙	
待遇	二千石禄养终身								
奉养场所	辟雍		明堂、大学						

据上表，"三老五更"之"三老"与"国三老"在某些方面存明显区别。其一，选任条件不同。"三老五更"之"三老"须是"年耆学明"①且"有首妻，男女完具"②；反观"国三老"，选任条件并不明确，仅《国三老袁良碑》中言议郎符节令袁良以"父子俱列三台，夫人结发"为"国三老"③，且表中所列东汉李充为"国三老"前因其妻有"私财"，"思分异"，遂"遂令出门"，应谈不上"有首妻"或"夫人结发"。④其二，为"三老"前官职差异明显。"三老五更"之"三老"均由"三公"为之，如伏恭。李躬为"三老"前官职不明，不好判断；周泽虽以"侍中骑都尉"为"三老五更"，但前已任职"行司徒事"，或亦可以"三公"视之。"国三老"则皆由"九卿"为之，如表一所列李充、士孙瑞、袁良、杨统等，为"三老"前官职差距明显。其三，赐杖等级不同。两汉朝廷对高年有赐杖制度，所赐之杖有"几杖""王杖""玉杖""鹫杖"等，人群不同，所赐杖种类也不同。⑤"三老五更"之"三老"所赐为"玉杖"⑥，赐"国三老"则为"几杖"，赐"玉杖"与"几杖"性质是不同的。⑦查之汉籍，"几杖"所赐群体上至王公大臣，下至普通百姓皆有，但"玉杖"所赐对象仅见"三老五更"之"三老"。其四，为"三老"待遇不同。明帝引李躬为"三老五更"之"三老"，赐"二千石禄养终厥身"⑧，可见"三老五更"是享受官禄的，但"国三老"却不见有享受官禄记载。其五，奉养场所不同。两汉书所见"三老五更"奉养场所不定，有辟雍、明堂、大学等，

---

① [南朝宋]范晔：《后汉书》卷二《明帝纪》，第102页。
② [汉]应劭撰，[清]孙星衍辑，周天游点校：《汉官六种》，北京：中华书局，1990年，第124页。
③ [宋]洪适：《隶释》，北京：中华书局，1985年，第37页。
④ [南朝宋]范晔：《后汉书》卷八一《独行传·李充》，第2684页。
⑤ 魏燕利：《"王杖"考辨》，《简牍学研究》（第四辑），兰州：甘肃人民出版社，2004年，第150页。
⑥ [晋]司马彪撰，[清]汪文台辑：《续汉书》，清刻本，第387页。
⑦ 李立：《"鹫杖"考辨》，《深圳大学学报》2008年第2期。
⑧ [南朝宋]范晔：《后汉书》卷二《明帝纪》，第107页。

"国三老"不见有奉养场所。综上几点,汉代"三老五更"之"三老"与"国三老"在很多方面有显著差异,非同一系列"三老"。

关于"三老五更"与"国三老"的身份,从前文论述可知,李躬、袁逢、李充致仕之后为"三老",周泽、杨赐、士孙瑞致仕之前已是"三老",可见"三老五更""国三老"当为荣誉头衔,并非官名,亦无禄秩。因而,明帝永平二年(59)以常山李躬为"三老"、沛国桓荣为"五更"之后,才会令"三老、五更皆以二千石禄养终厥身"。①《北史·尉元传》亦云:"虽老、更非官,耄耋罔禄,然况事既高,宜加殊养。三老可给上公禄,五更可食元卿俸。"②同样可佐证"三老五更"非官,亦无禄秩。

(二)"王国三老"与"郡三老"

两汉"王国三老"始见于鲁恭王使鲁三老孔子惠抱《古文孝经》诣京师,《全汉文·古文训传序》载:

> 至汉兴……鲁恭王使人坏夫子讲堂,于壁中石函得《古文孝经》二十二章……鲁三老孔子惠抱诣京师,献之天子。③

考鲁恭王余,景帝子,以孝景前元二年(前155)立为淮阳王。吴楚反破后,以孝景前元三年(前154)徙王鲁,在位二十八年薨。④由此知,鲁恭王余一直到武帝元朔年间仍然在位,故此鲁三老应系鲁王国"三老"。汉代诸侯王官属设置基本与中央类似,因此"王国三老"就其身份而言,应类似于"三老五更"之"三老"、"国三老",为荣誉头衔,属上层仪礼系统,鲁王恭以"鲁三老"孔子惠抱"古文孝经"诣京师,献天子,亦可佐证。

"郡三老"始见于光武初年,《后汉书·循吏传》载:

> (王景)父闳,为郡三老……建武六年……闳与郡决曹史杨邑等共杀调迎遵,皆封为列侯,闳独让爵。⑤

此外,另还有几处与"郡三老"相关史料,可作辅证,如:

> 翁孺以奉使不称免……乃徙魏郡元城委粟里,为三老,魏郡人德之。⑥
> 冬十月,行幸邺,与赵王栩会邺。常山三老言于帝曰:"上生于元氏,愿蒙优复。"⑦
> 后二年,莽复遣使者奉玺书,太子师友祭酒印绶,安车驷马迎胜……使者与郡太

---

① [南朝宋]范晔:《后汉书》卷二《明帝纪》,第102—103页。
② [唐]李延寿:《北史》卷二五《尉元传》,北京:中华书局,1974年,第925页。
③ [清]严可均辑,任雪芳审订:《全汉文》,北京:商务印书馆,1999年,第127—128页。
④ [汉]班固:《汉书》卷五三《鲁恭王余传》,第2413页。
⑤ [南朝宋]范晔:《后汉书》卷七六《循吏传·王景》,第2464页。
⑥ [汉]班固:《汉书》卷九八《元后传》,第4013—4014页。
⑦ [南朝宋]范晔:《后汉书》卷二《明帝纪》,第108页。

守、县长吏、三老官属、行义诸生千人以上入胜里致诏。①

宋度迁长沙太守。人多以乏衣食,产乳不举。度切让三老,禁民杀子。②

王翁孺徙居魏郡元城委粟里,为"三老","魏郡人德之",张金光释这则史料为"人居委粟里,为郡三老"。③可从。第二条史料发生于明帝永平五年(62),东汉常山地域,最初为郡,光武建武十七年(41)"进右翊公辅为中山王,食常山郡"④。常山郡归入中山国疆域,至建武二十年(44)中山王辅徙封沛王,常山又恢复郡的建制。⑤之后,直至明帝永平十五年(72)封皇子昞为常山王,常山一直以郡的形式存在。⑥无疑,此"常山三老"当为"郡三老"。第三条史料,王莽拜龚胜为太子师友祭酒,遣郡太守、县长吏、"三老"等诸官属迎之,基本上郡县所有官吏皆至,此处"三老"当包含"郡三老""县三老"两类"三老"。同理,史料四宋度为长沙太守,因民杀子而"切让三老",此"三老"亦应包含长沙郡、县、乡三级"三老"。综上,"郡三老"同样需有德者为之,此外"郡三老"还具有匡民教化、代天子"致诏"、上册建言之职责。再者,从第一条史料"郡三老"闳与郡决曹史杨邑等"共杀调迎遵"这一事件可看出,王朝末年混乱时期,"郡三老"在维护地方稳定、指引民心向背方面具有举足轻重的作用。

(三)"侯国三老"与"县三老""乡三老"

"侯国三老"见诸史籍者亦不多,《汉书·外戚传》载:

> 翁须年八九岁时,寄居广望节侯子刘仲卿宅。……及广望三老更始、刘仲卿妻其等四十五人辞,皆验。⑦

此事发生在宣帝地节三年(前67)。《汉书·地理志》云:"广望,侯国,属涿郡。"⑧王翁须在八、九岁时就被寄居广望节侯子刘仲卿宅,此时广望属侯国当可确定。⑨故而,"广望三老更始"应即广望侯国"三老"名更始。另据《尹湾汉墓简牍》西汉末东海郡《集簿》所列东海郡县、侯国、邑、乡人员表:

> 县、邑、侯国卅八:县十八,侯国十八,邑二。其廿四有堠(?),都官二。……
> 县三老卅八人,乡三老百七十人,孝、弟、力田各百廿人,凡五百六十八人。
> 吏员二千二百三人:大(太)守一人,丞一人,卒史九人,属五人,书佐十人,啬夫一

---

① [汉]班固:《汉书》卷七二《龚胜传》,第3084—3085页。
② 周天游辑注:《八家后汉书辑注》,上海:上海古籍出版社,1986年,第227页。
③ 张金光:《有关东汉侍廷里父老僤的几个问题》,《史学月刊》2003年第10期。
④ [南朝宋]范晔:《后汉书》卷一下《光武帝纪》,第68页。
⑤ [南朝宋]范晔:《后汉书》卷四二《沛献王辅传》,第1427页。
⑥ [南朝宋]范晔:《后汉书》卷二《明帝纪》,第119页。
⑦ [汉]班固:《汉书》卷九七上《外戚传》,第3962页。
⑧ [汉]班固:《汉书》卷二八上《地理志》,第1578页。
⑨ 万义广认为广望属涿郡之县,"广望三老"为"县三老",有误。(《汉代三老的层级结构及其异同考》,《江西师范大学学报》2015年第5期)

人,凡廿七人……①

知东海郡有县、邑、侯国三十八,有"县三老"三十八人,平均每个县、邑、侯国设"三老"一人,已为学界共识。从《集簿》所列县、侯、邑看,邑似乎也设有"三老",然"邑三老"两汉史籍未载,或可补正史之缺。从职责上看,"侯国三老"参与地方辞讼,与"县三老"类似(见下文)。汉代政区规划侯、县、邑同属一个行政级别,故"侯国三老""邑三老"与"县三老"同等级,如列入"郡三老"层次,似为不妥。②

"县三老""乡三老"两汉史籍常见(如表二),身份颇具争议。

表2 汉代"县三老""乡三老"人员表

时间	人名	层级	史料	出处
汉王时	董公	县三老	南渡平阴津,至洛阳,新城三老董公遮说汉王曰……	《汉书》卷一上《高帝纪》
武帝时	茂	县三老	壶关三老茂上书曰:"臣闻父者犹天,母者犹地,子犹万物也……"书奏,天子感悟。	《汉书》卷六三《戾太子据传》
武帝时	任安	县三老	任安,荥阳人也……其后除为三老,举为亲民,出为三百石长,治民。	《史记》卷一〇四《田叔列传》
元帝时		县三老	京房字君明……察举补小黄令。举最当迁,三老官属上书愿留赣,有诏许增秩留,卒于小黄。	《汉书》卷七五《京房传》
成帝河平二年③		县三老	范延寿,宣帝时为廷尉……奏免郡太守、令、长等,切让三老无帅化之道。	《八家后汉书辑注·谢承后汉书·刑志》
成帝河平二年	公乘兴	县三老	湖三老公乘兴等上书讼尊治京兆功效日著:"往者南山盗贼阻山横行……唯明主参详,使白黑分别。"	《汉书》卷七六《王尊传》
成帝时	朱英	县三老	吏民嘉壮尊之勇节,白马三老朱英等奏其状。下有司考,皆如言。	《汉书》卷七六《王尊传》
西汉末	樊重	县三老	外孙何氏兄弟争财,重耻之,以田二顷解其忿讼。县中称美,推为三老。	《后汉书》卷三二《樊宏传》
王莽时		郡、县三老	使者与郡太守、县长吏、三老、官属、行义诸生千人以上入胜里致诏。	《汉书》卷七二《龚胜传》
王莽末		县三老	王莽末,竟陵、西阳三老起兵于郡界,武往从之,后入绿林中,遂与汉军合。	《后汉书》卷二二《马武传》
东汉		县三老	刁曜迁鲁相,行县,使三老执辔御车,所顿亭传,辄讲经书。	《八家后汉书辑注·谢承后汉书·刁曜传》

---

① 连云港市博物馆、中国文物研究所编:《尹湾汉墓简牍综论》,北京:科学出版社,1999年,第22页。

② 万义广认为:"'郡三老'有两种,一是郡三老,二是诸侯国三老",将侯国"三老"列入"郡三老",不妥。(《汉代三老的层级结构及其异同考》,《江西师范大学学报》2015年第5期)

③ 《汉书·百官公卿表》载:"(河平二年)北海太守安成范延寿子路为廷尉,八年卒。"据此,范延寿任职廷尉的最早时间是成帝河平二年(前27),又同表曰:"(河平二年)廷尉何寿为大司农。"可见,范延寿任职廷尉不到一年的时间,其所任廷尉一职就被何寿取代。综上,范延寿任职廷尉的时间仅为成帝河平二年(前27)。([汉]班固:《汉书》卷十九下《百官公卿表》,第827页。)

续表

时间	人名	层级	史料	出处
东汉		郡、县、乡三老	宋度迁长沙太守……度切让三老,禁民杀子,比年之间,养子者三千余人,男女皆以"宋"为名也。	《八家后汉书辑注·谢承后汉书·宋度传》
章帝章和元年		县三老	章和元年,上行东巡狩,过济阳,三老吏人上书陈朗前政治状。	《后汉书》卷四一《寒朗传》
章帝时		乡三老	有遵奉教化者,擢为乡三老,常以八月致酒肉以劝勉之。	《后汉书》卷七六《循吏传·秦彭》
顺帝时		乡三老	吴祐迁胶东相,民有词讼,先令三老以孝悌喻解。	《八家后汉书辑注·谢承后汉书·吴祐传》

如表二所述,县、乡三老两汉社会存在较为普遍,较之"三老五更""国三老""王国三老"等,更多参与县、乡基层社会治理。有鉴于此,县、乡三老是本文探讨的重点。

三、县、乡三老的身份与选任条件

关于"县三老"与"乡三老"的身份,存在官、吏、"非吏而得与吏比"①三种观点。针对各自观点的考论,也是证据充分,言之凿凿,先暂存不论。在与县、乡三老相关的所有史料中,有一则史料应引起关注,现摘录于下:

> 任安,荥阳人也……安以为武功小邑,无豪,易高也,安留,代人为求盗亭父。后为亭长。……其后除为三老,举为亲民,出为三百石长,治民。②

从任安任职经历看,从"求盗亭父"到亭长,再到"三老",最后"出为三百石长",从亭级机构一步一步进升为三百石县长。"求盗亭父"、亭长为亭一级胥吏,"三百石长"为县级长吏,中间缺失了在乡一级行政机构任职经历,故可推测任安为亭长后"除为三老",所任职"三老"应该为"乡三老"。③据上文记载,任安从"乡三老"出为"三百石长"的一个重要原因就是被举为"亲民"。两汉因"亲民"而被察举者如:

> (地节三年)三年春三月,诏令内郡国举贤良方正可亲民者。④
> (神爵四年)夏四月,令内郡国举贤良可亲民者各一人。⑤
> (建平元年)诏曰:"其与大司马、列侯、将军、中二千石、州牧、守、相举孝弟惇厚能

---

① 见牟发松:《汉代三老:"非吏而得与吏比"的地方领袖》,《文史哲》2006年第6期。
② [汉]司马迁:《史记》卷一〇四《田叔列传》,北京:中华书局,1959年,第2779页。
③ 故《史记·田叔列传》在该段"其后除为三老"条下引[正义]曰:"《百官表》云:'十亭一乡,乡有三老一人,掌教化也。'"仅叙述"十亭一乡,乡有三老一人"。
④ [汉]班固:《汉书》卷八《宣帝纪》,第248—249页。
⑤ [汉]班固:《汉书》卷八《宣帝纪》,第264页。

直言通政事,延于侧陋可亲民者,各一人。"①

明显,"亲民"是贤良方正、"孝悌惇厚能直言通政事"者的象征。而关于察举贤良方正、"孝悌惇厚能直言通政事",安作璋、熊铁基先生认为"这些都是功名,有了功名,便可实授官职"②。可见,县、乡"三老"应指的是有一定功名,具备做官资格的地方士大夫。任安正是在除为"三老"举为"亲民"后,有了功名,具备做官的资格,其后才被实授"三百石长",成为治民之官。

汉代县、乡三老仅具备做官资格,尚称不上官,这一点还可从"赐三老爵"诏令得到进一步证明。两汉王朝对"三老"的赏赐非常平凡,西汉以赐帛为主,东汉改为赐爵。如(仅举数例,详见表三):

(明帝中元二年)其赐天下男子爵,人二级;三老、孝悌、力田,人三级;爵过公乘,得移与子,若同产、同产子;人无名数欲自占者,人一级;鳏、寡、孤、独、笃癃粟,人十斛。

(明帝永平三年)赐天下男子爵,人二级;三老、孝悌、力田人,三级;流人无名数欲占者,人一级;鳏、寡、孤、独、笃癃、贫不能自存者粟,人五斛。

(安帝延光元年)赐民爵及三老、孝悌、力田,人二级;加赐鳏、寡、孤、独、笃癃、贫不能自存者粟,人三斛;贞妇帛,人二匹。

(顺帝阳嘉元年)赐爵,人二级,三老、孝悌、力田三级,爵过公乘得移与子若同产、同产子,民无名数及流民欲占著者人一级;鳏、寡、孤、独、笃癃、贫不能自存者粟,人五斛。

上引"赐三老爵"中"三老"的层级当为郡、县、乡等地方"三老"(朝廷"三老"多以三公九卿为之,赐民爵三级对他们毫无意义),其中县、乡"三老"应是主流。从以上诸例"赐爵"诏令中可发现,赐"三老爵"均与赐男子爵或民爵同时进行,且规定"爵过公乘,得移与子,若同产、同产子"。众所周知,汉代在赐民爵时限定爵不得过公乘,因为公乘是二十等爵制中的第八级,介于官爵与民爵之间,爵至第九级五大夫者,就意味着是官,八级以下皆为民爵,不具备官的身份。③因此,从赐"三老"爵这一点上看,"县、乡三老"亦"非官"。再如《后汉书·桓帝纪》云:

建和元年春正月辛亥朔,日有食之。诏三公、九卿、校尉各言得失。戊午,大赦天下。赐吏更劳一岁;男子爵,人二级;为父后及三老、孝悌、力田,人三级;鳏、寡、孤、独、笃癃、贫不能自存者粟,人五斛;贞妇帛,人三匹。④

诏令中特别将"赐吏更劳一岁"与"三老、孝悌、力田,人三级"分开,说明东汉桓帝时"三

---

① [汉]班固:《汉书》卷十一《哀帝纪》,第338页。
② 安作璋、熊铁基:《秦汉官制史稿》(下册),济南:齐鲁书社,1985年,第312页。
③ 刘敏:《秦汉编户民问题研究》,北京:中华书局,2014年,第38页。
④ [南朝宋]范晔:《后汉书》卷七《桓帝纪》,第289页。

老"亦非吏。何况,《尹湾汉墓简牍·集簿》更是明确将"县、乡三老"排除在东海郡吏员之外,刘敏先生指出"三老的政治地位和社会作用很高,他们是汉代的各级民间代表,但我们不应将其视为乡官"①。黄今言先生同样以为"汉代地方上的三老之身份,均非严格意义上的乡村吏员"。②

最后又有学者提出了新的证据,认为县、乡等地方"三老"有"官属",从这一点证明"三老"当为官。③对此观点,暂不置评,先看两汉文献有关"三老官属"的记载,中华书局 1962 年版点校本《汉书》:

> 乃因下诏曰:"河东太守堪,先帝贤之,命而傅朕……堪治未期年,而三老官属有识之士咏颂其美,使者过郡,靡人不称。④
>
> 后二年,莽复遣使者奉玺书,太子师友祭酒印绶,安车驷马迎胜……使者与郡太守、县长吏、三老官属、行义诸生千人以上入胜里致诏。⑤
>
> 焦延寿字赣……为郡史,察举补小黄令。以侯司先知奸邪,盗贼不得发。爱养吏民,化行县中。举最当迁,三老官属上书愿留赣,有诏许增秩留,卒于小黄。⑥

中华书局 1965 年版点校本《后汉书》:

> 遣光武以破虏将军行大司马事。……所到部县,辄见二千石、长吏、三老、官属,下至佐史,考察黜陟如州牧行部事。⑦
>
> (永平十年)闰月甲午,南巡狩。幸南阳,祠章陵。日北至,又祠旧宅。礼毕,召校官弟子作雅乐,奏《鹿鸣》,帝自御埙篪和之,以娱嘉宾。还,幸南顿,劳飨三老、官属。⑧
>
> (永元十五年)九月壬午,南巡狩,清河王庆、济北王寿、河间王开并从。赐所过二千石长吏以下、三老、官属及民百年者钱布,各有差。⑨

可见,《汉书》在记载三老官属时将"三老官属"连读,而《后汉书》则将三老官属从中间断开,点校为"三老、官属"。一个符号之差,语义差距千里。笔者以为《后汉书》断句正确。以王莽拜龚胜太子师友祭酒为例,"使者与郡太守、县长吏、三老、官属、行义诸生千人以上入胜里致诏"⑩,这里"官属"所指当为郡、县长吏之官属。如释为"三老"官属,则为何"致诏"时,

---

① 刘敏:《论汉代"敬老"道德的法律化》,《天津社会科学》2005 年第 3 期。
② 黄今言:《汉代三老、父老的社会与作用》,《江西师范大学学报》2007 年第 5 期。
③ 万义广:《汉代"乡三老"身份再探》,《南昌大学学报》2008 年第 5 期。
④ [汉]班固:《汉书》卷三六《刘向传》,第 1948 页。
⑤ [汉]班固:《汉书》卷七二《龚胜传》,第 3084—3085 页。
⑥ [汉]班固:《汉书》卷七五《京房传》,第 3160 页。
⑦ [南朝宋]范晔:《后汉书》卷一上《光武帝纪》,第 10 页。
⑧ [南朝宋]范晔:《后汉书》卷二《明帝纪》,第 113 页。
⑨ [南朝宋]范晔:《后汉书》卷四《和帝纪》,第 191 页。
⑩ [汉]班固:《汉书》卷七二《龚胜传》,第 3084—3085 页。

郡太守、县长吏、三老及其官属、行义诸生皆至,独缺漏郡、县属吏?且太守、县令、三老及其官属加上行义诸生,其人数亦不可能达到"千人以上"的规模。相反,如果释为郡、县之官属,那"千人以上"规模才有可能,前引《尹湾汉墓简牍·集簿》东海郡"吏员二千二百三人"即可佐证。此外,释"官属"为其前官职之官属者,"官属"前官职皆为长吏,具备置属吏资格,如"少府官属"①"越骑官属"②"二千石官属"③等。很明显,三老非长吏,不具备置属吏资格。因此,中华书局版对于《汉书》"三老官属"的校读是不正确的,应校为"三老、官属","官属"指郡县长吏之官属,非"三老"之官属。

关于"县、乡三老"的选拔条件,有学者认为"县、乡三老"必须富有资财。④稍显武断。论证"县、乡三老"富有资财者,所举为西汉末樊重举为"三老"史例:

> 父重,字君云,世善农稼,好货殖。……赀至巨万,而赈赡宗族,恩加乡闾。外孙何氏兄弟争财,重耻之,以田二顷解其忿讼。县中称美,推为三老。⑤

从这段史料很明显可看出,樊重虽"赀至巨万",但其被推为"三老"的原因却是"恩加乡闾""县中称美"。前引西汉任安为"三老"前,经济状况是"少孤贫困,为人将车之长安",显然不属于"富有资财"者。⑥出土东汉碑刻载"鲁北乡候阳三老,自思贫居乡里,不在朝廷,又无经学",亦是"贫居乡里"。⑦此外,两汉史籍所见其他任职县、乡"三老"人员亦无以资财著称者(见表二),足见汉代"三老"的选任条件与资财无关,更多的是具备"恩加乡闾""县中称美"的行义。故马端临在《文献通考·自序》中言:"两汉之三老、啬夫,皆有誉望之名士。"⑧

要之,无论是从爵位赐予上还是"亲民"特征上看,"县、乡三老""非官"的身份非常明显。当然,"县、乡三老"即不是民,也非吏(《尹湾汉墓简牍·集簿》已明载),应当是一类拥有功名、具备做官资格的地方士大夫。《汉书》所载"三老官属"之"官属"实为郡、县长吏之官属,非"三老"之官属,故县、乡三老亦非官。虽然,"县、乡三老"非官非吏,但他们在汉代基层社会的影响及领袖作用不容忽视,既是统治者借以维护统治的重要工具,又时常威胁着社会稳定与王朝安全,成为刘氏王朝对社会控制的不稳定因素,为两汉历代统治者尊宠和拉拢。

---

① [汉]班固:《汉书》卷八八《儒林传·欧阳生》,第 3603 页。
② [汉]班固:《汉书》卷八一《匡衡传》,第 3345 页。
③ [汉]班固:《汉书》卷五《景帝纪》,第 149 页。
④ 崔向东:《汉代豪族研究》,武汉:崇文书局,2003 年,第 247 页;陈明光:《汉代"乡三老"与乡族势力蠡测》,《中国社会经济史研究》2006 年第 4 期等。
⑤ [南朝宋]范晔:《后汉书》卷三二《樊宏传》,第 1119 页。
⑥ [汉]司马迁:《史记》卷一〇四《田叔列传》,第 2779 页。
⑦ 陈直:《汉书新证》,天津:天津人民出版社,1979 年,第 173 页。
⑧ [宋]马端临:《文献通考》卷十三《职役考》,北京:中华书局,2011 年,第 140 页。

四、赐"三老"帛、爵与汉代民间社会治理实践

赏赐,是汉代统治者用于施加恩惠、笼络人心的重要手段,常见方式有两种:一是赐帛,另一就是赐爵。故梅福曰:"爵禄束帛者,天下之底石,高祖所以厉世摩钝也"①非仅高祖"所以厉世摩钝",汉代各朝君主亦借此"厉世摩钝也"。"三老"由于其特殊地位和作用,成为两汉君主赏赐的主要对象。见下表:

表3 两汉赐"三老"帛、爵表

时间	原因	史料	出处
文帝前元十二年（前168）	加宠三老	其遣谒者劳赐三老、孝者帛人五匹。	《汉书》卷四《文帝纪》
武帝元狩元年（前122）	立皇太子	皇帝使谒者赐县三老、孝者帛,人五匹;乡三老、弟者、力田帛,人三匹。	《汉书》卷六《武帝纪》
宣帝元康元年（前65）	祥瑞	加赐鳏寡孤独、三老、孝弟、力田帛。	《汉书》卷八《宣帝纪》
宣帝元康四年（前62）	祥瑞	加赐三老、孝弟力田帛,人二匹,鳏寡孤独各一匹。"	《汉书》卷八《宣帝纪》
宣帝甘露三年（前51）	祥瑞	赐汝南太守帛百匹,新蔡长吏、三老、孝弟力田、鳏寡孤独各有差。	《汉书》卷八《宣帝纪》
元帝初元元年（前48）	灾异	赐三老、孝者帛五匹,弟者、力田三匹。	《汉书》卷九《元帝纪》
元帝初元五年（前44）	灾异	赐宗室子有属籍者马一匹至二驷,三老、孝者帛,人五匹,弟者、力田帛三匹。	《汉书》卷九《元帝纪》
元帝永光二年（前42）	皇帝罪己	赐民爵一级,女子百户牛酒,鳏寡孤独高年、三老、孝弟力田帛。	《汉书》卷九《元帝纪》
元帝建昭五年（前34）	皇帝罪己	赐民爵一级,女子百户牛酒,三老、孝弟力田帛。	《汉书》卷九《元帝纪》
成帝建始元年（前32）	即皇帝位	赐三老、孝弟力田、鳏寡孤独钱帛,各有差。	《汉书》卷一〇《成帝纪》
成帝绥和元年（前8）	立皇太子	赐诸侯王、列侯金,天下当为父后者爵,三老、孝弟力田帛,各有差。	《汉书》卷一〇《成帝纪》
哀帝绥和二年（前7）	即皇帝位	赐宗室王子有属者马各一驷,吏民爵,百户牛酒,三老、孝弟力田、鳏寡孤独帛。	《汉书》卷一一《哀帝纪》
明帝中元二年（57）	即皇帝位	其赐天下男子爵,人二级;三老、孝悌、力田,人三级。	《后汉书》卷二《明帝纪》
明帝永平三年（60）	立皇后、立皇太子	赐天下男子爵,人二级;三老、孝悌、力田人,三级。	《后汉书》卷二《明帝纪》

---

① [汉]班固:《汉书》卷六七《梅福传》,第2920页。

续表

时间	原因	史料	出处
明帝永平十二年（69）	汴渠堤修成	赐天下男子爵，人二级；三老、孝悌、力田，人三级。	《后汉书》卷二《明帝纪》
明帝永平十七年（74）	祥瑞	赐天下男子爵，人二级；三老、孝悌、力由，人三级。	《后汉书》卷二《明帝纪》
章帝建初三年（78）	立皇后	赐爵，人二级；三老、孝悌、力田，人三级。	《后汉书》卷三《章帝纪》
章帝建初四年（79）	立皇太子	赐爵，人二级；三老、孝悌、力田，人三级。	《后汉书》卷三《章帝纪》
章帝元和二年（85）	行籍田礼	三老，尊年也；孝悌，淑行也；力田，勤劳也。国家甚休之。其赐帛人一匹，勉率农功。	《后汉书》卷三《章帝纪》
和帝永元三年（91）	战争胜利	赐行所过二千石长吏已下三老官属钱帛，各有差。	《后汉书》卷四《和帝纪》
和帝永元八年（96）	立皇后	赐天下男子爵，人二级；三老、孝悌、力田，三级。	《后汉书》卷四《和帝纪》
和帝永元十二年（100）	灾害	其赐天下男子爵，人二级；三老、孝悌、力田三级。	《后汉书》卷四《和帝纪》
和帝永元十五年（103）	巡幸	赐所过二千石长吏以下、三老、官属及民百年者钱布，各有差。	《后汉书》卷四《和帝纪》
和帝元兴元年（105）	立皇太子	赐天下男子爵，人二级；三老、孝悌、力田，人三级。	《后汉书》卷四《和帝纪》
安帝永初三年（109）	帝加元服	赐王、主、贵人、公、卿以下金帛各有差；男子为父后，及三老、孝悌、力田爵，人二级。	《后汉书》卷五《安帝纪》
安帝延光元年（122）	改元	赐民爵及三老、孝悌、力田，人二级。	《后汉书》卷五《安帝纪》
顺帝永建元年（126）	即皇帝位	赐男子爵，人二级；为父后、三老、孝悌、力田，三级。	《后汉书》卷六《顺帝纪》
顺帝永建四年（129）	帝加元服	赐男子爵及流民欲占者人一级，为父后、孝悌、力田人二级。	《后汉书》卷六《顺帝纪》
顺帝阳嘉元年（132）	立皇后	赐爵，人二级，三老、孝悌、力田三级，爵过公乘得移与子若同产、同产子。	《后汉书》卷六《顺帝纪》
桓帝建和元年（147）	日食	赐吏更劳一岁；男子爵，人二级；为父后及三老、孝悌、力田，人三级。	《后汉书》卷七《桓帝纪》
灵帝光和四年（181）	祥瑞	秋七月，河南言凤皇见新城，群鸟随之。赐新城令及三老、力田帛，各有差。	《后汉书》卷八《灵帝纪》

据表三，两汉赐"三老"帛、爵有立皇后、立皇太子、改元、即皇帝位、祥瑞、灾异等各种原因，基本上每有加赐，皆无遗漏。西汉赐"三老"以帛为主，东汉改为赐爵，但赏赐对象均以"县、乡三老"为主。通查文献，汉籍常见三老以"国三老"（31%）和县、乡"三老"（50%）为主。"国三老"，天子尊养，"视孝也"①，出现的比例较高，很正常。而县、乡"三老"特别是"县三老"

---

① ［汉］班固：《汉书》卷五一《贾山传》，第2330页。

所占比例(41%)也如此之大,应与其特定身份、职责及在民间社会治理中的作用有很大关系。

关于"县三老"的职责,《汉书·高帝纪》曰:"举民年五十以上,有修行,能帅众为善,置以为三老,乡一人。择乡三老一人为县三老,与县令丞尉以事相教,复勿徭戍。"①即是"与县令丞尉以事相教"重在教化百姓。除此以外,"县三老"还拥有许多其他职责。

其一,上书言事。"县三老"与其他基层役吏不同,具有直接向天子上书言事的特权,其所上之事,往往能得到统治者的认可。如武帝时,巫蛊之祸后杀戾太子据,"壶关三老"上书曰:"臣闻父者犹天,母者犹地,子犹万物也……臣不胜惓惓,出一旦之命,待罪建章阙下。"②书奏,天子感悟。成帝河平二年(前27),"湖三老"公乘兴上书讼王尊治京兆功效日著,书奏,天子复以尊为徐州刺史,迁东郡太守等等。③

其二,上呈民意,下传统治者意愿。受信息传送方式的限制,远在京城的统治者往往无法及时、准确掌握百姓的思想动向,而"县三老"则经常扮演上书民意的角色。如元帝时,京房察补小黄令,爱养吏民,化行县中,举最当迁,三老官属上书愿留赣,天子"有诏许增秩留",卒于小黄。④河东太守周堪,"大变仍臻",治未期年,三老官属有识之士咏颂其美。⑤同时,"县三老"也往往成为统治者借以传达统治意愿的工具。如新莽时,王莽遣使者即拜胜为讲学祭酒,使者与"郡太守、县长吏、三老官属、行义诸生千人以上入胜里致诏"。⑥

其三,帅众德化,与长吏参职,参与词讼,调解乡里矛盾。如《东观汉记·秦彭传》载:"秦彭迁山阳太守……择民能率众者,以为乡三老,选乡三老为县三老,令与长吏参职,崇儒雅,贵庠序,上德化。"⑦又如《汉书·韩延寿传》载左冯翊韩延寿行县高陵,见两兄弟因田产相争,自责让长吏、三老等受辱,闭门思过。⑧从中可见,县、乡基层"三老"还肩负调解乡里矛盾之责。

虽然,太平治世时,县、乡"三老"三老在民间社会治理方面为汉代统治者做出了许多积极贡献,但在王朝动乱时期,也时常变身为地方叛乱领袖,领导流民起义,在维护民间社会稳定与制造动荡之间扮演重要角色。⑨如秦末陈胜吴广起义,陈胜破陈县后首件事即"号召三老豪桀会计事",得到"三老"们支持后,迅速自立为王,天下云集响应。⑩刘邦打败项羽,亦得益于"新城三老"董公的"遮说"。⑪这是县、乡"三老"在维护地方社会稳定上起到的积极作用,事物的出现都具有双面性,积极的背面往往消极影响孕育而生。如王莽末,竟陵、西阳

---

① [汉]班固:《汉书》卷一上《高帝纪》,第33—34页。
② [汉]班固:《汉书》卷六三《戾太子据传》,第2744—2745页。
③ [汉]班固:《汉书》卷七六《王尊传》,第3234页。
④ [汉]班固:《汉书》卷七五《京房传》,第3160页。
⑤ [汉]班固:《汉书》卷三六《刘向传》,第1948页。
⑥ [汉]班固:《汉书》卷七二《龚胜传》,第3084—3085页。
⑦ [汉]刘珍等撰,吴树平校注:《东观汉记校注》卷十八《秦彭传》,郑州:中州古籍出版社,1987年,第774页。
⑧ [汉]班固:《汉书》卷七六《韩延寿传》,第3213页。
⑨ 牟发松:《汉代三老:"非吏而得与吏比"的地方社会领袖》,《文史哲》2006年第6期。
⑩ [汉]班固:《汉书》卷三一《陈胜传》,第1787—1788页。
⑪ [汉]班固:《汉书》卷一上《高帝纪》,第34页。

"县三老"起兵于郡界,参与推翻莽新政权的大军。①各地起义者首领也纷纷以"三老"自居。如:

> 城头子路者,东平人,姓爰,名曾,字子路;与肥城刘诩起兵卢城头,故号其兵为"城头子路"。曾自称"都从事",诩称"校三老",寇掠河、济间,众至二十余万。②
> 后数岁,琅邪人樊崇起兵于莒,众百余人,转入太山,自号三老。时青、徐大饥,寇贼蜂起,群盗以崇勇猛,皆附之,一岁间至万余人……以言辞为约束,无文书、旌旗、部曲、号令。其中最尊者号三老,次从事,次卒史,泛相称曰巨人。③

起义领袖为何以"三老"自居,一是因为"三老"是他们起义前接触最多、参与民间社会治理最重要的人物;二则是说明"三老"在地方民众中具有极强的号召力,可以借以发动民众参与起义。光武中兴同样得益于"三老"的支持和追随。如光武中兴功臣振威将军马武,随竟陵、西阳三老起兵于江夏郡界,后与汉军合。④光武将兵击乐浪郡,"三老"王闳等共杀郡太守,乐浪未攻而降。⑤正因为此,光武在持节镇慰河北时的第一件事就是"辄见二千石、长吏、三老、官属"⑥,对"三老"等地方势力领袖,加以笼络。此后,明帝永平二年(59)开始"尊事三老,兄事五更,安车软轮,供绥执授。侯王设酱,公卿馈珍,朕亲袒割,执爵而酳",将"三老"的尊崇上升到国家层面,每巡幸,则"劳飨三老、官属"。⑦此后,东汉各朝君主,均对三老礼敬有加,较西汉有过之而无不及,其中固然蕴含着敬老、崇孝治国思想,但更重要的是慰抚和笼络地方领袖,借以稳定固有的统治。而县、乡"三老"自身身份及参与基础社会治理的作用,也渐趋成为中央与地方各级统治者用于民间社会治理的重要对象。如顺帝时颍川太守朱宠"所至县界,宠乃使三老御车,问人得失",百姓翕然,治甚有声;灵帝时南阳太守刘宽,每行县"使三老、学生自随,到亭传辄复讲论",教化流行,不严而治。⑧他们所借助的都是"县三老"等地方"三老"在民间社会的强大号召力和影响力,强加对地方社会的管控。面对"三老"群体的特殊政治功效,汉代君主必须采取适宜手段对地方"三老"加以镇慰和安抚⑨,而帛、

---

① [南朝宋]范晔:《后汉书》卷二二《马武传》,第784页。
② [南朝宋]范晔:《后汉书》卷二一《任光传》,第752页。
③ [南朝宋]范晔:《后汉书》卷十一《刘盆子传》,第478页。
④ [南朝宋]范晔:《后汉书》卷二二《马武传》,第784页。
⑤ [南朝宋]范晔:《后汉书》卷七六《循吏传·王景》,第2464页。
⑥ [南朝宋]范晔:《后汉书》卷一上《光武帝纪》,第10页。
⑦ [南朝宋]范晔:《后汉书》卷二《明帝纪》,第113页。
⑧ [晋]袁宏撰,周天游校注:《后汉纪校注》,天津:天津古籍出版社,1987年,第699页。
⑨ 如《东观汉记·明帝纪》载明帝永平二年(59),会郡县吏,劳赐作乐。"有县三老大言:'陛下入东都,臣望颜色容仪,类似先帝,臣一欢喜。百官严设如旧时,臣二欢喜。见吏赏赐,识先帝时事,臣三欢喜。陛下听用直谏,默然受之,臣四欢喜。陛下至明,惩艾酷吏,视人如赤子,臣五欢喜。进贤用能,各得其所,臣六欢喜。天下太平,德合于尧,臣七欢喜。'帝令上殿,欲观上衣,因举虎头衣以畏三老。"按:汉代建立有严格的服饰等级制度,非其人不得服其服,"虎头衣"或"虎文衣"只有虎贲将服之,《续汉志》曰:"虎贲将,冠鹖冠,虎文单衣。"此外,地方太守、将相重臣,天子亦加之"虎文衣",以壮其威。如《后汉书·袁绍传》载曹操行东郡太守、兖州刺史时,"被以虎文,授以偏师,将就威柄"。可见,明帝"举虎头衣以畏三老"即反映出对"三老"的尊崇,又可借此对其施以恩惠,加以笼络。([南朝宋]范晔:《后汉书》卷七四上《袁绍传》,第2394页。)

爵赐予则是诸多方式中最为有效的治理实践。加赐帛、爵的同时,通过赏赐与爵制运作机制,无形之中就将游离于官制秩序外的地方"三老"纳入王朝统治秩序之中,既可借此加以管控,又彰显了汉统治者"以孝治国"理念。汉代统治者借对地方"三老"帛爵赐予加强民间社会治理的手段在历经两汉数百年的经营实践后,其效果就是,东汉以后,"三老"号召起义、领导民众叛乱现象再未出现。因此,两汉对"三老"帛、爵赐予,表面彰显的是君主崇孝敬老的治国理念,实质反映的则是统治者对民间社会治理的另类实践。

五、结　论

综上所述,"三老"是两汉各阶层社会中的特殊人群,既非官,又非吏,更有别于民,在地方社会具有极强的领导力和号召力。以所属行政级别而言,汉代"三老"可划分为"国三老"("三老五更")、"郡三老"(包括"王国三老")、"县三老"(包括"侯国三老""邑三老")、"乡三老"四个层级,其中统治者最为推崇的是"国三老"("三老五更"),最为重视的则为县、乡"三老"。不只因为县、乡"三老"在宣扬教化、为统治者耳目、管理地方社会秩序等方面发挥积极作用,更因为县、乡等地方"三老"是维护基层社会稳定、参与民间社会治理的重要力量。特别是王朝末年,"县三老"往往成为叛乱者借以号召民众、扩大影响的旗帜,甚至直接成为叛乱的领袖,严重威胁汉王朝统治的安全。有鉴于此,两汉历代君王在对"国三老""三老五更"中央"三老"尤加礼敬的同时,对县、乡"三老"等地方"三老"镇慰与笼络并行,实质反映的是汉代统治者对地方基层社会管控的强化。

以上在论述"帛、爵赐予与社会管控"时仅以"三老"为对象加以考察,然,两汉帛、爵赐予的对象非常广泛,除"三老"外,还有贵族、官吏、孝悌力田、鳏寡孤独、贞妇等,对以上各类人群的赐帛与爵同"三老"一样,反映的皆是汉王朝统治者通过赐帛、爵的形式将王朝统治下的各阶层民众拉入君主的统治秩序中来,并加以引导,通过赐帛与爵制秩序,将国家权力深入到县、乡、里制之中,隶属于皇帝的一元支配之下,借此实现对地方基层社会的有效管控。①

作者简介:吴方浪,江西师范大学历史文化与旅游学院讲师。

---

① [日]西嶋定生著,武尚清译:《中国古代帝国的形成与结构:二十等爵制研究》,北京:中华书局,2004年,第322—323页。

【社会文化史】

"守藩":汉代列侯的文化角色*

秦铁柱

【摘 要】列侯集团作为汉皇朝的政治重心,自汉初始,逐步文质化。列侯们具有了深厚的文化底蕴,较为成功地扮演了宫廷文化中转站的角色,他们纷纷著书立说,教授诸生,考校群书,正定《五经》,制礼作乐,革新制度,为大一统文化格局的建立与巩固做出了重要贡献。列侯亦逐步实现了对于文化资源的垄断,成为士族之滥觞,逐渐走向了皇权的对立面,开启了魏晋以降门阀士族垄断政权的先声,对于两汉的思想文化格局以及政治格局产生了深远的影响。

【关键词】列侯;大一统;汉皇朝;礼乐制度

列侯之列,《说文解字注》曰:"引申为行列之义。"① 功德之大,列显于世,至于享有高爵,"列者,言其功德列著,乃飨爵也"②。列侯之侯,有替天子守御四方之义。"《谥法》曰:执应八方曰侯。《孝经·援神契》曰:侯,候也,所以守番也。"③"汉兴,设爵二等,曰王,曰侯。"④ 列侯爵作为汉代的第二等高爵,在汉代统治阶层中占据了极为显赫的地位。

关于汉代列侯的研究,长期以来一直是学术界研究的热点问题,学界已经从宏观与微观两个层面上进行了较为全面系统的研究,相关成果主要围绕政治制度史、社会经济史、侯国地理沿革等展开,但是对于列侯与文化的研究却尚有空间。在汉代文化史领域,学界经常将汉代的士大夫作为研究的重心,他们被研究得更充分,获得的颂扬也更多,被视为汉代文化的重心,"士大夫不仅涉身于纯粹行政事务和纯粹文化活动,还承担了儒家正统意识形态"⑤,"(士大夫)在精神上,他们是'圣人之道'和'王道'理想的殉道者"⑥。汉代流传下来的绝大部分典籍多出自士大夫之手,而这些士大夫大多在政治上抑郁不得志,他们大多对于身居高位、安享富贵的列侯怀有敌意,班固在《汉书·高惠高后文功臣表》中指出功臣列侯的子孙们,"忘其先祖之艰难,多陷法禁,陨命亡国,或亡子孙"⑦。王符甚至在《潜夫论·断讼》中

---

* 基金项目:本文系国家社会科学基金项目"汉代封国'诸子'与齐鲁文化的主流化研究"(项目号 17CZS008)、山东省社会科学规划研究项目"汉代封国'诸子'与齐鲁文化研究"(项目号:15DLSJ04)的阶段性成果。
① [汉]许慎撰,[清]段玉裁注:《说文解字注·四篇上·刀部》,上海:上海古籍出版社,1981年,第180页。
② [汉]应劭撰,王利器注:《风俗通义校注》,北京:中华书局,1981年,第616页。
③ [唐]欧阳询:《艺文类聚》卷五一《封爵部》,上海:上海古籍出版社,1982年,第916页。
④ [唐]杜佑:《通典》卷三一《职官》,北京:中华书局,1988年,第855页。
⑤ 阎步克:《士大夫政治演生史稿》,上海:上海人民出版社,1996年,第5—9页。
⑥ 葛荃:《权力宰制理性——士人、传统政治文化与中国社会》,天津:南开大学出版社,2003年,第3页。
⑦ [汉]班固:《汉书》卷十六《高惠高后文功臣表》,北京:中华书局,1962年,第528页。

是如此形容列侯及其宗族:"或既欺负百姓,上书封租,愿且偿责,此乃残掠官民,而还依县官也,其诬罔慢易,罪莫大焉。"①"历史是有所取舍的,可以说这也使我们无从接触那段历史某些最重要的特色"②,列侯的文化角色与意义几乎被遗忘了,或是顶多处于边缘地位,如王健在《士人与封国论衡——对汉代政治文化生态一个重要侧面的考察》③所论述的那样,本文试图对列侯的文化角色进行修正,还原他们在汉代文化中的真实地位。"对文化价值和目标的强调,总要涉及把一个世袭的或新生的群体,确认为那种独特文化传统的长久维系者"④,在专制主义中央集权逐步确立的大背景下,在两汉思想文化的嬗变过程中,在大一统文化的形成过程中,列侯逐步文质化,成为儒家文化的彰显者、践行者与传承者,引领一代文化风尚,为大一统文化格局的建构做出了卓越的贡献。列侯在构筑大一统文化格局的同时,逐渐形成了对于文化的世代垄断,进而世代垄断政治,文化逐渐成为这个集团的特质与标榜,至东汉中后期,社会分层发生了重大变化,社会阶层逐渐固化,门阀士族初步形成,而最先士族化的社会集团则是列侯集团。

一、汉代列侯由武质性到文质性的转化

汉代列侯爵可以追溯到西周时期的五等爵制,《礼记·王制》:"王者之制爵禄,公、侯、伯、子、男,凡五等。"⑤周王室及各诸侯国非常重视对各级贵族的教育,"天子命之教,然后为学。小学在公宫南之左,大学在郊。天子曰辟雍,诸侯曰頖宫"⑥。在"学在官府"的教育制度下,各级贵族垄断了一切教育资源。贵族们学习以礼、乐、射、御、书、术为纲的"六艺"内容,由此而形成的文化修养、行止威仪以及贵族风度,成为他们区别于其他社会阶层的标志,"《诗经》更是当时的道德文本,贵族身份的通行证"⑦。春秋以降,军功阶层兴起,他们因各种军功、事功而被封授君侯爵位,旧贵族不再处于权力中心,他们所拥有的文化修养与贵族风度不再受到统治者的重视,旧贵族及其文化彻底衰落。

自战国至西汉初期,军功阶层在国家中一直占据主导地位。汉代列侯爵直接承袭于秦二十等爵制,是奖功酬劳的重要手段,具有武质性特征,从列侯的定义亦可以看出"守藩"即藩屏皇权是其最重要的职能,列侯的命名方式即"某一封地(县、乡)+侯爵"亦直观地昭示了这一职能属性。汉高祖刘邦依照军功原则封授了143位功臣列侯,他们凭借着自己的各种功劳垄断了上至三公九卿下至郡守都尉的所有重要官职,通过"白马之盟",成为汉初重要的一极政治力量,甚至势凌于皇权。除了留侯张良、鄌侯萧何、北平侯张苍外,他们大多为"重质少文"的"布衣列侯",娴熟于弓马骑射,冲锋陷阵,而却无文化修养、行止威仪,当然更

---

① [汉]王符著,[清]汪继培笺,彭铎校正:《潜夫论笺校正》卷五《断讼》第十九,北京:中华书局,1985年,第231页。
② [英]柯律格著,黄晓鹃译:《藩屏:明代中国的皇家艺术与权力》,郑州:河南大学出版社,2016年。第3页。
③ 吴永琪等主编:《秦汉文化比较研究:秦汉兵马俑比较暨两汉文化研究论文集》,西安:三秦出版社,2002年。
④ [美]S.N.艾森斯塔得著,阎步克译:《帝国的政治体系》,贵阳:贵州人民出版社,1992年,第232页。
⑤ [清]孙希旦:《礼记集解》卷十二《王制》,北京:中华书局,1989年,第309页。
⑥ [清]孙希旦:《礼记集解》卷十二《王制》,第332页。
⑦ 刘再复、刘剑梅:《教育论语》,福州:福建教育出版社,2012年,第204页。

无文化建设可言,甚至极力打击欲图为汉皇朝制礼作乐的贾谊。早在汉初,陆贾就已提出了统治集团由武质性到文质性转化的命题。"贾时时前说称《诗》《书》。高帝骂之曰:'乃公居马上得之,安事《诗》《书》!'贾曰:'马上得之,宁可以马上治乎?且汤武逆取而以顺守之,文武并用,长久之术也。'"①

承平之后,列侯们为了治理国家,不得不与文化发生联系。平阳侯曹参担任齐相后,礼请齐国各家长老诸生,并最终采纳了胶西盖公的黄老清静治国思想,使得齐国大治。孝惠四年(前191),已成为汉相的曹参又废除了承秦而来的挟书律,为先秦各家学术文化的复苏与发展提供了重要的契机。此时,列侯多豢养大量的辩士与游士,为自己的政治军事活动服务,"(阳夏侯陈豨)常告过赵,宾客随之者千余乘,邯郸官舍皆满"②,田生为营陵侯刘泽游说交结大谒者张卿,劝吕后封刘泽为王,陆贾游说于丞相曲逆侯陈平和太尉绛侯周勃之间,使他们抛弃旧怨,共谋诛除诸吕。但此时,列侯与文化的结合是间接的、短暂的,对富有武质性的汉初列侯们而言,士人们及其所拥有的文化资源是列侯们治理国家与争权夺利的手段与凭借而已。

汉兴七十余年,承平日久,"故逮文、景四五世间,流民既归,户口亦息,列侯大者至三四万户,小国自倍,富厚如之"③。列侯们除了享有巨大的政治权益外,还拥有巨额的财富,包括"租入"、"私奉养"、俸禄、皇帝赏赐、朝廷授田、餐钱、赠赠收入、辜榷收入、私田收入、高利贷收入、私营工商业收入等。在优越的物质条件下,列侯的生活方式逐渐发生了变化,他们在大部分时间都待在繁华的长安,乐于"臂鹰走狗"、"骋马斗鸡"、"六博蹋鞠"、"留好音乐"、"盛服车乘"、"倡优巧匠",其武质性逐渐退化。但是真正促使列侯文质化转变的还是专制皇权主导下的"推明孔氏,抑黜百家"④政策,儒学化自武帝以后逐渐成为列侯文质化之主流,列侯武力"守藩"的内涵逐渐发生了重要的变化,具有了文化"守藩"的意蕴。

"儒学的原始观念在西汉时期就经历了这样一个从纯粹的观念性的意识形态向实际的可操作性的政策执行的转变过程"⑤,儒家思想经过董仲舒的改造,吸收了阴阳五行家的君权神授理论和法家的尊君抑臣的思想,论证与凸现专制皇权的至上地位,"唯天子受命于天,天下受命于天子"⑥,形成了一个能够服务于专制主义中央集权的新儒学体系,"尊儒已成为不可阻挡的历史潮流"⑦。最终汉武帝接受董仲舒的建议,"推明孔氏,抑黜百家"⑧,儒家思想成为钦定的统治思想,儒家文化从而具有了宫廷文化的意味。列侯们不得不迎合皇权大力学习儒家经典,提高自己的文化素养,实现文质化,以期赢得皇权的青睐,长享封国。

当然,使列侯文质化的最重要的途径则是察举制、博士弟子选官制、征召制、辟除制等新选官制度的推行,开辟了众多快捷的社会流动渠道,网罗了大批优秀的士人进入到政权

---

① [汉]班固:《汉书》卷四三《陆贾传》,第2113页。
② [汉]班固:《汉书》卷三四《卢绾传》,第1891页。
③ [汉]班固:《汉书》卷十六《高惠高后文功臣表》,第528页。
④ [汉]班固:《汉书》卷五六《董仲舒传》,第2525页。
⑤ 陈劲松:《两汉时期儒学观念的意识形态化及其路径》,《中国人民大学学报》2007年第2期。
⑥ [清]苏舆:《春秋繁露义证》卷十一《为人者天》,北京:中华书局,1992年,第319页。
⑦ 陈苏镇:《汉代政治与〈春秋〉学》,北京:中国广播电视出版社,2001年,第196页。
⑧ [汉]班固:《汉书》卷五六《董仲舒传》,第2525页。

中,文吏阶层得到改造,高者封侯拜相,如"公孙弘以治《春秋》为丞相封侯,天下学士靡然乡风矣"①,并不断冲击列侯阶层的构成,至昭帝时,儒生出身的列侯比例增加至29%,至平帝时,已经达到了68%,到东汉时期,儒生为列侯者越来越多,和帝时甚至达到了100%。②夏侯胜有言:"士病不明经术;经术苟明,其取青紫如俯拾地芥耳。"③读经成为获取封侯最为便捷的途径。

汉帝国建立后,高祖刘邦命叔孙通制订朝仪,以明君臣尊卑,始认识到儒学的"守成"意义,开始了礼制建设,"礼者,所以固国家,定社稷,使君无失其民者也。故礼者,所以守尊卑之经、强弱之称者也"④。天下承平之后,这些负有材武的列侯们身居要职,成为皇权的潜在威胁,皇权通过礼制建设,将他们纳入各种烦琐的礼仪活动中,其军事色彩日渐消退,礼仪职能则不断增强。在汉皇朝的诸多礼仪活动中,处处可见列侯的身影,他们依礼而行、揖让有序、尊卑有别,促使列侯集团进一步文质化。为保证列侯对礼制秩序的遵守,汉皇朝还重视针对列侯的礼制立法,援礼入法,以法辅礼,对于违背礼制的列侯要给以除国的处分,如建成侯刘拾"元鼎二年,坐使行人奉璧皮荐,贺元年十月不会,免"⑤。

列侯的文质化,本质上是皇权观念在文化上的体现,儒术的独尊使其变成了温顺的羔羊,在灵魂深处服从皇权支配。列侯逐渐"文化"、儒化、弱化,由皇权秩序的对立者转化为服从者、参与者。在列侯文质化的过程中,扮演了宫廷文化中转站的角色,他们的文化努力对于大一统文化格局的建构具有重要的意义。

二、汉代列侯的文化建树

至于汉代大一统文化格局,学界多强调皇权、士大夫的主导地位,对于列侯集团的文化主体地位却颇为忽视。马彪在《论秦汉异同与士大夫的社会平衡机制》中提出了"士大夫的平衡调节机制"⑥,列侯在文化领域亦具有一种平衡调节机制,即沟通皇权与士民的重要文化机制,列侯集团通过对宫廷文化不断的中转与复制,成为汉皇朝的文化重心,力促大一统文化格局的建构。其实早在董仲舒对策之前,丞相建陵侯卫绾便提出了建立大一统文化的主张。"建元元年冬十月,诏丞相、御史、列侯、中二千石、二千石、诸侯相举贤良方正直言极谏之士。丞相绾奏:'所举贤良,或治申、商、韩非、苏秦、张仪之言,乱国政,请皆罢。'奏可。"⑦虽然并未直言独尊儒术,但是其意向已颇为明显,首先拉开了汉代大一统文化建设的序幕。

---

① [汉]班固:《汉书》卷八八《儒林传》,第3593页。
② 秦铁柱:《帝国中坚——汉代列侯研究》,济南:齐鲁书社,2018年,第316页。
③ [汉]班固:《汉书》卷七五《夏侯胜传》,第3159页。
④ [汉]贾谊撰,阎振益、钟夏校注:《新书校注》卷六《礼》,北京:中华书局,2006年,第214页。
⑤ [汉]班固:《汉书》卷十五上《王子侯表》第三上,第458—459页。
⑥ 马彪:《论秦汉异同与士大夫的社会平衡机制》,牟发松主编:《社会与国家关系视野下的汉唐历史变迁》,上海:华东师范大学出版社,2006年,第315页。
⑦ [汉]班固:《汉书》卷六《武帝纪》,第155—156页。

(一)列侯传承经学

学界关于汉代经学的传承,多侧重于皇权主导性与士大夫阶层的迎合性,李振宏在《汉代儒学的经学化进程》中认为"皇权这个政治权威,终究也要做思想的权威,它始终主导着学术发展的线索和命运",士大夫则是"通过对'六经'的研读与诠释来向皇权谄媚和邀宠,并争得或巩固自己释经解经的独断性和权威性"[①]。列侯却受到了忽视,在经学传承发展的过程中,列侯究竟有何意义?武帝于建元五年(前136)接受董仲舒的建议设置五经博士,创设了较为系统的宫廷文化。汉之经学大体本于以下诸家,《汉书·儒林传》载:"汉兴,言《易》自淄川田生;言《书》自济南伏生;言《诗》,于鲁则申培公,于齐则辕固生,燕则韩太傅;言《礼》,则鲁高堂生;言《春秋》,于齐则胡毋生,于赵则董仲舒。"而后"五经"各自发展,经有数家,家有数说,各有章句,均是对官方"五经"的复制与阐释。笔者根据《汉书·儒林传》的记载,对"五经"在西汉的传承做出了简单的梳理,以期揭示列侯在经学传承中的地位与意义。

《易经》本自于汉初的田何,授王同、周王孙、丁宽、齐服生。周王孙授施雠、孟喜、梁丘贺。于是《易》有施、孟、梁丘三家之学,施雠又授张禹、鲁伯。张禹授彭宣、崇子平。张禹后官至丞相,封安昌侯,彭宣后官至大司空,封长平侯。张、彭之学成为显赫的列侯之学,"繇是施家有张、彭之学"[②]。《尚书》本于伏生,伏生教济南张生及欧阳生,欧阳生后代欧阳高授平当、陈翁生,平当虽为丞相,但未及封侯而卒,其子防乡侯平晏亦传家学。平氏之学成为《欧阳尚书》的重要一派。夏侯胜,从济南张生受《尚书》,胜传从兄子建,由是有大小夏侯之说。周堪、褒成君孔霸受业于夏侯胜,孔霸传子孔光,孔光后官至丞相,封博山侯。周堪授许商。《大夏侯尚书》有孔、许之学。许商又授业唐林,吴章,王吉,炔钦。王莽时,唐林封侯,徒众尤盛,将许氏之学发扬光大,"自表上师冢,大夫博士郎吏为许氏学者,各从门人,会车数百两,儒者荣之"[③]。小夏侯有郑宽中、张无故、秦恭、假仓、李寻之学,张无故授唐尊,王莽时任太傅,封平化侯。《鲁诗》本于申公,江公、许生、徐公从其受业,韦贤,事瑕丘江公及许生,又治《礼》《诗》,官至丞相,封扶阳侯。其子扶阳侯韦玄成,继承家学,后亦至丞相。玄成及兄子赏以《诗》授哀帝,至大司马车骑将军。《鲁诗》遂有韦侯之学。《齐诗》本于辕固,辕固授夏侯始昌,夏侯始昌授后苍,后苍授翼奉、萧望之、匡衡,匡衡官至丞相,受封乐安侯,匡衡授师丹、伏理、满昌。师丹官至大司空,受封高乐侯,《齐诗》有翼、匡、师、伏之学。《韩诗》本于韩婴,授赵子,赵子授蔡义,义官至丞相,封阳平侯,蔡义授同郡食子公与王吉,吉授长孙顺,阳平侯蔡义开《韩诗》王、食、长孙之学。《公羊春秋》本于胡毋生,授业于公孙弘,公孙弘后至丞相,封平津侯。董仲舒亦传《公羊春秋》,授褚大、嬴公、段仲、吕步舒,嬴公坚守师法,为昭帝谏大夫,授孟卿、眭孟。眭孟授严彭祖、颜安乐,《公羊春秋》有颜、严之学。颜安乐授泠丰、任公。公为少府,丰淄川太守。由是颜家有泠、任之学。泠丰授马宫、左咸,马宫后官至大司徒,封扶德侯。瑕丘江公又向申公学习《谷梁春秋》及《诗》,传子至孙为博士。江公又授荣广、皓星公二人,荣广授蔡千秋、周庆、丁姓、尹更始,尹更始为谏大夫、长乐户将,又受《左氏传》,传子咸及翟方进、房凤。翟方进后官至丞相,封高陵侯。

---

① 李振宏:《汉代儒学的经学化进程》,《中国史研究》2013年第1期。
② [汉]班固:《汉书》卷八八《儒林传》,第3598页。
③ [汉]班固:《汉书》卷八八《儒林传》,第3605页。

《后汉书·儒林传》中关于列侯传承经学的记载颇少,仅有伎侯欧阳歙一例,是否是因为列侯不再承担宫廷文化中转站的角色了?答案是否定的,由于洞悉东汉政权的豪族性质,范晔将大量列侯传承经学的记载详备于他们的本传之中。东汉一朝,列侯们此时更是担负起了复制与传播宫廷文化的责任,列侯们纷纷教授生徒,少者百余人,多者数千人,其规模要远胜于西汉,寿张侯樊鯈"删定《公羊严氏春秋》章句,世号'樊侯学',教授门徒前后三千余人"①。厨亭侯赵典博学经书,教授诸生,"弟子自远方至"②。槐里侯窦武为关西名儒,"常教授于大泽中,不交时事,名显关西"③。阳城侯刘焉,"去官居阳城山,精学教授"④。

"那些热心于维护家族清誉的人们,经常对族人的行为倾注极大的关心,要求他们遵守代代相传的家法。"⑤与西汉列侯相比,东汉的列侯更注重对子弟宗族的经学教育,实现经学的宗族传承,形成了颇具生命力的经学世家,进而垄断了学术文化资源,成为最高文化的代表,在汉代以经选官的制度下,累世公侯,他们成为绵延数百年的世家大族,成为汉代学术文化的重心。如不其侯伏湛家族。"伏湛字惠公,琅邪东武人也。九世祖胜,字子贱,所谓济南伏生者也。湛高祖父孺,武帝时,客授东武,因家焉。父理,为当世名儒,以《诗》授成帝,为高密太傅,别自名学。"⑥第二代不其侯伏晨,"谦敬博爱,好学尤笃"⑦。第三代不其侯伏无忌,"亦传家学,博物多识"⑧。

在"五经"的传承中,形成了别具特色的列侯之学,它们皆本于以"'五经'十四博士"为主体的宫廷文化,是对宫廷文化的复制与阐发。列侯成为一个个的文化中转站与文化中心,在传承经学的过程中,不断地强化与宫廷文化的联系,这种联系使得皇权的本源得到了重申,解除了皇权对列侯分裂主义倾向的猜忌,使得列侯与皇权之间的君臣关系又多了一层文化上的联系。

(二)列侯考校群书

对于汉代的校书活动,学界多侧重于探究由令史、文学侍从、郎官、博士、校书郎组成的校书群体的学术贡献,"举凡入藏书机构以及校书机构中的令史、文学侍从、郎官、博士、校书郎等群体,可以视为两汉文化建设的主体力量"⑨。但两汉的校书活动未被整合进对列侯的文化角色更广泛的论述之中。

汉兴,留侯张良、淮阴侯韩信始校对兵书,删繁取要,终定35家兵书,开列侯校书之端,"汉兴,张良、韩信序次兵法,凡百八十二家,删取要用,定著三十五家"⑩。"汉兴,改秦之败,大收篇籍,广开献书之路。迄孝武世,书缺简脱,礼坏乐崩,圣上喟然而称曰:'朕甚闵焉!'于

---

① [南朝宋]范晔:《后汉书》卷三二《樊宏列传》,北京:中华书局,1965年,第1125页。
② [南朝宋]范晔:《后汉书》卷二七《赵典列传》,第947页。
③ [南朝宋]范晔:《后汉书》卷六九《窦何列传》,第2239页。
④ [南朝宋]范晔:《后汉书》卷七五《刘焉列传》,第2431页。
⑤ 瞿同祖著,邱立波译:《汉代社会结构》,上海:上海人民出版社,2007年,第37页。
⑥ [南朝宋]范晔:《后汉书》卷二六《伏湛列传》,第893页。
⑦ [南朝宋]范晔:《后汉书》卷二六《伏湛列传》,第897页。
⑧ [南朝宋]范晔:《后汉书》卷二六《伏湛列传》,第898页。
⑨ 耿战超:《西汉校书活动与文学形态》,东北师范大学博士学位论文,2017年。
⑩ [汉]班固:《汉书》卷三十《艺文志》,第1762页。

是建藏书之策,置写书之官,下及诸子传说,皆充秘府。至成帝时,以书颇散亡,使谒者陈农求遗书于天下。"①两汉各帝皆注重典籍的收集,垄断学术文化资源,"百年之间,天下遗文古事靡不毕集"②。西汉时期的朝廷藏书处为石渠阁、天禄阁、麒麟阁、太史、太常、博士等处,东汉时期前后设置有七所藏书处,辟雍、宣明殿、兰台、石室、鸿都、东观、任寿阁。久而久之,由于保存技术的落后,大量的简牍脱乱,典籍散佚。另外,献书者"负帙自远而至者,不可胜算"③,朝廷一概接收,并不辨别其真伪。为保存文化典籍,为大一统文化格局的建立提供典籍基础,从中找到解决现实政治问题的答案,皇帝多次下诏对秘藏典籍进行整理与释读。汉代校书七次,最大规模的校书活动有两次:一为西汉成帝河平三年(前26)开始的,由刘向、刘歆父子主持的对于中秘藏书的一次总校理;一为自东汉安帝永初三年(109)开始的,由邓太后组织的东汉历史上最大规模的一次校书。而列侯及其子弟以其渊博深厚的学识,兼容并包的学术胸怀,往往成为典校图书的主持者,为宫廷文化的传播与复制确立了经典文本,为大一统文化格局的确立奠定了文献基础。

河平三年,成帝下诏刘向领校中秘群书,并具体负责校定经传诸子诗赋,刘向死后,刘歆承袭父任,校定群书,在其父《别录》的基础上,最终撰成《七略》,"诏光禄大夫刘向校经传诸子诗赋,步兵校尉任宏校兵书,太史令尹咸校数术,侍医李柱国校方技。每一书已,向辄条其篇目,撮其指意,录而奏之。会向卒,哀帝复使向子侍中奉车都尉歆卒父业。歆于是总群书而奏其《七略》,故有《辑略》,有《六艺略》,有《诸子略》,有《诗赋略》,有《兵书略》,有《术数略》,有《方技略》。今删其要,以备篇籍"④。熊铁基在《刘向校书详析》一文中曾据相关文献考察指出,这次校书活动的主要参加者为刘向、刘歆、任宏、尹咸、李柱国、望、杜参、班斿、房凤、王龚等人。⑤与列侯相关的就有三人,刘向,本名更生,字子政,彭城人,为高祖之弟楚元王刘交的四世孙,楚元王刘交,"好书,多材艺"⑥,与汉初大儒申公齐名。其祖父刘辟强,"亦好读《诗》,能属文"⑦。其父阳城侯刘德,"修黄老术,有智略"⑧,刘向作为列侯之子,在家学的影响下,很快成长为名儒俊材,"通达能属文辞"⑨,习《易》《谷梁春秋》,"讲论五经于石渠"⑩。刘向少子刘歆,通《诗》《书》《易》《谷梁春秋》《春秋左氏传》,王莽执政后,"为右曹太中大夫,迁中垒校尉、羲和、京兆尹,使治明堂辟雍,封红休侯。典儒林史卜之官,考定律历,著《三统历谱》"⑪。刘伋,刘向长子,"以《易》教授,官至郡守"⑫。他们与士大夫相互合作,共同完成了

---

① [汉]班固:《汉书》卷三十《艺文志》,第1701页。
② [汉]班固:《汉书》卷六二《司马迁传》,第2732页。
③ [唐]魏征:《隋书》卷三二《经籍志》,北京:中华书局,1973年,第906页。
④ [汉]班固:《汉书》卷三十《艺文志》,第1701页。
⑤ 熊铁基:《刘向校书详析》,《史学月刊》2006年第7期。
⑥ [汉]班固:《汉书》卷三六《楚元王传》,第1921页。
⑦ [汉]班固:《汉书》卷三六《楚元王传》,第1926页。
⑧ [汉]班固:《汉书》卷三六《楚元王传》,第1927页。
⑨ [汉]班固:《汉书》卷三六《楚元王传》,第1928页。
⑩ [汉]班固:《汉书》卷三六《楚元王传》,第1929页。
⑪ [汉]班固:《汉书》卷三六《楚元王传》,第1972页。
⑫ [汉]班固:《汉书》卷三六《楚元王传》,第1966页。

这一文化盛举,"臣向谨与长社尉杜参校中秘书"①,"丞相史尹咸以能治《左氏》,与歆共校经传"②。

在刘向、刘歆的领导下,按照"六艺"—"诸子"—"诗赋"—"兵书"—"术数"—"方技",由"内"而"外",完成了中秘藏书的收集、清理、删重、分类、校雠、誊抄定本的工作,今古文经典文本得以确立,尤其是古文经典得到刘向、刘歆父子的大力推崇,"及歆亲近,欲建立《左氏春秋》及《毛诗》《逸礼》《古文尚书》皆列于学官"③。六艺经典在中秘藏书中占据核心地位,成为其他各种经典文献的本原,日后汉代的学术文化创作皆是对经典文本阐发而形成的结果。出身于列侯家族的刘向、刘歆父子建构起了一套切合大一统皇朝所需知识系统的基本文献,确立了宫廷文化的学术谱系、知识系统,增强了宫廷文化的权威性、标准性、统一性,为宫廷文化的传播、阐发与复制提供了坚实的文本基础,显示出了一种自觉而又积极的创造精神。

当然儒学的制度化也就意味着循环与受限,于是它的守成、封闭与僵化就不可避免。为了挽救经学的衰颓,东汉历朝统治者均十分注重对于文献典籍的考校,其中规模最大的则属安帝时期由邓太后组织的校书活动。此次校书活动,参加者有刘𮪍𮪍、马融、许慎、蔡伦、良史、刘珍、王逸、窦章、刘毅、李尤、张衡等人。而与列侯相关的就有五人之多,刘𮪍𮪍为北海王刘兴之孙,承袭其父刘复的临邑侯爵位,颇具才学。马融,为将作大匠马严的儿子,其从祖为新息侯马援,学识渊博,综合今古文,遍注群经,是当世大儒。窦章,开国功臣窦融玄孙,安丰侯窦万全幼子,"少好学,有文章"④。刘毅,北海王刘睦之子,封平望侯,"少有文辩称"⑤。蔡伦,以宿卫之功封龙亭侯,"伦有才学,尽心敦慎"⑥。列侯及其亲族后代以其卓越的学识成为此次校书的主力,龙亭侯蔡伦监领校书。

他们在前代校书的基础上,依然仿照西汉"五经"—"诸子传记"—"百家艺术"的顺序,由内到外,对今古文经典进行规范化、标准化的处理,重申中秘藏书经典文本的核心与本原地位。但是伴随着专制皇权的加强,东汉列侯与士大夫在校书过程中开始担负修史的职责,完成了《中兴以下名臣列士传》《汉纪》等史书,列侯们已经开始塑造属于本朝的"经典"。在东汉,列侯除了主持与参与大规模的校书活动之外,一些列侯还以今古文相互验证的方式对经典进行校理,中陵乡侯刘陶以夏侯建、夏侯胜、欧阳和伯三家《尚书》相参验,以古文正定《尚书》七百余字,"明《尚书》《春秋》,为之训诂。推三家《尚书》及古文,是正文字七百余事,名曰《中文尚书》"⑦。

总的来说,列侯主导了两汉的校书活动,他们以今古文内府藏书为基础对汉代典籍重新进行整理,按照"五经"—"诸子传记"—"百家艺术"的文献序列,进行学术性架构,实现了文化的再整合,将以"五经"为本原的中秘书文本经典化、标准化、权威化,进而为宫廷文化

---

① [汉]班固:《汉书》卷三十《艺文志》,第1750页。
② [汉]班固:《汉书》卷三六《楚元王传》,第1967页。
③ [汉]班固:《汉书》卷三六《楚元王传》,第1967页。
④ [南朝宋]范晔:《后汉书》卷二三《窦融列传》,第821页。
⑤ [南朝宋]范晔:《后汉书》卷八十上《文苑列传》,第2616页。
⑥ [南朝宋]范晔:《后汉书》卷七八《宦者列传》,第2513页。
⑦ [南朝宋]范晔:《后汉书》卷五七《刘陶列传》,第1849页。

的复制、传播与阐释提供了权威的经典文本,使得汉代学术文化在对经典文本的阐发下,在多层面逐步确立了独立自觉的发展意识。列侯在校书活动中,与朝中著名的士大夫高调互动,共校典籍,展现出了一种文化的自觉与优势,使得大量的内府秘藏典籍得以外传,促进了宫廷文化的复制与传播。

(三)列侯制礼作乐

进入汉代之后,"礼乐"作为处理阶级关系的思想原则受到统治者的重视,它们被认为对于国家的正常秩序具有关键意义,并与权力牵连到一起,成为宫廷文化的重要组成部分。贾谊《新书》强调礼是体恤臣民,巩固国家的重要手段,"礼者,所以固国家,定社稷,使君无失其民者也"①。董仲舒于《春秋繁露·三代改制质文》中强调制礼作乐是王者更受命于天的重要表现,"何以谓之王正月?曰:王者必受命而后王,王者必改正朔,易服色,制礼乐,一统于天下,所以明易姓,非继人,通以己受之于天也"②。

西汉初,戎马倥偬,统治者无暇建立一套完备的礼乐制度。汉承秦制,汉初所定的各项礼乐,均是由叔孙通"采古礼与秦仪杂就之"③,同时亦博采东方各国的礼乐信仰,形成了一个庞杂的礼乐体系。直到汉武帝即位,"推明孔氏,抑黜百家"④,认识到礼乐大一统对于文化大一统的重要意义,"兴太学,修郊祀,改正朔,定历数,协音律,作诗乐,建封禅,礼百神,绍周后,号令文章,焕焉可述"⑤。于是汉朝礼乐始备,但"武帝建立汉家大一统宗教与礼乐制度,虽'颇采儒术以文之',然不合经典者甚多"⑥。

伴随着列侯的文质化,皇权逐步将制礼作乐的权力交给了列侯们,其传递和复制宫廷文化的职能再次呈现出来。到了成哀之际,儒家的经典文本逐步得到确立,古文经典取得了与今文经典同等的地位,《毛诗》《逸礼》《古文尚书》《春秋左氏传》《周官》《周礼》《乐记》《古文易经》等古文经典的权威地位得到了强化,刘向甚至用《古文易经》来校正今文诸经,"讫于宣、元,有施、孟、梁丘、京氏列于学官,而民间有费、高二家之说。刘向以中《古文易经》校施、孟、梁丘经,或脱去'无咎''悔亡',唯费氏经与古文同"⑦。伴随着今文经的衰落与僵化,以及古文经典地位的日益突出,儒学出现了一股复古的潮流,朝野上下复古改制的呼声日益高涨,儒家的理想与"汉家制度"之间出现了矛盾,掌握大权的列侯们,以振兴礼乐文化为己任,依据古文经典,首开恢复西周古礼之先声,传播宫廷文化,为汉代的礼乐建设做出了重要的贡献。

元帝时,丞相扶阳侯韦玄成依据《周礼》所载的西周庙制,确定五世迭毁宗庙制度,存高帝太祖庙、孝文太宗庙、孝景庙、孝武庙、孝昭庙、孝宣庙、皇考庙,"玄成等奏曰:'祖宗之庙世世不毁,继祖以下,五庙而迭毁。今高皇帝为太祖,孝文皇帝为太宗,孝景皇帝为昭,孝武皇帝为穆,孝昭皇帝与孝宣皇帝俱为昭。皇考庙亲未尽。太上、孝惠庙皆亲尽,宜毁。太上庙

---

① [汉]贾谊撰,阎振益、钟夏校注:《新书校注》卷六《礼》,第214页。
② [清]苏舆:《春秋繁露义证》卷七《三代改制质文》,第185页。
③ [汉]班固:《汉书》卷四三《叔孙通传》,第2126页。
④ [汉]班固:《汉书》卷五六《董仲舒传》,第2525页。
⑤ [汉]班固:《汉书》卷六《武帝纪》,第212页。
⑥ 谢谦:《中国古代宗教与礼乐文化》,成都:四川人民出版社,1996年,第236页。
⑦ [汉]班固:《汉书》卷三十《艺文志》,第1704页。

主宜瘗园,孝惠皇帝为穆,主迁于太祖庙,寝园皆无复修。'奏可"①。

成帝初即位,乐安侯匡衡依古制修正自汉武帝时期的南北郊制度,将甘泉泰畤、河东后土祠徙置长安南北郊,减省沿道吏民的繁费,亦免舟车劳顿之苦。"丞相衡、御史大夫谭奏言:'帝王之事莫大乎承天之序,承天之序莫重于郊祀,故圣王尽心极虑以建其制。祭天于南郊,就阳之义也;瘗地于北郊,即阴之象也。天之于天子也,因其所都而各飨焉。往者,孝武皇帝居甘泉宫,即于云阳立泰畤,祭于宫南。今行常幸长安,郊见皇天反北之泰阴,祠后土反东之少阳,事与古制殊。又至云阳,行溪谷中,阸陕且百里,汾阴则渡大川,有风波舟楫之危,皆非圣主所宜数乘。郡县治道共张,吏民困苦,百官烦费。……甘泉泰畤、河东后土之祠宜可徙置长安,合于古帝王。愿与群臣议定。'奏可。"②匡衡又以为:"今雍鄜、密、上下畤,本秦侯各以其意所立,非礼之所载术也。"③皆不合古礼,不应修复。"凡六百八十三所,其二百八所应礼,及疑无明文,可奉祠如故。其余四百七十五所不应礼,或复重,请皆罢。"④儒学复古运动达到了高潮。但是由于成帝久无子嗣,于是又下诏恢复以前所罢诸祠,祭祀如前。这场由列侯领导的复兴西周礼乐制度的儒学复古运动暂时陷入低谷。

西汉末年,今文经陷入"析文碎语",走向宗教神学化。古文经学兴起,古文经典对重建西周模式的礼乐制度提供了坚实的理论基础。平帝即位,新都侯王莽重新担任大司马,其好友古文经学家刘歆受到重用,受封红休侯,成为制作礼乐的首席顾问,博山侯孔光担任太傅。他们依据古文经典,依靠政权的力量,策动了一场礼乐改革,史称"元始改制"。

元始三年(3),"又诏光禄大夫刘歆等杂定婚礼。四辅、公卿、大夫、博士、郎、吏家属皆以礼娶,亲迎立轺并马"⑤。元始四年(4),王莽利用自己的人望,纠集了十万人,用了二十天的时间便建成了古文经典中沟通天人的神圣建筑明堂、辟雍、灵台,为制礼作乐以及礼乐教化提供了重要场所。"是岁,莽奏起明堂、辟雍、灵台,为学者筑舍万区,作市、常满仓,制度甚盛。……今安汉公起于第家,辅翼陛下,四年于兹,功德烂然。公以八月载生魄庚子奉使,朝用书临赋营筑,越若翊辛丑,诸生、庶民大和会,十万众并集,平作二旬,大功毕成。"⑥

元始五年,王莽依据《周礼》,罢汾阴后土与甘泉泰畤,恢复南北郊,并改北郊祭皇地祇,南郊祭昊天上帝,废除泰一祭祀,然后又根据《周礼》"兆五帝于四郊"⑦的记载,改变汉初以来五帝同祠于一处的传统,在五方祠五帝,"分群神以类相从为五部,兆天地之别神:中央帝黄灵后土畤及日庙、北辰、北斗、填星、中宿中宫于长安城之未地兆;东方帝太昊青灵句芒畤及雷公、风伯庙、岁星、东宿东宫于东郊兆;南方帝炎帝赤灵祝融畤及荧惑星、南宿南宫于南郊兆;西方帝少皞白灵蓐收畤及太白星、西宿西宫于西郊兆;北方帝颛顼黑灵玄冥畤及月庙、雨师庙、辰星、北宿北宫于北郊兆"⑧。同时,又实践了古代宗庙的禘祫之礼,"(元始)五年

---

① [汉]班固:《汉书》卷七三《韦贤传》,第3120页。
② [汉]班固:《汉书》卷二五下《郊祀志》,第1253—1254页。
③ [汉]班固:《汉书》卷二五下《郊祀志》,第1257页。
④ [汉]班固:《汉书》卷二五下《郊祀志》,第1257页。
⑤ [汉]班固:《汉书》卷十二《平帝纪》,第355页。
⑥ [汉]班固:《汉书》卷九九上《王莽传》,第4069页。
⑦ 杨天宇:《周礼译注》,上海:上海古籍出版社,2004年,第285页。
⑧ [汉]班固:《汉书》卷二五下《郊祀志》,第1268页。

正月,袷祭明堂。诸侯王二十八人,列侯百二十人,宗室子九百余人,征助祭"①。应劭曰:"礼五年而再殷祭,壹禘壹袷。袷祭者,毁庙与未毁庙之主皆合食于太祖。"②禘袷之礼意味着毁庙古制的实行,这也是对扶阳侯韦玄成宗庙迭毁制度的彻底实施。

王莽领导的"元始改制"对武帝的礼乐制度进行了全面的革新,西周模式的礼乐制度得以建立。王莽志得意满,便上奏太皇太后,重赏制礼作乐有功的博山侯孔光、安阳侯王舜、广阳侯甄丰、承阳侯甄邯、成武侯孙建。"莽白太后下诏曰:'故太师光虽前薨,功效已列。太保舜、大司空丰、轻车将军邯、步兵将军建皆为诱进单于筹策,又典灵台、明堂、辟雍、四郊,定制度,开子午道,与宰衡同心说德,合意并力,功德茂著。'"③

东汉皇朝建立后,经历了新莽农民起义,大量的典籍文献被焚毁,西汉的礼乐制度湮没无闻,博学文雅的列侯们为东汉礼乐制度的恢复做出了重要的贡献。如武始侯张纯明习汉家旧制,对于郊庙、禘袷、婚冠、丧纪礼仪多有恢复与正定,"纯在朝历世,明习故事。建武初,旧章多阙,每有疑议,辄以访纯,自郊庙婚冠丧纪礼仪,多所正定。帝甚重之,以纯兼虎贲中郎将,数被引见,一日或至数四"④。东汉多继承了西汉礼乐制度,仿"元始中故事","建武元年,光武即位于鄗,为坛营于鄗之阳。祭告天地,采用元始中郊祭故事"⑤,"二十五日甲午,禅,祭地于梁阴,以高后配,山川群神从,如元始中北郊故事"⑥。至于立社稷、明堂、辟雍、灵台等,也大都是仿"元始故事"。

列侯们在制礼作乐中充分发挥了宫廷文化中转站的作用,他们依据古文经典所记载的西周礼乐,进而修正武帝时所创立的礼乐制度,使得汉代礼乐更趋完备。"儒家礼乐文化中有着十分突出的秩序观念"⑦,在列侯们的努力下,形成了一个尊卑分明、贵贱有位的礼乐秩序。这一秩序囊括了官僚体系中的各个阶层,上至万石三公下至百石属吏,无不包罗于其中,既凸显了皇权的一元地位,又增强了统治集团的凝聚力与向心力。列侯通过礼乐秩序将宫廷文化传播至官僚体系的每位成员,"大礼虽简,鸿仪则容。天尊地卑,君庄臣恭。质文通变,哀敬交从。元序斯立,家邦乃隆"⑧,为大一统文化格局的建立奠定了礼乐基础,确立了两千年来历代皇朝的以伦理为本位,以政治为中心的礼乐教化传统。

(四)列侯革新制度

列侯通过礼乐秩序将宫廷文化传播至官僚体系中的每一位成员,但是列侯的文化传播功能却不仅限于此。宫廷文化的传播,需要权力的支撑与制度的安排,列侯作为汉帝国的政治重心,利用手中的政治权力,制定相关的制度政策,使宫廷文化传播至于基层社会,最终促成大一统文化格局的建立。

平津侯公孙弘虽然在学术文化领域建树颇少,难以与董仲舒比肩,其在《汉书·公孙弘

---

① [汉]班固:《汉书》卷九九上《王莽传》,第4070页。
② [汉]班固:《汉书》卷十二《平帝纪》,第358页。
③ [汉]班固:《汉书》卷九九上《王莽传》,第4086—4087页。
④ [南朝宋]范晔:《后汉书》卷三五《张纯列传》,第1193—1194页。
⑤ [南朝宋]范晔:《后汉书》志第七《祭祀志》,第3157页。
⑥ [南朝宋]范晔:《后汉书》志第七《祭祀志》,第3170页。
⑦ 丁鼎:《和谐共存之道儒家礼乐文化》,济南:山东教育出版社,2012年,第74页。
⑧ [南朝宋]范晔:《后汉书》志第六《礼仪志》,第3153页。

传》中的贤良文学对策多是对儒家经典的老生常谈,其著作也仅有《汉书·艺文志》中著录的"《公孙弘》十篇"①,但公孙弘对于宫廷文化的传播起到了极为重要的作用。其创立的博士弟子员制度,选择维护伦理道德、遵守统治秩序的知识分子进入太学学习,为读书人通经入仕开启了大门,为宫廷文化在社会基层的传播开辟了重要的渠道。

> 弘为学官,悼道之郁滞,乃请曰:"为博士官置弟子五十人,复其身。太常择民年十八以上仪状端正者,补博士弟子。郡国县官有好文学,敬长上,肃政教,顺乡里,出入不悖,所闻,令相长丞上属所二千石。二千石谨察可者,常与计偕,诣太常,得受业如弟子。一岁皆辄课,能通一艺以上,补文学掌故缺;其高弟可以为郎中,太常籍奏。即有秀才异等,辄以名闻。其不事学若下材,及不能通一艺,辄罢之,而请诸能称者。自此以来,公卿大夫士吏彬彬多文学之士矣。②

两汉时期,太学生的人数不断增长,昭帝时,增至百人,宣帝时,则增至二百人,元帝时,至于千人,成帝末,猛增至三千人,王莽专权时更是"为学者筑舍万区"③,但是王莽篡政后,在严重的社会危机面前,太学陷于停顿。光武中兴后,大兴太学,虽然自章和之后,外戚宦官交替专权,但太学的发展却从未停滞,质帝本初元年(146),太学生的数量激增至三万。太学成为传播宫廷文化的重镇,数量众多的太学生成为宫廷文化的重要载体,宫廷文化由内及外传播开来。

"两汉时期儒学的法律化运动是儒学取得意识形态领域的统治地位之后,其意志力的进一步扩张,也是儒学观念的进一步操作化的结果。"④在儒学法律化的过程中,列侯援儒入法,以"春秋决狱",经义成为决疑断案的准绳,律法成为传播宫廷文化的重要媒介。虽然说董仲舒的新儒家吸收了法家的集权专制和注重刑、法的思想,但是在司法实践领域,正是列侯们将儒学纳入法治当中,德主刑辅的制度体系得以建立,形成了"霸王道杂之"⑤的"汉家制度"。

首开端绪者为平津侯公孙弘,他以《公羊春秋》缘饰文法吏事,"于是上察其行慎厚,辩论有余,习文法吏事,缘饰以儒术"⑥。西平侯于定国家族世传法学,官至廷尉,而后迎合重儒的时代潮流,拜师学习《春秋》,谦恭均礼诸儒生,并利用《春秋》决案,务在宽平,"定国少学法于父,父死,后定国亦为狱史,郡决曹,超为廷尉。定国乃迎师学《春秋》,身执经,北面备弟子礼。为人谦恭,尤重经术士,虽卑贱徒步往过,定国皆与钧礼,恩敬甚备,学士咸称焉。其决疑平法,务在哀鳏寡,罪疑从轻,加审慎之心"⑦。高陵侯翟方进亦以儒经修饰律法,"方进知

---

① [汉]班固:《汉书》卷三十《艺文志》,第1727页。
② [汉]班固:《汉书》卷八八《儒林传》,第3595—3596页。
③ [汉]班固:《汉书》卷九九上《王莽传》,第4069页。
④ 陈劲松:《两汉时期儒学观念的意识形态化及其路径》,《中国人民大学学报》2007年第2期。
⑤ [汉]班固:《汉书》卷九《元帝纪》,第277页。
⑥ [汉]班固:《汉书》卷五八《公孙弘传》,第2618页。
⑦ [汉]班固:《汉书》卷七一《于定国传》,第3042—3043页。

能有余,兼通文法吏事,以儒雅缘饰法律,号为通明相,天子甚器重之"①。身居高位的列侯们践行儒家的价值理念,将儒家经义纳入司法实践中去,使得儒家思想以由上而下的路径传播开来,促成儒学的法律化,对于宫廷文化的推广起到了十分重要的作用,使得社会中的日常生活与政治生活具有了某种宫廷文化的精神。

三、结　语

正是因为列侯集团文化中转站的作用,借此形成了对经学的认知,从而在帝国范围内更广大的文人士子群体中加以传播,他们的文化建设活动,使得他们与另一个更大的中心帝国宫廷之间的关系得以确认,列侯在宫廷文化传播的过程中形成了一种文化威望,这也正是两汉的文化建设得以实现的必要机制。列侯的文化建设使得大量的文化典籍得到保存、整理与传承,培养了大量的儒家人才,构筑了以皇权为核心的一元化的礼制秩序,制定相应的制度、政策,践行儒家理念,构筑起了大一统文化格局,实现了社会文化的转型与整合。列侯一系列的文化建设活动,使得每一次文化的传播和复制的过程中皇权的本源得到了重申,这也是在宣称他们与更大范围内的士大夫共有的价值,同时也是在维护自己作为文化榜样甚至是文化领袖的角色。列侯扮演了汉代文化传播和复制中最重要的角色之一,就连对列侯有切齿之恨的王符也不得不承认列侯们具有高贵典雅的贵族气度与良好的文化修养,"今诸侯贵戚,或曰敕民慎行,德义无违,制节谨度,未尝负债,身洁规避,志厉青云"②。但是列侯文质化的进一步发展造成了他们对于学术文化资源的占有与垄断。经学由列侯获得利禄的工具变成其思想、人格的内在修养和追求,并外化为行动上的自觉。

西汉时期,很多列侯缺乏道德自律和行为自律,《史记》《汉书》中关于列侯因"私奸""禽兽行""与人妻奸""不孝""不请""不敬""阑入"等伦理道德罪以及礼制犯罪而被除国的记载层出不穷。东汉时期,经过西汉以来的学术发展和家族文化积累,列侯的文化素养和道德修养有了相当大的提升。③从《后汉书》中所反映的列侯形象看,列侯由侠勇尚武向崇文守礼转化,他们更多的是被称为国家、群臣、乡里的道德榜样,他们节俭自修,"(夏阳侯窦)瑰少好经书,节约自修,出为魏郡,迁颍川太守"④;笃行孝养,"(安乐乡侯胡广)时年已八十,而心力克壮。继母在堂,朝夕瞻省,傍无几杖,言不称老。及母卒,居丧尽哀,率礼无愆"⑤;轻财重义,"(钱塘亭侯朱俊)好义轻财,乡闾敬之"⑥;礼让尊贤,"(乘氏侯梁)商自以戚属居大位,每存谦柔,虚己进贤,辟汉阳巨览、上党陈龟为掾属,李固、周举为从事中郎,于是京师翕然,称为良辅,帝委重焉"⑦。

---

① [汉]班固:《汉书》卷八四《翟方进传》,第3421页。
② [汉]王符著,[清]汪继培笺,彭铎校正:《潜夫论笺校正》卷五《断讼》第十九,第231页。
③ 秦铁柱:《汉代"长寿"侯国研究》,《山东师范大学学报(人文社会科学版)》2018年第5期。
④ [南朝宋]范晔:《后汉书》卷二三《窦融传》,第819页。
⑤ [南朝宋]范晔:《后汉书》卷四四《胡广传》,第3416页。
⑥ [南朝宋]范晔:《后汉书》卷七一《朱俊传》,第2308页。
⑦ [南朝宋]范晔:《后汉书》卷三四《梁统列传》,第1175页。

在这一背景下,东汉出现了许多世官化的列侯家族,如马、邓、窦、梁、杨、袁、耿、伏等,他们世代经学,垄断文化,进而实现文化垄断与权力垄断的交互循环。这些列侯家族成为汉代社会发展史上连续性最长,也是最稳固的社会阶层,成为魏晋士族之滥觞。在和帝时期,统治阶层中已经有了门第观念,而文质化世官化的列侯家族自然被人们视为高第。"(周纡)征拜洛阳令。下车,先问大姓主名,吏数闾里豪强以对。纡厉声怒曰:'本问贵戚若马、窦等辈,岂能知此卖菜佣乎?'"[1]

作者简介: 秦铁柱,山东师范大学齐鲁文化研究院暨历史文化学院副教授。

---

[1] [南朝宋]范晔:《后汉书》卷七七《酷吏列传》第2494页。

场景的回溯:P.3644 学童习字所示敦煌的社会生活与文化再生

周尚兵

【摘　要】 P.3644 是后唐时期敦煌学童的习字作业。虽属记忆片段,却可以据此复原出唐宋时期敦煌百姓的居住、饮食、服饰、购物、医疗、庆吊、宴乐、社邑、斋会、休闲、娱乐、佛事、词讼等社会生活的图景,几乎全方位地展现了当时敦煌百姓的生活内容及其生活方式。透过敦煌百姓的社会生活,他们在食物搭配与饮食风格背后的保健理念、居住环境上的净洁规则、待人处事中的善恶忠孝价值观、心性修行中的佛教信仰、买卖交易中的协商原则、经济事务中的契约精神、讼争冲突中秉持的律法意识、社邑生活中的互助准则等一系列敦煌民众共同遵循的思想与行为规则就跃然于眼前。生活方式及其行为规则,构建了"入乡问俗"中的"俗",敦煌学童在这种乡俗的熏陶下,领会了区域社会中主流的文化精神、国家层面的律法制度以及当地民众共同遵循的行为规则,一代代具有上述当地文化内涵的学童被培育出来,敦煌的区域文化得以传承发展。

【关键词】 P.3644;敦煌社会生活行为规则

P.3644 是后唐时期敦煌学童的习字写卷,现存 119 行。学童写卷时的态度很端正,写完后还经过校读,例如,给疑难字加上了小字注音,第 2 行"材枧"的枧字下注音"见";填补漏字,第 33 行"布"字下补"施"字;第 62—69 行的叫卖词,有句读,尽管句读不太准确;第 71 行,学童发现"荤"字写误后,用点删符"卜"点去,再写上正确的字。总之,该名学童在习字时的态度端正、认真。既然学童自己已经校读过,那么该写卷中的字就不能轻言删除。

张涌泉、贾娟玲对 P.3644 全卷的校录[①],张小艳、杜朝晖、叶娇等人对部分词汇的考释[②],为学界深入研究该写卷提供了文本基础。目前,学界主要利用 P.3644 中的《礼五台山偈》《迎太后七言诗》来讨论敦煌民众的五台山崇拜及佛教信仰[③];利用《徕客叫卖词》来讨论敦

---

① 张涌泉主编:《敦煌经部文献合集》(第八册),北京:中华书局,2008 年,第 4279—4295 页;贾娟玲:《敦煌写卷 P.3644〈词句摘抄〉研究》,兰州大学硕士学位论文,2018 年,第 59—77 页。
② 张小艳:《敦煌社会经济文献词语考论》,上海:上海人民出版社,2013 年;杜朝晖:《敦煌文献名物研究》,北京:中华书局,2011 年。叶娇:《敦煌文献服饰词研究》,北京:中国社会科学出版社,2012 年。
③ 参见贾娟玲:《敦煌写卷 P.3644〈词句摘抄〉研究》之学术史综述,兰州大学硕士学位论文,2018 年,第 2—3 页;杜斗城:《敦煌五台山文献校录研究》,太原:山西人民出版社,1991 年,第 215—216 页;柴剑虹:《敦煌吐鲁番学论稿》,杭州:浙江教育出版社,2000 年,第 73—79 页。

煌的商品种类及其广告文学价值。①叫卖词中具列了三十种商品,刘冉聪将其中的"白矾皂矾,紫草苏芳"视作敦煌地区染紫用的"染料",探讨了晚唐以来敦煌地区普遍穿用紫服,进而突破隋唐时期紫服穿用制度的问题。②游丽云探讨了苏方木在敦煌用作染料和仕女妆容材料的话题。③P.3644写卷的内容,涵盖了敦煌百姓生活的方方面面,然就现有研究来看,除了服饰现象得到初步研究外,其他的方面,几近于空白。尤其是P.3644全卷中所蕴含的敦煌百姓的生活方式及其行为规则,尚未得到应有的关注。

P.3644写卷的"内容颇为芜杂无序"④,这只能说明该学童在习字时既不是对着字帖摹写,也不是按照书籍文本进行抄写。也就是说,学童在习字时并无底本。在无所本的情形下,该学童为了练字习字,竟其思绪所及,想到什么就随手写下什么,譬如他想到了"轰"字,联想起同样构字方式的"森""蠢""晶""品"等系列字;再如他想到了"佛刹",联想起中国殿堂建筑的传统装饰"鸱吻",进而联想起与"鸱吻"音节类似的"自刎";再如想起了"梦寝惊飞魂"的情状,就联想到了"益肝胆气,止惊惕"的中药材"龙胆"。该学童习字时触类联想发散的思维方式清晰可见,P.3644是学童的一件随想式习字作品。

弄清了学童习字时的思维方式,再回视整个写卷,其所写内容其实并非杂然无序。尽管学童习字时思绪飞扬,却也不是天马行空般的凭空幻想,其平日所见、所闻、所忆的事或物成为其思绪飞扬的天然触发点,而每个触发点,都使其写下一系列相关联的词汇或成句。

敦煌童蒙教材《开蒙要训》"以短小的篇幅融入大量的日常生活内容"⑤。细审P.3644写卷,可以发现学童所写的词汇并没有超出《开蒙要训》所传授的知识范围。该学童以其所学的开蒙知识为基础框架,补充了他在日常生活中的诸种见闻,写下了P.3644中的系列词汇与成句,比《开蒙要训》所授要更加具体而微,因此,学童所写的词汇与成句——实际上是该学童日常生活经历的分解颗粒,可复原成连续的记忆片段,为我们构建出"枯藤老树昏鸦,小桥流水人家"式的生活场景,再现了学童的时代生活图景。回溯这些生活场景,当时人们的生活方式以及他们共同遵循的行为规则就显现于其中,从而展示出该学童成长过程中"环境教育"或者说"社会教育"的重要侧面,而"环境教育"恰正是区域文化再生的关键。

---

① 王文宝:《中国民俗研究史》,哈尔滨:黑龙江人民出版社,2003年,第22页;崔银河、崔燕:《中国文化与广告》,北京:中国传媒大学出版社,2012年,第63页;颜廷亮、张彦珍:《西陲文学遗珍》,兰州:甘肃人民出版社,2000年,第16页。艾绍强:《绝版中国:永远的敦煌》,北京:中国工人出版社,2008年,第176页;朱凤玉:《敦煌文献中的广告文学》,郑炳林、郑阿财主编:《港台敦煌学文库》第14册,兰州:甘肃人民出版社,2014年,第271—291页;李鑫:《唐五代宋初的敦煌城市》,南京师范大学硕士学位论文,2008年,第19页;杨秀清:《华戎交汇的都市:敦煌与丝绸之路》,兰州:甘肃人民出版社,2000年,第50—51页;李正宇、李树辉:《丝绸之路与敦煌》,载纪忠元、纪永元主编:《敦煌阳关玉门关论文选萃》,第73页;谭蝉雪:《敦煌民俗——丝路明珠传风情》,兰州:甘肃教育出版社,2006年,第20页。
② 刘再聪、赵玉平:《唐宋敦煌染料与紫服制度的被突破——以P.3644为中心》,《南京师范大学学报》2010年第5期。
③ 游丽云:《唐代仕女妆容文化探微》,台北:稻乡出版社,2015年,第240—243页。
④ 张涌泉主编:《敦煌经部文献合集》第八册,第4279页。
⑤ 详见张新朋:《敦煌写本〈开蒙要训〉研究》第二章第二目,北京:中国社会科学出版社,2013年。

一、关于 P.3644 的录校

尽管张涌泉、贾娟玲先后对 P.3644 进行过全卷录校（以下简称为张校、贾校），然而还是有一些问题没有解决。这主要是敦煌学童"以音借字"的写法，给我们从字面上理解文本的含义造成了一些困惑，但如果以音节来破读，寻找到其对应的本字，则一些词汇上的困惑就迎刃而解，分述如下。

第 6 行：槯(棒)栿

张校云："槯，此字字书不载，待考。"

按：张小艳已考证出"槯"的本字为"棒"，"槯"是"棒"的换声旁俗字。①棒栿是梁柱间起勾连作用的横木。究其源流，"遭"应当是"棒"字在敦煌地区的注音字，该注音字又被替写为本字，之后还被加上了相应的类化偏旁，遂成为字书所不载的敦煌俗字。

第 12 行：镫折(鞊)

张校云："古书未见此二字连用者，'折'字或有误。"贾校云："'镫折'一词传世文献未见连用者，此处或为抄者误抄，或为敦煌地区对马镫的俗称。"

按：P.2578"镫鞊"的注音字为"登折"，则知"镫折"的本字应当是"镫鞊"，为悬挂马镫的软皮索。杜朝晖业已指出"鞊"的本字应是"鞊"，乃是该字构件"旦"俗讹为"且"。②

第 19 行：战薛(靴)

张校录作"战隔"，贾校录作"战阵"。

按：原卷"阝""廿""辛"三个部件清晰可辨，是为"薛"。"战薛"不辞，而薛、靴同音，可互为注音字，当校作"战靴"。

第 27 行：马方(坊)陒(院)

张校云："'陒'字字书不载，疑为'苑'或'院'的俗字，然'马方陒'不知何意，存疑。"贾校据黄征《敦煌俗字典》云："'陒'，为'院'之俗字。"贾校未进一步解释"马方院"。

按：P.5001"坊"字注音"方"，P.2578"纺""鲂""枋"皆注音"方"，则知"方""纺""坊""枋"等字在敦煌的读音相同，"马方陒"可破读为"马坊院"，是为行旅、商队提供骡马的场所。

第 66 行：阿昔(锡)藕弗(覆)，香甜干枣

张校录作"阿苗藕弗香，甜干枣"。贾校采纳李正宇先生的校录，将"昔"字视作衍文删去，校录为"阿(河)藕弗(香)，甜干枣"，并云"昔"字"疑抄者笔误，欲写'藕'却有失误"。

按：如是书写失误，按学童的书写习惯，当涂掉或点去。考察全卷的写法，学童在写横画时，多有收笔时下垂的习惯，而且在写"日"字时笔画间隔很小，故张校识认出的"苗"字，实当为"昔"字。即使录作"苗"字，也应当校作"昔"。盖写本中"昔""苗"常形近而误，如：P.2331V《斋文抄》"社文"中的"应莲花劫，续息千苗"，S.5561《斋仪》"社斋文"中就写作"应莲花劫，续息千昔"。故"昔"字不应视为衍文，当录校作"阿昔(锡)"。"昔"为"锡"或"緆"的音借字。司

---

① 张小艳：《敦煌社会经济文献词语考论》，第 483 页。
② 杜朝晖：《敦煌文献名物研究》，第 332—333 页。

马相如《子虚赋》云:"于是郑女曼姬,被阿锡,揄纻缟。"①阿锡乃先秦以来太行山以东著名的细布,是丝绸之路上的名品。藕弗,当校录作"藕覆","弗"为"覆"的音借字,即裤袜。

第73行:落[藜]桂心

张校、贾校皆录作"落桂心"。

按:中药材中无"落桂心",只有"桂心"。此处当有脱文,可据《新修本草》补"葵"字,或者据 S.3836V"落梨(藜)"补"藜"字。

第77行:衙内旦(具)

张校、贾校均以"旦"字上部"日"墨色浓而推测有涂改,均未将其录入正文。

按:该字不是涂改,只是笔画间隙小而显得浓墨而已。"衙内旦"当校作"衙内具"。旦、且、具之间的俗讹演变,张小艳、杜朝晖等已论述精当②,据以校"旦"作"具"。

"衙内具"作为类目名在前,其后分列各种器具,很好理解。学童对官府衙堂印象极深,前面就已经以"堂衙内"为类目名写过一遍。

第86、87行:星攒夜暗,奔迸莫知使;望霜剑流挥(晖),翻为昼刻

张校录作"奔迸莫知使望霜剑流挥翻为画刻",校记云"'奔迸'以下十二字不知该如何断句,疑有脱误。"贾校识读出"昼"字,句读作:"星攒夜暗。奔迸莫知。使望霜剑。流挥翻为昼刻。"

按:"迸"的本义为"奔散、逃散"。则本句大意为:星藏夜黑,方向莫辨,不知奔向何处。雪白的刀剑在暗夜中闪着寒光,如同在白昼下一样刺眼。

第88、89行:梦寝惊飞魂。龙胆。掬拽。杆(干)草磨(蘑)。草(糟)𩱛(饧)。草鹿。涩。细。滑

张校录作"梦寝惊飞。魂就胆掬拽。杆草。磨草。𩱛草。鹿涩。细滑。"贾校同。张校、贾校皆云"魂就胆掬拽"不知何意。二人皆校"杆"为"秆"、校"鹿"为"麂"。

按:"龙",张校、贾校皆识读为"就",实为"龙"字草书的楷化写法,"龙胆"为治惊惕病症的常用药材。

"杆草磨",即干草蘑,菌菇类食材中最常见的品种。

"草𩱛",即"糟饧"。草,在唐宋间有"采老切""在早切"③两种读音。饧,即麦芽糖。"𩱛"字虽字书不载,但显然是"饧"在敦煌的换旁俗字,因饧由麦制作而来。则"草𩱛"即读如"糟饧",糟饧是制作麦芽糖过程中产生的糟粕。

"草鹿",即母鹿。与 S.3836V 中的"草□、草马、草驴"等词中的"草"字同义。

"弦、涩、细、滑"是中医诊脉中最常见的四种脉象。

---

① [汉]司马迁:《史记》卷一百一十七,北京:中华书局,1959年,第3011页。
② 参见张小艳《敦煌社会经济文献词语考论》之"笼具、笼且、陇具、脓具、醴具"条,第450—452页。杜朝晖:《敦煌文献名物研究》,第332—333页。
③ [清]陈廷敬等撰、汉语大辞典编纂处整理:《康熙字典》,上海:汉语大词典出版社,2005年,第998页。

二、场景的回溯:学童生活环境的复原

弄清了 P.3644 的词句含义,再寻绎学童书写时的思绪流淌,由一连串词句所构成的物象、事象、意象就线性地展现在我们面前,学童日常生活中的衣食住行、休闲娱乐等各种场景得以复原。

场景一:房居物象

学童写卷时,其脑海中闪现的各种物象场景,无疑以他日常生活中常见的房舍、街巷为最,所以关于这两个场景的词汇丰富,层次也最为分明。

就房舍而言,敦煌有百姓的房舍、官方的衙屋两种类型。百姓房舍通常由房舍、厨舍、庭院三个部分构成,官方衙屋则由堂衙及府库等构成,分述如下:

1. 百姓的房舍、厨舍、庭院

(1)房舍

①正堂

墼泥;碌砖;壁墙;材柷;柱子;橡;梁;槌(棒)栿;栏额;檩子;北檐;南厂;阔狭①;长短;宽窄。

②门户

独扇门;两合门;一扇为户,两扇为门;内宅门;戟朔门。

③家具

倚子;交床;独座子。

(2)厨舍

①炊爨具

釜灶;釜;锅;甑;三脚铛;镬子;鼎子;鏊子;弗。

②引火物

火铁;烧炭;灰火。

③饮食具

钵盂;碗迭;罐钵;匙箸;杯盏;银盂子。

④食料

饭馓;食料;酱;醋;草豉;芥;韭;葱蒜;蒜芩;蔓菁;萝卜;茴香;莴苣;糵米;糵糟;干枣;杆(干)草磨(蘑);果;杏;梨;柰;蒲桃。

⑤盛具

栲栳;褐袋;袋子;茧袋;簸箕;苇箔。

⑥洗浴具

银悉罗②。

---

① 据 Дx.02822,"阔狭"属"屋舍部",指房屋的开间与进深,长短、宽窄是开间与进深的通俗说法。
② 悉罗是类似今澡盆、面盆一类的生活用具,"银悉罗"是银制的日常洗浴身体的用具,详见赵静莲:《敦煌文献之所见"悉罗"考》,《敦煌研究》2018 年第 3 期。

(3)庭院
①院外
枇篱;阃外;庑舍。
②五畜
呼唤;肥羊。
③饲料
糟糠;麻滓;草饲(糟饲)。
④卫生①
扫帚;罐钵;拨水;扫洒;揩拭;净洁。
2. 官方衙屋、府库
①衙堂门前
入衙;麒麟;师子。
②衙厅陈设
衙厅中馆:横围;繳壁;绣额;毡毯。
③府库
衙内具:甲丈库;军资库;宴设库;烟火仓司;军粮大仓;九眼仓。

场景二:街巷景象

五代时,敦煌仍属丝路重镇,市面上最常见的大宗商品非丝绸莫属。敦煌街巷中店铺林立、商业繁华、货无停滞、人流如织等情景给学童留下了深刻的影响,这自然成为学童独自书写时的思绪触发点,他写下一系列相关词汇,展示了学童居住生活的环境氛围,分述如下:

1. 街景
街巷;四街令众;铺[子];螺驮搬运。
2. 四街令众
①商旅:
商客稠繁。
②官使:
使命繁稠;旌节;汉使;天使;回鹘使;朔方使;凤翔使;入城般次;入京班次。
③行客:
达担;于阗;回鹘。
3. 店铺
①商量贸易:
某乙铺上新铺货,要者相问不须过。交关事宜任平章,卖(买)物之人但且坐。
②街头徕客:
某乙铺上且有:橘皮胡桃瓤,栀子高良姜。陆(六)路诃黎勒,大腹及槟榔。亦有苘萝荜拨,芜荑大黄,油麻椒算(蒜),阿昔(锡)藕弗(覆),香甜干枣,醋齿石榴。绢帽子,罗幞头。白

---

① S.610《杂集时用要字》将房舍卫生归于"二仪部"。

矾皂矾,紫草苏芳。秒糖吃时牙齿美,饧糖咬时舌头甜。市上买取新袄子,街头易得紫绫衫。阔口裤,斩(崭)新鞋,大跨腰带拾叁事。

4. 货物运输
①大宗商品
盘龙绫;盘凤绫;水颇绫;独窠绫;玖碧绫;西川织成锦;红川锦;软锦;紫锦;踏山立豹锦;天马绫;竖角犀牛绫;袴段绫;彭山绫;河北道大袄子段绫;掖庭大白绫;皂绫;皂□;皂绢;白生绢;卌尺红罗;白花罗;白练;绣线绫;皂线绣汗袴;金线绣袄子;红绮袄子;碧绮袄子。

②运输工具
般车辽乱;螺驮般运;辕车;革车;车毂;钏铜;车辋;车辐;车盘。

③系驾鞍辔
驾牛;鞅;鞲索;辔头;鞍瓦;鞍桥;鞍鞯;鞍鞘;镫折(靬);秋鞘;肚带;革带;鞍褥;马蹄;鬃尾;被马;毡马。

④民间运输系统
马方(坊)陬(院);蹉草。

⑤官方驿传系统
馆驿;驿官;供备。

场景三:关边物象

贞观三年(629),玄奘取法行经玉门关,"遥见玉门关,去关上流十里许,两岸可阔丈余,傍有梧桐树丛"①。雄关、河流、树丛是沙漠地带难得一见的场景。晚唐五代归义军政权所处的边关环境毋庸多言,军兵、关隘等物象在学童那里相当熟悉,学童所写的词汇分六个层面展示了敦煌当时的边关场景。

1. 关津形胜
阃外②;关边;锁钥;下瓛;岖峻;山岭;崖岸;岑;攒貌;水出高源;澜;湍波。

2. 防虞器材
防虞;濠堑;飞梯;砾砲(礟);眺楼;抛车;檑木;大石。

3. 士兵护具
头牟;裉褃;腹膊;衣钾;战靴;锁子[甲]。

4. 士兵装备
①器械:
器械;枪;棑;胡禄;箭;刀;剑;陌刀;解结锥;链锤;钺斧;抨(绷)绳搜索;柶。

②马匹:
牵龘马;紫骝;朱鬃;锥(骓)驳;赤骝马一疋。

5. 关边防备
贼寇;采候;烽铺;透报消息;旌麾;将军;大将;排班。

---

① [唐]慧立、彦悰:《大慈恩师三藏法师传》卷一,北京:中华书局,1983年,第14页。
② P.3776《杂集时用要字》"阃外"词下义注"边阃"。阃外另有"门坎外"义,亦可归于"屋舍"场景。

6. 战斗情景

判命;射箭;刀劈;事军爪牙,不休弓马。

兵甲队伍,列阵交锋。两军排合,争胜孤灵。发使论和,各觅名利。逡巡不顺,轮剑先冲。军兵杂乱,死活难分。阵战输盈,不知个数。黑风旋绕,飞尘盖天。白气云腾。星攒夜暗,奔迸莫知使。望霜剑流挥(晖),翻为昼刻。草木枯萃,岳动山移,声彻青霄,江河顿绝,如斯斗敌,太半人亡。

场景四:生产景象

生产劳动是家庭的衣食之源,各种工作场景在学童的日常生活中随处可见。只是学童年幼,对各工作的具体环节并不熟悉,各类工作即便成为他思绪飞扬的触发点,相关的描述词汇也并不丰富。学童所书的工作词汇,可回溯出的生产场景有早出晚归的劳作印象、种地、粮食加工、桑麻棉生产、纺织印染、制衣、诸匠小手工制作等七个方面。

1. 劳作印象

辛勤;戴星。

2. 种地

种;畦亩;橛杖;开掘;荒泽;咸卤①。

3. 粮食加工

舂米;石臼;石䃺;石杵。

4. 衣料作物

蚕桑;缉麻;摘花。

5. 纺织印染

纺车;织机;紫矿;苏芳。

6. 制衣

裁缝;针线。

7. 手工

穿凿;钉缀;番钻子;错子;翎胶;渡(镀)金;锡镴。

场景五:劳动力雇佣事象

敦煌地区生产活动中有劳动力雇佣事宜,被雇佣者称为"客作"。雇、佣双方要立契约。学童所写相关词汇有:

客作;失脱财物;偷盗;偷将。

场景六:医疗事象

生老病死,人情之常,家人、街坊邻居患病治疗是学童日常生活中常见的场景之一,其环节包括:医患双方述说病状;医生诊脉开方;病患煎药治疗等。

1. 病状

冷热;寒暖;肚胀;腰疼;气脉不通;四支沉重;疮痍;疥癞;梦寝惊飞魂;抽(瘹)减。

2. 问诊

大夫;请召医师别脉。沁。细。滑。

---

① 据 P.3776 中"咸卤"的义注为"斥地"。

3. 治疗
①治疗方法：
煎者(煮)汤药。
②常见药材名：
朱砂;麝香;金青;石绿;黄丹;紫矿;苏芳;雄黄;槐子;没苏子;苟杞子;胡枣子;胡椒;汉椒;胡姜;荜菝;香附子;粆糖;石蜜;石盐;诃梨勒;阿么勒;敕梨勒;芭豆;白槟榔;独活;落［藜］;桂心;昌蒲根;干姜;大黄;郁金根;龙胆;银花;接续①。

场景七：吊问场景
治办丧事的场面也是学童常见的生活场景，只是学童对治办丧事不太熟悉，词汇不多。吊问相关词汇如下：
吊问;阿耶亡化;泪落数千行;痛当乃(奈)河(何);深士(是)悲痛;率葬与吉;率葬为吉。

场景八：社区生活景象
敦煌民众的社区生活多种多样，就频繁程度而言，当以社邑活动、斋会活动及酬赛活动为最，这些活动理所当然地成了学童思绪的触发点。

1. 社邑生活场景
学童描述社邑生活场景的词汇与成句如下：
遵明条;要条;不得迟、违、怠慢;仍罚浓腻局席壹筵;稍有不公，便当罪责。

敦煌民众结邑社，其目的在于共度时艰、追凶逐吉、合意同欢、共成功德，也就是通过群体的力量起到互济互助的作用。结成邑社之后，社人必须积极参与邑社的各种社事活动，所有社事活动都在"社条"的约束下进行。社条由社人大会制定，是社邑活动顺利实施的纪律保证。

社条，又称"明条"。对于"不乐社事"的迟到、违规以及怠慢社事的行为，社条规定的最轻处罚是罚酒一角或半瓮，稍重一些的处罚是"罚浓腻壹筵"，较重的处罚是"罚浓腻"加"杖责"，最重的处罚是"罚浓腻""杖责"加"除名"。

2. 斋会场景
学童描述斋会场景的词汇与成句如下：
幡干(杆);幡伞;曼(幔)幕。
须弥山上得诣天堂，龙花(华)会中溥宣妙法;久在床枕，药如无闲。
斋衬;布施;共(供)资。

在佛教文化的氛围下，敦煌民众举凡营造福田功德、红白喜事等各种活动，必兴办斋会。兴办斋会，斋主必定"饰院宇""张素幕""竖幢幡""诵斋文"。高竖的幡幢、横张的幔幕是斋会举办之前最引人注目的物象。"须弥山上得诣天堂，龙花(华)会中溥宣妙法"是斋文中常见的发愿成句，"久在床枕，药如无闲"是因病患营办斋会时常见的因由。斋衬是斋主付给承办斋会的僧众或寺院的酬谢。学童对斋会的生活场景应该还是熟悉的，所写词汇虽然不多，但斋会的各关键环节已了然无遗。

---

① 据 S.3836V，学童习字中的"接续"非"连续"之义，而是中药材中的"接续草"。

3. 酬赛场景

学童描述酬赛场景的词汇如下：

酬赛；赛神。

沙州东水池神庙；西水池神庙；北水池神庙。

祭祀神灵以祈福佑的"酬赛"活动是中古敦煌民众乐于参与的重要活动，所祭祀的神灵名目甚多，其盛大者以赛祆、赛天王为最。"赛祆是一种对祆神神主的祭祀活动，有祈福、酒宴、歌舞、幻术、化装游行等盛大场面，是粟特胡商'琵琶鼓笛、酣歌醉舞'的娱神兼娱乐活动"①。东、西、北三个水池神庙是赛祆的场所。②寺庙是赛天王的主要场所，其仪式主要有"焚香、设供、设乐"③。如此盛事，在学童心中自然留下了深刻的印象，自然也成为他思绪的触发点。

场景九：设乐场景

敦煌地区营办各种斋会要延请音声人"设乐"，在节日、娱乐活动、寺庙活动、驱傩降魔、仪仗队伍等各种场合中也要设乐④，可以说，在学童的生活中，设乐的场合无处不在，其所写相关"设乐"的词汇如下：

设乐；钟夔；箜篌；二弦；弓弦；笙箫；吹笙；白檋。

场景十：宴会场景

高启安讨论了敦煌人各种名目的宴饮活动。⑤但在小学童的眼中，宴会的仪式无关紧要，吃的喝的才是关键，所以学童所写的词汇全是最吸引他的"浓腻筵席"——醇酒肥肉：

燕会。

浓腻筵席：甗甀；盘馔；饤饾。

饮酒：玉酒琼浆；仙仁杯觞；蒲桃九酝。

场景十一：休闲游艺

小孩子喜群戏，中古敦煌的游艺娱乐活动虽然种类繁多⑥，但适合小孩子的群戏似乎并不多，踏舞、藏钩这两种老少咸宜的群体游艺自然是深得学童喜爱，印象深刻，其所写相关游艺词汇如下：

1. 踏舞：

阿磨遮；奔阿磨遮；洒扬。

2. 藏钩：

牢把着，牢把多得筹；明划着，莫欺谩，免斗诤，擘两朋，先盈后输。

在敦煌流行的泼寒胡戏，当时有多种音译名称，如苏幕遮、飒幕遮、娑幕遮、悉磨遮等，学单童所写的"阿磨遮"，当是"泼寒胡戏"在敦煌的另一种音译名。

---

① 姜伯勤：《敦煌艺术宗教与礼乐文明》，北京：中国社会科学出版社，1996年，第499页。
② 贾娟玲：《敦煌写卷P.3644〈词句摘抄〉研究》，兰州大学硕士学位论文，2018年，第44—48页。
③ 谭蝉雪：《敦煌民俗——丝路明珠传风情》，第58页。
④ 黄佳：《敦煌音声人史料及其研究》，中央音乐学院硕士学位论文，2010年，第21—24页。
⑤ 高启安：《唐五代敦煌饮食文化研究》，北京：民族出版社，2004年，第190—202页。
⑥ 丛振：《敦煌游艺文化研究》，兰州大学博士学位论文，2013年。

场景十二：世象情景

人生百态，凡间世象，历来以贫富差别为社会中的显著现象，尤在衣食上最为直观，在学童眼里亦是如此。学童对贫穷的最直接感受就是缺衣少食，而对富贵仅一词言之。其所写贫富现象的词汇如下：

贫穷：身无半缕之丝，口乏一餐之食；衣裳褴缕；觅衣；觅饭；奴兵。

富贵。

场景十三：儒家教化

日常生活中的"教化"问题，是学童习字过程中的一个触发点。只是儒家的教化问题太深奥，以学童的认知来看，仅止于日常生活中的基本礼仪以及平日所诵记的那些忠孝诗文而已。其所写词汇如下：

教化。

1. 忠孝

孔子文宣王庙；辝(辞)别阿娘；跪拜；乳脯；幼碎。

《今当圣人诗》七言

禁烟节暇赏幽闲，迎奉倾心乐贵颜，鹦语雕梁声猗猊，鹦吟渌树韵关关。为安家国千场战，思忆慈亲两鬓斑，孝道未能全报得，直须顶戴绕弥山。

2. 习性

诈为(伪)；轻慢；猜疑；懒硬；悭贪；吝惜；拦(婪)吝；愠色；撩拨。

场景十四：佛事场景

诵经转读、讲经论义是敦煌佛教文化传播的重要方式之一，论义场面相当隆重，学童对这样的场面也是印象深刻，细节知悉无遗，成为学童书写时的一个触发点。

1. 寺院

佛刹；伽蓝；佛像；鸱吻。

2. 论义

法场；高座；香奁；香炉；锡杖；经叶；经橹；经巾；转读；斋时；蕴习；讲论。

3. 受戒

剃头；削发。

4. 五台山圣地与佛教信仰

天长地阔杳难分，中国中天不可论，长安帝德谁恩报，万国归朝拜圣君，汉家法度礼将深，四方取则慕华钦，文章浩浩如流水，白马驼经远自临，故来发意远寻求，谁为明君不暂留，将身岂惮千山路，学法宁词度百秋，何期此地却回还，泪下沾衣不觉斑，愿身长在中华国，生生得见五台山。《礼五台山偈》一百一十二字。

场景十五：出行仪仗景象

古代官员、贵族出行时的仪仗队伍是一个很吸人眼球的事象。敦煌归义军作为相对独立的地方政权，其首脑人物的出行、出猎都有规模盛大的仪仗。《张议潮出行图》里虽绘制有形象化的仪仗队伍，然其仪仗的具体名目仅有"门旌""仪刀"等简单榜题，不得其详。学童所写的仪仗名目恰好补其缺略，图文互证，敦煌仪仗形象而具体化了。学童描述出行、游猎仪仗场景的词汇有：

天尚书游猎。

障子;信旗;鹊彩旗;豹尾旗;旌节堂;金香炉;塑枪;麾枪;门旗一对;师子旗;红旗;面旗;踏引双对。

幄帐;毡帐;胡纥毡。

场景十六:官府审案场景

诉讼处理既是官府的日常公务之一,也与百姓的日常生活密切相关,学童对这个生活侧面看来比较熟悉,将庭审的起诉受理、勘查案情、结案科罪、依法申诉等环节书写无遗。

1. 庭审

词诉;纠告;排衙;紊(问)察;勘责;判断;结案。

2. 处分

决配;流贬外镇;棒脊;扭械;枷镣;枷项;医杖拾叁;囚徒;坚牢;狱里;

三日然后申官

场景十七:官事场景

相对于各种民事而言,学童对官事的了解比较蒙昽,无非是皇恩浩荡、官员升迁、时任官长、公文往来等一些抽象模糊的概念。学童所写相关词汇如下:

1. 君恩

社稷;金阙;胜(圣)君;册立;特赐;恩渥;宣慰;鸿恩;沾恩。

2. 除授

官告;班荣;迁官拔职;超擢;抽拔;停官罢职。

3. 司分

辅佐;傔从官;牙笏;进奉;勾当;专擅;裁下;允许。

4. 职任

瓜州刺史慕容归盈;悬泉镇遏使;常乐县令;寿昌县令张信盈;南紫亭镇遏使;擦微坡山使

5. 公文样:

①皇恩远被,宠袟俄临。统握栖(西)陲,劬劳颇着。

②朔方军先登定难,都指挥使、金紫光禄大夫、检校尚书左仆射、赐紫金鱼袋,只合退栖林薮,空谷藏形,盖缘受国恩深,恐辜圣造。

③恩洽春宫,诞膺敕命,鸿徽下降,率土咸欢,规章法用,礼乐军仪,悉在衙门,取其准则,近来往往不依条式。

场景十八:身体事象

学童分七个层面写下了与身体相关的系列词汇:

1. 肢体

眉眼;耳朵;腮颔;鼻孔;唇舌;牙齿;喉咙;肩膊;拳头;膝胫。

2. 体态

腰短;脚长;眼尖;口便;瘦;秃;瞎;跛。

3. 动作

展眉;撮眉;攃握;剔(踢)踏;挡拽;拗折;剥扯;剥脱;摘捋。

4. 话语

说话;諔讦;谈论;言议。

5. 睡眠

疲乏;瞌睡;觉来;枕头。

6. 仪容

洗面;梳头;钗子;箆插。

场景十九:衣物

学童日常所见各类僧俗服饰、衣段原料也是思绪的一个触发点,其所写相关词汇如下:

1. 服饰

①俗装

裸襻;裙袴;襠裆;衫子;领巾;皮裘;衣领;衫襟;襴袍;襟带;汗衫;袄子;半臂;巾子;幞头;鞋袜;裈袴;祅衣;绯褐裙;裇袖;衣襴;腰带;腰跨。

②僧装

袈裟;偏衫。

2. 衣段

绫;紫绫;紫绢;罗;锦;彩;绣帛;蕃褐;茸褐;细䌷;雕鼠;绯褐叁丈五尺。

场景二十:禽兽物象

据 P.2005《沙州都督府图经》,沙州东南峡谷水曲之处,"多野马、犛牛","[兔]狼虫豹,窟穴其[中]"。市面上每有猎人出售各种猎物,学童对这些猎物及其生活场所看来是熟悉的,其所写兔狼虫豹等野兽名目如下:

1. 兽虫

兽:犛(牦)牛;野马;野驼;兔子;貉子;兔豹;野狐;狼;草鹿;虎狼;蛇;蝎;螫人蜂;蝇;蚊;蝐;

2. 禽类

白杨;一窠;老鸦;野鸡。

3. 禽兽居所

莎草泊;腥臊;屎尿一泊。

场景二十一:空间等物象

1. 空间

乾坤;蟾魄;天涯;褊阙。

2. 地分

邠州;灵州;淮州。

3. 金属

鎏铁;金;银;铜;铁;锡;鍮;鑞。

4. 珍奇

珍奇;琉璃;珊瑚;白象;娑罗树。

5. 诸杂字词

轰;森;蟲;晶;品;叁拾;筮;干湿;围绕;新;喻;日暇;闲暇;一饷子;不得;确实;弗离;自

灭;零落;自刎;宁谧;继绪;逾越;甚好;看待;嫌何不肯;大旱;村税;影沾。

从总体上看,学童所默书的词汇,绝大多数都属于百姓生活方面的内容,反映生产劳动的词汇较少。这应当与学童年龄尚幼,还没有直接参加城外的生产劳动有关。因为在唐宋时期,敦煌百姓"悉多城居""城外庄田,城内屋舍"的情况比较普遍①。由于学童城居,他写的劳作词汇,也就多属于百姓城居期间的各种手工内容。

三、P.3644所反映的中古敦煌居民的生活及其行为规则

以上复原的二十一个场景,显示出学童学堂生活之外的生活景象,有一部分场景只是纯粹的物象,比如兽禽、金属、空间等等,此与日常生活行为规则的关涉不大,但其他大部分场景或多或少地反映了当时人们生活中的行为及其所遵循的规则。

(一)敦煌百姓的饮食生活与操作空间

学童所记录的炊爨具有:釜灶、釜、锅、甑、三脚铛、镬子、鼎子、鏊子、弗,共九件。

朱凤玉利用S.617等系列文书讨论了敦煌地区的"炊、餐饦、泹、馏、溲、煎、煮、炸"等烹饪方法②,通俗地说,就是煎、炸、蒸、煮、炙、烤、炒等方法,至于使用何种器具来实现这些烹饪方法,则未见讨论。高启安、蔡秀敏虽然都讨论了釜、锅、甑、铛、鏊子等炊爨器具,但在厨中如何安放、使用也未见讨论,蔡秀敏云:"敦煌文书中釜虽频繁出现,却少见灶的踪迹,委实难以想象唐代敦煌人对釜的使用情形。"③所幸P.3644学童记录了敦煌地区百姓饮食中所用到的锅碗瓢盆生活用具,再结合敦煌壁画中的饮食图像,比照杜甫草堂唐代遗址出土的唐人锅碗瓢盆器形,可以大致复原出敦煌百姓煎、炸、蒸、煮、炙、烤、炒所使用的器具及其在厨房中的摆放位置。

图1 唐代釜

图2 唐代铁锅

百姓厨房中的锅灶,通常称为"镬灶",而敦煌学童称为"釜灶"。从杜甫草堂所出土的唐

---

① 参宋翔:《唐宋时期沙州的城市形态与居住空间》,《中国社会经济史研究》2005年第1期。
② 朱凤玉:《敦煌通俗字书呈现之唐五代社会文化研究刍议》,载饶宗颐主编《敦煌吐鲁番研究》第十四辑,上海:上海古籍出版社,2015年,第506—507页。
③ 高启安:《唐五代敦煌饮食文化研究》,第68—76页;蔡秀敏:《唐代敦煌饮食文化研究》,台湾中正大学硕士学位论文,2003年,第343页。

代釜的器形看,无耳,平底,只能固定安装于灶上使用,其口沿的设计,尤其适合于安放甑和蒸笼,故唐、五代时期的釜,只适合于蒸和煮。比如煮粽子、蒸饼、蒸米糕、蒸胡食等等。敦煌最主要的粮食作物为麦,属于面食区,蒸制面食的频率高,故"釜"为敦煌百姓厨中必备器具。

学童所写的"锅",是百姓必备炊具之一。从器形上看,唐代的锅宽沿深底,底圆锥形,须要固定安放于灶上才好使用。这种深底圆锥的锅,适合于炒𦞤、炖菜、炖肉、熬汤粥,以及煮各种面食,比如煮馄饨、汤饼、索饼、水面、浆水面、馎饦、菜面等等。因为锅底较深,煮干饭易上下生熟不匀,又易煳锅底,不大适合于煮饭,因此百姓家中要另备煮饭的器具。

图3 鼎锅

学童所记录的"镬子""鼎子",是敦煌百姓家中的煮饭器具。高启安考证敦煌的镬"敛口、鼓腹、收底、有耳、无脚、有盖""镬虽然在古代主要用来煮肉,但到了唐以后的敦煌,其功能已发生了变化,用在了做饭上"①。鼎子,当即传承至今的"鼎锅",形制与镬相似,可以悬吊使用,西域游牧民族多使用这种锅,唐人称其为"悬釜"②,P.2613中的"胡铁镬子",应当是敦煌人对悬釜的又一种称谓。

用鼎子煮饭,甚为香美,至今民间尚有使用者。尤其在使用火塘取暖的地方,悬吊着的鼎子使用起来极为方便。如果考虑敦煌百姓深秋以后的取暖问题,则鼎子在取暖火塘边的使用频率要比镬子高一些。

图4 鼎锅　　　　　　　图5 鼎锅

---

① 高启安:《唐五代敦煌饮食文化研究》,第71、72页。
② [后晋]刘昫等撰:《旧唐书》卷一百九十八,北京:中华书局,1975年,第5290页。

图 6 莫高窟 96 窟壁画之镬①

鼎、镬也可以安放于灶台上使用,然而比较常见的方式之一是使用三脚支架。莫高窟第96 窟中的镬,使用的就是如图6 那样的三脚支架。用其煮肉、煮饭,各随其宜,家中有一样即可。

学童所写的"三脚铛"为平底锅,据莫高窟第 468 窟、第 296 窟的图像,其口沿要比今日的平底浅锅高。只有这样的高沿设计,才能容纳相应的油,才可以实现敦煌平底铛的"煮油"功能,以便油炸食物。②稍高的口沿设计,也适合于煎、炒食物。S.3836V 中的"煎饼",就是在三脚铛中加入少量植物油反复翻煎而成。③贾思勰的"炒鸡子"④,所用的器具就是铜铛。煎、炒、烹、炸乃是百姓饮食中最基本的烹饪技法,实现这一技法的炊具"三脚铛"自然属于家中必备之具。

学童所写的"鏊子",用于烙制除炉饼以外的各种饼。弗,烤肉用的铁扦。

通过以上的讨论,可以断定,敦煌百姓家中的"釜灶",至少要安放一釜一锅,以实现对食物的蒸、炖、熬、煮。有三脚铛一个,以实现对食物的煎、炒、烹、炸。有鼎或镬一个,煮肉、煮饭,各随其宜。这些炊具,灶通常要靠墙垂直盘立,按照唐代釜、锅的尺寸,加上前后灶沿,则灶台至少要有 1 米宽。再留足灶前堆放柴炭、烧火及灶后操作的空间,则立灶的那面墙至少要有 3~4 米宽。再加上其他配套的面食操作案板、贮水缸、泔水缸、碗碟柜、洗浴具等厨中必备家什,绕墙摆放,中间为进餐备食等活动空间,则厨房的长度要在 4~6 米间,面积在 12~24 平方米之间。唐五代敦煌百姓的厨房正是这样的常见尺寸,黄正建据 P.2595、S.3777V 等文书指出:"厨舍都比较大,除两间是 6~9 平方米外,其他都在 15~23 平方米之间,最大的达23.06 平方米,可见唐宋人对厨舍的重视。"⑤这样的厨舍面积,是由当地所用的炊食器具和饮食方式决定的。

(二)敦煌百姓的庭院

学童描写了他所熟悉的百姓庭院空间。在学童的视野里,"枇篱"将百姓的家庭生活空间分为院落里与院落外两个部分。对于院落里,学童主要关注了厅堂结构及厨房的情况;对于院落外,他关注了庑舍与环境卫生。

---

① 图版源于高启安:《唐五代敦煌饮食文化研究》,第 72 页。
② 高启安:《唐五代敦煌饮食文化研究》,第 69 页。
③ 李硕:《唐代煎饼新探》,《农业考古》2018 年第 4 期。
④ [北魏]贾思勰撰,缪启愉校释:《齐民要术校释》,北京:农业出版社,1998 年,第 450 页。
⑤ 黄正建:《敦煌文书所见唐宋之际敦煌民众住房面积考略》,载周一良主编:《敦煌吐鲁番研究》第三卷,北京:北京大学出版社,1998 年,第 219、221 页。

张小艳详搜敦煌文献中"庑舍"的记录,论定"敦煌文献中'庑舍'多指结构简易的棚屋,常用来关养牲畜"①。黄正建据 S.5812 等文书,认为"庑舍大约是一种下等房,用作仆人等住处,或者与堆杂物、养牲口有关"②。庑舍有关养牲畜的用途殆无疑议。用以喂养牲畜的饲料自然是糟糠、麻滓、糟饧等饮食生活的副产品。

在学童这里,百姓家中最为普遍的牲畜是肥羊和鸡。S.3836V 中有"家鸡""野鸡"。家鸡的"呼唤"声声,为我们揭示出敦煌百姓养鸡的生动场景。相对于其他家畜而言,养鸡的成本最低,收益最高,应该是百姓常养之禽。虽然缺乏敦煌人食用鸡肉的文献记录,但可以推测敦煌人是食用鸡肉的,因为"杀鸡为黍"自先秦以来一直都是普通百姓待客和自食的理想饭食。从敦煌壁画及相关记载,鸡在敦煌还作为白喜事的吉祥物使用,"棺上立鸡是中国传统习俗与佛教净土信仰相结合的产物"③。

院子是人们生活的重要空间,净洁的院落环境能提高人们生活的舒适度,敦煌人非常重视居处的环境卫生和个人的仪表仪容,S.610《杂集时用要字》作为儿童的蒙学教材,其"二仪部"中就有"澡浴、扫洒、拂拭、洁净"等卫生教学的内容④,可以说卫生教育自学童娃娃抓起。步入社会中,搞好个人、环境卫生也还是每个成人必须谨记的行为规则,流行于敦煌的《百行章》云:"衣服巾带恒须整,门户屋舍[须]净洁。"⑤学童在习书时写下"扫帚、罐钵、拨水、扫洒、揩拭、净洁"等系列词汇,乃是敦煌民众对卫生规则的群体记忆,以及学童对这一规则认同的潜意识反应。

(三)从茴香、莳萝看学童生活技能的习得

古代饮食讲究食物宜忌,即食材间的互相搭配有宜与不宜。因此,对食材的认识以及如何搭配,是传统社会中一项必需的生活技能。

敦煌地区属面食区,然而面"有微毒"是初唐以来的生活常识。孙思邈云面"多食,长宿澼,加客气"⑥;孟诜云小麦"作面有热毒,多是陈裹之色"⑦;陈藏器云面"性壅热,小动风气"⑧。宋人说得更直接,"小麦性寒,作面则温,而有毒"⑨。面有微毒的观念,直到清代才逐渐破除。

面既有微毒,又必须食用,那就想方设法去除其毒。孙思邈云面毒"畏汉椒、萝卜",李时珍引用其说,并云"枸杞苗、胡桐泪"也能解面毒⑩。自唐代始,人皆以面食、萝卜、汉椒相配食为宜。今兰州牛肉面中必有萝卜,或即是以萝卜解面毒之遗意。唐五代时期敦煌人应当是用胡桐泪来解面毒。胡桐泪"出肃州川西平泽及山谷中"⑪,是敦煌、酒泉及其周边地区的特产

---

① 张小艳:《敦煌社会经济文献词语考论》,第 518 页。
② 黄正建:《敦煌文书所见唐宋之际敦煌民众住房面积考略》,载周一良主编:《敦煌吐鲁番研究》第三卷,第 219 页。
③ 谭蝉雪:《敦煌民俗——丝路明珠风情》,兰州:甘肃教育出版社,2006 年,第 350 页。
④ 郝春文等编著:《英藏社会历史文献释录》第三卷,北京:社会科学文献出版社,2003 年,第 277 页。
⑤ 郝春文等编著:《英藏社会历史文献释录》第八卷,第 233 页。
⑥ [唐]孙思邈撰,吴受琚注释:《千金食治》,北京:中国商业出版社,1985 年,第 60 页。
⑦ [唐]孟诜撰,[唐]张鼎增补,尚志钧辑校:《食疗本草》,合肥:安徽科学技术出版社,2003 年,第 8 页。
⑧ [唐]陈藏器撰,尚志钧辑释:《〈本草拾遗〉辑释》,合肥:安徽科学技术出版社,2003 年,第 311 页。
⑨ [宋]苏颂等撰,尚志钧辑校:《本草图经》,合肥:安徽科学技术出版社,1994 年,第 602 页。
⑩ [明]李时珍撰,刘衡如等校注:《本草纲目新校注本(第三版)》,北京:华夏出版社,2008 年,第 981、256 页。
⑪ [唐]苏敬等撰,尚志钧辑校:《新修本草(辑复本第二版)》,合肥:安徽科学技术出版社,2004 年,第 80 页。

之一。当时已认识到胡桐泪"杀火毒及面毒"①。胡桐泪为天然碱剂,与面粉配合制作面食品正相宜,梧桐饼正是敦煌人以胡洞泪为发面剂制作的饼。②运用胡桐泪,既解了面毒,又起到了改善面食品质的效果。

敦煌地区的常用肉食,文献有记录的有羊、牛、马,或许还有猪肉。③问题是,除羊肉之外,在唐五代以来的知识系统中,牛、马、猪肉都是有微毒的。孟诜云:"猪肉:久食杀药,动风发疾。"④日华子曰:猪"凉,微毒"⑤。牛"自死者,血脉已绝,骨髓已竭,不堪食。黄牛发药动病,黑牛尤不可食"⑥。"水牛肉,冷,微毒。黄牛肉,温,微毒。"⑦马"肉,有小毒"⑧。解各种肉毒的食料:莳萝"善滋食味"⑨,"杀鱼、肉毒。补水藏,及壮筋骨,治肾气"⑩;胡椒"杀一切鱼、肉、鳖、蕈毒"⑪;葱根"杀一切鱼、肉毒"⑫;醋"杀一切鱼、肉、菜毒"⑬。在需要去除肉毒的观念下,敦煌人食肉,通常用莳萝、葱、醋、胡椒四种料来烹制、调食,这就形成了唐宋时期敦煌人嗜醋、好辛辣、喜葱蒜的饮食风格。

比对上列四种调味料,煮肉以"莳萝"为佐料的综合效果最佳。莳萝作为药材,"主隔气,消食,温胃"⑭。茴香作为药材,"味苦,辛微、寒涩、无毒。主霍乱,辟热除口气","其子:主蛇咬疮久不差,捣傅之。又治九种瘘。"而它作为食材,"臭肉和水煮,下少许,即无臭气,故曰'茴香'"⑮。二者在使用上的区别确实是存在的。然而茴香与莳萝,只有成熟后干燥的种子稍有区分,它们生长期间的植株实在太过相似,后来连医者也将其弄混了,认为"小茴香,一名莳萝"⑯。

在学童的默写中,既有"茴香",又有"莳萝",应该说敦煌民众具有辨识这两种植物的能力。茴香的香味,类似于动物油脂烹饪时散发的香味,有除腥臭、增强肉味的功效,煮肉必使茴香。使用茴香的目的,在于增强食物的口感。而莳萝在给食物增味的同时,主要的功用在于杀除肉毒,即杀除肉类中所含的"寸白虫"之类的菌虫,从而保证食物的质量和安全,使用莳萝的目的,重在于保健。两者功效不同,在使用上不容混淆,因为这涉及自身的安全和健康问题。对于敦煌人来讲,主食的面有微毒,常用的肉也有微毒,则食品安全不得不重视,故

---

① [五代]日华子集,尚志钧辑释:《日华子本草(辑释本)》,合肥:安徽科学技术出版社,2005年,第27页。
② 高启安:《唐五代敦煌饮食文化研究》,第122—124页。
③ 高启安:《唐五代敦煌饮食文化研究》,第44—48页。
④ [唐]孟诜撰,张鼎增补,尚志钧辑校:《食疗本草》,第118页。
⑤ [五代]日华子集,尚志钧辑释:《日华子本草(辑释本)》,第161页。
⑥ [唐]孟诜撰,[唐]张鼎增补,尚志钧辑校:《食疗本草》,第109页。
⑦ [五代]日华子集,尚志钧辑释:《日华子本草(辑释本)》,第157页。
⑧ [唐]孟诜撰,[唐]张鼎增补,尚志钧辑校:《食疗本草》,第110页。
⑨ [五代]李珣撰,尚志钧辑校:《海药本草(辑校本)》,北京:人民卫生出版社,1997年,第30页。
⑩ [五代]日华子集,尚志钧辑释:《日华子本草(辑释本)》,引85页。
⑪ [五代]日华子集,尚志钧辑释:《日华子本草(辑释本)》,第145页。
⑫ [五代]日华子集,尚志钧辑释:《日华子本草(辑释本)》,第100页。
⑬ [五代]日华子集,尚志钧辑释:《日华子本草(辑释本)》,第3页。
⑭ [五代]李珣撰,尚志钧辑校:《海药本草(辑校本)》,第30页。
⑮ [唐]孙思邈撰,吴受琚注释:《千金食治》,第57页。
⑯ [清]吴仪若撰,窦钦鸿、曲京峰点校:《本草从新》,北京:人民卫生出版社,1990年,第179页。

自学童时期就开始教其辨识系列药材、食材。学童所默写下来的系列药材、食材,表明学童日常生活的基本常识与生活技能已经习得。至少,在敦煌百姓心中,肉食面食加上胡椒、葱、莳萝、醋这些佐料,诸毒皆解,再无有毒之忌。

(四)交关事宜任平章

学童从街景、店铺、商旅、货流、车队等方面展示出敦煌的繁华,在这繁华的商业物象背后,人们所遵循的商业规则是"交关事宜任平章,买物之人但且坐",意即所有交易事宜,以双方平章商议而定,所遵循的是协商原则。

(五)契约意识

举凡涉及不同主体间的责、权、利关系的事宜,敦煌人通过契约来约定双方的责、权、利。敦煌契约主要有便贷契、租佃契、买卖契、雇佣契等,学童所写为雇工契相关的词汇。

雇佣契主要是雇、工双方平章雇价及明确彼此的权责关系,大致有三个方面:一是雇佣期间非理失脱财物、伤损雇主工具畜乘等方面的责任认定;二是雇工方面出现不明来源财物上的责任认定;三是雇主家工具财物收至雇主家后的伤损失脱、外贼偷将等。

学童所写的"客作、失脱财物、偷盗、偷将"词汇,正是雇佣契中用于界定双方财物方面权责关系的常用词汇。具体的权责认定如下例:S.1897"应有沿身使用农具,兼及畜乘,非理失脱伤损者,陪(赔)在某甲身上。忽若偷盗他人麦粟牛羊鞍马逃走,一仰某甲亲眷[抵]当。"津博440背:"不得偷他麦粟瓜果羊牛,忽若捉得,自身抵当。"P.3649背:"忽若偷他人牛羊麦粟苽果菜茹,忽以捉得,陪(赔)在自身抵当。"Дx.12012:"如收到家,令外贼偷将,一任主人自折。"斯例甚多,不烦赘举。

敦煌地区频繁的社邑活动也是在契约规则下运转的。立社时,全体社人大会讨论将来可能出现的种种状况,据此事先订立契约条文。在契约的权威下,推进社事的顺利展开。学童写下了对社人不遵社条进行处罚的系列词汇。

(六)就医 + 斋会的医疗行为习惯

学童从病症、请医问诊、疗治等方面勾勒了医疗场景。就医后,病情好转,家庭会举办庆贺斋会;如病情不见好转,家中要举行建福斋会,寄望佛力保佑,病患早日康复,敦煌斋文中众多的患文、患差文就是这种行为方式的最好例证。学童所写的"久在床枕,药如无闲",即属于久病不见好转、求医无效的情形,在患文中形容这种病状为"伏枕累席"(S.5580)、"缠绵枕席"(P.2044),要举办斋会,期望"早离床枕"(P.3584)。

所以形成"就医+斋会"的医疗行为习惯,固是信徒深信佛力广大,冥冥之中加以福佑,更是因为佛教徒广泛应用的禁咒疗法,"佛教咒语在南北朝至隋唐时期已深深地渗透到医学当中",佛教能够盛行的原因之一"就在于佛教咒语配合药物治愈疾病后,赢得了患者对佛教的进一步信仰,因而达到了以医弘教的目的。另一方面,佛教咒语的心理安慰对身心疾病的治疗也不容忽视"[①]。病家营办斋会,实际上是心理安慰配合药物治疗的一种方法。

(七)社会教化的导向问题

从学童所写词汇反映出来的社会教化的导向,其主题是儒家的尽孝道、明善恶。

---

① 李应存主编:《敦煌佛书与传统医学》,北京:中医古籍出版社,2013年,第162页。

儒者认为孝为"百行之本","在家能孝,于君则忠"①,故敦煌地区在日常生活中强调孝道。孝道的行为内容由两部分构成:一是父母深恩,如"乳脯、幼碎"等词;二是子女报恩尽孝,如"辞别阿娘、跪拜""思忆慈亲两鬓班,孝道未能全报得"等。

"诈伪;轻慢;猜疑;懒硬;悭贪;吝惜;娄吝;愠色;撩拨",学童所写世人习性方面的词汇,全是人性当中负面的部分。这大概是借助于老子"天下皆知美之为美,斯恶已;皆知善之为善,斯不善已"的思维方式,让学童充分了解人性中的"恶",然后才知人性中的"善",知恶所以明善。

(八)律法意识

在学童眼中,有君恩、天尚书、官长、佐吏、衙堂、庭审、边防、军队等一系列权力要素。正是这些权力要素,构建了敦煌地区社会秩序的维系力量。其中,学童对边防、军队、庭审三个方面的词汇书写得特别详细。

学童所写关于边防、军队的词汇,几可以视作当时军队装备及攻防武器的标准清单。

学童将庭审的起诉受理、勘查案情、结案科罪、依法申诉等环节书写无遗,说明学童对通过律法解决词讼、争端的方式很熟悉。"决配;流贬外镇;棒脊;扭械;柳锁;柳项;医杖拾叁;囚徒;坚牢;狱里"等词汇,意味着学童对庭审据法科断的常见结果也很熟悉。大唐留给世界的印象,"其中的一个事例,就是法制,中国人打心底里尊重法制"②。而打心底里尊重法制,从知法懂法开始,学童习字的律法名词所体现出来的社会意义即在于此。

四、结　语

总结而言,学童所做的习字作业,虽属他的记忆片段,却可以据此复原出唐宋时期敦煌百姓的居住、饮食、服饰、购物、医疗、庆吊、宴乐、社邑、斋会、休闲、娱乐、佛事、词讼等社会生活的图景,几乎全方位地展现了当时敦煌百姓的生活内容及其生活方式。透过敦煌百姓的社会生活,他们在食物搭配与饮食风格背后的保健理念、居住环境上的净洁规则、待人处事中的善恶忠孝价值观、心性修行中的佛教信仰、买卖交易中的协商原则、经济事务中的契约精神、讼争冲突中秉持的律法意识、社邑生活中的互助准则等一系列敦煌民众共同遵循的思想与行为规则就跃然于眼前。众所周知,区域社会中主流的文化精神、国家层面的律法制度以及当地民众共同遵循的行为规则,是一个地区文化再生的关键。从敦煌学童的习字中,我们可以看到该名学童已然熟谙了上述三个关键的内容。经由如斯生活、如斯教育,一代代负有上述三个关键文化内涵的学童被培育出来,敦煌的区域文化遂得以传承发展。

作者简介: 周尚兵,山东师范大学历史文化学院副教授。

---

① 郝春文等编著:《英藏社会历史文献释录》第八卷,第224页。
② [阿拉伯]佚名著,穆根来等译:《中国印度见闻录》卷二,北京:中华书局,1983年,第117页。

从寓贤到乡贤:元明之际庐山陈氏在吴中的经营

陈青松

【摘　要】庐山陈氏大致在元中晚期即已进入吴中地方。在吴中,陈氏家族不可避免地也经历了元明易代的震荡。在这样的环境下,其家族成员虽然也有曾出仕的,但主要是以处馆为生,由此也为吴中地方造就了大批人才。陈氏对吴中的主要贡献,也被后来的钱谦益总结为"吴中称经学者皆宗陈氏"。同时,陈氏家族成员通过内部的自我传授,以及充分利用亲戚、师友的关系,逐渐在当地结成一张自己的交游网络。经过几代人的经营,也大致完成了一个由寓贤到乡贤的身份转换过程。

【关键词】元明之际;庐山陈氏;吴中;流寓

在明清方志人物传中,大多会有类似流寓、名贤之类的篇目。而在吴中方志的流寓传中,庐山陈征、陈惟寅、陈惟允父子三人往往在列;在名贤传中,又多有陈继、陈宽、陈完父子三人的记载,其中的陈继就是陈惟允之子。陈惟寅兄弟二人在元末明初的吴中文坛享有一定的声誉,而陈继及其子又对明代吴中文坛的兴盛具有很大的作用,陈继甚至入祀乡贤祠。本文拟就庐山陈氏在吴中社会的大致升转变迁过程略做一番探讨,并从中窥探一个流寓家庭的大致面貌。又因为元明时期的庐山大致属南康路/府所辖,所以文献中也常常称之为南康陈氏。

一、进入江南的引路人

在讨论庐山陈氏之前,还必须先对一位与之有密切关系的人物——文献中表明是陈征之舅的黄石翁进行一个概述。

黄石翁,字可玉,号松瀑,又自号狷叟、清权,南康人。据顾嗣立为黄石翁所作小传:"世儒,家居庐山下。少多疾,父母强使为道士。所居室多唐宋杂迹。间疾作,闭户反复在手。疾止危坐若思。客至驰辩荣辱,石翁闭目不复答,人多咎之,因自号曰狷叟。年几六十而死,常自作墓铭。邓善之谓其学典丽该洽,贯儒名老而同归。文章由古训诫,诚若拟金石而奏《韶濩》。袁伯长称其静而不驰,溢于哀忿,砥砺志节,有古逸民之风焉。"[①]传文多据袁桷(伯长)所撰《黄可玉哀辞》而成。黄石翁"年几六十而死",他的《客语》诗中还有"客犹谈宝庆,吾亦

---

① [清]顾嗣立:《元诗选(二集下)》"壬集",北京:中华书局,2002年,第1361页。

及咸淳",咸淳(1265—1274)是宋度宗年号,可见他与袁桷(1266—1327)生卒是相仿佛的。

通过马臻的文字,我们可以对黄石翁的卒年有一个相对更准确的把握。马臻(1254—?),字志道,杭州人。能诗,喜交游,入元易装为道士。马臻有《闻仰山丈席熙晦机讣音》一诗,其中云:"前年哭松瀑,我家颜色薄。今年哭晦机,禅林慧日落。"①熙晦机,即释元熙(1238—1319),俗姓唐,字晦机,豫章人,虞集撰有《晦机禅师塔铭》。马臻还有《挽瀑翁黄尊师》,诗中有"开岁候人日,复值寒雨余。驾言接亲朋,步屐还踟蹰。晨兴惊扣门,乃云哲人徂"②之句,由此可见,黄石翁大致是卒于1317年,他的生年也当是咸淳最初的几年,甚至更早些。

今人所编的《元人传记资料索引》中,所列举的与他有文字往来的人物就有赵孟頫(1254—1322)、马臻、刘将孙(1257—?)、邓文原(1259—1328)、袁桷、柯九思(1290—1343)等。赵孟頫作《清权斋内稿序》时,两人还未曾谋面,序中有"余虽未得与清权子谈,固已因其书知其人矣"③之句。从庐陵刘将孙的文字可以看出,黄石翁还曾从学于其父大儒刘辰翁:"往从吾先君子讲悟,期之为太玄之一足。"④刘辰翁(1233—1297)则是宋元之际的著名遗民,有学者认为刘辰翁与文天祥是江万里的"两位最得意的门生弟子"⑤。序中还说他是"庐山西坡先生家也",邓文原的祭文中也说到"匡庐双井,望於南州"⑥,可知他是黄灏⑦后人。而据陈继的文字更可确定,黄石翁是灏五世孙。⑧

从传记文字看不出黄石翁曾寓居江南,不过从其诗文还有友朋的文字来看,他确有一段时间是待在江南,特别是杭州的。他有《暮春计筹山中寄句曲山人》诗,至大庚戌(1310)夏他为《通玄真经缵义》作序时,就"寓南真馆"。郑元祐在《庐山陈天倪墓志铭》中,叙述了黄清权其人:"始予在杭计筹山中,得从黄松瀑先生游。先生长不逾四尺,自六艺百家之书无不读,而犹清介孤峭。然以侏儒,竟自为道士。"⑨其中的计筹山、南真馆便都在杭州。郑元祐(1292—1364),遂昌人,早年居钱塘(今杭州市),后来侨居吴中。郑元祐对于黄石翁而言自然是一个后进。于此可见,郑元祐所说的从游,也有从学的因素。同样,道士张雨的作品中也

---

① [元]马臻:《霞外诗集》卷九,《景印文渊阁四库全书》集部第143册,台北:台湾商务印书馆,1986年,第151页。
② [元]马臻:《霞外诗集》卷八,第137页。
③ [元]赵孟頫:《松雪斋集》"文集"卷六,《四部丛刊初编》,上海:上海书店,1986年,第17页。不过,据陈继《跋赵文敏公书归去来辞卷》(《陈检讨怡庵文集》卷二十,上海图书馆藏乾隆癸酉刻本,第12页)所述,赵孟頫与黄石翁之间还有其他文字往来。至于两人是否相会过,则不得而知。目前所知陈继《怡庵文集》有三个版本。一是明刻本《怡庵文集》二十卷(残),南京图书馆藏;一是康熙年间抄本《陈检讨怡庵文集》二十卷(末附一卷,为陈汝言、陈宽、陈完三人诗),上海图书馆藏;另一种即乾隆癸酉刻本,四册二十卷,每册封题《陈检讨怡庵文集》,目录及每卷首行题作"怡庵文集",以下便称《怡庵文集》。
④ [元]刘将孙:《养吾斋集》卷十《清权斋集序》,长春:吉林文史出版社,2009年,第93页。
⑤ 胡迎建:《刘辰翁与江万里》,《江万里研究文集》,北京:中国文联出版社,2000年,第94页。
⑥ [元]邓文原:《巴西集》卷下,《景印文渊阁四库全书》集部第134册,第565页。
⑦ 黄灏,字商伯,南康都昌人。擢进士,为官有令声。朱熹守南康,灏执弟子礼。熹卒,党禁方严,灏单车往吊。《宋史》卷四三〇有传。
⑧ [明]陈继:《怡庵文集》卷十六《节庵先生传》,第1—2页。据沙港黄氏谱,从黄灏到黄石翁的世系也很清晰,只是相较而言谱中黄石翁之名讳为"石",传记文字也比较粗疏,但大体一致。见《九江沙港黄氏宗谱首卷(一至十六世)》影印件,都昌大沙镇黄家山村黄某某藏,第123页。
⑨ [元]郑元祐:《侨吴集》卷十二《庐山陈天倪墓志铭》,《景印文渊阁四库全书》集部第155册,第611页。

有相关文字。①

黄石翁交游对象儒释道中的人物都有,并不存在门户之见,这与元代三教共弘的局面也很吻合。在元代,儒释道并重,佛道取得了比以往更为重要的地位。从当时人对黄清权的描述,可以看出,他也合理地利用了这种优势。黄清权所获得的社会声望以及所营造出的人际网络,无疑为陈氏进入江南做了很好的铺垫。

二、陈氏在吴中的主要成员

(一)陈氏主要人物

实际上,黄石翁在杭州时,身边便至少有一位陈姓之人,即陈征之兄陈诚善。这个也见于《庐山陈天倪墓志铭》:"……其(黄松瀑)甥陈诚善,亦厉志苦学。已而先生没,诚善亦早夭,而予亦东入吴顾,乃于无锡梁溪之上,始识天倪。聚语已洽,乃知为黄氏甥,而诚善则其兄也……"只不过陈诚善因早逝而湮没无闻,而陈征与陈诚善是否同胞兄弟也不得而知。

有关进入吴中的主要陈氏成员,笔者曾做了一点文字描述②,几位未曾叙述到的,现在资料搜集比较方便。这里统一做一点简单介绍。

陈征(1297—1348),字明善,自号天倪,人多称天倪先生,家庐山五老峰下。少从学于吴澄。元末流寓常州、吴中,以坐馆为业。卒葬吴县雅宜山大墩之原。郑元祐有《庐山陈天倪墓志铭》。③

陈汝秩(1329—1385),字惟寅,时人称其为"陈山人",又与其弟陈汝言分号"大髯""小髯"。随父流寓吴中,以居馆为业。至正末,与弟陈汝言同居平江(苏州)绿水园;明初受征入京,以母老得辞归,教授以终。张适为之作《故陈惟寅圹志铭》。④

陈汝言(约1331—1371),字惟允,号秋水。能诗,擅山水,兼通音律,有《秋水轩诗集》。张士诚据吴,惟允为太尉府参军。入明,仕至济南府经历司经历,坐法死。陈基有《送陈惟允

---

① [元]张雨:《句曲外史贞居先生诗集》卷一《清权尊师集中览庚戌见怀一诗感念今昔自伤之情多》,《四部丛刊初编》,上海:上海书店,1986年,第9页。
② 陈青松:《游子·寓贤:元末明初流寓江南的江西文人研究》第二章,南开大学博士学位论文,2014年。
③ [元]郑元祐:《侨吴集》卷十二《庐山陈天倪墓志铭》,第611页。谢应芳有《答陈天倪谢荐师启》(《龟巢稿》卷十六,《四部丛刊三编》,上海:上海书店,1986年,第8页)一篇,《元人传记资料索引》(第1295页)将之置于陈征条下,恐不确。谢应芳另有《孙伯昭与陈天倪用简斋一凉恩到骨四壁事多违为韵赋诗见寄余和答之》(《龟巢稿》卷二)、《丹阳陈天倪及其弟刚中奔牛陈心远等诸羽士避兵洞庭山寄此代简》(《龟巢稿》卷三),三处"陈天倪"则应该是同一人。几篇中各有"身虽领袖宗门,学则渊源吾道""丹阳""羽士""避兵"这样的文字,与南康陈天倪不太相合。丹阳元属镇江路,奔牛属常州路,而洞庭山则处在太湖之中,其所避兵应该是元末农民军中的一支。1356年,正是农民军角力镇江常州之时,镇江起初由元将定定守护,三月被徐达攻破;同年张士诚下常州,而这时常州奔牛坝人陈保二领导的"黄包头军"也在当地起事(参阅《明史》卷一《太祖本纪一》,第5—6页,《明太祖实录》卷四"丙申三月丙申条""丙申六月壬申条",《明史纪事本末》卷四第53页)。如此诗中所记的大概发生在1356年,而陈征于1348年卒。谢应芳本是常州武进人,因此与当地和周边人物的往来文字比较多,这从他的诗文集中可以明显看出。再者,从有关陈氏资料看,并没有提到陈征有一弟名"刚中",而陈征在常州的时间应该比较短,谢应芳当不会随便以"丹阳"冠之。
④ [明]张适:《张子宜诗文集》卷五,《四库全书存目丛书》集部第25册,济南:齐鲁书社,1997年,第385页;另见[明]朱存理:《珊瑚木难》卷七,《景印文渊阁四库全书》子部第121册,第216页。

序》。汝言妻吴氏,陈继有《先妣吴孺人墓版文》。

陈继(1370—1434),字嗣初,号怡庵。生十月,父陈汝言坐法死,母吴氏躬织以资诵读。继而从俞贞木、王行等游,贯穿经学,人呼为"陈五经",以文章擅名。奉母至孝,府县交荐。洪熙元年(1425)初开弘文阁,以杨士奇荐召授翰林五经博士,宣宗时预修两朝实录,进翰林检讨。宣德七年(1432),以病乞老归。《明史》有传。① 门人张益作有《行状》,杨士奇有《墓碑铭》,杨荣有《墓志铭》。陈继妻,陈继有《亡室墓志铭》。

陈宽(约1403—1473),字孟贤,号醒庵。其弟完,字孟英,号未庵,二人自相师友。陈宽曾与弟完往京侍父,与诸名流往来,甚得杨荣推许。归家,乡人争延聘。仪观俨然,乡闾敬之。兄弟皆工诗,颇得唐法。孟贤犹自矜重,日锻月炼,不轻下一语。沈贞吉兄弟学于嗣初,而石田又受业于孟贤。陈完有《仲兄醒庵先生墓志铭》。

陈完(1412—?),见前。据吴宽《寿陈未庵序》,可推定生年为1412年,卒年据《仲兄醒庵先生墓志铭》可知在1485年后。

陈佃(约1427—1496),字世本,自号思耘,陈宗第三子,陈继孙。少孤,学诗于从父孟贤,得唐人法。出为塾师,善教。后念母老,居家治生资以为养。以族人众,作别业于虹桥,更买田阳城湖上,时往课耕。平生业儒不失,又旁通医家言。见吴宽《思耘处士墓表》。

(二)陈氏世系

在诸多有关陈氏家族的文献中,真正由陈氏成员完整叙述其先世轮廓的是陈完所作《仲兄醒庵先生墓志铭》。所述大致如下:"其先家蜀,与宋文忠公尧叟同祖。尧叟从父讳邺,始徙南康之都昌。七世至讳篆,登宣和进士,历官左朝散大夫明州通判,再徙星子。篆生永州推官准,有别墅在石屋间讲学。时考亭朱子知南康,为写石屋书堂。准生池州通判秬,常师朱子,习义理最精,事载郡志。秬生靖州判官哇,哇生霖,霖生咸淳贡士洽,洽生元翰林待制仝(同),仝生征,号天倪,受学临川吴文正公,得所指授,又徙苏之吴县。"比起郑元祐以及张益、杨士奇、杨荣等人的文字,陈完的叙述时间上最晚,但也最为完整。对比之后,我们便可发现其中个别环节和叙述并不一致,如张益的行状便直说是陈尧叟一支,尧叟之子师古始迁南康。② 至于陈完是有了更准确的资料依据,还是像家谱中常常出现的问题那样,仅仅做了一番弥缝则不得而知了。这些人物,在《明一统志》及后来的《星子县志》③ 中大致都有记载。为了行文方便,暂依陈完所述,并补充一些资料,将陈氏世系整理如下表(表1)。

---

① [清]张廷玉等:《明史》卷一五二,北京:中华书局,1974年,第4194页。

② 目前所知四川阆中陈氏谱系存在不少问题。参阅蔡东洲:《宋代阆州陈氏研究》,成都:天地出版社,1999年;蔡东洲:《川北宋代陈氏遗迹考察》,《四川师范学院学报(哲学社会科学版)》2001年第1期。另外,陈继有《节庵先生传》(《怡庵文集》卷十六),传主为黄异。异祖母黄氏,因弟黄松瀑以病无嗣,便"命次子憎"为其后,陈憎即传主之父。而传中涉及的几个陈氏人物便都不见于文中所列举的资料。当然,我们可以理解为黄陈两家关系密切,世代为姻;而进入吴中的陈氏所述,只是他们的直系先世。

③ 据《星子县志》所载,篆见卷十《人物·儒林》(第1150页),准附篆传;秬见卷十《人物·宦业》(第1132页);秠见卷十《人物·儒林》(第1150页);哇(方志作"畦",当是一人)见卷十《人物·隐逸》(第1217页);征见卷十《人物·儒林》(第1152页)。[清]蓝煦等修,曹征甲等纂:《星子县志》,成文方志续编,华中地方834号,台北:成文出版社,1989年。

表 1　陈氏世系表①

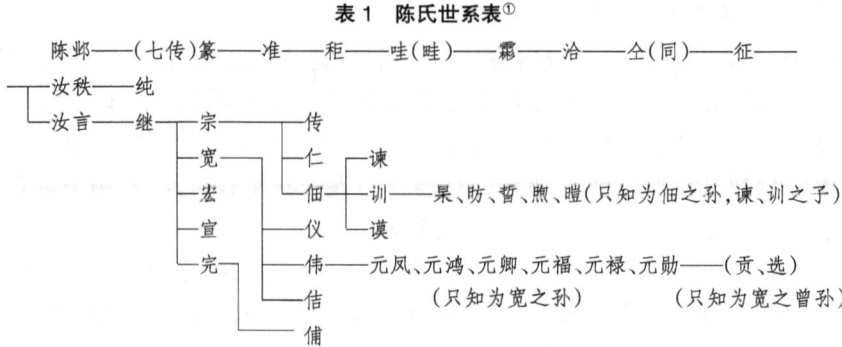

陈完的文字,除了介绍了陈氏家族迁徙的一个大概外,着重强调了先世的功名,和他们的师承情况。实际上这也是家谱或者人物传记文字中所普遍看重的。可以说,先世的荣耀就是一笔无形财富。进入吴中之后,在他们的自述或者与士人交往中也常常提及,在表示认祖归宗心理的同时,也是在运用着这笔财富的影响。

就目前所见文献看到的,陈惟寅的一支似乎很快便湮没不闻,而陈惟允的一支则可以说完成了由寓贤到乡贤的转化,其人丁也不断兴旺。在其后三百年中,陈氏后人围绕着陈汝言、陈继等人的文字费心费力,上海图书馆藏《怡庵文集》两种,便皆由其后人或抄或刻而成,使其文字不至湮没。

三、陈氏在吴中的交际网

若想有所成就,自身的才华和努力当然是首要的,有关文字中也会突出人物这方面的情况。陈汝言不仅能诗善画,还长于音律,其子陈继在《送张进士序》中还叙述到他的早智:"甘白张先生……不友非类,友吾父与世父最密。吾父年十三,赋从军诗十余首。尊行若陈子平、郑明德二先生辈见之,盛称与时,甘白先生号称神童,盖五六岁已能诗也……"②张益在行状中叙述陈继少时的勤苦:"先生虽躬耕作,而于所业不废。荷镈而读,操铅以思,自乐也。每当困倦,则高诵先秦古文及司马氏史记。"这些都可以说明个人因素的重要性。

除了自身因素外,各种关系对于提升他们的才能和社会地位自然也是必不可少的。顾炎武曾指出:"今日人情相与,惟年、社、乡、宗四者而已。"③顾氏所针对的主要是明末清初的情形,若是按诸元明之际流寓吴中的陈氏家族来说,与之则有较大差别。元明之际,朝廷科举取士较少,实际上同年的交往有限,而儒士在有元一代的地位还有所下降;作为流寓之

---

① 资料来源:郑元祐《庐山陈天倪墓志铭》、陈完《仲兄醒庵先生墓志铭》、吴宽《思耘处士墓表》、蓝煦《(同治)星子县志》。
② [明]陈继:《怡庵文集》卷四,第5—6页。
③ [清]顾炎武著、陈垣校注:《日知录校注》卷二二《社》,第1230页。陈宝良先生在对此进行解释时,认为其中的"年"指"年节"(《中国的社与会》,北京:中国人民大学出版社,2011年,第13页)。笔者以为,理解成"同年"似更合理,"年、社、乡、宗",也就是"同年、同社、同乡、同宗",正切中明末士人交往的情实。

家,在吴中的陈氏也谈不上多大的同乡、同宗网络。不过,所谓"士志于道",只有志同道合的人,最终才能相得益彰,陈氏在吴中的交往大致就是以此作为一个重要的标准。除了家庭外,婚姻关系在他们的生活中具有很大作用。实际上,亲缘、姻缘、师缘、乡缘、友缘等因素,在他们的人生经历中都或多或少地发挥着作用。

(一)婚姻网

由于文献不足,陈氏成员嫁娶情况我们并不能一一了解。如陈汝秩婚姻较晚,元画"四大家"之一的倪瓒(1301—1374)有诗称他"三十不娶妻,四十不出仕"[①],至其卒时,一男四女,咸未娶嫁;而其后人的情况就只有墓志铭中提供的这些。现据已知的文献资料[②],我们将所知陈氏成员的婚姻情况整理如下表(表2),并据此试着对其中涉及的一些问题做一点阐述。

表2　陈氏成员婚姻对象情况

世系		人物	婚姻对象	姻方家世简况	备注
1		同	黄氏	黄石翁姊。详上文	
2		征	江氏	江万里之孙。江万里乃南宋末名相	
3		汝秩	袁氏	不详	
		汝言	吴氏	庐江名门,元成宗时,诏旌表之。世以易经为家学。大父某,蕲黄二州教授。世父元举,交州同知,再迁礼部侍郎。兄进学,国初监察御史	
	女	征长女	钱中[③]	钱武肃王之裔,先世从泰州徙吴。子绅,就傅外家	
4		继	金氏	父纲,明初为苏州太守,有文名。赐死	
	女	汝言长女	范昭	范文正公孙。昭坐事谪外,没。生子元理,就傅外家	
	女	汝言三女	刘政	贡元。深得方孝孺赏识,死靖难之役。父以礼,学识淹博。洪武初,荐授沛县教谕	
5		宗	陆氏		
		宽	施氏		
		宏	王氏		
		宣	郭氏		
		完			
	女	继长	谢瑛		

---

①　[元]倪瓒:《清閟阁全集》卷一《赠惟寅》,摛藻堂四库全书荟要本,台北:世界书局,1985年,第17页。

②　肯定还有不少可以补充的。陈汝言绘有《溪山秋霁图》,一时题识者甚众。文征明在《溪山秋霁图跋》(《甫田集》卷二十三末,《景印文渊阁四库全书》集部第212册,第169—170页)中,有"今归吾友江西参议王君直夫,盖陈氏埼也"之语。陈汝言有三女,其中长幼二女婚姻情况很清楚,次女"有归而殁"。如此,若非陈汝秩之婿,则当是其孙辈,但无法确知所属。

③　[清]钱谦益:《列朝诗集小传》"乙集",上海:上海古籍出版社,2008年,第203页。有必要纠正的是《列朝诗集》有关钱绅小传的内容,在《列朝诗集小传》中误认为钱中所娶为陈惟允之女:"绅,字孟书……其先自泰州徙吴。父中,字孟则,娶于陈,为惟允之女,夫妇皆读书善琴。孟书与陈嗣初为中表……"前后矛盾,如果钱中所娶是陈惟允之女,那么钱绅便比陈继矮一辈,显然不对。

续表

世系	人物	婚姻对象	姻方家世简况	备注
6	佃	滕氏	户部尚书德懋曾孙	
	女	沈汝祯	长洲人,故御医以潜之孙。子沈堂。见吴宽《贤妇贺氏墓志铭(有序)》	父不详
	宽女	吴容		
7	谟	张氏		
	训	滕氏,继唐氏		
	佃长女	孙仁		
	佃次女	刘文毓		许嫁而卒
	佃三女	施颖		

这些婚姻对象,双方的家世背景往往比较相似,即俗语所说的门当户对。这里只是粗线条地列举,至于以婚姻为纽带展开的人际网情形还需要更进一步的发掘,而这个人际网有时候却是非常重要的。从周伯琦与陈氏的互动,我们即可以看出这种关系的价值。

周伯琦(1298—1369),字伯温,号玉雪坡,鄱阳人,元末仕至江浙行省左丞。1367 年,朱元璋平吴,周伯琦引归鄱阳,卒于家。《元史》有传。陈继有《跋周伯温墨迹》:"玉雪翁与先君友善,一岁间笔札往复者常十二三。此帖言,仲秋称寿独后为怏怏。中秋,大母生日。可见前辈厚德,待朋友之母如己母也。"①跋中还提到此帖的时间是乙巳年,也就是 1365 年。若从年龄论,周伯琦应与陈征同辈。不过,从文献来看,周伯琦原配江氏,为"宋丞相文忠公万里之曾孙"②。就女方的关系而言,周伯琦称陈汝言之母为姑母,正好与陈汝言同辈。像这样的家族,当他们的家族成员流徙在外时,应当会利用这样的一层关系。也许正因为江氏的影响,所以潘纯在为吴氏选择婚姻对象的时候,才会强调陈惟允是"相国之后",而后来,陈继也愿意将这一荣耀记录下来。陈氏兄弟在至正十六年(1356)葬其父于吴县时,题墓的就是周伯琦。③陈惟允能够在张吴政权下志得意满,恐怕与周伯琦的这层关系分不开,而张士诚也正可以此作为拉拢周伯琦的一种手段。

所谓兴衰无不本于闺门。陈汝言被杀时,陈继尚在襁褓之中,在这样的情况下,吴氏对于陈继成长的意义和作用自然显得无比重要。在后来朝廷表吴氏为"贞节"时,所根据的文字也很能说明吴氏对陈继成长的重要性。据《明太宗实录》卷五十六"永乐四年七月丙申"条:"……苏州府吴县民陈汝言妻吴氏。年二十九,汝言卒,姑老,子继生甫十月,而家故贫,有遗书数千卷。吴氏素读书,知大义,自治麻枲,助衣食之费以养姑。子稍长,亲授《孝经》《论语》,而守志不二……表其门曰贞节。"④从其他材料,还可以看出吴氏对陈继立礼、择师、就

---

① [明]陈继:《怡庵文集》卷二十,第 13 页。
② [明]宋濂:《宋学士文集》卷六十四《元故资政大夫江南诸道行御史台侍御史周府君墓铭》,《四部丛刊初编》,上海:上海书店,1986 年,第 14 页。
③ [明]王鏊:《(正德)姑苏志》卷三四,《景印文渊阁四库全书》史部第 251 册,第 635 页。
④ 《明太宗实录》卷五六,永乐四年七月丙申条,上海:上海书店出版社,第 3—4 页。陈汝言所遗书,此处说是"数千卷",而陈继为其母所作版文及其他多处叙述中则是"二万余卷",数字实际上都来自陈继,至于其间的差别,应该与所针对的对象不同有关,总之遗书是不少的。

学等各方面的影响。

陈氏对外族也多有提携照顾。如钱绅、陈继在《送表弟钱教谕序》中叙述:"孟书,予姑之子也。其父文则先生,钱武肃王之裔……予姑善琴,允宜配德。故先生为婿而受馆于吾父焉。所以孟书少与予同居,游同方,学同师……"①对表2中所提及的金、范、刘也多有类似举动。

(二)师友圈

文人画家与请托人、客户之间交往的讨论,与百工技艺之人的关系也有一定的研究,不再费墨。这里,我们主要看看师友在陈氏立足吴中时候的作用。

对于陈氏而言,其家世以及黄石翁在杭州的交游,便为他们立足当地做了一个很好的铺垫。在与之交往的人物中,也往往要提及他们的家世以及黄石翁这个人物。和黄石翁有过文字往来的张雨,与陈汝秩兄弟也还有文字交往的记录。与陈汝秩、陈汝言兄弟极为相得的倪瓒,在《陈天倪处士像赞》中也写道:"其介特孤峭,非松瀑之甥而能然欤;其好学能文,盖尝从游于草庐。"②而其中提到的"草庐",即是在元代有"国之名儒"之称的抚州人吴澄。

从陈征的生平来看,他有一段四方游历的经历。据郑元祐《庐山陈天倪墓志铭》:"幼尝从草庐吴先生学,学于先生之门者盖伙,然独称天倪。"可见吴澄对他还青眼有加。"既卒业,乃北上燕赵,古所谓悲歌慷慨之士,今所谓公卿大夫之贤,天倪皆得与之握手,倾肺腑,论天下事,甚可措之于用。"可知陈征入吴之前曾游大都,自然也是干谒之举,只是未能得志。"既久之,南归。若北庭贯君酸斋、山东李君溉之,无不称其才隽。如青城虞公伯生、豫章揭公曼硕亦甚称而形之诗文者,皆可考见。"③其所游学的经历和交游的对象,对他个人成长与立足江南的作用自然是非常重要。

初入江南的陈氏,在陈征之时还略显沉寂,可以说处在一个资源积累的阶段。及至陈汝秩、陈汝言兄弟活跃于吴中文坛时,实际上已经进入了元末乱世。吴中倒是很长时间因为张士诚的经营而平安无事,因此,吸引了不少四方之士前来避乱,也为吴中文化的发展奠定基础。这其中,以高启为中心的"北郭十友"便很具代表性。而陈氏兄弟大多时候便是在这种环境下磨砺成长的。④

"北郭十友"成员的年龄大多与陈氏兄弟相仿佛,陈氏兄弟虽然未名列"十友"之中,但参与了以之为基础的"北郭诗社"的不少活动,他们之间见有不少文字上的互动。高启有《绿水园杂咏序》,并且为陈氏绿水园中的景点一一题诗作文。十友当中,张羽是从九江迁徙而来,与陈氏还有乡谊之好。除此之外,像顾瑛所主持的玉山雅集,徐达左所主持的耕渔轩雅集等,他们都曾参与其中。

而在陈氏营造绿水园的过程中,另外一位同乡饶介在其中更发挥了重要作用。倪瓒在《陈惟寅僦屋疏》提道:

---

① [明]陈继:《怡庵文集》卷六,第8—9页。
② [元]倪瓒:《清閟阁全集》卷九,第9页。
③ [元]郑元祐:《侨吴集》卷十二《庐山陈天倪墓志铭》,《景印文渊阁四库全书》集部第155册,第611页。
④ 据陈基《送陈惟允序》(陈基《夷白斋稿》卷十七,《四部丛刊三编》,上海:上海书店,1986年,第4页),1354年春,陈汝言有北上之举,序中称:"今年春,(陈汝言)将去吴适金陵,因北上京师,从四方名人魁士,振缨儒林,扬镳艺苑。"只是不知陈汝言的北上进行了多长时间,但肯定不会太长。

  陈惟寅甫与弟惟允闲居养亲,栖隐吴市,不耻贫贱,不乐仕进,熙怡恬淡,与物无忤,虽过朱门如游蓬户也……兵后栖无定居,江右同邑人饶介之为之僦屋,使得以安菽水之奉。而僦屋之资,则非一人所办,饶君素清苦,又不欲以外事累人也。仆遂为之一言。世岂无急人之急,忧人之忧,解衣推食,指廪借宅,豪杰倜傥如古之人者哉。老杜所谓"安得广厦千万间,大庇天下寒士俱欢颜"者,请为诸君诵之。至正壬寅(1362)十二月九日倪瓒。①

  在疏中,倪氏特别说明"江右同邑人饶介",当不是信笔之文,而是饶介与陈氏之间的这种关系在其中起到一定的作用,或者当饶介提供帮助时,提及过同乡这一层。而饶介也确实有几处文字表明了他与陈氏的同乡关系。

  饶介(?—1367),字介之,临川人。诗名盛于一时,善草书。张士诚据吴,仍承制以饶介为淮南行省参知政事。1367年,吴城被破,饶介被俘至京,伏诛。②饶介有《琴轸帖》(行书纸本),其中称陈汝言为"乡姻畏友":

  琴轸望力为取,成就此琴。今日所见诸物,宜留下。琴今送去,烦看过。赎解铜钱,准明日送去。草草。介白事。唯允乡姻畏友。六日空。明日有便往杭州,若附一书与萧生,发琴轸足来佳。有此便敢烦。不一不一。廿四日。介白事。唯允乡姻畏友。谨遣。③

  其中的"乡姻"大概就是乡亲的意思,并不一定有直接的婚姻关系,不过他们的同乡关系却是实实在在的。他还有诗《答惟允三首》《与虞山人胜伯、陈山人惟寅谈及仙游事,醉后赋诗三首兼呈二贤》等④,都与陈氏兄弟有关。对于存诗不多的饶介而言,所占比重算是比较大的。而后一首诗题文字,在《珊瑚木难》等书中,也直接说明了同乡关系:"虞山人胜伯、陈山人惟寅皆为乡里……"⑤饶介是一个很善于交际的人物,诸多文献都说明他与庐山陈氏之间关系密切,看来在需要他援手之时也是毫不吝啬的。当时士人在绿水园举行的宴会其实不少,实际上是饶介笼络青年俊彦的一个据点。

  陈汝言与王蒙合作绘成《岱宗密雪图》更是艺林一段佳话,叙述上或有异文,但在文献中确实是反复出现。据都穆《都公谈纂》载:

  王叔明洪武初为泰安知州,泰安厅事有楼三间,正对泰山。叔明画泰山之胜,张绢素于壁,每兴至,辄一举笔,凡三年而画成,傅色多了。时陈惟允为济南经历,与叔明皆妙于画,且相契厚。一日胥会,值大雪,山景愈妙。叔明曰:"改此画为雪景可乎?"惟允

---

① [元]倪瓒:《清閟阁全集》卷十,第5—6页。
② 相关研究参阅刘君若:《饶介与元末吴中文坛》,《兰州学刊》2008年第12期,第184—187页。
③ [清]卞永誉:《式古堂书画汇考》卷十八《书十八》,《景印文渊阁四库全书》子部第133册,第835页。
④ [清]钱熙彦编《元诗选补遗》,北京:中华书局,2002年,第628—629页。
⑤ [明]朱存理:《珊瑚木难》卷六,第187页;《赵氏铁网珊瑚》卷八,《景印文渊阁四库全书》子部第121册,第490页;李修生主编:《全元文》第59册,南京:江苏古籍出版社,2004年,第42页。大概是饶介草书的原因,各家解读略有不同。

曰:"如傅色何?"叔明曰:"吾姑试之。"乃以笔涂粉,色殊不活。惟允沉思良久曰,我得之矣。为小弓夹粉笔弹之,粉落绢上,俨如飞舞之势,皆相顾以为神奇。叔明就题其上曰"岱宗密雪图",自夸以为无一俗笔。后惟允固欲得之,叔明因辍以赠。陈氏宝此图百年,非赏鉴家不出……①

这段叙述,都穆在其《寓意编》中也有提及。王蒙(？—1385),字叔明,湖州人,王国器子,赵孟頫外孙,也是元画四家之一。可惜后来此图却化为灰烬。

陈汝秩之子陈纯的情况,未见有其他文献提及。②而陈继则成了明前期吴中文坛的代表人物,其本人还入祀乡贤祠。庐山陈氏也在他这一代完成了由寓贤到乡贤的转变。陈继差不多算是明帝国的同龄人。如上文所论,陈继幼年由其母亲自督教。之后,"受诗于乡先生郦尚德、秦师尹,受易于俞立庵,既而怦怦然若不足,复从半轩王止仲"③。俞贞木、王行等人与陈汝秩兄弟关系密切,王行还从游于陈汝言。实际上,经过几代的积淀,陈氏在吴中已经具备了相当的人脉。陈继所交游的人物,很多都可谓是世交,在他的文字中往往也会表露这一点。

及至陈宽兄弟之时,庐山陈氏几乎成了彻彻底底的吴中士人。他们所经营的,大概也就是后来研究者所称的"'吾吴'与在地人的义务"④。他们的师友交游,自然是以吴中人物为首。不过陈氏后人们的"庐山"属性并没有消失,就是在陈佃之时,文献中还可见其自称为"庐山陈佃"⑤。

四、吴中经学宗陈氏:陈氏的授业情况

元代科举不盛,儒士出路受限,因此大量儒士从事塾师之业,在明初情况也与之类似,这些早有研究者指出。⑥陈氏在吴中的职业选择大概也是这种社会状况的一个缩影。

陈征进入江南之初,大概就开始以处馆为业,倪瓒在《陈惟寅僦屋疏》提道:"天倪先生因游吴,爱锡麓洞,有好流水,家于惠山之阳。久之,有少日同舍生赵从事招往馆于其家,遂复留吴市焉。"⑦郑元祐在《庐山陈天倪墓志铭》也提到,陈征"已而入吴,知旧有延之取资者,于是遂侨于吴"⑧。陈汝秩在吴中以处馆为业,终其生未出仕,除去明初应征入京,大概未曾

---

① [明]都穆:《都公谭纂》卷上,《丛书集成初编》,上海:商务印书馆,1937年,第6—7页。
② 陈继有《书仲兄重辉处士志铭墓表传赞后》,不知陈纯与重辉处士是否为同一人。[明]陈继:《怡庵文集》卷二十,第3页。
③ [明]杨荣:《文敏集》卷二十二《故翰林检讨致仕陈君墓志铭》,《景印文渊阁四库全书》集部第179册,第353—354页。
④ [英]柯律格(Craig Clunas)著,刘宇珍、邱士华、胡隽译:《雅债:文徵明的社交性艺术》,北京:生活·读书·新知:三联书店,2012年,第107—130页。
⑤ [明]李日华著,屠友祥校注:《味水轩日记校注》卷一,上海:上海远东出版社,1996年,第65页。
⑥ 刘晓东:《明代的塾师与基层社会》,北京:商务印书馆,2010年,第88页。
⑦ [元]倪瓒:《清閟阁全集》卷十,第5—6页。
⑧ [元]郑元祐:《侨吴集》卷十二《庐山陈天倪墓志铭》,《景印文渊阁四库全书》集部第155册,第611页。

离开过江南。倪瓒称他"安贫自乐,穷经学古,教授乡里"①。

但是陈征父子的授徒情况,我们并不清楚。陈氏在吴中造育人才方面发生重要影响成就最突出的还要算陈继。门人张益所撰陈继行状中言:"先生前后讲授殆数百人,而致通显者众。"②可见陈继授徒的一个大概。

据王鏊《姑苏志》载:"乡贤祠祀唐陆元朗、陆赞,宋……国朝陈镒、陈继、陈祚、刘铉、杜琼。"③其中刘铉、杜琼都是陈继弟子门人。陈继还为杜琼母作传。④据王鏊《姑苏志》,杜琼,字用嘉,吴县人。生一月而孤,母顾,育而教之。长从陈继先生学。博综古今,为文和平醇实而必本于理,诗尤沉着,古雅有风致。间写山水,尤润秀可观。性至孝。隐居城西,学者称东原先生。⑤

刘铉,字宗器,长洲人。生弥月而孤。及长,刲股疗母疾。母卒,哀毁,以孝闻。永乐中,用善书征入翰林。举顺天乡试,授中书舍人。宣德时,预修成祖、仁宗《实录》,迁兵部主事,仍供事内廷。正统中,再修《宣宗实录》,进侍讲。以学士曹鼎等荐,与修撰王振教习庶吉士。⑥

《怡庵文集》中,表示从其学或者称弟子门人的就有不少,列表(表3)如下:

表3 《怡庵文集》中所见陈继弟子门人

姓名	人物简介	家世	资料来源
王肆	长洲人	家好施乐善,父穆字仲远,有声乡里,博识古今,善楷书,好谈礼	王仲远墓志铭
盛俨	吴县人,年34而卒	宋参政文肃公之后。父启东,太医院御医	盛文硕墓志铭
沈贞	长洲人,字贞吉。善为诗,与兄弟恒自相唱和。善绘事,为吴门画派先驱	当地望族	沈贞吉妻戴氏墓志铭
杜琼	事迹见上文		杜节妇传
刘溥	长洲人。宣德时,以文学征,而调太医院吏目。耻以医自名,日吟咏为事。"景泰十才子"之一。《明史》有传	苏之故族,以医著称,父为太医院判	张益《行状》
张益	江宁人。永乐十三年进士。由庶吉士授中书舍人,改大理评事。与修《宣宗实录》成,改修撰。进侍读学士。正统十四年入文渊阁。未三月,遂蒙难以殁。景帝立,赠学士,谥文僖		张益《行状》
刘铉	彭城人。事迹见上文		刘铉《序》

在文集中,对一些人虽然没有"从余学"之类的字眼,但在交往过程中受其点拨的也是

---

① [元]倪瓒:《清闷阁全集》卷六,第1页。
② [明]陈继:《怡庵文集》卷首《纡状》,第6页。
③ [明]王鏊:《(正德)姑苏志》卷二十四《学校书院附》,第433页。
④ [明]陈继:《怡庵文集》卷十八《杜节妇传》,第1—2页。
⑤ [明]王鏊:《(正德)姑苏志》卷五十五《人物隐逸》,第1048页。
⑥ 见[清]张廷玉等:《明史》卷一六三,第4425—4426页。

不少。即如刘溥,陈继与他有关的文字至少有三篇,便都未提及这层关系。①又如徐宗常其人,陈继曾留住其家多日与其父祖辈讲仁义礼乐忠孝事,而宗常"从旁侍听,会达其理,欣欣喜动容色。未极归趣,请复发之,意勤勤也"②。

在陈继五子当中,三位先他谢世,另外两位陈宽、陈完则皆以授徒为业。二人在陈继官翰林时,曾往省侍。陈宽还得到杨荣的推许,以为"他日独步东南"。及至陈宽归吴,据陈完的叙述:"士林争延师席,以不得为歉。郡守朱公建社学,礼先生为师。出其门者皆为名士。东吴能诗之士,每以所业质焉。先生点窜纯类,莫不心醉而去……尝励后进曰,士而贫,多于工商而富。当以廉耻自重,不可干富者之门。"③

弟子对老师的提点教导之恩也是不能忘怀的。陈继谢世后,杜琼有《哀挽庐山陈太史先生(曾从其游)》诗云:"星沉奎壁夜寥寥,肠断仙魂不可招。学讲河汾知有自,源通洙泗信非遥。庐山名誉传千古,翰苑文章际两朝。嗟哦感恩哀恸处,满林霜叶起商飙。"④钱谷《吴都文粹续集》中,还录有刘铉《挽陈怡庵先生》诗四首。

而诸多弟子门人中,与陈氏家族互动最为密切的可能要数沈氏父子。钱谦益所做陈宽小传中称:"沈贞吉兄弟学于嗣初,而石田又受业于孟贤。吴中称经学者皆宗陈氏。"⑤石田即吴中名士、吴门画派的领袖沈周,在现今的艺术界仍是个耳熟能详的名字。沈贞吉兄弟,即沈周父沈恒与伯沈贞。陈沈两家可以说是教学相长,相互成就的典范。沈周曾作《庐山高图》并诗,以为老师陈宽七十寿礼。

言传身教,从陈氏的为人处世可以窥出他们教育人才的一个大致情形。可惜,我们无从知晓其系统的育才方式,只能从个别的谈话、讨论中略窥一二。张益所撰陈继行状中称:"先生(陈继)与人交际,不事容悦。善者益之不置,有不善辄面斥之,人亦不以为忤己也……先生尝与益论文曰:文以气为主,古人之文所以雄深而雅健者,以其于气能有所养也。子欲知养气之方,但当熟读《孟子》。俾益朗诵《公孙丑问不动心》章毕,则节讲而目详之。既而曰:养气不专在文,圣贤事业可致。然不知所养则馁,气馁则文词终萎薾,文词其然,况其大者乎。此又不可不知。"⑥

还需要指出的一点是,陈氏授业,首先是家族内部的行为。陈继除了转益多师外,从"世父"。陈继诸子也是"承训于家,克修文行"。吴宽在《思耘处士墓表》中叙述的陈佃也是这样:"少孤,学诗于从父孟贤,得唐人法。"而且陈佃还继承了这份祖业:"稍长,出为塾师,即善教。"⑦

---

① 刘溥有《草窗集》二卷传世,其中也有多篇文字与陈继有关。卷下《寄陈耕乐嗣初》诗云:"泪血如倾到九原,线多衣上旧时痕。蓼莪若被门人废,异日谁知父母恩。"[明]刘溥:《草窗集》卷下,《四库全书存目丛书》集部第32册,济南:齐鲁书社,1997年,第419页。
② [明]陈继:《怡庵文集》卷十四《徐宗常墓碣铭》,第2—3页。
③ [明]钱谷:《吴都文粹续集》卷四十《仲兄醒庵先生墓志铭》,景印文渊阁全书集部325,第311页。
④ [明]杜琼:《东原集》卷四,《四库全书存目丛书》集部第78册,第616页。在卷六《说友(并序)》中,杜琼还记录了另一位陈继的弟子,序中称:"吾乡俞君继远,励志士也。尝从庐山陈先生游……"
⑤ [清]钱谦益:《列朝诗集小传》"乙集",第220页。
⑥ [明]陈继:《怡庵文集》卷首《纡状》,第6页。
⑦ [明]吴宽:《家藏集》卷七十三,《四部丛刊初编》,上海:上海书店,1986年,第14页。

五、余 论

庐山陈氏在吴中的居所,就目前所知,陈征曾居无锡惠山之阳,在苏州,陈惟寅兄弟有雅宜山斋、在城西南还有著名的绿水园,到陈佃时,"以族人众,作别业于虹桥,日涉以乐。更买田阳城湖上"①。除此之外,自然还有更多未见于记载的。而对于一个曾不断遭受打击的家庭而言,陈继后来能够入值弘文阁、配祀乡贤祠,不可谓不荣显。不过陈汝言入明以后的遭遇,对其家族毕竟是个教训,而其姻亲范昭等人的遭遇,对陈氏家族后人的出处选择也当有所影响。陈继一生大部分时间都是居乡教授,在朝八年也主要是立言掌文字,后人也多教授乡里,大概功名心都比较淡泊。不过,也正因如此,陈氏对吴中地方文化产生很大影响,才有后来钱谦益所说的"吴中称经学者皆宗陈氏"之语。而随着经济文化的发展,吴中在中国的地位越来越凸显,江南文化逐渐成为中国文化的一个中心内容和发展方向。明初的"吴中四杰",在后人的描述中也变成了"明初四杰",而陈氏家族的这些人物也可以说是参与到了江南文化的建设之中,如陈寅恪所说的"预流"。

保罗·J.史密斯(Paul J.Smith)曾从流徙人物的家族、同乡的价值以及出路等,对宋元之际四川的流徙精英做了一番探讨②,从陈氏的经历大致也可以看出相似的情形。陈惟寅陈惟允兄弟的出路,也很能看出一个流寓家庭的生存选择。惟寅效其父教授乡里,虽然少了点功名之望,但相对而言也就少了点奔波之苦,多了些稳定,可以集中力量维系保障家庭。虽然陈继在为其母所做的墓文中着重强调了其母维护家庭的作用,但可以肯定的是,陈继伯父惟寅才是孝母的主要责任承担者,这在陈惟允去世之后恐怕更如此。陈惟寅本就以孝闻,入明被征,他也是以母老为辞而得允归乡的。而惟允则学其父北上大都,以期游学干进,其回乡之后也仍有很强的用世之心。这种选择的投入和风险自然更大,带有更多的不确定性,其所能产生的效能也更大。陈惟允在羁旅中的经历,以及入明后的命运,都可以说是这种选择的代价,却也正因有了这样的选择和经历,使得惟允在元末的吴中,特别是张吴政权下,不论是政治上还是社会上,都具有相当大的影响力(当然,陈氏做出的这种选择,并不仅是靠着夤缘求进,而是自己确实也是有用之才,只不过生不逢时罢了,这点也要予以指出)。这对于其家族或者说家庭在当地积攒人脉,立稳脚跟无疑是非常关键的,后来其子陈继能够转益多师正得益于此。

其实,从郑元祐为陈征所作墓志铭也可以看出,陈征兄弟大概也是做出了双向的选择,兄侍亲(舅黄清权)——当然也有跟随学习的因素,正与怀渭相似,弟出游。只不过其兄陈诚善去世较早,陈征的北上游学干进又未能获得太大成功,才选择寓居吴中,教授终身,为下一代的成功积蓄力量。余新忠在他的一篇文章中曾指出:"宗族地位的显赫并不妨碍其内部

---

① [明]吴宽:《家藏集》卷七十三,第14页。
② 保罗·J.史密斯著,喻满意译:《流寓策略中的家族、同乡和身份团体联系——1230—1330年间蒙古人入川和四川精英的流徙》,张国刚、余新忠主编:《新近海外中国社会史论文选译》,天津:天津古籍出版社,2010年,第16—45页。

家庭间上下流动的进行,而且还导致了各宗族间盛衰隆替的经常存在。"①

陈氏在吴中人丁可以说是逐渐地兴旺,只是经历了几代文化的强势之后,陈氏的社会声望不可避免地走向式微。这或许与他们所做出的淡出仕途的选择有一定关系,毕竟在官本位的集权社会体系中,这样的选择无疑是一种重要的生存资本的丧失。只是,家族的文化脉络总还是不绝如缕的,因此,到清前中期,陈氏后人仍有保护刻印其先世别集文字的举动。

作者简介:陈青松,江西省社会科学院助理研究员。

---

① 余新忠:《清前期浙西北基层社会精英的晋身途径与社会流动》,《南开学报》2000年第4期。学界有关明清社会流动的讨论已是非常丰富,基本情况可参阅徐泓:《译者序:何炳棣教授及其〈明清社会史论〉》,载何炳棣著,徐泓译:《明清社会史论》,北京:中华书局,2019年。

晚清老年官员生活感受初探

——以翁心存为个案的考察*

彭 法

【摘 要】 晚清重臣翁心存在70岁被清廷重新启用。在日记中,他详细地记录了这一时期的生活感受。此时的翁心存疾病缠身,痛苦万分。在内外交困的情况下,时时担忧亲人,提心吊胆。为应对繁重公务,抱病支撑的他时时感到疲惫不堪。他的这种生活感受,在晚清高级官员群体中不是特例,而是有一定的普遍意义。我们以翁心存为个案探讨晚清高级官员的生活感受,可以窥见晚清老年官员生活质量的一些侧面,也可以使人们从这个侧面更好地了解晚清社会生活中丰富多彩的内容。

【关键词】 翁心存;老年官员;生活感受

早在20世纪50年代,欧美国家一些学者将研究视角转向生活质量。20世纪80年代以后,我国的社会学、心理学、经济学、医学等学科也开始把生活质量作为研究的问题之一。此后,在历史学领域,一些学者也开始关注生活质量的问题。梁景和宣称:"生活质量是社会文化史研究的一个新维度。"他认为:"生活质量是指人们客观生活的实际状况以及对生活的满意程度和幸福感受程度。这里既包含客观生活质量即社会生活条件的实际状况,也包含主观生活质量,即生活满意度和主观幸福感。"①有学者认为,人面对着美丑并存的自然、社会与人生,常常会产生种种社会的、人生的审美感受,可统称为生活感受。当然,严格来说,生活感受是"特定生活激发出来的审美心理形式,它是一个知、意统一于情的三元结构"②。本文我们考察的"生活感受",也属于生活质量的范畴,即属于主观生活质量。之所以进行这项研究,诚如梁景和所说:"关注不同时段、不同地域、不同人群、不同个体、不同问题的研究,有助于进行宏观与微观的研究,有助于研究的理论化以及细化和具体化。"③

在中国古代,官员一般是"七十而致仕",也就是在70岁的时候退休。但是在清代,"致

---

* 基金项目:本文系国家社会科学基金项目《清人日记中反映的晚清社会生活研究》(项目号11BZS055)的研究成果之一。

① 梁景和:《生活质量:社会文化史研究的新维度》,《近代史研究》2014年第4期。
② 杨明琪、杨乐:《生活感受的张力场:一种新的文学观阐释》,西安:陕西人民出版社,2008年,第10、11页。
③ 梁景和:《生活质量:社会文化史研究的新维度》,《近代史研究》2014年第4期。

仕制度实行较有弹性,高级官员年过70者只要身体条件允许,常常可以继续留任"①。在晚清,有很多高级官员的年龄都是超过70岁的。咸丰九年(1859)四月,69岁的翁心存因病陈请开缺获准,在京调理。咸丰十一年(1861)十一月,同治皇帝登极,71岁的翁心存被重新启用,他虽然"自陈衰老不堪任使",但两宫皇太后还是将他任命为大学士衔管理工部事务。日记是真实记录记主生活感受的文字。通过阅读翁心存日记我们发现,他较为详细地记录了自己晚年生活的图景。为此,我们从翁心存这个个案出发,梳理他晚年的生活感受,可以窥见晚清老年官员生活质量的一些侧面。

一、疾病缠身,痛苦万分

翁心存一直有便秘、小便不通的毛病,在晚年则更严重。在其咸丰十一年(1861)的日记中,八次记载了便秘的情况。正月二日,"腹痛便闭,稍通小利"②。正月廿八日,"肝胀耳鸣,痰喘便闭,殆不能支矣"③。二月九日,"连日便闭,倦甚"④。三月十四日,"大小便俱闭,苦之,午后始通"⑤。六月十八日,"大小便皆闭,甚委顿,半日始通"⑥。六月廿五日,"便闭已两日矣,甚苦之"⑦。六月廿六日,"便闭已三日矣,次日方通"⑧。十二月廿一日,"便闭已两日,委顿殊甚,午刻稍通"⑨。同治元年(1862)五月九日,"便闭已三日,甚苦之,今日并小解亦不行,腹胀欲死,申初小便始通,薄暮大便始通,然惫甚矣"⑩。七月廿五日,"未入直,便闭已三日,今日逾剧,痔疮又发,痛苦万分,僵卧不食,申初始略通"⑪。八月九日,"便闭已四日,至今日大剧,竟日彻夜,至二便皆闭,躁扰不得眠,遂大委顿"⑫。八月廿七日,"又便闭,殊苦之,气促痰塞,殆以节近秋分也"⑬。八月廿八日,"早晨便闭,几于二便不通,甚委顿,勉强从事,迨归后大通,始得霍然"⑭。十月二十日,"昨又便闭,虽通而力惫,甚委顿"⑮。十月廿四日,"予便秘大通,甚快"⑯。

---

① 李文海:《清代官德丛谈》,北京:中国人民大学出版社,2012年,第141页。
② [清]翁心存:《翁心存日记》,第4册,北京:中华书局,2011年,第1581页。
③ [清]翁心存:《翁心存日记》,第4册,第1587页。
④ [清]翁心存:《翁心存日记》,第4册,第1590页。
⑤ [清]翁心存:《翁心存日记》,第4册,第1600页。
⑥ [清]翁心存:《翁心存日记》,第4册,第1627页。
⑦ [清]翁心存:《翁心存日记》,第4册,第1628页。
⑧ [清]翁心存:《翁心存日记》,第4册,第1629页。
⑨ [清]翁心存:《翁心存日记》,第4册,第1688页。
⑩ [清]翁心存:《翁心存日记》,第4册,第1736页。
⑪ [清]翁心存:《翁心存日记》,第4册,第1772页。
⑫ [清]翁心存:《翁心存日记》,第4册,第1778页。
⑬ [清]翁心存:《翁心存日记》,第4册,第1788页。
⑭ [清]翁心存:《翁心存日记》,第4册,第1788页。
⑮ [清]翁心存:《翁心存日记》,第4册,第1827页。
⑯ [清]翁心存:《翁心存日记》,第4册,第1828页。

两肋胀痛、胸闷不舒也严重困扰着翁心存。咸丰十一年(1861)正月十四日,"予近日亦患头痛,肝气上冲"①。正月廿六日,"连日交节气,肝疾大发,耳鸣如万窍怒号,殆将病矣"②。六月廿三日,"肝气大作,颇痛"③。六月廿六日,"肝气大作,夜不能寐"④。十二月七日,"肝气连日大作,左胁甚痛"⑤。十二月八日,"连日肝疾,颔下核肿,又感风寒,竟夕痰嗽,殆将病矣"⑥。同治元年(1862)九月初六日,"连日肝气大发,左胁及脊后筋呼吸俱痛"⑦。

　　头晕目眩,行动不便也是翁心存晚年的病症之一。咸丰十一年(1861)三月廿四日"作《汝帖》跋,目眵腕僵,不复成字"⑧。七月一日,"耳目益聋瞆,右腕不仁,近并心亦忽忽善忘矣"⑨。同治元年(1862)正月七日,翁心存"两目忽如面壁,不见一物,执笔作书,不知下处",对此,翁心存自嘲:"其将为祖孝征乎。"⑩五月廿三日,"头晕弥甚,步履不能自主,殆将病矣"⑪。六月十日,"午初到内阁会议,至政事堂头晕几倒"⑫。七月一日,与翁心存阔别十余年的童薇研自南中挈眷航海来,翁心存接见了他。为制止童薇研叩拜,翁心存自己跌倒折伤了指甲。"渠拜,予止之,随而倾跌,折左手食指、中指两指甲,血淋漓,以白药敷之,即止,亦不甚痛",对此,翁心存感叹:"总觉老态可叹耳。"⑬七月十五日,翁心存觉得"体惫气促头眩,殆不可支"⑭。八月二日,"卯初入直,辰正一刻退。头眩欲倒,奈何奈何"⑮。八月十日,翁心存寅初起床时,觉得"困惫已极,立床前,忽头眩,向右倾跌,磕衣箱锁上,擦破右额偏右,正在脑门上,幸未深透,登时起红痕两道,旋敷白药,不能入直矣"⑯。八月十八日,翁心存觉得自己"诸疾少痊,头眩转剧,且气逆愈甚,恐将不久于人世矣"⑰。八月廿三日,翁心存感到"头眩几不可支,倚壁闷坐,闭目养神"⑱。

　　由于年老体衰,伤风感冒也是翁心存时常患的疾病。咸丰十一年(1861)十月四日,"予触风,头痛便红尚未止"⑲。十月五日,"畏风,不出户庭,胸口极痛"⑳。十月十九日,"肺脉不

---

① [清]翁心存:《翁心存日记》,第4册,第1584页。
② [清]翁心存:《翁心存日记》,第4册,第1587页。
③ [清]翁心存:《翁心存日记》,第4册,第1628页。
④ [清]翁心存:《翁心存日记》,第4册,第1629页。
⑤ [清]翁心存:《翁心存日记》,第4册,第1681页。
⑥ [清]翁心存:《翁心存日记》,第4册,第1682页。
⑦ [清]翁心存:《翁心存日记》,第4册,第1806页。
⑧ [清]翁心存:《翁心存日记》,第4册,第1603页。
⑨ [清]翁心存:《翁心存日记》,第4册,第1629—1630页。
⑩ [清]翁心存:《翁心存日记》,第4册,第1695页。
⑪ [清]翁心存:《翁心存日记》,第4册,第1742页。
⑫ [清]翁心存:《翁心存日记》,第4册,第1749页。
⑬ [清]翁心存:《翁心存日记》,第4册,第1760页。
⑭ [清]翁心存:《翁心存日记》,第4册,第1766页。
⑮ [清]翁心存:《翁心存日记》,第4册,第1774页。
⑯ [清]翁心存:《翁心存日记》,第4册,第1778页。
⑰ [清]翁心存:《翁心存日记》,第4册,第1782页。
⑱ [清]翁心存:《翁心存日记》,第4册,第1785页。
⑲ [清]翁心存:《翁心存日记》,第4册,第1655页。
⑳ [清]翁心存:《翁心存日记》,第4册,第1656页。

调,痰多故也"①。十月廿九日,"昨夜卧后咳嗽痰涌,气逆欲呕,六脉弦急,坐起按摩良久,乃复,今日殊惫"②。十二月十日开始,翁心存"触受风寒,头痛如裂"③。此后一直未愈,至十二月廿四日,翁心存不得不递感冒请假折。直到十二月廿七日,他仍是"咳嗽头疼,浑身筋骨作痛,终日昏昏如梦"④。

同治元年(1862)正月二日,"畏风,竟日不敢出户,而痰嗽弥甚"⑤。正月六日,"昨痰嗽竟夜,今早脑痛欲裂,殆将大病矣"⑥。正月九日,"头尚痛,目仍馍糊,畏风,不出户"⑦。正月十日,"痰嗽,仍畏风不出户"⑧。正月十二日,"伤风喀嗽,骨节皆疼"⑨。正月三十日,"痰嗽气喘,殆不能支,通夕汗"⑩。二月五日,"伤风咳嗽"⑪。二月八日,"痰壅气喘,奈何奈何"⑫。由上述记载可见,翁心存从咸丰十一年(1861)十二月至同治元年(1862)二月这三个月的时间里,一直是处于感冒之中。在还没有痊愈的情况下,同治元年(1862)三月,他的感冒又加重了。三月七日,"昨夜竟夕咳嗽,今早嗌痛身热,头疼腰酸",对于自己连续数月感冒的状态,翁心存唉叹:"老态益甚矣。"⑬四月七日,翁心存"连日头晕气喘,痰塞声粗,倦不能支",他无奈地表示:"抑病入膏肓耶。"⑭五月十七日,"气促痰壅,今夜咳嗽竟夕,殆不能支矣。"⑮六月五日,"夜,头痛伤风,终夕咳嗽"⑯。六月七日,"前日内阁会议触热,头痛咳嗽伤风,殊不适"⑰。可以说,在翁心存去世前的一年中,他都是在感冒咳嗽中度过的。其实,他最后去世的主要病因也是感冒。"十一月朔,冲寒入直,夜分疾作,痰壅气喘,请假调整,投药罔效,越三日疾笃,趣具遗疏,遂瞑目不语……初七日寅时前弃养"⑱。

此外,从翁心存的日记记载来看,在他最后的两年时间中,他还患过腹泻、便红、瘰疬等疾病。当然,上述这些疾病,有时是同时患有的。总之,从他日记的记载来看,翁心存晚年虽然没有特别严重的疾病,但小病不断。这些疾病,给翁心存的生活和工作造成了巨大影响,身心受到了巨大伤害。

---

① [清]翁心存:《翁心存日记》,第4册,第1661—1662页。
② [清]翁心存:《翁心存日记》,第4册,第1666页。
③ [清]翁心存:《翁心存日记》,第4册,第1683页。
④ [清]翁心存:《翁心存日记》,第4册,第1691页。
⑤ [清]翁心存:《翁心存日记》,第4册,第1693页。
⑥ [清]翁心存:《翁心存日记》,第4册,第1694页。
⑦ [清]翁心存:《翁心存日记》,第4册,第1695页。
⑧ [清]翁心存:《翁心存日记》,第4册,第1695页。
⑨ [清]翁心存:《翁心存日记》,第4册,第1696页。
⑩ [清]翁心存:《翁心存日记》,第4册,第1701页。
⑪ [清]翁心存:《翁心存日记》,第4册,第1703页。
⑫ [清]翁心存:《翁心存日记》,第4册,第1704页。
⑬ [清]翁心存:《翁心存日记》,第4册,第1712页。
⑭ [清]翁心存:《翁心存日记》,第4册,第1723页。
⑮ [清]翁心存:《翁心存日记》,第4册,第1739页。
⑯ [清]翁心存:《翁心存日记》,第4册,第1746页。
⑰ [清]翁心存:《翁心存日记》,第4册,第1747页。
⑱ [清]翁心存:《翁心存日记》,第4册,第1863页。

二、担忧亲人,提心吊胆

在翁心存在世最后的两年中,对他生活影响较大、身心冲击剧烈的事主要有两件,一是内外交困的情况下,对家乡及亲朋的牵挂与担心。二是对自己亲人特别是对大儿翁同书的担忧。

1860年,对于清王朝来说,内忧外患前所未有。英法联军占领京师,皇帝出逃。国内太平天国运动轰轰烈烈,严重动摇了清王朝统治的根基。翁心存的家乡常熟在咸丰十年(1860)被太平军占领。翁心存牵肠挂肚,对家乡的现状担忧不已。咸丰十一年(1861)正月初一日,翁心存感叹:"家乡荡尽,眷口流离,垂暮之年,不能归依邱垄,惟自伤生不逢辰而已。"①二月廿六日,翁心存想到"乡关沦陷,克复无期",进而"遥念松楸,可胜摧割"。②四月二日,同乡赵价人馈送翁心存一种家乡食品"黄藏",这种食品"粉糍裹豆沙白糖为馅,外拌松花,蒸就后切而啖之",吃到"乡味",又触动了翁心存的思绪,他"遥忆乡关,不胜感怆"。③七月十四日,赵价人又馈送"茄饼",翁心存觉得"甚似乡味,感喟系[之]"。④

六月四日,翁心存接到了侄孙曾禧的家书,"始知云樵一房无恙,慰极转痛"。从书信里,他获悉"云樵去岁七月已挈眷下乡,曾禧则八月二日城破后始逃出,险甚,今云樵移于黄泥村处村馆糊口,曾禧则张敬堂寓书招之往江北觅馆,至淮城,又至袁浦,至今尚乏枝栖,骨肉漂零",对于曾禧一家的状况,翁心存无奈地表示:"予不能援手,惭负若何。"⑤六月十三日,此日是翁心存母亲的忌日,想到家乡被太平军占领,他痛心疾首。"今年乡邑沦胥,松楸莫保,家人转徙流离,谁荐一盂麦饭者,弥深感痛。"⑥七月廿八日,翁心存得祥孙五月二十日兴化书。翁心存从信中获悉,"彼处亦扰攘不安,其大嫂因伊祖母在通州,特往省视,欲依之而寓,荣孙送往,并挈其妇往,璇华亦别居泰州,游离转徙"。对于亲友这种颠沛流离的生活,翁心存极为担忧,但又无能为力,只能叹惜"不能遥为援手"。⑦十二月九日,翁心存从李仲彪写给赵价人的信中,得知了家乡的近况,他伤心地表示:"凄恻不忍读,填海有心,叫天无路,酸鼻真难为音也。"⑧同治元年(1862)十月一日,"六儿出城祀先,乡邑沦胥,楹楸芜没,曾不若马医夏畦尚得上其先人邱垄,椎心泣血,夫复奚言"⑨。

当然,在翁心存晚年,他牵挂的自然是儿孙辈的生活,其中最为关心的又是大儿翁同书。

---

① [清]翁心存:《翁心存日记》,第4册,第1581页。
② [清]翁心存:《翁心存日记》,第4册,第1595页。
③ [清]翁心存:《翁心存日记》,第4册,第1605页。
④ [清]翁心存:《翁心存日记》,第4册,第1632页。
⑤ [清]翁心存:《翁心存日记》,第4册,第1623页。
⑥ [清]翁心存:《翁心存日记》,第4册,第1625页。
⑦ [清]翁心存:《翁心存日记》,第4册,第1636页。
⑧ [清]翁心存:《翁心存日记》,第4册,第1682页。
⑨ [清]翁心存:《翁心存日记》,第4册,第1818页。

翁同书,号药房,又号和斋,翁心存的长子。道光二十年(1840)进士,授翰林院编修,曾任贵州学政,詹事府少詹事。1853年被派往扬州,在琦善军中供职。1858年授安徽巡抚,驻节泰州。1860年,他与地方乡绅、悍将苗沛霖发生争执,苗沛霖率兵包围寿州。1861年,翁同书被召回北京,同时被曾国藩参劾下狱。翁心存最后两年的岁月中,恰好遭遇了翁同书被参下狱的重大变故。学术界更有学者认为,翁心存正是遭受了这一变故,受到了沉重打击才不久于人事的。从翁心存的日记记载来看,此事对他的打击确实是非常大的。

由于翁同书一直在外为官,长年与翁心存分离。太平天国运动爆发后,翁同书一直在扬州、安徽的前线与太平军作战,随时有生命危险。翁心存由是更加担忧。咸丰十一年(1861)正月九日,翁心存得知"祖庚已奉命来京另[候简用]"的消息后,他"不觉感极出涕,盖与大儿不相见者已[廿载矣],[庶]几得一见之,可以死而瞑目乎"①。

但出乎意料的是,翁同书的回京之路也是一波三折,令翁心存愁断肝肠。他在日记中将关于翁同书的人和事都详细地记录。三月八日,翁心存得知:"翁同书奏病难骤痊,请派员署理巡抚一折,翁同书着赏假一个月调理,仍暂行办理安徽巡抚事务。"②但其他具体情况,翁心存一直不得其详。三月九日,翁心存在日记中记到:"久不得寿州书,悬念綦切,未知安否若何,传闻军饷久阙,士卒多啖草根树皮,催饷甚亟,闻黄州已解围,新中丞应可从楚军抽身到任矣。"③三月廿八日,翁心存"闻苗沛霖后路为徐立壮所截,勇皆溃散,若果如此,寿城可暂保无虞矣,未知确否"④。四月十日,翁心存记到:"翁同书奏咸丰三年春间及八、九、十等年捻匪屡扑太和,该县城隍神灵昭著,合境□安,发去御书扁额,交翁同书派员敬谨悬挂,以答神庥。"⑤

翁心存正月即得知朝廷决定要召回翁同书,但数月间一直不知确信。四月廿三日,翁心存"闻三儿已于初四日交卸,归期应不远矣"⑥。五月十日,翁心存接到了翁同书的一纸家信:"得三儿三月十九日书,仅一纸,饶生△△携来者,饶生由光固至汴梁迂道行,故至今方到,饶生行后闻苗沛霖又攻扑寿州,寿州士民仍留故抚在彼登陴固守,不知实在情形若何,近又闻故抚戮徐立壮,囚孙家泰,益令人不解,蕉鹿变幻,不知是梦是真,《诗》所谓'王事靡盬',忧我父母者也。"⑦

对于儿子是否已从寿州启程,消息真真假假。关于寿州的消息,也是"疑信参半",翁心存不得不发出"真耶幻耶,抑梦中说梦耶"的感叹。五月十二日,"闻苗沛霖称兵犯顺,崛强颍、亳、徐、宿之间,借口与徐立壮、孙家泰寻仇,攻扑寿州,为徐众抄其后而溃,再攻寿州,而徐立壮忽又反覆,附之,勾结捻匪、长毛,阳为援兵,而实欲为内应,事觉,而混入城者已数百人,亟闭门拒之,诱徐立壮声其罪,诛之及其徒党,并以启衅疏防囚孙家泰,寿州人心稍定,

---

① [清]翁心存:《翁心存日记》,第4册,第1583页。
② [清]翁心存:《翁心存日记》,第4册,第1598页。
③ [清]翁心存:《翁心存日记》,第4册,第1598页。
④ [清]翁心存:《翁心存日记》,第4册,第1604页。
⑤ [清]翁心存:《翁心存日记》,第4册,第1608页。
⑥ [清]翁心存:《翁心存日记》,第4册,第1611页。
⑦ [清]翁心存:《翁心存日记》,第4册,第1616页。

三儿应可起程矣。消息传来，疑信参半，真耶幻耶，抑梦中说梦耶"①。五月廿七日，翁心存"念三儿在寿州，何以杳无信息，所谓'王事靡盬，忧我父母'者乎"②。是呀，儿子在外为国事奔波忙碌，也只有父母在时刻为儿担忧。这种心情，也只有父母能够体会了。

在此后的数月时间里，翁心存都一直处于这种忐忑和忧虑之中。六月二日，"皖弁奉新署抚贾运生命递贺折到京，本三儿麾下卒也，来云四月望自颍州起身，寿州毫无消息，并未撤围云云，不知将来作何结局，忧之如何"③。六月三日，"悲乡关之沦陷，念皖事之纠纷，愤气填膺，夜不能寐"④。六月廿二日，"闻苗练又扰颍州，欲踞光固及正阳关，则犹反复未定也，前遽驰奏，岂非轻率，数月杳无尺书，岂梗塞之故耶。传来消息俱不的确，令人眼穿心碎矣"⑤。八月廿二日，由于一直不知确切消息，翁心存"作致袁午桥书，问三儿消息"⑥。九月八日，"闻寿州被苗练围攻，未得其详，甚悬念也"⑦。直到九月廿八日，翁心存终于收到了儿子的来信，从信中翁心存得知，"苗练围攻寿州，飞鸟不能度"。虽然时时在都担忧儿子的安危，但当看到此信时，翁心存随即回信，专门叮嘱儿子："噫，危矣。汝生死听之天，唯寿州要地万不可失，须仗朝廷之福也。"⑧

十一月廿五日，翁心存得知了翁同书起程北上的消息，但"杳然无音，又不知从何路归也"⑨。十二月九日，翁心存"知三儿亦有报来，去十一月廿六日过临淮关，晤袁某，略谈数语，即遵旨北上……大约年内可抵京矣"⑩。一心以为儿子能年内到达，但半个月后，翁心存又再度失望了。十二月廿五日，翁心存再次接到儿子的家书，获悉翁同书北上"道途阻梗，由盱眙绕道"的情况后，知道儿子"年内断不能抵都"，心情顿时一落千丈，极为失落。⑪十二月廿九日，除夕之夜，这本应是一个家庭团聚，其乐融融的夜晚，但因为担忧儿子，翁心存却是"怆焉伤怀"。"夜祀先人，睹音容之如在，念邱垄以增悲，瞻拜之余，不胜凄绝。祭毕，与内子及儿孙共饭，抚时感事，怆焉伤怀，更念三儿不知行抵何处也。"⑫

同治元年（1862）正月十一日，翁心存"得三儿小除夕沂州书，由谭竹崖寄交石襄臣京兆交来者，计刻下距京不远矣"⑬。正月十二日，翁心存再"得三儿月之六日泰安书，约计望后可到矣"⑭。正月十三日，翁心存估摸着翁同书应该到达涿州一带，于是"遣任升、刘升并坐车一

---

① ［清］翁心存：《翁心存日记》，第4册，第1616—1617页。
② ［清］翁心存：《翁心存日记》，第4册，第1620页。
③ ［清］翁心存：《翁心存日记》，第4册，第1622页。
④ ［清］翁心存：《翁心存日记》，第4册，第1622页。
⑤ ［清］翁心存：《翁心存日记》，第4册，第1628页。
⑥ ［清］翁心存：《翁心存日记》，第4册，第1642页。
⑦ ［清］翁心存：《翁心存日记》，第4册，第1646页。
⑧ ［清］翁心存：《翁心存日记》，第4册，第1651页。
⑨ ［清］翁心存：《翁心存日记》，第4册，第1677页。
⑩ ［清］翁心存：《翁心存日记》，第4册，第1682页。
⑪ ［清］翁心存：《翁心存日记》，第4册，第1690页。
⑫ ［清］翁心存：《翁心存日记》，第4册，第1691页。
⑬ ［清］翁心存：《翁心存日记》，第4册，第1696页。
⑭ ［清］翁心存：《翁心存日记》，第4册，第1696页。

辆,车大周大、崔四驭之,往涿州一带迎三儿"①。正月十五,翁心存"薄暮得三儿雄县山书,知明日可抵都矣,喜甚"②。

正月十六日早晨,翁心存之前派出前往涿州接儿子的刘升回来,翁心存得知翁同书"昨宿新店,今已将到","儿孙辈亟驰出城,未及数里即相遇"。中午时分,望眼欲穿的翁心存终于等来了儿子翁同书,"三儿到宅,喜极而悲,呜咽不能出一语"。一别就是二十一年,想想确实是令人唏嘘。翁心存感叹:"自壬寅冬一别,至今已廿一年,别时重慈尚健,今殁已十八年矣,相对唯有涕洟。"③次日,翁同爵、翁同龢兄弟为翁同书"洗尘,并作家宴也"。④这是二十一年来,翁心存一家难得的团聚。正月廿三日,翁心存与儿子同书"深夜清谈",但世事无常,"廿一年父子不相见,才得重逢,孰知仅此一宵耶"⑤。

正月廿四日,犹如晴天霹雳,翁心存"忽见三儿逮问之谕",翁同书被捕入狱。原来,曾国藩认为他在定远失守时弃城走寿州,复不能妥办,致绅练有仇杀之事,因此要求朝廷褫职逮问。

此后,内阁会议议定翁同书罪名,翁心存因为回避,只知会议在议论此事,却不得详情,只能是焦灼地等待。直到二月七日,"始见昨日同书定拟罪名之上谕"⑥。

此事之后,翁心存时时处于"悲愤交集"之中。五月一日,"辰初二刻出城,贺徐颂阁、季和、祁子和,遂至中街寓一视,空无人居,殊有伊威蟏蛸之感,遂回横街宅,与老妻谈家事,相对愀然"⑦。五月初五日,此日端午节,翁心存想到儿子身陷囹圄,不觉悲愤交加。"午正祀先人,庐舍无存,松楸难保,今天大儿又陷圜扉,瞻拜先灵,不觉悲愤交集也。"⑧六月十三日,"日是先慈忌日,茹素一日,不能回横街宅上供,焚香叩礼而已。自乙巳迄今,忽忽十八年矣,乡关沦胥,松楸难保,钟爱之孙又陷圜扉,伤心之事不止一端而已也"⑨。

从翁心存的日记可知,他年轻时,长年外出求学、求功名。入仕之后又奔波于各省为官,长期与母亲、妻儿分离。晚年,历史轮回,在当时特定的历史条件下,自己的儿子又长期与自己分离、特别是大儿翁同书身陷囹圄,牵挂、担忧儿子又成为其老年生活中的重要感受之一。

三、公务繁重,疲惫不堪

翁心存重新被朝廷启用时,已70岁。这个年龄,其实已到中国古代致仕的年龄。从当时

---

① [清]翁心存:《翁心存日记》,第4册,第1696页。
② [清]翁心存:《翁心存日记》,第4册,第1697页。
③ [清]翁心存:《翁心存日记》,第4册,第1697页。
④ [清]翁心存:《翁心存日记》,第4册,第1697页。
⑤ [清]翁心存:《翁心存日记》,第4册,第1699页。
⑥ [清]翁心存:《翁心存日记》,第4册,第1704页。
⑦ [清]翁心存:《翁心存日记》,第4册,第1732页。
⑧ [清]翁心存:《翁心存日记》,第4册,第1734页。
⑨ [清]翁心存:《翁心存日记》,第4册,第1750—1751页。

翁心存的实际状况来看，他的身体状况其实已比较差。在此之前他本来就是因病开缺的。他本人其实也是极力地自陈衰老，认为身体条件已不能胜此重任，但朝廷最终还是将其任命为大学士衔管理工部事务。

70岁的翁心存，已老态毕现。他曾多次对自己的老态进行自嘲。咸丰十一年（1861）五月八日，翁心存发现"庭前新种千叶白桃为虫蚀，叶皆脱，蔓延及去年所种千叶绯桃，亦渐脱，殆将槁矣"。为此，他伤感地指出："因忆先大夫圽时海州学舍手植桃皆烂漫花，花后尽枯，然则此兆不祥，予殆将死矣乎。"①十月十一日，当年会试中榜名单公布，翁心存感慨："早晨始见题名，予老矣，后生皆不能识也。"②十一月二十日，翁心存"已正三刻入城，西路顺途谢客，午正三刻至恭邸府祝寿，尚未退直也……复向西顺途拜客，至太平湖醇邸，忽腹痛，急出城回中街寓，已作廉颇遗矢矣，洗涤易袴，自恨老不成人也"③。十二月十三日，翁心存将《虞东学诗》全部点勘完毕。他认为做此事"自五月自此，中间惮暑，或作或辍，又七月中旬后辍业百日，然亦足见予之老拙也"④。同治元年九月十六日，"午刻予于弘德殿墙外斜坡回首与艮翁、[兰]苏语，几跌倒，老态如此，尚复成人乎"⑤。

在被朝廷重新启用前，翁心存因病在京调理。虽然也有各种事务烦扰，但相对悠闲。除搜集书画外，赏花成为其另外一个重要爱好。在其日记中，翁心存对其宅前的桃花、梨花等记载甚详。咸丰十一年（1861）二月廿八日记："横街宅桃花清明已烂漫，中街杂花已含蓓蕾矣。"⑥三月五日记载："未刻回横街宅，梨花烂漫，海棠、栾枝含苞欲吐矣。"⑦三月七日记："辰刻回横街宅，海棠一株今年盛开，栾枝、梨花亦极烂漫矣，本日复买海棠一株、碧桃二株、榆叶梅一株，分种两宅，亥初回中街。"⑧三月十一日，翁心存记载："到横街宅看花，海棠、丁香极烂漫，栾枝、梨花已谢矣，亥初乘月回中街宅。"⑨三月廿五日记录道："牡丹四丛，一丛已枯，两丛无花，一丛有花两朵，其一已开，一含苞欲放矣。"⑩可见，在这一时期，翁心存还是有闲情爱花、赏花的。对于一些花被风吹坏或枯死，他甚至会异常恼火。三月十三日，"大风摧花，落英缤纷，殊败人意"⑪。四月五日，"横街新栽之桃李失滋溉，枯矣，可恨"⑫。

咸丰十一年（1861）十月廿一日，朝廷发布上谕要求翁心存销假听候简用以后，翁心存的生活由于繁重的公务而改变。

晚清时期的官员，在公务礼节中跪拜是必不可少的。对于年轻的官员来说，也许不是问题，但对于像翁心存这样的老年官员来说，却是一项苦差事。

---

① ［清］翁心存：《翁心存日记》，第4册，第1615页。
② ［清］翁心存：《翁心存日记》，第4册，第1658页。
③ ［清］翁心存：《翁心存日记》，第4册，第1675—1676页。
④ ［清］翁心存：《翁心存日记》，第4册，第1684页。
⑤ ［清］翁心存：《翁心存日记》，第4册，第1811页。
⑥ ［清］翁心存：《翁心存日记》，第4册，第1595页。
⑦ ［清］翁心存：《翁心存日记》，第4册，第1597页。
⑧ ［清］翁心存：《翁心存日记》，第4册，第1597页。
⑨ ［清］翁心存：《翁心存日记》，第4册，第1599页。
⑩ ［清］翁心存：《翁心存日记》，第4册，第1603页。
⑪ ［清］翁心存：《翁心存日记》，第4册，第1599页。
⑫ ［清］翁心存：《翁心存日记》，第4册，第1606页。

在得知朝廷发布上谕要求自己销假听候简用后,翁心存虽然以"现在患疾未痊,尚须稍缓时日"为由请求朝廷宽限一些时日,但他知道自己肯定是不得不出山的。出山后,跪拜就是常事。为此,即便在患病的情况下,他仍每日在家艰难地练习。十月廿六日,"头晕益剧,时复便红,连日演起跪,屡致倾跌,奈何奈何"①。十一月二日,"演跪仍不能起,左手右拇指、食指皆麻木,心跳不能自持,殆将病矣"②。十一月三日,"右臂酸痛,下垂不能举,演起跪仍倾跌,奈何"③。十一月九日,"早起具衣冠演礼,长跪仍不能起,如何"④。

入直以后,跪拜确实成了翁心存惧怕的苦差事。加之有些耳聋,更是令他狼狈不堪。十一月十一日,两宫皇太后垂帘后初次在养心殿东暖阁召见大臣,"恭邸跪前,予次之,宝佩珩又次之,帘中天语甚低,予耳聋,几不能对,赖恭邸传言,乃能敷奏而退,起时两手据地始能立,自愧衰颜,幸上不见责耳"⑤。十一月十五日,"是日都察院有引见,予于辰正三刻入内右门,在养心殿丹陛上叩头谢恩,出。两足疲曳,几不支矣"⑥。有时候,一些公务,因为礼节繁多,翁心存是能不参加便不参加。十二月七日,"是日文宗显皇帝上尊谥于观德殿……礼节繁多,时刻长久,自揣眩晕,必致失仪,不敢往也"⑦。

但多数时候,这种跪拜是不可避免的,翁心存只能硬撑着。同治元年(1862)正月初一日,"黎明起,正冠服,望阙行三跪九叩礼,时予方以疾在告也,令人扶掖乃能起跪"⑧。二月三日,"辰正皇太后垂帘召见,惠王、御前大臣跪北,恭王及予、百川、艮峰跪南。予耳更聋,恭聆天语,茫如也,奏对而退"⑨。四月廿五日,"巳时上两宫皇太后册宝,卯正入,至隆宗门朝房恭俟……予据石起跪,尚未失仪"⑩。十月初十日,"寅正起,卯初趋朝,卯正三刻诣慈宁门外行礼,起跪皆仗朱桐翁扶掖,方能成礼,可感也"⑪。

当然,在跪拜礼仪上,翁心存因年老行动不便,更是出过大洋相。同治元年(1862)七月三日,"辰正二刻皇太后、皇上召见王大臣于养心殿东暖阁,询问张锡嵘条奏宗祀事也。凡召见三十一人,予初以漏未递牌,故未召,后知予上直,乃始补叫,而排在贾、周两相国之后,及入东暖阁门坎,两相即跪,后无余地,予一足才入,一足尚在槛外,两相遽叩首,予冒而仆,旁人急扶起,乃随两相跪,太后命之前,乃膝行而前,上坐榻上,西向,诸臣去黼座尚远,在后者皆距门坎而跪,有跪槛外者,失仪甚矣,诸臣惟惠邸奏对数语,遂退,辰正三刻出"⑫。其实,从这段记载来看,就翁心存个人来说,在当时的历史情景中,他认为这种行为属于"倾跌失

---

① [清]翁心存:《翁心存日记》,第4册,第1665页。
② [清]翁心存:《翁心存日记》,第4册,第1667页。
③ [清]翁心存:《翁心存日记》,第4册,第1668页。
④ [清]翁心存:《翁心存日记》,第4册,第1670页。
⑤ [清]翁心存:《翁心存日记》,第4册,第1672页。
⑥ [清]翁心存:《翁心存日记》,第4册,第1674页。
⑦ [清]翁心存:《翁心存日记》,第4册,第1681页。
⑧ [清]翁心存:《翁心存日记》,第4册,第1693页。
⑨ [清]翁心存:《翁心存日记》,第4册,第1703页。
⑩ [清]翁心存:《翁心存日记》,第4册,第1730页。
⑪ [清]翁心存:《翁心存日记》,第4册,第1823页。
⑫ [清]翁心存:《翁心存日记》,第4册,第1761页。

仪",而且"理应议处"①。但从我们今天的视角来看,这种跪拜礼,确确实实有其不合理之处,这也是辛亥革命后被废除的原因。从当时翁心存的情形来说,一足在门内,一足在槛外,在不得已的情况下冒险向前扑跪,对于一个年已70且患病的老人来说,这完全是在拿生命来做赌注的行为。

恽毓鼎也曾在其日记中对跪拜给诸大臣带来"腰膝不胜"的问题做过记载:宣统元年正月二十八日,"本日恭上德宗景皇帝尊谥册宝……午初三刻,四品以上各官诣观德殿行礼如廿二日②(初次跪二十二分钟,第二次跪十九分钟),跪时甚久,诸臣多有腰膝不胜,手拄俯伏者"③。由此可见,对于高龄官员来说,跪拜给他们在身心上都带来了严重的痛苦。

翁心存被重新启用后,不管是严寒还是酷暑,生病还是健康,他都得按时入直。

严寒、酷暑确实给翁心存带来了诸多不便,甚至严重损害了他的健康。自然气候,是人无力改变的。当然,如果翁心存没有被朝廷启用,他也就不会在70高龄之时还要夏顶酷暑,冬冒严寒的去办公,而是躲在家里,享受自己的生活。同治元年(1862)二月廿七日,"日出时风息,须臾复作,黄土蒙蒙,白日匿彩,骤寒,复冰,风愈大,天地作黄金色……有引见,辰正二刻上乘小肩舆到书房,予等站班,几为风吹倒"④。五月十二日,"卯初乘雨隙入直,卯正入内右门,骤雨忽至,沾服淋漓,须臾即过"⑤。五月十七日,"卯初滂沱不止,冒雨入直,水皆淋透矣"⑥。同治元年冬天极为寒冷,甚至是在九月底,京师的天气已冷过往年。九月廿二日"寒甚,有冰"。九月廿三日"冰冻厚矣"。九月廿四日"冰厚于昨"。九月廿五日"风大,甚寒"。九月廿六日是"寒风袭衣,太液池冰皆凝结。"九月廿七日"天气更冷"。九月廿八日"寒甚,天明后竟日晴朗,风,仍寒"。九月三十日"寒气凛冽"。天气虽然如此,但翁心存每天都不得不入直。

而入直之后的事务,多数时候并不是那么轻松的。例如同治元年六月廿四日,翁心存要批阅会试试卷。"寅初起,卯初趋直,诣南斋阅卷……头绪纷繁,断非一日所能竣事,因恳枢廷代奏,奉旨准其详看两日,始得从容□□矣。于是竭一日之力,始将省分分开,又各阅数省,已将酉初矣,始散直。是日赏克什、糕饼、烧鸭、烧猪、冰酪、瓜果等件络绎不绝,回寓喝甚,亦惫甚矣。"⑦六月廿五日,"卯初入直,寿阳尚未至,予即先入,至南斋阅卷,须臾诸君至,同定一省,艮翁即黏签,兰翁即缮名单,饮食都忘,至申刻乃竣。复商拟折稿,兰翁书之。今日艮翁手不停粘,兰翁笔不停书,微两君,寿阳与予殆不能支矣"⑧。

从前文我们知道,在他最后的两年时间里,很多时候他都是在疾病中度过的。除了严重时他曾请过假外,多数时间他都是"勉强入直"⑨。所以,我们从他的日记记载中,会发现他在

---

① [清]翁心存:《翁心存日记》,第4册,第1761页。
② 恽毓鼎廿二日日记记载:"两次跪均甚久(先行三跪九叩礼,次跪听宣读册文,行一跪三叩礼,次跪听读祭文,行三跪九叩礼)。"见[清]恽毓鼎:《恽毓鼎澄斋日记》,第2册,杭州,浙江古籍出版社,2004年,第423页。
③ [清]恽毓鼎:《恽毓鼎澄斋日记》,第2册,第424页。
④ [清]翁心存:《翁心存日记》,第4册,第1709页。
⑤ [清]翁心存:《翁心存日记》,第4册,第1737页。
⑥ [清]翁心存:《翁心存日记》,第4册,第1739页。
⑦ [清]翁心存:《翁心存日记》,第4册,第1756页。
⑧ [清]翁心存:《翁心存日记》,第4册,第1756—1757页。
⑨ [清]翁心存:《翁心存日记》,第4册,第1718页。

很多时候都在抱怨自己疲惫不堪的状态。咸丰十一年（1861）十一月十三日，"寅止二刻起，卯正入内……归寓，已未初二刻矣，饥惫已甚"①。十一月十六日，"卯初起，卯正五分入，辰初一刻至报房少坐。辰正三刻吏部引见，巳初三刻奏折始下，遂出，午初顺道会客，回寓倦甚"②。十一月十七日，"卯初起，卯正入内，天犹未明也……申刻回寓，倦甚矣"③。同治元年（1862）正月六日，"卯初起，卯正登舆，天已黎明矣，至兵部报房待漏，巳初折下，巳正出，回寓。昨痰嗽竟夜，今早脑痛欲裂，殆将大病矣"④。七月十四日，"卯初入直……辰正一刻退……闲坐倦甚，不可支，寿阳遣人来约明日中元同诣观德殿行礼，义固当往，惟惫甚，须俟周年大祭，乃扶病敬诣耳"⑤。对于自己长期抱病勉强支撑的状态，翁心存在同治元年（1862）九月十五日曾无奈地表示："节届立冬，老人筋骨疲软，百病交作，昨咳嗽竟夜，甚乏，恐支持不住，奈何。"⑥的确，一个多月后，翁心存"冲寒入直"，身体再也支撑不住，疾病加重，最后不治。从翁心存最后一年多的工作经历来看，可以说他一直是在疾病的折磨与身心的痛苦之中坚持下来的。

总而言之，我们选取翁心存70岁被重新启用之后的最后时光为例，剖析他晚年的生活感受。在这一年多的时间里，他疾病缠身，痛苦万分；在内外交困的情况下，时时担忧亲人，提心吊胆，特别是大儿翁同书身陷囹圄沉重地打击了他。繁重公务，抱病支撑的翁心存时时疲惫不堪。他的这种生活感受，在晚清官员群体中不是特例，至少在疾病的折磨、亲人分离的苦痛、公务繁重的压力、跪拜给老年官员带来的不便等方面是有一定普遍意义的。我们以翁心存为例探讨晚清高级官员的生活感受，目的是要让大家从这个视角，窥见晚清老年官员生活质量的一些侧面，进而可以了解当时社会生活中丰富多彩的内容。

作者简介：彭法，贵州师范大学马克思主义学院副教授。

---

① ［清］翁心存：《翁心存日记》，第4册，第1673页。
② ［清］翁心存：《翁心存日记》，第4册，第1674页。
③ ［清］翁心存：《翁心存日记》，第4册，第1675页。
④ ［清］翁心存：《翁心存日记》，第4册，第1694页。
⑤ ［清］翁心存：《翁心存日记》，第4册，第1766页。
⑥ ［清］翁心存：《翁心存日记》，第4册，第1810页。

李叔同的人生价值

李少龙

【摘　要】李叔同的一生,具有极高的文化成就。李叔同出家的原因,是李叔同深思熟虑后的一种决断,其目的是希望通过自己的努力和人格构建,达到"救国"的目的。李叔同的一生,为世人构建和展示了一种"风姿绰约的美";他一直在用自己的一生,向世人传递着一种"生命存在的力量和希望"! 这就是李叔同的人生和人生价值。

【关键词】李叔同;出家;救国;人生价值;中国文化

李叔同(1880—1942)是中国 20 世纪早期最著名的诗人、艺术家、艺术教育家和思想家。他身出名门,才华横溢,于诗文、书画、篆刻、戏剧、音乐诸方面均有极高造诣,其艺术教育的诸多理论、方法及实践更开时代之先河,为中国艺术教育的发展做出了杰出贡献。五四运动前夕(1918 年秋),名满天下的李叔同毅然出家(法号弘一),给当时的中国社会和中国文化造成了很大震动。历经 20 余年的艰苦修行和潜心研究,弘一大师(李叔同)又终成一代高僧,为佛教律宗、净土宗的发展和建设做出了重大贡献,被目为南山律宗的第十一代祖师。

李叔同的一生,可以分为两个大的历史阶段:即"在俗"的 39 年(1880—1918),极尽奢华、声色犬马、享尽人间富贵和成就的 39 年;"出家"的 24 年(1918—1942),严持戒律、青灯古佛,而又心怀天下、大慈大悲的 24 年。这种"一半是海水,一半是火焰"的人生状态(生命存在状态),留给世人的最大的悬念和念想,莫过于他"为什么要出家"及其绝笔"'悲欣交集'究为何意"这两大问题。

关于"悲欣交集的文化学含义",我们已在《"悲欣交集"的文化学含义》一文中进行了分析讨论。[①]本文的论述,仅围绕"李叔同为什么要出家及其人生价值的界定"展开。

一

1918 年,事业如日中天、一身才华、光彩照人的李叔同突然遁入空门。这一举动,在社会上引起了轩然大波。一时间,关于李叔同出家的各种消息和传闻不胫而走,人们疑惑者有

---

① 李少龙:《"悲欣交集"的文化学含义》,《南开学报》(哲学社会科学版)2019 年第 4 期。

之,痛惜者有之……关于他为何要出家的各种猜测和争论更是众说纷纭,莫衷一是,并一直延续到了今天。

对李叔同的出家,他的朋友们表现出来的,首先是诧异、惊讶、不理解和一头雾水。"李叔同的出家向佛,预味着他告别人世间,去过一种与世人截然不同的方外生活。这在熟悉他的同事、朋友、学生圈子里,造成了相当大的心理震动。多数人对他的这一举动是不甚理解的。浙一师校长经亨颐特为此向全校学生告诫,李叔同先生的出家可敬而不可学,唯恐敬仰他的学生中有人效法。……高文显《弘一法师的生平》一文中说:'李叔同先生的出家因缘,大家都是莫名其妙的,他的老师蔡元培(曾提倡美术代教育之说),以及国内名人吴稚晖、叶楚伦……以及他的朋友学生,如夏丏尊、丰子恺,都是莫名其妙的'"。①

那么,李叔同为什么要出家呢?

综合来看,关于李叔同出家的原因,学术界曾有过遁世说、看破红尘说、疾病说、家道中落说,以及丰子恺的"人生三层楼"说等等。②

1. 家道中落说。最不靠谱。1912年前后,因受辛亥革命影响,李叔同家的相关产业确实遭受到巨大损失。但这种损失却未真正影响到李叔同富裕的生活,事实上,他富家公子的生活并未受到影响③;且自成年伊始,李叔同就一直没有打理过家务,其家中一切经济事务概由其二兄李桐冈打理,李桐冈为一代名医,且经营有道。因此,家族经济中的一些波动并未导致覆灭性的打击,更不会对李叔同这样一个早已身在事外的心灵产生重大的、足以让他幻灭、并看破红尘的影响。

2. 疾病说。也不靠谱。疾病可以在世俗社会中调理,并不一定非要出家。且李叔同既已在"断食"之法等的修炼和体验中找到了相应的解决办法(详后),就更没有必要去出家了。

3. 遁世说。同样不靠谱。历史上,确有一些人对李叔同之出家持否定态度的,以为其出家有消极避世之嫌(至少不够积极)。这种看法,大多由于流于世俗的浅见和一时一地的不理解所致。事实上,随着时间的推移,很多当年曾对李叔同出家感到困惑和不理解的友人,如丰子恺、夏丏尊等都改变了看法,对李叔同更加肃然起敬了(详后)。事实也正是这样,李叔同的一生都在奋力拼搏、生生不息,其思想、行为一直在与国家、民族命运相起伏,何来消极避世之说?

那么,李叔同为什么要出家,事实的真相又是如何呢?问题的答案,我们得认真地从与李叔同相关联的历史资料中去寻找。

关于自己出家的因缘及经过,李叔同作如是说:

> 到了民国五年的夏天,我因为看到日本杂志中,有说及关于断食方法的,谓断食可以治疗各种疾病。当时我就起了一种好奇心,想来断食一下。因为我那时患有神经衰弱症,若实行断食后,或者可以痊愈也未可知……

---

① 曹布拉:《李叔同——弘一大师研究一百年》,北京:方志出版社2005年版,第117页。
② 参阅曹布拉《李叔同——弘一大师研究一百年》等著的相关论述。
③ 关于这一点,可从其子李端、其侄孙女李孟娟的相关记述中得到明证。参见李端:《家事琐记》,李孟娟:《弘一法师的俗家》(天津市政协文史资料研究委、天津市宗教志编纂委员会:《李叔同:弘一法师》,天津:天津古籍出版社1988年版,第108—140页)的相关记述。

我虽以前从五岁时，即时常和出家人见面，时常看见出家人到我的家里念经及拜忏。而于十二三岁时，也曾学了放焰口。可是并没有和有道的出家人住在一起，同时也不知道寺院中的内容是怎样，以及出家人的生活又是如何。这回到虎跑寺去住，看到他们那种生活，却很欢喜而且羡慕起来了。

我虽然在那边只住了半个多月，但心里却十分愉快，而且对于他们所吃的蔬菜，更是欢喜吃。及回到了学校以后，我就请用人依照他们那样的菜煮来吃。

这一次，我之到虎跑寺去断食，可以说是我出家的近因了。及到民国六年的下半年，我就发心吃素了。

在冬天的时候，我即请了许多经，如《普贤行愿品》《楞严经》《大乘起信论》等很多的佛经，而于自己的房里，也供起佛像来，如地藏菩萨、观世音菩萨等等的像，于是亦天天烧香了。

到这一年放年假的时候，我并没有回家去，而是到虎跑寺里面去过年了。我依旧住在方丈楼下，那个时候，则更感觉得有兴味了。于是就发心出家，同时就想拜那位住在方丈楼上的出家人作师傅。他的名字是宏详师，可是他不肯我去拜他，而介绍我拜他的师傅……而我也就于民国七年五月十五日受三皈依了……①

以上记录显示：李叔同之出家和亲近佛教，应与其家庭环境和教养有关；出家前，李叔同患有神经衰弱疾病，他出家的动因之一，应与治疗和调理上述疾病的系列行为（如"断食""素食"等）有关；杭州的生活经历和杭州地区佛教兴盛的文化氛围，也对李叔同的出家产生了影响。

那么，李叔同出家的根本原因是否就是这么简单呢？显然不是。因为：①上述记录产生于1936年，距李叔同出家已近20年。此时，李叔同早已是名满天下的一代宗师——弘一大师，功名利禄、生老病死对他而言早已如过眼云烟。因此，这段语录显得平淡之极，与他刚出家时写给妻子和亲友们的书信形成了鲜明的对比。这二者之间存在着明显的情感上的不对称性。在此，李叔同所表述的所谓"出家原因"，恐怕不能作为一种他当时出家的真实的情感表达，也不应该是他出家的根本原因所在。这种表述，恐怕更多地只能看作是一种居于（符合）高僧身份的，在商言商、在佛言佛的情感表达（作为一代高僧，这种表述是合理的，也是必须的和必要的）。②如后所言，李叔同出家后，作为挚友的夏丏尊曾一度以为李叔同的出家与自己有关，并因此而痛惜和愧疚了很多年。但是，短短几年之后，连夏丏尊都已明显地感受到了李叔同的出家不是一个简单的事，而应该是天下之福、苍生之福，具有明显的社会功利色彩。几十年后，李叔同还这么说，显然，这，不应该是他的"本意"。

综合起来看，李叔同的上述表述，更多地，只是说明了一个有关他出家的过程和相应的外部因素，并未涉及他出家的根本原因和真实目的。为什么会出现这种情况呢？其中原委，值得我们去分析和探讨。

---

① 李叔同：《我在杭州的出家经过》，选自弘化社版：《弘一大师遗教选读》（http://fo.sina.com.cn/o/2012-10-18/08502120.shtml）。1936年，"越风社"要出关于西湖的《增刊》，请李叔同（弘一法师）做一篇关于《西湖与佛教之因缘》的文章。作为应答，客居福建厦门的弘一大师口述了自己的出家经过，由其弟子高胜进（文选）记录并整理发表，因成此文。

关于李叔同出家的原因,他的学生、著名漫画家丰子恺先生作如是说:

> 他怎么由艺术升华到宗教呢？当时人都诧异,以为李先生受了什么刺激,忽然"遁入空门"了。我却能理解他的心,我认为他的出家是当然。我以为人的生活,可以分作三层:一是物质生活,二是精神生活,三是灵魂生活。物质生活就是衣食。精神生活就是学术文艺。灵魂生活就是宗教。"人生"就是这样的一个三层楼。懒得(或无力)走楼梯的,就住在第一层,即把物质生活弄得很好,锦衣肉食……孝子贤孙……抱这样的人生观的人,在世间占大多数。其次,高兴(或有力)走楼梯的,就爬上二层楼去玩玩,或者久居在那里头。这就是专心学术文艺的人……这样的人,在世间也很多……还有一种人,"人生欲"很强,脚力很大,对二层楼还不满足,就再走楼梯,爬上三层楼去。这就是宗教徒了。他们做人很认真,满足了"物质欲"还不够,满足了"精神欲"还不够,必须探求人生的究竟。他们以为财产子孙都是身外之物,学术文艺都是暂时的美景,连自己的身体都是虚幻的存在。他们不肯做本能的奴隶,必须追究灵魂的来源,宇宙的根本,这才能满足他们的"人生欲"。这就是宗教徒……
>
> 弘一法师的"人生欲"非常之强！他的做人,一定要做得彻底。他早年对母尽孝、对妻子尽爱,安住在第一层中。中年专心研究艺术,发挥多方面的天才,便是迁居在二层楼了。强大的"人生欲"不能使他满足于二层楼,于是爬上三层楼去,做和尚,修净土,严戒律,这是当然的事,毫不足怪的。①

这就是有关李叔同出家的著名的"三层楼说"(或"人生三境界说")。丰子恺的这一说法一经提出,立即在学界引起了巨大反响,甚至一度平息了有关李叔同为何出家的诸多争论。但随着时间的推移和相关问题研究的深入,丰子恺的这一学说又被逐步突破,关于李叔同为何要出家的争论又重回人们的视野,至今一直不曾停息。

那么,丰子恺的"三层楼说"是否就是李叔同出家的根本原因呢？我认为仍然不是。理由很简单:李叔同出家后,其爱国爱民之心仍丝毫未减,他身在佛门、心怀天下,并未离开社会。仅此一条,就足以证明李叔同并非仅仅是为了其个人的修为和人性发展需要而出家。丰子恺的这一学说虽充满了睿智的哲理性,也确实反映了李叔同出家后对其个人人性发展的影响,却并非李叔同出家的根本原因(是原因之一,但不是根本原因)。也就是说,李叔同的出家,并非如丰子恺等先生所说的是因人性发展的三个境界("三层楼")所需要、或由他个人修为(或者说发展)原因所致。如果仅仅如此,那么,博爱众生、胸有大爱的李叔同断不会抛下自己挚爱的妻、子(否则,他就不是李叔同了)。同样,我们知道,在中国文化中,尤其在封建社会后期,儒、释、道交集于一身,一直是古代中国知识分子的最基本的人生状态,李叔同也不例外。事实上,出于儒、入于佛、游于道(艺)早已是他们最基本的日常生活了。李叔同显然没有必要仅仅为修佛(个人发展的第三个层次)而去出家。苏东坡是中国文化的集大成者,在中国文化中,他也彷徨,他也苦闷,但集中国文化之大成,集儒、释、道于一身的他并未

---

① 丰子恺:《我与弘一法师》,郭凤岐主编:《李叔同——弘一法师纪念集》,天津:天津人民出版社2000年版,第105—108页,引文见第107页。

出家，而是"酒肉穿肠过，佛祖心中留"，尘世间的一切烦恼并未耽误他去爱国爱民、去奋斗终生。李叔同也大可如此（在正式出家前，李叔同也确实想过只做居士而不剃度的，详后）。他为什么要抛弃人世间的繁华和自己挚爱的亲人而"遁入空门"呢？这，不符合逻辑。

那么，李叔同到底为什么要出家呢？他出家的真实目的何在？关于这一问题的解答，下面的一些资料和记载，也许能够说明问题。

李叔同出家前，曾给他在上海的日籍妻子诚子（又名"福基"等）写过一封信，讲述他决定出家的相关问题。信的内容如下：

诚子：
关于我决定出家之事，在身边一切事物上我已向相关之人交代清楚。上回与你谈过，想必你已了解我出家一事，是早晚的问题罢了。经过了一段时间的思索，你是否能理解我的决定了呢？若你已同意我这么做，请来信告诉我，你的决定于我十分重要。
对你来讲硬是要接受失去一个与你关系至深之人的痛苦与绝望，这样的心情我了解。但你是不平凡的，请吞下这苦酒，然后撑着去过日子吧，我想你的体内住着的不是一个庸俗、怯懦的灵魂。愿佛力加被，能助你度过这段难挨的日子。
做这样的决定，非我寡情薄义，为了那更永远、更艰难的佛道历程，我必须放下一切。我放下了你，也放下了在世间累积的声名与财富。这些都是过眼云烟，不值得留恋的。
我们要建立的是未来光华的佛国，在西天无极乐土，我们再相逢吧。
为了不增加你的痛苦，我将不再回上海去了。我们那个家里的一切，全数由你支配，并作为纪念。人生短暂数十载，大限总是要来，如今不过是将它提前罢了，我们是早晚要分别的，愿你能看破。
在佛前，我祈祷佛光加持你。望你珍重，念佛的洪名。
叔同戊午七月一日。①

在此信中，李叔同虽然没有直接表述自己为什么要出家、出家的真实目的是什么。但从他的字里行间，我们仍然能够感受得到：李叔同的出家，并非是为他自己，而应有着更为深远宏大的目标——"做这样的决定，非我寡情薄义，为了那更永远、更艰难的佛道历程，我必须放下一切"、"我们要建立的是未来光华的佛国"——这，恐怕才是李叔同出家的真实原因。

李叔同出家后，诚子曾携幼子到杭州灵隐寺找他，希望他能放弃出家，回归红尘。李叔同决然拒绝。关于李叔同与诚子诀别的场面及过程，历史文献和文学作品中曾有多个版本。其中，较为可信的、较为通行的，是以下两个：

---

① 凤凰佛教：《弘一大师出家前给妻子的信：放下你 非我薄情》，《凤凰博报》，2014 年 11 月 12 日，http://fo.ifeng.com/a/20141111/40865089_0.shtml。一说此信"为作家潘弘辉根据李叔同对日籍妻子的感情所仿作"，但"设身处地，颇契合李叔同当时的心境"（参阅钟书林：《李叔同出家与妻儿的安置》，《书屋》，2020 年第 5 期，等著的相关论述；上述引文亦见该文）。

叔同出家首先在杭州的西湖,经过了几年,叔同的夫人到上海,要求城东女学杨白民夫人詹练一和我当时的夫人王糺思伴她去杭州找叔同,走了几个寺庙,找到了,要求叔同到岳庙前临湖素食店共餐。三人有问,叔同才答,终席,叔同从不自动发一言,也从不抬头睁眼向三人注视。饭罢,叔同即告辞归庙,雇一小舟,三人送到船边,叔同一人上船了。船开行了,叔同从不一回头。但见一桨一桨荡向湖心,直到连人带船一起埋没湖云深处,什么都不见,叔同最后依然不一顾,叔同夫人大哭而归。①

剃度几个星期后,他的日本妻子,与他有过刻骨爱恋的日籍夫人伤心欲绝地携了幼子千里迢迢地从上海赶到杭州林隐寺,抱着最后的一线希望,劝说丈夫切莫弃她出家。这一年,是两人相识后的第11年。然而叔同决心已定,连寺门都没有让妻子和孩子进,妻子无奈离去,只是对着关闭的大门悲伤地责问道:"慈悲对世人,为何独独伤我?"他的妻子知道已挽不回丈夫的心,便要与他见最后一面。清晨,薄雾西湖,两舟相向。李叔同的日本妻子:"叔同——"李叔同:"请叫我弘一——"妻子:"弘一法师,请告诉我什么是爱?"李叔同:"爱是慈悲。"②

诚子悲怆地问他:"慈悲对世人,为何独独伤我"——在这里,"慈悲对世人"尤其重要。它说明李叔同出家的根本原因就是"慈悲对世人",是为了天下苍生,而不是为了他自己,更不是消极避世和一时的心血来潮。当诚子再问李叔同"什么是爱"时,叔同答:"爱是慈悲。"说的也是同样的意思。

这些记载为什么仍然会缺少"李叔同为什么出家"的直接表述呢? 同样值得注意的是:在前引李叔同写给诚子的专门交代出家事宜的书信中,他也同样没有直接说明自己出家的根本原因,只是说"关于我决定出家之事,在身边一切事物上我已向相关之人交代清楚。上回与你谈过,想必你已了解我出家一事,是早晚的问题罢了";至于"上回与你谈过"了什么,李叔同并未交代(诚子也未明说)。显然,这个问题一直是讳莫如深的。也就是说,在关于"李叔同为什么出家"上,最直接相关的两个当事人都选择了沉默。

那么,其他人的记载会否提供重要的证据呢?

关于李叔同出家的始末,他的好友、与他在浙江第一师范学校(院)一起生活、工作了七年之久的夏丏尊曾做了详细的记载和说明,其中透露出很多很重要的文化信息:

> 有一次,我从一本日本的杂志上见到一篇关于断食的文章,说断食是身心"更新"的修养方法……并且还列举实行的方法及应注意的事项,又介绍了一本专讲断食的参考书。我对于这篇文章很有兴味,便和他谈及,他就好奇地问我要了杂志去看。以后我们也常谈到这事。彼此都有"有机会时最好把断食来试试"的话,可是并没有作过具体的决定……约莫经过了一年,他竟独自去实行断食了,这是他出家前一年阳历年假的

---

① 黄炎培:《我也来谈谈李叔同先生》,郭凤岐主编:《李叔同——弘一法师纪念集》,第102—104页,引文见第104页。黄炎培是李叔同的同学和当事人,其说可信。

② 凤凰佛教:《弘一法师出家前给妻子的诀别信:望你珍重,念佛的洪名》,《凤凰佛教综合》,http://fo.ifeng.com/a/20150719/41335160_0.shtml。

事……我问他"为什么不告诉我？"他笑说："你是能说不能行的，并且这事预先教别人知道也不好，旁人大惊小怪起来，容易发生波折。"他的断食，共三星期……据说经过很顺利，不但并无苦痛，而且身心反觉轻快，有飘飘欲仙之象……

转瞬阴历年假到了，大家又离校。那知他不回上海，又到虎跑寺去了……他的皈依三宝，可以说由这时候开始的。据说他自虎跑寺断食回来，曾去访过马一浮先生……马先生有一个朋友彭先生，求马先生介绍一个幽静的寓处，马先生忆起弘一法师前几天曾提起虎跑寺，就把这位彭先生陪送到虎跑寺去住。恰好弘一法师正在那里，经马先生之介绍，就认识了这位彭先生。同住了不多几天，到正月初八日，彭先生忽然发心出家了，由虎跑寺当家为他剃度。弘一法师目击当时的一切，大大感动。可是还不就想出家，仅皈依三宝，拜老和尚了悟法师为皈依师。演音的名，弘一的号，就是那时取定的。假期满后，仍回到学校里来。

从此以后，他茹素了，有念珠了，看佛经，室中供佛像了……他对我说明一切经过及未来志愿，说出家有种种难处，以后打算暂以居士资格修行，在虎跑寺寄住，暑假后不再担任教师职务……

暑假到了，他把一切书籍字画衣服等等，分赠朋友学生及校工们……自己带到虎跑寺去的，只是些布衣及几件日常用品……暑假后，我就想去看他，忽然我父亲病了，到半个月以后才到虎跑寺去。相见时我吃了一惊，他已剃去短须，头皮光光，著起海青，赫然是个和尚了！笑说：

"昨天受剃度的，日子很好，恰巧是大势至菩萨生日。"

"不是说暂时做居士，在这里住住修行，不出家的嘛？"我问。

"这也是你的意思，你说索性做了和尚……"

我无话可说，心中真是感慨万分。他问过我父亲的病况，留我小坐，说要写一幅字，叫我带回去作他出家的纪念。回进房去写字，半小时后才出来，写的是《楞严大势至念佛圆通章》，且加跋语，详记当时因缘，末有"愿他年同生安养，共圆种智"的话……

自从他出家以后，我已不敢再谤毁佛法……对于他的出家，最初总由俗人的见地，感到一种责任。以为如果我不苦留他在杭州，如果我不提出断食的话头，也许不会有虎跑寺马先生、彭先生等因缘，他不会出家。如果最后我不因惜别而发狂言，他即使要出家，也许不会那么快速。我一向为这责任之感所苦……

近几年以来，我因他的督励，也常亲近佛典，略识因缘之不可思议，知道像他那样的人，是于过去无量数劫种了善根的。他的出家，他的弘法度生，都是夙愿使然，而且都是希有的福德，正应代他欢喜，代众生欢喜，觉得以前对他的不安，对他负责任，不但是自寻烦恼，而且是一种僭妄了。①

在现实生活中，李叔同和夏丏尊是最要好的、无话不谈的朋友；李叔同出家时，夏丏尊又是整个事件的亲历者，甚至是机缘推动者。毫无疑问，他的上述记载，是我们研究李叔同出家等相关问题的重要资料。

---

① 夏丏尊：《弘一法师之出家》，郭凤岐主编：《李叔同——弘一法师纪念集》，第41—46页，引文见第42—46页。

在夏丏尊的上述记录中,有以下几个问题值得注意:

1. 在很多年中,夏丏尊一直以为李叔同的出家与自己向他推荐修炼方法、引荐佛教人士、并在阻止李叔同出家时言语过激等等有关,并深以为自责和遗憾。但经过一段时间(几年)的观察和思索后,夏丏尊改变了自己的看法,认为:李叔同的出家乃其天性使然,非他人之人力所能左右;李叔同的出家非但不应觉得可惜,反而,更应该看作是天下苍生之幸事;"以前的对他不安,对他负责任,不但是自寻烦恼,而且是一种僭越了"。夏丏尊的这段论述(思考)告诉我们:李叔同的出家,不能以世俗的眼光去看待。而所谓"弘度众生""希(稀)有的福德""代众生欢喜"等等,就不仅仅是为个人的修为而出家了(这应该说是一种文化学意义上的"出家")。很显然,数年之后,夏丏尊已经明显地感受到了这一点。

2. 在出家前,李叔同曾尝试过"断食",并取得了良好的效果和心理体验。但此事,李叔同事先并未告诉夏丏尊;原因是怕说了引起轩然大波和不必要的麻烦:"这事预先教别人知道也不好,旁人大惊小怪起来,容易发生波折。"从中不难看出:在涉及人生的关键问题时,李叔同的很多重要决定,是连最好的朋友夏丏尊等都不告诉的——都是事后再说,先斩后奏——这应该是李叔同的一贯作风。连"断食"这样的"小事"尚不能说,怕引起麻烦;那么,为什么要"出家","出家"以后要干什么?这么重大的事就更不能说了,尤其不能在刚出家时就说,以免引起更大的、不必要的麻烦,干扰宏伟目标的实现。因此,李叔同出家原因成谜,也就顺理成章了。同样,我们有理由相信,夏丏尊是确实不知道李叔同为什么要出家的。否则,他也就不会误以为李叔同出家乃是受自己"引诱"所致,而内疚半生了。① 而从问题的另外一个方面看,"李叔同为什么要出家?"这一问题,既然连无话不谈的挚友夏丏尊都不(敢)告诉,那么,它也就不是一个简单的小问题了;其目标之深远、关怀之宏大,应非常人所能想象!

那么,李叔同是不是真的没有告诉夏丏尊自己为什么要"出家"呢?答案是否定的。事实上,在与夏丏尊的日常相处和交谈中、在他出家时的各种安排中,李叔同已经将自己出家的真实原因和目的"明明白白"地"告诉"了夏丏尊和世人,只不过没有引起人们的充分注意罢了:①李叔同明确地告诉夏丏尊,他(选择的)剃度的"日子很好"、恰巧"是大势至菩萨生日"。②在与夏丏尊分别(诀别)时,他"留我小坐,说要写一幅字叫我带回去留作他出家的纪念。回进房去写字,半小时后才出来,写的是《楞严大势至念佛圆通章》,且加跋语,详记当时因缘,末有'愿他年同生安养共圆种智'的话"——李叔同选择的剃度的日子是"大势至菩萨生日",给夏丏尊写的"留作他出家纪念"的作品(告别世人和友人的作品)是《楞严大势至念佛圆通章》,而且写了"半个多小时",且加了跋语,显系用心之作。这种安排绝对不是偶然的。李叔同的这种看似不经意的"精心"安排,似乎表明他的"出家","与大势至菩萨有关"——大势至菩萨摩诃萨是西方极乐世界无上尊佛阿弥陀佛的右胁侍者,又尊称大精进菩萨,与无上尊佛阿弥陀佛尊上观世音菩萨(无上尊佛阿弥陀佛的左侍者)佛弟子合尊称为"西方三圣"。《观无量寿经》(又叫《佛说观无量寿佛经》)记录大势至菩萨的出身及功德有云:"大势至菩萨……以智慧光,普照一切,令离三途,得无上力……此菩萨行时,十方世界,一切震动……坐

---

① 虽然夏丏尊有言:"他对我说明一切经过及未来志愿",但此处的"一切经过"指的应该是受戒经过;而所谓"未来志愿",则很可能仅仅涉及自己要出家修行这一人生目标。

莲华座,演说妙法,度苦众生……"①在大势至菩萨的生日里,世俗社会中的李叔同"死掉了",救苦救难的弘一大师(另一个"大势至菩萨")诞生了——他将以独特的"智慧(之)光,普照一切,令离三途,得无上力②……(当其行时)十方世界,一切震动……演说妙法,度苦众生。"这,恐怕才是李叔同"为什么要出家"的根本原因。下面的资料显示了同样的信息。

1938年,李叔同(弘一法师)在泉州温陵梅仁书院为师生讲授《佛教的源流和宗派》,"当法师在形容释迦佛出家的动机的时候,那种暂时提高嗓子,轻轻挺起胸脯,微微开着笑眼的欢欣忘情的神气,是多么的有趣呀!"当时负责记录的学生陈祥耀记录下了这一场景,并发出了深深的感叹:"时至今日,法师应该不自记得吧?我呢?老是深深地印着呀!"③作者陈祥耀虽然没有记录下李叔同(弘一法师)关于佛祖释迦牟尼为什么要出家的原话,却记录了当时的感人场面。那么,佛祖释迦牟尼为什么要出家呢?当然不是为了他自己,而是为了天下苍生,释迦牟尼才甘愿放弃王子的身份地位、放弃世俗间的国家和人民而出家修行,并立地成佛。这段记录由当时在场的、负责整个演讲记录的学生所记录,真实而可靠。李叔同动情地、投入地讲述佛祖出家的原因,那种神情说的也许就是他(李叔同)自己啊!像释迦牟尼一样,立地成佛,普度众生,这应该才是李叔同为什么要出家的根本原因!

弘一法师(李叔同)圆寂前,曾在一张一尺见方的(草稿)纸上手书"悲欣交集"四个大字传世(是为绝笔),并在这四个大字旁边附注"见观经"三个小字。

关于"悲欣交集见观经",学界的基本看法是:"见观经"三字为"悲欣交集"四字正文所做的注释,其所指经文,应为"净土五经"中的《观无量寿佛经》;"见观经"三字应为"见观无量寿佛经"等字的缩写。④

联系前述李叔同出家时,所选择的剃度日期和所书写的留别纪念作品等来加以考察,那么,问题就更加清楚了。

李叔同出家时,所选择的剃度日期(出家日期)是"大势至菩萨生日"⑤,留别好友时,精心写给朋友的留别纪念(割断尘世的留念),是《大势至菩萨圆通章》(且加了跋语)——大势至菩萨"出生时",弘一法师"诞生"了!

弘一法师圆寂时,所写绝笔"悲欣交集"四字的注解是"见观经"。其所指示给世人的,又恰恰是记载大势至菩萨出生及功德的经书——《观无量寿佛经》。

这一"生"一"死",这一切的一切,都足以说明:李叔同就是"大势至菩萨的化身",他"出家"的真正目的,就是要干"大势至菩萨所干的事"——护佑佛教、救护苍生!⑤这应该才是"李叔同为什么要出家"的根本原因。

---

① 净空法师倡印:《大正新修大藏经》,台北:佛陀教育基金会出版部,1990年版,第十二卷,第340—346页。
② "三途",亦作"三涂"。佛教语。即火途(地狱道)、血途(畜生道)、刀途(饿鬼道)。笔者注。
③ 陈祥耀:《弘一法师在闽南》,郭凤岐主编:《李叔同——弘一法师纪念文集》,第36—40页,引文见第37页。
④ 参阅李少龙:《"悲欣交集"的文化学含义》(《南开学报》(哲学社会科学版),2019年第4期,第154—163页)的相关论述。
⑤ "大势至菩萨"既为无上尊佛"阿弥陀佛"的右肋侍者,其职责就应为大护法(阿弥陀佛为佛教净土宗的无上尊佛——佛祖)。如后所言,李叔同出家后,他精研佛教律法,重塑南山律宗,干的,也恰恰就是大护法所(应该)干的事!

二

上文我们简要分析了李叔同出家的"根本原因",以及他出家时的最可能的基本想法。事实是否如此呢?他出家以后的思想、行为以及情感依归是否支持上述判断呢?让我们接着往下看。

那么,李叔同为什么要出家呢?这当然还应该与他所处的时代和文化背景大有关系。

李叔同所处的时代,中国社会在政治、经济、文化及社会道德等方面都面临着巨大的危机,亟须予以"变革"和"拯救"!具体而言,这种危机表现在:

1. 政治上:清代晚期——民国时期,中国正处于一个封建王权终结、民国民权建立的历史转折期。从光绪年间的戊戌变法到武昌起义、民国建立,中国的政治体制发生了根本性的变化。然而,中华民国的建立,并未改变中国的命运,内忧外患仍未解除。很快,人们就从推翻帝制、建立民国的欢欣鼓舞的热情期待中,陷入到了一种仍然找不到出路的、更大的痛苦与彷徨之中。

2. 经济上:清代中期以后,严重落后于世界的脚步。经济衰微、国贫民弱,饱受外族侵略、凌辱,已成常态。新兴帝国主义国家日本的疯狂掠夺,更让多灾多难的中国灾难深重。

3. 文化上:传统社会后期,伴随着封建专制主义的不断强化,以儒家思想为代表的中国文化迅速衰落,各种压抑人性的规范开始显露并得到了强化。封建制度及文化的劣根性也逐渐显现出来,传统中国文化的衰落已不可避免。甲午战争后,中国人的"文化自信心"更遭受到了前所未有的重大打击!

这就是李叔同所处的时代。李叔同的脉搏,也正是与他所处的时代和所代表的文化紧密地联系在一起的。著名学者、思想家黄炎培论李叔同的人生及其所处的时代及文化背景指出:

> 某一时代的社会存在,决定了某一时代人们的意识……那时候青年们的内心只有一股爱国狂热……当时爱国青年所大大重视的一点,就是全国人民很多还没有觉醒,觉醒了的,也没有相当的文化基础,爱国青年一致认为兴教育是当前一件首要工作。
>
> 叔同呢?从南洋公学散学以后……在上海集合一批思想先进分子……创设一个"沪学会",经常召开演说会,办补习学校……我至今还保存着叔同亲笔写他自撰词、自作曲的《祖国歌》……
>
> 我们还应该认识到叔同去日本几年回来创设"春柳社",演出《黑奴吁天录》,借外国惨无人道的故事来讽刺祖国被统治的黑暗,同样是基于爱国的热情和悲愤……
>
> 演了一个时期的话剧,叔同出家了。在我的朋友中间,还有自杀的,还有人去学制造炸弹、丢炸弹的……①

---

① 黄炎培:《我也来谈谈李叔同先生》,文载郭凤岐主编:《李叔同——弘一大师纪念集》,第102—104页,引文见102—103页。

诚如黄炎培、丰子恺等人所言,李叔同成年后,立即就投入到了爱国、救国的热潮之中!戊戌变法时,他赞成变法,奔走呼号,曾被目为康梁余党而避祸于上海;在上海时,他入"南社"、纠集会、办报纸、搞演出,极力鼓吹爱国和革命;留学日本期间,他创剧社,主演《茶花女》、《黑奴吁天录》,揭露社会的黑暗与不公;留学归国后,他赞同蔡元培先生主张,毅然地选择了"(艺术)教育救国"的人生道路,并为之勤力奋斗……他把自己全身心地投入到了艺术教育事业中,取得了积极而丰硕的成果,获得了时人的广泛赞誉和学校师生的一致认可。①

同样,正是这一系列的教育、教学的实践活动,使李叔同在中国艺术教育的历史舞台上大放异彩:他成了最早将西方绘画尤其是将西方人体模特画法引入中国的人,最早将西方广告学理论及实践引入中国的人,最早将西方戏剧和歌剧引入中国的人,最早将西方音乐尤其是校园乐歌引入中国的人……这些成就,使李叔同更加声名鹊起,并使他在中国艺术教育史上享有崇高地位。对此,学界已有公论。我们无须赘述。

李叔同为什么还要出家呢?这当然就与他对中国文化的"深切体认"和"无限责任"大有关系。

明清以后,伴随着封建制度及文化的全面衰落,传统中国文化中的很多顶梁柱似的东西也发生了松动和坍塌。这首先表现在了知识分子和官僚阶级的腐化、堕落上:

> 末世善知识多无刚骨,同流合污,犹谓权巧方便,慈悲顺俗,以自文饰。②
> 然而我中国之大臣,其少也不读一书,不知一物,以受搜检。抱八股韵,谓极宇宙之文,守高头讲章,谓穷天人之奥。是其在家时已恝然无耻也。即其仕也,不学军旅,而敢于掌兵。不识会计,而敢于理财,不习法律,而敢于司理。聋聩跛疾,老而不死;年逾耄颐,犹恋栈豆。接见西官,栗栗变色,听言若闻雷,睹颜若谈虎。其下焉这者,饱食无事,趋衙听鼓,旅进旅退,濡濡若驱群豕,曾不为耻。③

更为糟糕的是,就连承担着净化人们心灵的宗教(佛教)世界,也变得乌七八糟、乱象丛生:

> 一般所谓佛教,千百年来早已歪曲化而失却真正佛教之本意。一般佛寺里的和尚,其实是另一种奇怪的人,与真正的佛教毫无关系。因此世人对佛教误解,越弄越深。和尚大都以念经做道场为营业,居士大都想拿佞佛来换得世间名利恭敬,甚或来生福报。还有一班恋爱失败,经济破产,作恶犯罪的人,走投无路,遁入空门,以佛门为避难所。于是乎,未曾认明佛教真相的人,就排斥佛教,指为消极迷信,而非打到不可。④

---

① 夏丏尊:《弘一法师之出家》:"自他任教以后,就忽然被重视起来,几乎把全校学生的注意力都吸引过去了,课余但闻琴声歌声,假日常见学生外出写生。这原因一半是他对这二科实力充足,一半也由于他的感化力大,只要提起他的名字,全校师生以及工役没有不起敬的。他的力量,全由诚敬中发出,我只好佩服他,不能学他。"(郭凤岐主编:《李叔同——弘一法师纪念集》,第42页。)
② 见月老人:《一梦漫言》,北京:团结出版社,2017年版,第1页。
③ 郭长海、郭君兮编:《李叔同集》,天津:天津人民出版社,2006年版,第4页。
④ 丰子恺:《为青年说弘一法师》,郭凤岐《李叔同——弘一法师纪念集》,第47—58页,引文见57页。

> 中国戒律腐败到怎样地步,我不愿加以检讨,或申说。不过我们在明末四大师的著述中,就知道明朝的戒律已坏到不堪,说戒者,受戒者不持戒、不知戒的比比皆是。直到民国更不必说了。以这样的僧材来住持佛教,弘扬佛教,佛教怎得不坏!①

在李叔同的眼中,佛教界的状况更加令人担忧:

> 我有一句很伤心的话要对诸位讲:从南宋迄今六七百年来,或可谓佛种断绝了! 以平常人的眼光看起来,以为中国僧众很多,大有达至几百万之概;据实而论,这几百万中,要找出一个真比丘,怕也是不容易的事!②

因此,"拯救佛教、使佛教回归正统,并进而用宗教的自律和牺牲精神来净化和发展中国文化",也就成了一个迫在眉睫的、重大的历史任务!

谁去做? 总要有人去做! 这个人,就是李叔同!③关于这一点,我们可以从大量的历史资料及本文的论述中得到明证。

戒律是佛教界的法律,是佛教赖以生存和发展的基础。离开了戒律,离开了对戒律的执着与坚守,真正意义上的佛教便不复存在。近世佛教界乱象丛生,戒律废弛实乃万恶之源。对此,李叔同(弘一法师)是心知肚明的:要想拯救佛教,就必须从匡扶戒律入手。这也就是马一浮先生所说的"教陵惟扶律"。李叔同"出家"后,首奔"戒律"(律宗)而去,其根本原因也正在于此。为修"律宗",他又立下四条誓言:

一、放下万缘,一心系佛,宁坠地狱,不做寺院主持;

二、戒除一切虚文缛节,在简易而普遍的方式下,令法音宣流,不开大法,不做法师;

三、拒绝一切名利的供养与沽求,度行云流水生涯,粗茶淡饭,一衣一袖,鞠躬尽瘁,誓成佛道;

四、为僧界现状,誓志创立风范,令人恭敬三宝,老实念佛,精研戒律,以戒为师。④

这四条《誓言》实际上已经将李叔同出家后的人生理想及所要完成的目标任务以及实现方法等"彻彻底底"地告诉了我们。

李叔同出家后,严持戒律,刻苦修行,严于律己,生活简朴之极;他不做主持,不开道场,但精研律法,深修佛法,并尽最大可能地四处云游,宣扬佛法;他广搜佛教律典,整理出版,并言传身教,带头遵行;他积极创办佛教学校(取名为"养正院"),培养佛教人才,关爱幼僧,

---

① 弘一大师纪念会编:《弘一大师永怀录》,上海:上海科学技术文献出版社 2014 年 5 月版,第 65 页。
② 曹布拉:《李叔同——弘一大师研究一百年》,第 101—102 页。
③ 李叔同出家前(时),对"身边的一切事物",是进行了周密安排的。如:他"精心挑选了"出家的日子("大势至菩萨生日");对妻子儿女做了"妥善"安排(钟书林:《李叔同出家与妻儿的安置》,《书屋》,2020 年第 5 期,等);把珍藏多年的、名妓李苹香赠送的金表送给了挚友夏丏尊,把自己的所有书画送给了丰子恺,并为尚在日本留学的学生刘质平准备了足够多的盘缠及学习费用……这一切,都充分说明:李叔同的出家,是一种发自内心、深思熟虑后的"主动选择",而不是一时的心血来潮、或所谓的"幻灭"和"消极避世";其目的,就是"为了那远大的佛道历程"。
④ 田玉德:《弘一法师的悲欣人生》,《文史天地》2008 年第 10 期,第 33—34 页。

从娃娃抓起……诸般作为,均以振兴佛教为己任。

具体而言,李叔同对佛教发展的贡献,又集中体现在他对佛教典籍,尤其是律宗律法律义的整理、出版和大力弘扬上。这些成就主要有:

他生前著述辑录出版的有《四分律比丘戒相表记》《五戒相经笺要》《佛学丛刊(第一辑)》《律学要略》《安海法音录》《寒笳集》《弥陀义疏撷录》《净宗问辨》《李息翁临古法书》《华严集联三百》《清凉歌集》等;寂后出版的有《晚晴山房书简(第一辑)》《晚晴老人讲演集》《南山律在家备览略编》,正在编印的有《含注戒本随机别录》《删补随机羯磨随讲别录》《南山律苑杂录》等三十一种,及《四分律行事钞资持记扶桑集释》(此书分十卷,约五十四万言)等,依照"南山律苑丛书"的预告,他还撰有《南山律宗传承史》四卷、《南山律宗书目提要》二卷、《南山律苑文集》二卷等。①

这些经典的整理和出版,为佛教的建设与发展,做出了杰出的贡献。

然而,仅仅有了戒律,是远远不够的。关键还在于对戒律的执着与坚守。

因此,除了整顿律宗、恢复律法(戒律)外,李叔同(弘一法师)一生,又在用自己的生命去坚守和践行着佛教戒律。也就是他所说的"誓志创立风范"。

通过对众多相关资料的综合研究,我们认为:李叔同的"誓志创立风范"(他的"人格构建"),至少包括以下几个方面的内容:严持戒律,刻苦修行;言传身教、以身作则;热爱文化、一心报国;珍爱生命,敬物惜福;追求"真、善、美"的人生格局,等等。②所有这些,又都完整地体现在了他出家以后的思想、行为和日常生活中。

李叔同(弘一法师)常说:学律之要,首在"律己",不在"律人"。③他的"创立风范",也正是在严以律己的基础上完成的。出家后,他严持戒律,刻苦修行,处处以律宗的律法、律义来严格要求自己!举凡律宗律法所要求的一切,他都不折不扣地做到了,并终身奉行,始终如一,如:生活节俭、从不浪费、过午不食、衣不过三(不穿超过三件衣服)、严谨守时、不约不见等。④其中,又以生活节俭、干净整洁最为世人所称道。

据丰子恺等记载,弘一法师的生活简朴之极,吃的、用的都到了最节俭的地步,僧衣打了三十多个补丁还在穿,但十分干净、整洁,仍不失其气质高雅的儒僧形象,令人肃然起敬。

---

① 在《弘一法师律学著作》一文中,陈慧剑先生也曾就弘一大师的律学著作及其成就做了专门探讨,可资参阅(天津市政协文史资料研究委员会、天津市宗教志编纂委员会:《李叔同——弘一法师》),第247—249页)。

② 通过对众多回忆文章和论文的综合研究,曹布拉先生将弘一大师的"僧德"总结如下:"一、衣食住行极为俭朴,并安之若素;二、严守戒律,拒绝名闻利养,一心修道;三、惜福护生,不遗余力;四、讷于言,敏于行;五、谦恭,感恩;六、研律弘律,全力以赴,持之有恒,直至生命的终点;七、动止安详,威仪寂静;八、爱护弱小,扶携后进,积极培养青年僧才;九、参透生死,超然物外;十、爱国爱教,以出世精神做入世事业。"(曹布拉:《李叔同——弘一大师研究一百年》,第123—124页)。

③ 火头僧:《弘一法师在湛山》,郭凤岐主编:《李叔同——弘一法师纪念集》,第73—77页。

④ 弘一的弟子、侍者慧田记载说:"谁也知道大师过的生活都是'戒律化'的……他每日的时间,都有一定的分配……他给你定下来的每一个时间的工作,你也要守着他一定的时间的分配来做,一点也不要差越。一天,我因忙了自己的事情,竟忘了为他泡开水的时间,当自己觉察了的时候,也不过过了一个钟头光景,他老人家完全不怪你也不箴规你,却一定要吃起冷水来"(慧田:《我虔念着弘一大师》,弘一大师纪念会编:《弘一大师永怀录》,第112—113页)。足见其持戒之严!丰子恺、傅彬然等先生也记录了大量同类型的事例(傅彬然《忆李叔同先生》、丰子恺《为青年说弘一法师》,郭凤岐主编:《李叔同——弘一法师纪念集》,第69—72页、第47—58页),可资参阅。

其他一些与弘一法师有过接触的人们的看法,也是完全一致的。如幻缘法师记载说:

大师自出家后,穿的衣服,用的器具,吃的饮食,都是简朴到了极点。在别人看来,是很难忍受的。但是大师却很以为安乐。那一种闲适风味,仍不改美术家的态度。而闲适之中,又有一种庄严肃穆之意,则非美术家之所能及了。①

黄福海居士说:

我初次见弘一法师,是在泉州承天寺……法师问了我姓名与来历后,很欣慰地领我进他的禅房去坐。禅房矮小,光线幽暗,房内布置整齐妥帖,大多东西都呈着清洁的淡灰色,这里没有一点灰尘,也无一点声音。②

一个小和尚递来书件一大卷,说是法师送给我的。我急忙的撕去封皮打开看……奇怪?除书件外,还附了许多大小宽直不等的白纸条。小和尚说:"这是你从前送去许多的纸张,裁了书写后,所剩下来的零碎纸条;法师将它附还你。"又听小和尚说:"我曾看见法师在垃圾堆上拾得一些小布条,宝贝的带回去,洗干净了留着补缀旧衣裳。"咦,法师竟连一点废纸碎布都舍不得抛弃呀!③

这些资料表明,李叔同严持戒律、刻苦修行,达到到了常人难以忍受的地步。而他自己所展露出来的,却是一种甘之如饴的平淡、恬静之美。④

李叔同(弘一法师)外出讲学时,更将他的这种"人生风范"带到了各地,并深深地教育和感化了其所到之处的人们。曾参与接待过弘一法师讲学的湛山僧人火头僧,动情地记录下了他的这种高风亮节:

这时我向梦参法师问说:"那件是弘老的衣单?"他指指那条旧麻袋和那小竹篓,笑着说:"那就是,其余全是别人的。"我很诧异,怎么凭他鼎鼎大名的一代律师——也可说一代祖师——他的衣单怎会这样简单朴素呢?……⑤

我乘着机会溜到他老寮房里瞧了一下:啊!里头东西太简单了,桌子,书橱,床,全是常住预备的,桌上放着个很小的铜方墨盒,一支秃头笔,橱里有几本点过的经,几本稿子,床上有条灰单被,拿衣服折叠成的枕头,对面墙根立放着两双鞋——黄鞋草鞋,此外再没别物了;在房内只有清洁,沉寂,地板光滑,窗子玻璃明亮——全是他老亲自收拾——使人感到一种不可言喻的清净和静肃。⑥

简单到了极点、干净到了极点,也美到了极点。这就是李叔同(弘一法师)的"风范"和人

---

① 幻缘:《弘一大师往西感言》,弘一大师纪念会编:《弘一大师永怀录》,第236页。
② 黄福海:《弘一大师与我》,弘一大师纪念会编:《弘一大师永怀录》,第239页。
③ 同上,第242页。
④ 丰子恺:《回忆李叔同先生》:"他自从出家之后,就屏除'声色'(指音乐、美术等),一心念佛……在这二十多年的僧腊期间,弘一法师飞锡芒鞋,三衣一钵,完全是一个苦行头陀。看到他的人,谁也不能相信……然而过去的艺术心和美欲终于没有完全熄灭,常常在他所写的佛号和经文中透露出来"(《新文学史料》1979年第4期,第97页);蔡吉堂、吴丹明:《弘一法师在厦门》也说:"弘一法师一贯从善如流,严持戒律,过着三衣一钵的生活……他时常穿着深墨色的粗布海青,足着旧芒鞋,丝毫无人间烟火气,俨然是一位苦头陀"(天津市政协文史资料研究委员会、天津市宗教志编纂委员会:《李叔同——弘一法师》,第169页)。
⑤ 火头僧:《弘一律师在湛山》,郭凤岐主编:《李叔同——弘一法师纪念集》,第74—75页。
⑥ 同上,第74—75页。

格魅力。这种"风范"和人格魅力,不但与世俗眼光中所定位的"一代宗师"的身份地位有着强烈反差,更与李叔同出家前"富家公子"的生活形成了鲜明对比。这种"反差"和"对比",带给世人和社会的,必然是一种强烈的震撼:他用自己的经历告诉人们,人世间的极致奢华并非幸福的前提条件;"简单宁静的心灵同样可以很美"。

佛学修养与儒学修养的完美结合,使李叔同的人生状态得到了很大程度的提升。心怀天下、恬静优美,庄严肃穆,而又和蔼可亲……这就是弘一法师留给人们的基本印象。这种人生状态,已进入到一种极高的人生境界。叶圣陶先生指出,在弘一法师(李叔同)身上,有一种"难言的美";这种"美",给人们留下了深刻的印象,并带给人们极大的温暖和感动。①无怪乎陈祥耀要发出这样的感叹:"这时,法师的几根髭须,已经剃掉,他神色的安详,态度的谦虚,声调的铿锵,风骨的洒脱,有肃然可敬之容,有盎然可亲之相,是庄严? 是慈悲? 是亲切? 是和善? 什么是佛化静修的境界? 什么是艺术陶情适性的功夫? 什么是真机,什么是化境? 什么是悠然澄远的表现? 我从法师的身上找到了什么呢? 我找到这些。"②

除了上述"人生风范"的方方面面外,在李叔同身上,更为可贵的,是他"一生爱国、终身报国救国"的思想情怀。③这也是他最为世人所称道的文化品德。而最能代表这种"思想情怀"的,就是李叔同自己一直倡导和践行的"念佛不忘救国,救国必须念佛"。他不但终身践行,而且还亲书此匾以为座右。其文为:

念佛不忘救国,救国必须念佛。佛者,觉也,觉了真理,乃能誓舍生命,牺牲一切,勇猛精进,救护国家。是故救国必须念佛。④

在以往的研究中,人们更多的只是把李叔同的这一表述看作是其爱国精神的具体体现。但是,如果我们把问题展开了去分析研究,则会有另外的收获。

何为"救国必须念佛"? 李叔同所要表达的到底是什么呢? 我们认为:"救国必须念佛",就应该是李叔同关于自己"为什么要出家"的一种最真实的情感表达;它告诉我们两层意思:

1. 佛法修炼(人格培养)的最高境界,是为了唤起人的觉醒("佛者,觉也");而其最终目的,则是为了"救国":"觉了真理,乃能誓舍生命,牺牲一切,勇猛精进,救护国家"——李叔同所倡导和践行的"念佛",就是为了"救国"。

2. "救国必须念佛",应该是李叔同深思熟虑后所希望找到的一条拯救文化、救国救民的"救国之道":他就是希望通过整顿佛教、使佛教回归正统,并以"献身说法"的方式,唤起

---

① 叶圣陶说他谒见弘一法师时的感觉是"晴秋的午前时光在恬然的静默中度过,觉得有难言的美"(叶圣陶:《两法师》,郭凤岐主编:《李叔同——弘一法师纪念集》,第22—28页,引文见第23页)。
② 陈祥耀:《弘一法师在闽南》,郭凤岐主编:《李叔同——弘一法师纪念集》,第37页。
③ 除本文所引诗文及书法作品外,李叔同一生,还创作了大量脍炙人口的爱国歌曲,如《祖国歌》《大中华》《我的国》《厦门运动会会歌》等(参阅杨和平:《李叔同音乐教育思想研究》,《中国音乐学》2005年第2期;陈晓勇:《论李叔同音乐作品中民族情感的体现》,《通化师范学院学报》2012年5第5期等)。
④ 田玉德:《李叔同:从风流才子到一代高僧》:"著名美学家朱光潜曾说李叔同是'以出世的精神做着入世的事业'。宗教的虔诚与献身精神并没有使他放弃救国的愿望,反而更加强烈。1941年,弘一法师还写过一幅横卷:'念佛不忘救国,救国必须念佛'。其跋语写到'念佛不忘救国,救国必须念佛。佛者,觉也,觉了真理,乃能誓舍生命,牺牲一切,勇猛精进,救护国家。是故救国必须念佛'"(《老年教育(书画艺术)》2011年第1期,第10页)。

人的觉醒,倡导人性回归,以此来达到救国救民、拯救文化的最终目标。①

李叔同后半生所选择的,也恰恰就是这样一条人生道路。②

> (宋代以后)改了一朝又一朝,换了一代又一代,类似文官爱钱,武将惜死,以暴制暴,以怨报怨,炫富仇富的劣性陋习未见丝毫改变,民不聊生的社会状况也未因改朝换代而彻底好转……李叔同皈依佛门的原因和动机也许就在于他看到了教书育人、教育救国的局限性。俗世间的改朝换代只能治标,皈依佛门念佛修行,启发民众方能治本……③
>
> 先生以为造成这样悲惨罪恶的社会,完全是由于人们无穷的物质欲望和狭隘的自我执著所致。若欲根除此害,就非唤起人们的觉醒,把狭隘的小我扩大起来,博爱群生,普及物类不可。从"度群生,那惜心肝剖"出发,为了为群生谋利,他是不惜自我牺牲的。但在他的阶级局限下,寻找来寻找去,最后寻找到的途径与方法却就是自己甘愿吃大苦,以苦行僧的意志和行动作现身说法,以达到移风易俗的目的,以救度群众出于这个恶浊世界。④

李叔同出家后,曾就"佛学与儒学的共通之处"专门去请教了高僧印光大师,"弘一法师再作第二次的恳请,希望于儒说佛法会通之点给我们开示",并与印光大师进行了长时间的讨论。⑤

据柳亚子先生记载:"(弘一60岁生日时)李芳远驰笺索诗,余寿以偈云:'君礼释迦佛,我拜马克斯。大雄大无畏,救世心岂殊。'又云:'闭关谢尘网,吾意嫌消极。愿持铁禅杖,打杀卖国贼'。见者缩项咋舌,顾弘一不以为忤,亦报余一偈云:'亭亭菊一枝,高标矗劲节。云何色殷红,殉教应流血'。"⑥

李叔同出家后,并未从此不问世事、一骑绝尘⑦;而是想尽办法、动用一切资源向社会弘

---

① 关于"救国必须念佛"提出的年代,学界历来说法不一:有说1938年者,也有说1941年者;且其文字也略有差异。如:僧睿:《弘一法师永怀录·传二》:"戊寅……至承天过冬,特书'念佛不忘救国,救国必须念佛'句,以分赠各方"(弘一大师纪念会编:《弘一大师永怀录》,第11页);啸月:《传二》:"戊寅……特书'念佛既是救国,救国不忘念佛'分赠各方"(同上,第16—17页)、陈祥耀:《弘一法师在闽南》:"在他身后,复悬其手书'念佛不忘救国,救国不忘念佛'之中堂一幅"(同上,第53—54页);等等。之所以如此,可能的原因应该是:弘一法师一生曾经常悬挂这一书法作品(像座右铭一样),或曾多次书写过这一书法作品(意思一样,文字略有差异),并被不同的人在不同的时期和场合所见、所记录所致。
② 李叔同说:"从二十岁到二十六岁之间的五六年,是平生最幸福的时候,此后就是不断的悲哀与忧愁,一直到出家。"(丰子恺:《法味》,郭凤岐主编:《李叔同——弘一法师纪念集》,第16页)。
③ [日]大桥茂、大桥志华:《李叔同与〈送别〉——兼谈李叔同出家的"治标"与"治本"说》,《美育学刊》2008年第2期,第67页。
④ 李鸿梁:《我的老师李叔同》,《浙江文史资料》第二十六辑,浙江人民出版社,1984年版。转引自曹布拉:《李叔同——弘一大师研究一百年》,第131—132页。
⑤ 叶圣陶:《两法师》,郭凤岐主编:《李叔同——弘一法师纪念集》,第27页。
⑥ 柳亚子:《怀弘一上人》,弘一大师纪念会编:《弘一大师永怀录》,第286页。
⑦ 李叔同出家后,并未割断他与整个社会和文化的血肉联系;终其一生,他一直与诸多积极探寻救国、救民之道的"南社"旧友们保持着紧密的联系和交往。他的学生傅彬然指出:"先生出家后,笔者曾与同学丰子恺兄专诚到杭州西湖玉佛寺访谒过。先生的态度,依然是那么宁静,慈和而又庄严。在笔者当时的心目中,除了看见先生穿着一件宽大的袈裟之外,好像并不曾觉出与以前做教师的时候有什么不同的地方来"(傅彬然《回忆李叔同先生》),郭凤岐:《李叔同——弘一法师纪念集》,第71页)。

法、传播佛教教义和文化精神:他精研"律宗"、深耕"华严""净土",并使之与中国文化结合,为的就是要找到一条适合人性发展、提升的最佳道路①;他创办佛教学校、培养佛学人才,为的就是扩大教育范围、提高教育质量;他自己也在尽力弘法、四处讲学,并书写了大量的佛学(儒学)心得,广为散发……李叔同后半生,其最大的心愿,就是联合门生丰子恺一道、共同创作和编撰《护生画集》,并把它列为一项庞大的系统工程来做(规划并实际出版了6集450幅);这部皇皇巨制,从中国的优秀文化中选取素材,由丰子恺作画、李叔同题诗(文、法等),以"普及读物"(类似"连环画")的方式向世人进行教育,旨在唤起人的"真、善、美"的本性的回归,劝导人们热爱国家、与人为善、慈悲为怀。赵朴初称其为"近代佛教艺术的佳构"②。凡此种种,都是李叔同"救国救民、拯救文化"的最好说明。从"历史事实和文化表现"来看,李叔同确实是一个"真和尚"("最真的和尚"),他严持戒律、精研佛法,并卓然成家;但同时,他又是一个"假和尚"、"怪和尚"("最奇特的和尚"),他剃了度、出了家、身披袈裟,却不做住持、不开道场、不隐于寺中,而是"'天天'游走于红尘之中",向社会、向学生、向民众、向各界人士公开宣讲佛法要义和儒家的文化精华(他将中国文化的精华巧妙地融于佛法要义中)。

关于李叔同的人生价值和文化价值,陈慧剑先生指出:

> 佛门的戒律,看起来与现实社会并无关联,但实际上有着极大的牵动,近代佛门戒律废弛,也足以影响到社会伦理的失范;佛门的律仪也象征到国家、民族的律仪。所以,学习弘一,使佛门僧尼都能严守戒律,使社会上的每一个人都能遵守法制,社会就会安定祥和。③

曹布拉先生指出:

如果我们承认中国佛教及佛教义理为中国文化的有机组成部分,那么,我们就不得不承认,弘一对中国现代佛教做出的贡献,在某种意义上也是对中国文化之一部的贡献……若是我们把李叔同——弘一大师其人置于中国文化的大背景下,置于传统文化向现代转型的历史坐标上来审视,就可认为李叔同——弘一大师是被文化造就的'文化人',是被时代造就的'时代人'……④

---

① 弘一法师一生,除精研"律宗"、匡扶律法外,对佛教"净土宗"、"华严宗"等也有着精深的研究和修持。林子青先生论其佛学修为有云:"弘一大师的佛学思想体系,是以华严为镜,四分律为行,导归净土为果的"(虾米网:《李叔同的艺人档案》,http://www.xiami.com/artist/profile-121284;等)。
② 参阅朱美禄:《弘一法师与〈护生画集〉》(《兰台世界》2012年第6期);杨露瑶:《不忘初心:丰子恺〈护生画集〉的问世》(《文史杂志》2018年,2018年第6期);曾繁仁、黄若愚:《护生即护心,常怀悲悯请》,《〈护生画集〉的'生生美学'解读》(《文艺理论研究》2020年第2期)等著的相关论述。
③ 陈慧剑:《弘一大师论》,转引自曹布拉:《李叔同——弘一大师研究一百年》,第237页。
④ 曹布拉:《李叔同——弘一大师研究一百年》,第85页。

三

此前,学术界的很多先辈们早就已经注意到了李叔同、王国维、鲁迅等人在中国文化史上的地位及其关联性问题。

王国维(1877—1927)是继苏东坡之后的又一个中国文化的集大成者,是封建社会末期儒家文化最杰出的代表人物之一。

1927年6月2日,在李叔同出家9年之后,清华四大导师之首、中国文化的集大成者、国学大师王国维自沉于颐和园之昆明池内,悲壮地结束了自己的一生。

王国维的这一举动,和李叔同的"出家"一样,在中国文化和中国社会中引起了极大震动。人们在惊愕、痛惜之余,对王国维的死因也展开了激烈的争论。并先后出现了疾病说、被人逼债说、为清廷殉葬说等多种说法。这些说法各执一词,莫衷一是。1929年,清华大学为王国维树碑立传,请陈寅恪为其书写墓志铭。在《王观堂先生挽词序言》中,陈寅恪明确提出:王国维先生之死,乃是死于一种"文化":"凡一种文化值衰落之时,为此文化所化之人,必感苦痛,其表现此文化之程量愈宏,则其所受之苦痛愈甚;迨既达极深之度,殆非出于自杀无以求一己之心安而义尽也。"

陈寅恪先生此论一出,学界肃然,王国维乃是死于一种"文化",遂成千古名论。

在中国文化史上和思想史上,王国维、李叔同、鲁迅是三个鲜明的文化符号。

他们虽代表着不同的人生道路,但归根结底,他们对中国文化的终极关怀,却是完全一致、殊途而同归的。他们都挚爱着自己的祖国、自己的民族和自己的文化。并都在用自己的生命去守护和发展着这个文化。虽九死而不悔!

王国维先生之死已如前述。再看鲁迅与李叔同。

众所周知,初到日本留学时,鲁迅先生学习的是医学。但是很快,他就改学了文学、弃医从文了。之所以这么做的原因,鲁迅自己有着明确的解释:"医学并非一件紧要事,凡是愚弱的国民,即使体格如何健全,如何茁壮,也只能做毫无意义的示众的材料和看客"(《呐喊·自序》)。从中不难看出:鲁迅先生之所以弃医从文,其根本原因乃在于:经过认真的思考,他认为,医学医治的只能是人的身体,而不能医治人的精神和灵魂。而当时的中国,人们的身体固然遭受着疾病的折磨,需要医治;但更为重要的,是中国的文化"病了",中国人的思想"病了",更加需要医治。而这一切,医学是断然解决不了的。于是,他选择了能够唤醒民众、医治中国文化疾病的科学——文学,并为之奋斗终生。

李叔同对中国文化的体味与思考,也大抵如此!区别仅仅在于:与鲁迅先生所不同的是,他选择了宗教。并用自己的人生去义无反顾地践行,去"献身说法"(正如他早年主演《茶花女》《黑奴吁天录》揭露社会不公和腐败一样),以期完成对宗教秩序的拯救与重构、和对中国文化的建设与发展。

与王国维死于"一种文化"一样;李叔同的出家,也仍然是出家于"(这)一种文化"。和王国维一样,李叔同也是一个中国文化的殉道者。①在对中国文化的深切体认和苦苦思索中,李叔同看到了"文化建设"对国家和民族的重要性。为了"救国"、为了"探寻出一条有利于中国文化发展与振兴的救国之路",他别无选择,唯有自我牺牲!这就是李叔同"为什么要出家"的根本原因;也是他敢于抛妻弃子、断然出家并立地成佛的根本原因所在。

  誓度众生成佛果,为献歌台说法身。②
  度群生、那惜心肝剖!是祖国,忍孤负?!③

赵朴初先生评李叔同有谓:"深悲早现茶花女,胜愿终成苦行僧。无尽奇珍供世眼,一轮明月照天心",就是对这种人生价值和文化价值的最好阐释。

四

为了他所挚爱的祖国,为了他所挚爱的文化,李叔同付出了自己所能付出的一切!这种牺牲与付出,取得了巨大的人生成就。这些人生成就,又使他在中国文化史上具有了崇高的历史地位。

我们尝试着将李叔同的这种历史地位及其文化影响总结归纳如下,以作本文结尾:

1. "爱国""救国"。李叔同的一生都在积极地爱国、救国。他"出家"的目的,就是为了"救国"(当然,也是他自我人生价值实现的一种需要)。他用自己的一生告诉我们:人的发展,人的成功,不在于细枝末节的外在成就(小我),而在于具有崇高的理想,和为国家、为民族献身的精神,去报效国家(大我),"觉了真理,乃能誓舍生命,牺牲一切,勇猛精进,救护国家";人格培养的目的,也正在于此。

2. 一个"标杆",一个"标尺"。李叔同用自己的一生,用自己的人格构建,为中国文化、为中国社会、为佛教世界,都树立了一个"标杆"、一个"标尺"。这个"标杆"、这个"标尺",仿佛一座"灯塔",指引着中国文化——世俗文化和宗教文化——的发展方向。而当中国文化的发展发生"偏离"时,其指引作用和纠偏作用就会更加明显。

3. 巨大的成就和文化影响力。李叔同的一生,对中国佛教事业的发展建设,对中国佛教历史地位的提高,对中国文化的修复与重构,都做出了巨大的贡献。除前文所述的"整顿律法,使佛教回归正统","献身说法,倡导人性回归"外,其更大的历史价值乃在于:"李叔同"在中国文化中的"存在",本身就是一个鲜活的"广告"。这种示范效应和广告效应,对佛教与

---

① 1957年,丰子恺先后写作了三篇研究李叔同的文章。在《李叔同先生的爱国精神》一文中,丰子恺转而认为,其师李叔同之"出家"乃是为中国文化"自杀";其性质类同于屈原之"沉江"。原文如下:"李先生这样热烈地庆喜河山的光复,后来怎么会舍得抛弃这'一担好河山',而遁入空门呢?我想,这也仿佛屈原为了楚王无道而忧国自沉吧!假定李先生在灵山上和屈原相见,我想一定拈花而笑。"(转引自余涉主编:《漫议李叔同》,杭州:浙江文艺出版社1998年版,第86页)。丰氏的这一转变说明:到了晚年,丰子恺先生对乃师李叔同的认识加深了!这一认识,已明显超越了他中年时期的人生"三层楼"说,真正把握到了李叔同"出家"的精神实质及其人生价值所在。

② 李叔同:《为沪学会撰〈文野婚姻〉新戏册,竟系之以诗》之四(1904底或1905年初),郭长海、郭君兮编:《李叔同集》,第154页。

③ 李叔同:《金缕曲将之日本留别祖国并呈同学诸子》(1905年),郭长海、郭君兮编:《李叔同集》,第146页。

传统中国文化的结合、对佛教历史地位的提高、对中国人人格的塑造、对中国文化的净化与发展,都有着不可估量的历史作用。

作为杰出的艺术家,李叔同一生书写了大量的佛教教义和佛学(儒学)心得;这些佛教教义和佛学(儒学)心得,附着于他精美的书法"作品"之上广为传播。这种教育方式,对佛教文化的世俗化,对佛教教义和文化精神的普及,对中国文化的建设,同样具有不可估量的历史作用。

李叔同出家后,凡是跟他有过接触的人们,哪怕是仅有一面之缘的人们——不管是理解或不理解他出家的人——都受到了他强大的人格力量的感化,转而"恭敬三宝"了！有很多人甚至因为他的感化而出了家,成了真正的、干干净净的佛教徒……①

一个高高地站立和行走在中国文化史和思想史上的人,一个宗教世界和文化、艺术世界中的精神领袖——这就是李叔同,永远也说不完的李叔同！

附记:
2020 年 3 月,重读《李叔同的人生价值》文稿,再感于李叔同先生爱国、报国之情怀,得联句一首,兹附录于后,以彰其胸怀,并申文意:

上联:红尘绚烂,常怀菩萨济世心
下联:空门不空,更显儒者救国情
横批:一代宗师

---

① 参阅弘一大师纪念会编:《弘一大师永怀录》、郭凤岐主编:《李叔同——弘一大师纪念集》等著的相关记录。

【社会经济史】

赋役、烧造与商业:景德镇官窑制度改革与市镇变迁

胡 宸

【摘 要】景德镇的兴起与变迁是多种因素互动的结果,其中官窑制度变化的作用尤为重要。宋代景德镇仅作为商税征收关口而非瓷业中心,其瓷器进贡建立在商业活动之上,这使其市镇形态与明清时有较大区别。明初官窑烧造所需人力、物力皆从里甲系统中抽调、征派,这种以官窑为中心的征派使景德镇脱离了之前自然村落的格局,逐渐成了手工业市镇。官窑烧造的模式同时也塑造了以窑户大族为核心的权力架构。明中期里甲系统越来越难以承受官窑烧造的负担,为扩大应役范围,地方官员进行了一系列改革。这些改革承认了人口流动的合法性,使外地商人得以取代窑户大族成为新的权力中心。外来人口的流入同时促进了景德镇的商业发展,也使其市镇规模得以大大扩展。商业化手工业市镇景德镇至此成型。

【关键词】赋役;官窑;景德镇;市镇;折银

傅衣凌与刘石吉两位先生较早注意到明清时期出现了遍布全国的大小市镇,并对此展开研究。在他们看来,这些市镇的出现,是传统中国从自然经济向商品经济过渡的重要特征,是资本主义萌芽的体现。①之后,更多学者投入到明清市镇的研究中,这些学者或延续资本主义萌芽的思路,或转而从城市化、近代化视角进行分析,但基本未能脱离傅、刘二位的研究理路,即从市场角度出发,强调经济因素,尤其是专业分工与交换,在市镇形成过程中的重要作用。在诸多同质性研究中,罗一星做出了突破原有思维框架的尝试。他通过考察佛山社会与市场因素的互动,展现了较之前解释模式更为复杂的市镇变迁过程。在深入分析了佛山的个案后,罗一星并未将之上升到一个具有普遍意义的模式,而是冷静地指出佛山的发展道路是否独一无二需要更多实证研究进行补充。②

近年来,吴滔、谢湜等学者进一步反思传统明清市镇研究的解释模式,他们从具体个案出发,考察明清市镇变迁的逻辑与运作机制,指出:一方面,经济因素并非市镇兴起与变迁的全部原因,如果从具体历史场景出发,会发现更为复杂与多样的社会机制在发生作用;另一方面,在接受宋、明间市镇变迁具有延续性的同时,亦应注意各市镇所处具体社会环境的巨大不同,这造成了市镇变迁过程中的诸多差异,用线性发展的逻辑考察市镇变迁,往往会

---

① 傅衣凌:《明清时代江南市镇经济的分析》,《历史教学》1964年第5期;刘石吉:《明清时代江南市镇研究》,北京:中国社会科学出版社,1987年。
② 罗一星:《明清佛山经济发展与社会变迁》,广州:广东人民出版社,1994年。

自觉不自觉地强调一致性而淡化这些差异。①

景德镇为明清四大镇之一,瓷都之名远飏海外,关于景德镇瓷器生产与地方社会变化之间的关系,国内最有代表性的当属梁淼泰的研究。他尝试勾勒了南宋至清中期景德镇市镇规模的变化,并指出这种变化建立在瓷器烧造水平的提升与市场的扩大之上。②日本学者高中利惠亦注意到这一问题,他指出明代景德镇的官窑生产制度建立在元末开始的景德镇市镇化之上,纳粮当差是维系当时景德镇乡村共同体的纽带。而随着明中期景德镇瓷业市场的扩大,瓷器生产由本地人转向外地商人,村落共同体逐渐向同业者伙伴过渡,维系社区的纽带转为商业化的同业行帮。③虽然高中氏最后的问题意识还是落回到资本主义萌芽上,但其综合考察景德镇制度、市场与人群变化的研究方法对本文有着很大的启示作用。本文拟从王朝制度与经济发展、社会结构变化的互动出发,将明代景德镇官窑制度改革与地方社会的变动结合在一起进行观察,揭示其独特的市镇发展模式,进而展现中国传统社会的多元性与复杂性。

一、明代之前景德镇的商业、烧造与市镇形态

众所周知,景德镇设于宋代景德元年(1004),因瓷器得名。但对于在此之前景德镇的情况,学者们知之甚少。一些学者认为景德镇原名昌南镇,其地自唐武德中便已置务设镇,这一推断主要依据以下三条史料:

> 唐武德二年(619),里人陶王献假玉器,由是置务设镇,历代相因。④
> 唐武德四年(621)置博易务。⑤
> 唐武德中,镇民陶玉者载瓷入关中……于是昌南镇瓷名天下。⑥

然而这种推断值得商榷。首先,这几条材料中年代最早的是万历增补《江西省大志》,而前代地理志、政书中皆未见昌南镇的相关记载,这不得不令人心生疑窦。其次,镇在宋代以后才逐渐由"军事系统的建制单位"转化为"县以下小型商业聚落的行政建制单位",元丰之前,宋政府大量裁撤之前的军事"镇",同时依据人口与税入创建新的商业"镇"。⑦如此,若昌

---

① 谢湜:《十五至十六世纪江南粮长的动向与高乡市镇的兴起》,《历史研究》2008年第5期;吴滔:《赋役、水利与"专业市镇"的兴起——以安亭、陆家浜为例》,《中山大学学报》(社会科学版)2009年第5期;吴滔:《从"因寺名镇"到"因寺成镇":南翔镇"三大古刹"的布局与聚落历史》,《历史研究》2012年第1期;吴滔:《回归"前乡镇志"时代:明清市镇历史的知识考古》,《探索与争鸣》2019年第2期。
② 梁淼泰:《明清景德镇城市经济研究》,南昌:江西人民出版社,1991年,第4—21页。
③ [日]高中利惠:《明清时代の景德镇の窑业》,《社会经济史学》32卷5、6,1967年。
④ 万历《江西省大志》卷七,台北:成文出版社有限公司,1989年,第815页。
⑤ 康熙《浮梁县志》卷一,台北:成文出版社有限公司,1989年,第192页。
⑥ 傅振伦著,孙彦整理:《景德镇陶录详注》卷五,北京:书目文献出版社,1993年,第62页。
⑦ 郁越祖:《关于宋代建制镇的几个历史地理问题》,《历史地理》第六辑,上海:上海人民出版社,1988年。

南镇确为景德镇前身,便存在两种可能:其一,昌南镇一直存在到景德元年,之后改为景德镇。但这与文献中"宋景德中始置镇"①的说法不合。其二,宋初裁撤昌南镇,至景德元年由于人口与税入达到标准,始设立景德镇。但这与宋代设镇的实际情况又不相符。现存史料中未见有先裁撤,后于原地重立市镇的例子。因此,贸然将昌南镇与景德镇视为前后相继的行政建制似乎并不妥当。那么,昌南镇是否出于杜撰?为何在现存地理志与政书关于浮梁地区建制沿革的记载中未见其身影呢?乾隆《浮梁县志》有这样一条记载:

> 陶侃后擒江东寇于昌南,遂改昌南为新平镇。②

若县志所言不虚,则昌南镇确有其事,但早在晋代便已更名新平镇,仅仅作为文化记忆而非实际的行政建制存在于后世当地人的口耳相传之中。如此便可以理解地理志与政书仅载新平而不载昌南。据李吉甫《元和郡县图志》:"武德五年(622),析鄱阳东界置新平县,寻废。开元四年(716),刺史韦玢再置,改名新昌。天宝元年(742)改名浮梁。"③是昌南镇实为浮梁县而非景德镇前身,这一论点亦能得到考古材料佐证。目前景德镇市进行过深入发掘且能够确认为唐窑的有两座,分别是位于乐平市接渡镇南窑村的南窑和位于浮梁县湘湖镇兰田村的兰田窑④,两窑皆与明清景德镇镇区相去甚远,说明唐代浮梁地区的瓷窑分布十分分散,远未像明清时期一样形成集中于景德镇的核心镇区。因此唐代以瓷闻名的昌南镇所指并非景德镇而是包含地理范围更广泛的浮梁县。至于唐武德四年所置博易务,不能排除后世方志将昌南镇误认作景德镇前身,便以为博易务位于景德镇的可能,不如疑者存疑。

宋代浮梁地区的制瓷业依然尚处起步阶段,从考古材料看,此时的瓷器烧造以就地取材为主,瓷窑虽有向后世景德镇镇区集中的趋势,但分布仍旧十分零散。⑤这提醒我们不应将景德镇的设立简单视作制瓷业发展的结果。事实上,宋代景德镇设立的直接原因是商税的征收而非贡瓷生产,一方面宋代并未在景德镇设置专门生产进贡瓷器的官窑,而是通过科率、和买、抽税等手段来获取瓷器,然后将其中质量最好的进贡皇室,其余除供官府使用外"很大一部分被作为商品出售"⑥;另一方面,景德镇征收商税的商品也远不止瓷器一种。饶州自隋朝改置便因物产丰饶得名,其商业活动到了宋代愈发繁忙。据傅宗文统计,宋代江西共有草市镇165个,其中又以饶州治下最多,共25个。⑦景德镇则是这个活跃的草市镇网络中最为突出的一个。它的重要性源于饶州与徽州间的物资流动。随着唐末以来的不断开发,徽州地区的山区经济发展迅速,与相邻饶州的物资交换也日趋频繁:徽州的松杉、漆、

---

① 万历《江西省大志》卷七,第813页。
② 乾隆《浮梁县志》卷一,景德镇市图书馆藏油印本,第1页。
③ 李吉甫:《元和郡县图志》卷二十八,《丛书集成初编》,北京:中华书局,1985年,第746页。
④ 参见秦大树等:《景德镇早期窑业的探索——兰田窑发掘的主要收获》,《南方文物》2015年第2期;江西省文物考古研究所、乐平市博物馆等:《江西乐平南窑窑址调查报告》,《中国国家博物馆馆刊》2013年第10期。
⑤ 钟建华、陈雨前主编:《景德镇陶瓷史·唐五代宋元卷》,南昌:江西人民出版社,2016年,第98—103页。
⑥ 王光尧:《中国古代官窑制度》,北京:紫禁城出版社,2004年,第69页。
⑦ 傅宗文:《宋代草市镇研究》,福州:福建人民出版社,1988年,第119页。

蜡、茶、纸等由此输出,而江西的米、鱼苗、牛、猪等则由此输入山区。① 更为重要的是,徽、饶成为沟通江西与安徽、浙江的交通要道,这条线路随着南宋定都杭州而愈发重要、繁忙。② 而景德镇是这些货物进出山区的重要交通节点之一。在众多来往货物之中,对于景德镇最重要的商品是茶叶。唐代饶州已是重要茶叶产地,宋代这一情况并未改变。自天圣元年(1023)允许商人赴场与园户自相交易后,每年都有大量茶叶经景德镇运出饶州销售。而在当时无论从需求量还是利润率来看,茶叶都要远高于瓷器。

既然景德镇的设立不能单纯归之于制瓷业的发展,那么以制瓷业发展为线索,将宋代以来景德镇的市镇变迁视为线性延续过程的观点便有必要重新审视。梁淼泰先生曾据明清家谱中所提及的宋代地名,在明清市镇范围内划出了宋代景德镇的规模,但宋代景德镇的设置背景,提醒我们其市镇规制与明清可能存在不同。要想了解这一时期景德镇的市镇形态,有必要依托当时文献。

从南宋末《舆地纪胜》中可以看到宋代景德镇的大致范围:

> 三龙水,在景德镇……金鱼山,在景德镇;黄龙山,在景德镇……阳府山,在景德镇。③

这些地名中三龙水与黄龙山虽已无考,金鱼山与阳府山则沿用至清。乾隆《浮梁县志》地图显示,两山皆在昌江西岸,可见当时的景德镇应当横跨昌江两岸。

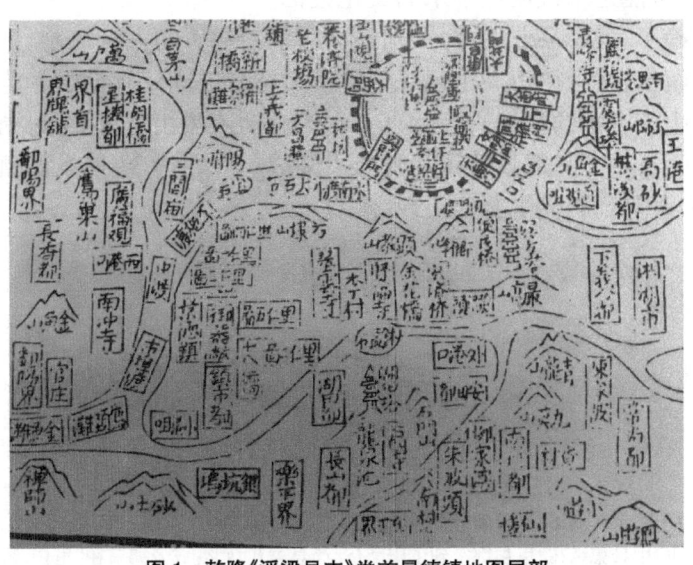

图1　乾隆《浮梁县志》卷首景德镇地图局部

清初《景德镇陶录》所载景德镇市镇范围仅限于昌江东岸④,两相比较,宋代景德镇的涵

---

① [日]斯波义信:《宋代江南经济史研究》,南京:江苏人民出版社,2012年,第386页。
② 张锦鹏:《南宋交通史》,上海:上海古籍出版社,2008年,第58—59页。
③ [宋]王象之:《舆地纪胜》卷二十三,成都:四川大学出版社,2005年,第1094—1095页。
④ 傅振伦著,孙彦整理:《景德镇陶录详注》卷一,第5页。

盖面积要大得多。这种差异的出现,一方面是因为宋代市镇依然附属于乡里等基层组织,大部分市镇与周围乡里并没有形成明确的边界,其镇的范围除市镇街道外,也包括了周围的一些村落①;另一方面是因为景德镇瓷业规模小且分散,并未出现后世大规模产业集聚现象,此时的景德镇是当时广泛设立的,以征收商税为目的的众多商镇之一,而非日后以瓷器烧造为中心的手工业市镇。由此,宋代景德镇在地域范围与镇区规模上皆与明清时期有较大不同。

既然宋代景德镇地域范围要远大于明清时期,那么二者的核心镇区是否重合?似乎也并不重叠。明清景德镇镇区展现出鲜明的,以御器厂/御窑厂所在的里仁都为中心,向周围扩散的特征。②而宋代的核心镇区则似当在更为南部的明清镇市都范围内,原因有四点。第一,康熙《浮梁县志》记载:"监镇厅,宋设景德镇东南,后摧于水,嘉泰二年(1202)姚守谦徙镇西,元废。"③监镇厅是负责监管、收税的机构,应在核心镇区;而其设于镇东南,又"摧于水",故当位于明清镇市都靠昌江支流南河的位置。第二,方志中所见景德镇宋代遗存义合教院、安宝教院、景德禅寺皆在镇市都中④,侧面反映了当时此地人烟众多,较为繁华。第三,瓷器虽非唯一,但依然是景德镇重要商税来源之一。梁淼泰已经指出:"宋代瓷窑遗址,除镇区外,大都分布在浮梁境内的东河和南河。北宋后期及其稍后,产地主要有镇区、南市街、湖田、小坞里、湘湖几处。"⑤这些瓷窑大多位于明清景德镇镇区南面,距离镇市都较近或就在镇市都内。第四,明清景德镇镇区位于里仁与镇市二都,其中核心区域集中在北边的里仁都,而"镇市"在熙宁间"已经作为一个具有经济意义的新名词出现了"⑥,因此本文认为"镇市都"这一地名很可能是宋代遗存下来的文化记忆。

元代逐渐明确了官、民窑业的区分,加强了对手工业者的人身控制,开始出现以供应官窑的赋役任务为纽带,将景德镇周边地区百姓逐渐整合进同一社群的趋势。但由于元代并未设立唯一指定生产官窑的窑场⑦,因此官窑生产活动依然相对分散,对周边百姓的聚合性也不如明代那么强。真正完成景德镇及其周边区域人群的整合,使景德镇作为工商业市镇的雏形逐渐显现,要等到明代御器厂出现之后。

---

① 王旭:《宋代县下基层区划的"双轨制"研究》,暨南大学博士学位论文,2017年,第251页。
② 正德《饶州府志》中景德镇在"里仁都",到了康熙《浮梁县志》时则变成景德镇在"里仁、镇市二都"。
③ 康熙《浮梁县志》卷一,第192页。
④ 康熙《浮梁县志》卷三,第292、304页。
⑤ 梁淼泰:《明清景德镇城市经济研究》,第6页。
⑥ 王旭:《宋代县下基层区划的"双轨制"研究》,第331页。
⑦ 徐文:《浮梁瓷局的设置及其他》,《景德镇陶瓷学院学报》1982年第1期;熊寥:《浮梁瓷局的设置与撤销》,《河北陶瓷》1986年第1期;李民举:《浮梁磁局与御土窑器》,《南方文物》1994年第3期;余金保:《关于元浮梁磁局若干问题的补充》,《故宫博物院院刊》2016年第1期。

二、嵌入里甲的明代贡瓷制度及其对地域社会的塑造

明太祖朱元璋所构建的社会经济模式,建立在百姓对皇权的绝对人身依附性之上。①为此,明初在户籍上延续了元代军、民、匠、灶分立的制度,并设计了"画地为牢"的里甲制度以进行赋役摊派。上供物料作为明代赋役制度不可或缺的组成部分,其办纳由专门人户在里甲户的辅助下进行。②所谓上供物料,是明代对上贡皇室的特产与供政府运作所需各种物料的统称③,景德镇贡瓷便属于其中之一种。在景德镇,明代为烧制御用瓷器专门设立了御器厂,而窑户、匠户与里甲民户一起承担了支撑御器厂运作的任务。

窑户是拥有烧造瓷器所需的窑座的人户,也是负责供应瓷器的专门人户。由于各窑烧造水平不一、分布较为散乱,故又有官窑户与民窑户之分。官窑户负责烧造官窑,而民窑户虽不直接承烧上供瓷器,但一方面需要"召集高手匠作,赴厂帮工";另一方面当烧造数量过多,官窑户难以招架时,地方官也会将烧造任务分派给民窑户,从民窑中选取质量合格的瓷器凑解。④前辈学者对于御器厂中工作的匠户情况有较多论述,御器厂中的匠户属于轮班匠,其本职任务是几年一次赴京城服役,在景德镇从事官窑烧造属临时差派。⑤但由于烧造任务不断增加,总是难以完成,故"临时差派实际上已经成了正班",甚至因为在御器厂赋役而不能赴京,还需缴纳匠班银代替京城正役。⑥

窑户与匠户数量并不多,御器厂的运作更多依靠里甲户。支撑御器厂运作的任务可大致归为四大类,其中大部分都与里甲户有关。一是御器厂的管理与维护,这部分任务包括门子、库子与书手等御器厂内杂役,他们被以差役的形式分派给浮梁县一十三里与鄱阳县三十五里,成为它们里甲杂役的一部分。⑦二是厂中工人。厂中工人可分为"匠役"与"人夫"。匠役是负责烧造的工匠,包括官匠与民匠,官匠即轮班匠户,民匠是相对官匠的民籍工匠。由于官窑瓷器需求量增加以及官匠逃散现象日益严重,正德间"开报民户占籍在官"⑧,即以服役的形式征集景德镇周边民户参与官窑烧造事务。人夫是辅助匠役工作的人员,包括上工夫、砂土夫与军匠。军匠派自饶州千户所,上工夫与砂土夫则以里甲役的形式被派给饶州府

---

① 王毓铨:《明朝的配户当差制》,《中国史研究》1991年第1期。
② 丁亮:《在徭役与市场之间:明代徽州府上供物料的派征与审编》,《中山大学学报》(社会科学版)2019年第4期。
③ 刘志伟:《关于明初徭役制度的两点商榷》,《北京师范学院学报》1982年第4期。
④ 万历《江西省大志》卷七,第847页。
⑤ 参见江西省轻工业厅陶瓷研究所编:《景德镇陶瓷史稿》,北京:生活·读书·新知三联书店,1959年,第103—106页;梁淼泰:《明清景德镇城市经济研究》,第28—44页;[日]佐久间重男:《景德镇窑业史研究》,东京:第一书房,1999年,第131—139页。
⑥ 梁淼泰:《明清景德镇城市经济研究》,第29页。
⑦ 据万历《江西省大志》卷七:"后鄱阳知县徐俊民以厂役合派七分,申请还县,惟在镇一十三里至今应役。"(第848—849页)可知这部分差役最后完全由浮梁县十三里承担。
⑧ 万历《江西省大志》卷七,第851页。

属下各县。①三是解运。官窑瓷器解运由解户承担,而解户之苦,是明代上供物料给里甲户带来的最主要负担之一。②四是各种制瓷原料的征纳。制瓷所需原料由里甲负责买办,如"石末,出湖田一、二图,里长交纳,每十斤给米二升"③,又如解运所需"包器棉花黄纸","照依旧额数目申司派行南昌府办解,黄纸南康、九江办解"④。

梳理御器厂运作情况可以发现,景德镇贡瓷的烧造绝非国家设置御器厂,再召集数百工匠工作其中这么简单。贡瓷事务繁重,饶州府全体里甲民户、窑户、匠户都不同程度地参与其中,而里甲民户的参与度绝不亚于窑户、匠户。以承办制瓷原料为例,在景德镇,采打烧造所用柴薪是里甲户的任务。据《允厘堂本奏议》记载,为供应京城琉璃窑与黑窑烧造砖瓦及御览器物所需要的燃料,旧例要动用两万名官兵采打柴薪。万历二年(1574)这一数字有所下降,但依然达到三千名之多。⑤景德镇的烧造任务远较京城窑场为多,所需动用人数必然更为庞大,这还仅仅是采办燃料的情况。若无浮梁全县乃至饶州全府里甲户的帮助,实难想象仅靠少数官窑户或匠户便能维持御器厂的运作。由此可见,明代景德镇贡瓷的烧造极大依赖于里甲系统的赋役征派。御器厂的烧造行为是明代景德镇及其周边地区最为沉重的赋役任务,御器厂的设立在构建起一个以其为中心的赋役供应体系的同时,也塑造着景德镇的地方社会。

宋代景德镇依然附属于乡里等基层组织,与周围乡里并没有形成明确的边界,其空间范围基本可以等同为景德镇及周边自然村落的地理范围。而明代以征收赋役为目的而设置的里甲系统与自然村落并不吻合⑥,也就是说,明代的景德镇在赋役制度基础上重组了宋代以来景德镇的地域空间,景德镇及其周边村落突破了分散的自然状态,逐渐整合成以御器厂为中心的共同体。贡瓷烧造需要饶州全体里甲户的参与,而御器厂附近里仁、镇市、长乡、湖田四都共一十三里百姓尤为负担烧造任务的主体,万历时任浮梁知县的周起元称之为"以十三里当一厂役"⑦。这十三里同时也构成了日后景德镇市镇空间的主体,嘉靖四十二年(1563)饶州府通判方叔猷提到景德镇时便称"本镇统辖浮梁县里仁、长香等都一十三里居民"⑧。清代都图制取代里甲制,"里"在明代的本义渐为人所遗忘,转而被理解为长度单位。乾嘉时《景德镇陶录》称景德镇"自观音阁、江南雄镇坊至小港嘴前后街,计十三里,故又有'陶阳十三里'之称"⑨。

在此契机之下,工匠、物资、经费都集中到御器厂周边,出现了作为工商业市镇的景德

---

① 万历《江西赋役全书》编定时,御器厂烧造事务暂停,故饶州府下余干、乐平等县皆未将上工夫与砂土夫折银数编入四差,仅于文末附识之,但浮梁、鄱阳二县依然将其置于里甲项之下。参见万历《江西赋役全书》,原国立北平图书馆甲库善本丛书444,北京:国家图书馆出版社,2013年,第936、984页。
② 参见高寿仙:《明代揽纳考论——以解京钱粮物料为中心》,《中国史研究》2007年第3期,第127—143页。
③ 万历《江西省大志》卷七,第818页。
④ 万历《江西省大志》卷七,第872—873页。
⑤ [明]曾省吾:《允厘堂本奏议》,《天一阁藏明代政书珍本丛刊》第22册,北京:线装书局,2010年,第254—255页。
⑥ 刘志伟:《在国家与社会之间:明清广东里甲赋役制度研究》,北京:中国人民大学出版社,2010年,第38—42页。
⑦ 道光《浮梁县志》卷七,《中国地方志集成·江西府县志辑》,第7册,南京:江苏古籍出版社,1996年,第153页。
⑧ 万历《江西省大志》卷七,第830页。
⑨ 傅振伦著,孙彦整理:《景德镇陶录详注》卷一,第5页。

镇的雏形。里甲制虽一定程度上制约了商品流通的规模，但依然为商业活动的发展留下了空间。吴承明先生在研究16世纪中国市场时指出，明初江西是"经济比较发达的地区"，社会分化程度较高，外出经商人数也居全国前列。①在这一背景下，景德镇瓷器生产与贸易活动可称活跃。正统年间连下禁令，限制景德镇瓷器在全国各地，尤其是北方边关地区的流通。②这从侧面反映了此时景德镇瓷器在全国都有着广泛的市场。相较国内市场，虽然明代前期施行了严格的海禁制度，但这一时期国际市场对景德镇瓷业发展所起到的推动作用同样不容忽视。一方面，瓷器贸易一直在合法朝贡贸易的形式下进行着。如正统六年（1441）琉球通事沈志良与使者阿普斯古在朝贡贸易的掩护下从中国购买瓷器后试图将其运至东南亚换取苏木、胡椒等产品。③又如正德十二年（1517）葡萄牙向中国派出的官方使团"其通事乃江西浮梁人也"，可见浮梁人在海外贸易圈中占据了重要位置。④其获取此位置的资本无疑与景德镇瓷器有关。另一方面，在沿海的走私活动中，景德镇瓷器也是十分抢手的商品。《皇明条法事类纂》卷二十"接买番货"条载成化十四年（1478）浮梁人方敏在景德镇购买瓷器后将其运至金门与外国人交易事。⑤此事既被作为案例载入法律文书中，当具有一定典型性，可知景德镇瓷器是走私贸易的重要商品之一。

这些瓷器贸易所获得的利润，都把握在地方乡豪手中。罗一星在考察明代佛山冶铁业时发现："对于官府来说，由少数家族大作坊来承办军器生产，远比由众多的家庭小作坊承办易于监督控制。因此家族大作坊成为承办上供的首选对象。他们与明代官府有着特别密切的关系。"⑥这种情况同样出现在景德镇制瓷业中。官窑户是御器厂烧造任务的重要承役主体，而这些官窑户必定形成了具有一定实力的家族大作坊。无疑，官窑户需要承担沉重的烧造负担，但与此同时由于官窑烧造与主管官员的考成密切相关，这也就使地方官员在某种程度上与大窑户们结成了同盟关系。在这种环境下，这些家族既是承担赋役的基本对象，又是瓷器贸易的主要受益人。罗玘笔下的浮梁黄氏便是一个很好的例子：

> 黄德恒，讳秉彝，浮梁处士也，家县之景德镇。镇之人以万室陶，天下自景德之陶盛而诸陶废，天下民用日仰于景德……以故互市日繁，货泉流潴，而四方讴歈，戏弄百具，染及咿隶，为楚越交巨镇。然其利之擅皆土，其乡之豪也，黄氏世不酣据之。处士……迹每出镇人以为祥，门之左故有桥，上度马或坠，宣德中割地以为衢，而桥亦广之称是，乡人至今德之，名之曰步云桥，志黄氏之兴也。⑦

---

① 吴承明：《16世纪与17世纪的中国市场》，收入氏著《吴承明集》，北京：中国社会科学出版社，2002年，第145—146页。
② [清]顾炎武著，黄汝成集释：《日知录集释·日知录之余》卷二，上海：上海古籍出版社，2014年，第756页。
③ 《明英宗实录》卷八十六，北京：中国书店，1983年，第1729页。
④ 万明：《中葡早期关系史》，北京：社会科学文献出版社，2001年，第29—30页。
⑤ 《皇明条法事类纂》卷二十，北京：科学出版社，1994年，第863页。
⑥ 罗一星：《明清佛山经济发展与社会变迁》，第62页。
⑦ [明]罗玘：《浮梁黄处士墓表》，《圭峰集》卷十九，《景印文渊阁四库全书》，第1259册，上海：上海古籍出版社，1987年，第256页。

黄德恒为成化、弘治间人，此时景德镇瓷器贸易已极繁荣，但其中利益外人难以染指，皆把握在如黄氏一类的乡豪手中。这些乡豪在当地势力之大，从弘治年间一桩案件中可见一斑。南京工部尚书陈雍曾补江西佥事，分巡九江，遇"浮梁诸生六人赴省试，宿于景德镇被杀"一案，此案多年不决，因"景德在浮梁西界，富实过于县，多豪民。尝请创为县治，浮梁人不欲，遂中止"①。豪民们竟然曾经提出想以景德镇作为新的县治，实在令人咋舌，而其底气所在便是瓷器贸易所带来的巨大财富。在景德镇市镇空间结构上，这些乡豪们也占据着最好的地理位置。步云桥虽今已不知其具体位置所在，但据民国《昌南三桥黄氏宗谱》可知黄德恒先祖绍香公自鄱阳迁浮梁景德镇十八桥步云坊。②而十八桥与御器厂南门仅一街之隔，是景德镇的核心商业区。黄氏在商业中获得利润之后，一方面开展修桥铺路之类的慈善事业，以提升声望；另一方面又将其投资到教育中去。据罗玘所作墓表，在黄德恒之后几代人中黄氏一族连中进士。③这进一步巩固了其家族在景德镇的社会地位，同时也为其商业发展提供了保障与依靠。这样的上升轨迹，在景德镇的乡豪大族中应该具有一定的普遍性。

三、明中期以降景德镇社会结构与市镇形态变迁

明代景德镇贡瓷所需费用经历了一个不断攀升的过程。成化二年（1466）王恕奏章中记载了当时景德镇官窑烧造所需的经费数额与名目：

> 朝廷差内使在浮梁县景德镇烧造御用瓷器今已年久，顾觅夫匠，买办柴土、颜料，及供给监烧官员人等，每年用银不下数千余两，俱是饶州等三府小民出备，虽曰瓷器，计其所费不减银器之价。④

"饶州等三府"，指的是饶州、广信、抚州三府。⑤看来由于数额巨大，出于均平协济之考虑，烧造经费由三府共同承担。到了正德十五年（1520），唐龙上疏请停派烧造太监，其中提到"烧造太监应办物料与供应役使之人，岁该银二万七千余两"⑥，则此时烧造经费已有较大幅度的上涨。嘉靖间烧造数量再次大幅增加，为此进行了全省的随粮加派，嘉靖二十五年（1546）征银十二万两，三十三年（1554）又"加派银二万两"，皆"节年支尽"。⑦饶州当地民谣

---

① [明]孙鑛：《南京工部尚书简庵陈公雍墓志铭》，[明]焦竑编：《国朝献征录》卷五十二，《明人传记丛刊》，第111册，台北：明文书局，1991年，第537页。
② 《昌南三桥黄氏宗谱》，景德镇市图书馆藏1915年刻本。
③ [明]罗玘：《浮梁黄处士墓表》，《圭峰集》卷十九，第256页。
④ [明]王恕：《太师王端毅公奏议》卷六，《原国立北平图书馆甲库善本丛书》第217册，北京：国家图书馆出版社，2013年，第545—546页。
⑤ 《明宪宗实录》卷二百六十三，北京：中国书店，1983年，第4452—4453页。
⑥ [明]唐龙：《乞取回镇守太监疏》，[明]凌迪知辑：《国朝名世类苑》卷二十三，《原国立北平图书馆甲库善本丛书》第252册，北京：国家图书馆出版社，2013年，第429页。
⑦ 万历《江西省大志》卷七，第898页。

有云"饶州瓷器工山纸,年年揭债赔到底"①,烧造经费的飞涨不断加重着当地百姓的负担,挑战着里甲系统的承受能力。与此同时,里甲系统内部的变化却在不断削弱着里甲的承受能力。早在宣德年间,周忱已发现有大量人户脱离了里甲系统,其中许多人外出经商,而在地者"见流寓者之胜于土著,故相煽成风,接种而去,不复再怀乡土"②。在这种情况下,景德镇的商业潜力吸引了大批流动人口前来从事制瓷业及相关工作。另一方面,赋役负担的加重与里甲大户的规避与转移赋役,增大了普通民户的压力以致他们纷纷逃出户籍制度的管控范围,地方官员越来越难利用里甲制度获取赋役资源。由此,在景德镇出现了一种奇怪局面:地方上的人口虽越来越多,但在户籍之中,可以承担赋役任务的人户却越来越少。这种局面在明中期愈演愈烈,成为地方官员需要面对与解决的最大困难,嘉靖间弋阳知县徐浦称景德镇"群奸并集,有如回青,打之无法,散之无方,真青每插于杂石"③。

激增的烧造任务为当地里甲户带来了巨大的赋役负担,也挑战着地方官员紧绷的神经。御器厂所烧御用瓷器一旦有失期或质量问题,主管官员便往往难免重罚。④但与此同时,里甲系统内人户的不断逃离又常使他们感到左支右绌、狼狈不堪,为此他们不断尝试了各种改革。这些改革体现出两种取向,一是改革贡瓷征解过程中存在的弊端,尽可能减轻由此所带来的赋役压力,二是想办法扩大应役范围,使更多人能够被重新纳入赋役系统之中。其中后一种取向的改革措施直接促成了景德镇的社会结构与市镇形态变迁。

扩大应役范围有两种手段,一是将力役改为雇役。御器厂内匠户转为雇役的情况是前辈学者讨论最多的问题⑤,这里不再赘述,需要补充的是除工匠外,御器厂中其他杂役人员也逐渐由力差转为银差。《江西省大志》详细记载了与御器厂相关杂役的折银情况(见表1)。

表1 明代景德镇御器厂供亿折银表⑥

项目	数量	单价(两)	总额(两)
门子工食银	2	1(2)	2(4)
库子工食银	2	4(2)	8(4)
管厂官供应银	2	20	40
雇小船银	1	3	3
府馆冬夏案桌帷银	2	2.1985	4.397
门神桃符中副银	7	0.35	2.45
门神桃符小副银	4	0.08	0.32

---

① 万历《江西省大志》卷八,第929页。
② [明]周忱:《与行在户部诸公书》,收入[明]陈子龙编:《明经世文编》卷二十二,北京:中华书局,1962年,第174页。
③ 道光《浮梁县志》卷八,第158页。
④ 《明世宗实录》卷一百二十、一百二十三、二百九十三,北京:中国书店,1983年,第2861、2970—2971、5609—5610页。
⑤ 江西省轻工业厅陶瓷研究所:《景德镇陶瓷史稿》,第103—107页;潘群:《关于清代前期景德镇瓷业资本主义萌芽的考察》,《中国史研究》1979年第2期;许涤新、吴承明主编:《中国资本主义发展史第一卷:中国资本主义的萌芽》,北京:人民出版社,1985年,第555—602页;梁淼泰:《明清景德镇城市经济研究》,第28—45、100—118页;[日]佐久间重男:《景德镇窑业史研究》,第131—139页。
⑥ 资料来源:万历《江西省大志》卷七,台北:成文出版社有限公司,1989年。说明:万历二十五年刻《江西省大志》由嘉靖《江西省大志》增修而来,括号内数字为新报折银数字。

续表

项目	数量	单价（两）	总额（两）
造册纸张书写装钉工食银	1	1.5	1.5
迎俟京差并解运前站等官银	1	5.5	5.5
书手工食银	3	4.8	14.4

这一改革相当于借助财政白银化的手段，将差役转化为了"赋"。

扩大应役范围的第二种手段是将游离于里甲系统之外的人户重新纳入赋役体系之中。嘉靖八年（1529），御器厂编役民匠制度进行改革：

> 嘉靖八年，蒙刘太监题行工部，移咨南京工部，照会本布政司，札府帖县……今议编民匠，查浮梁县在厂答应十三里内窑座，除见厂役官匠窑座外，诸凡军民新旧窑座，核实占数署册，窑三座共编一名，不论前项编役诸色户名，窑存匠存，窑去匠去。见在更番应役，庶劳逸适均。①

这次改革的重点，在于编派民匠以窑而不再以户为单位，不再计较军、民、匠、灶之户籍，也不计较户名，只要是御器厂附近十三里内的窑座，三座窑编一名民匠。这一改革从侧面反映出这一时期民户逃匿现象严重，原来按户索人应役民匠之法已无法通行，只能从拥有不可移动、难以隐藏的窑座的窑户入手进行徭役征派。值得注意的是，从这时起窑户在性质上也发生了变化。"不论前项编役诸色户名，窑存匠存，窑去匠去"的说法显示，窑户很可能同样存在着大量逃逸的情况，此时拥有窑座的人户，与户籍册中的窑户已经难以对应了。因此改革要求放弃之前所编定的诸色户名，从实际情况出发，只要是在当下拥有窑座的人户，都需要"更番应役"。窑户从户籍中的一个类别，在此时变成了对于实际拥有窑座的人的称呼。总之，这次改革不单是御器厂内的工匠制度改革，更是为适应既有户籍制度失效现状而展开的差役制度改革。与这一改革密切相关的是嘉靖三十七年（1558）左右浮梁知县萧奇勋改革里甲制度：

> 邑侯萧公（奇勋）编审平图，而兄与弟有各籍者矣，南与北有共籍者矣。此千百有五十籍内之一更也。继奉文听从民便，而无原籍者因以入籍矣，有原籍者复得寄籍矣，此千百有五十籍外之一更也。沿至于今，图移甲改，都有空七八甲者矣，甲有添八九户者矣，此又千百有五十籍内籍外之一更也。②

萧奇勋的改革使里甲制发生了巨大的变化，成为清初图甲制度的前身。其一，田地产业取代户成为编审的基本单位，由此出现了同一户中兄弟不同籍，或者本是南北相隔的两户在同一地落籍的情况。其二，改革将大量不处于本地里甲户籍当中的人重新编入赋役系统当中，不论这些人是之前已有他地原籍，或早已从户籍制度中脱落成为"无籍之徒"。其三，

---

① 万历《江西省大志》卷七，第852—853页。
② 道光《浮梁县志》卷五，第80页。

之前里甲制的核心是尽可能配平每一里甲的户数以及承担赋役的水平,但在萧奇勋的改革之后这一要求已完全不在考虑范围之中了,某一都可以相较其他都少出七八甲,某一甲也可以比其他甲多出八九户。县志编纂者敏锐地感受到萧奇勋改革的重要性,经过萧奇勋改革之后的图甲与之前的里甲已经有了本质区别,它不再是"一种以家庭和人口为中心的组织,而变成一种以田地赋税为中心的系统"①。而萧奇勋改革的目的,则是解决人口流动与赋役征收间的矛盾,这使得新制度更关心纳税客体的具体情况而不再过多关心纳税主体的身份。

嘉靖八年御器厂应役制度的相关变化,与萧奇勋改革本质上是同一指导思想下的不同手段,都是为适应既有户籍制度失效现状而展开的差役制度改革。这一改革趋势最终促使了隆庆、万历间御器厂"官搭民烧"改革的出现。官搭民烧在嘉靖八年改革的基础上进一步扩大了派烧范围,将烧造任务分派给"景德镇以至浮梁境内的民窑"②,同时在物料折银与定额的基础之上在分配烧造任务时采取了"估价付值"的形式。关于"官搭民烧",前辈学者在资本主义萌芽问题意识下关注颇多,他们往往将"官搭民烧"视作非市场经济向市场经济、传统向现代过渡过程中重要节点的体现。③但"官搭民烧"要解决的依然是之前一系列改革所尝试解决的问题,即里甲负担过重所造成的物料征调困难。其意义在于客观上承认了明初设计的资源征调制度存在巨大问题这一社会事实,并在此基础之上,对现有社会秩序与资源加以整合利用,以维持自身运作。但这一意义并不专属于"官搭民烧",它不过是为有效实践"均平"原则而展开的一系列制度探索中的一环。④这一系列制度改革在整合当地社会秩序与资源的同时,又进一步促进了里甲赋役制度的解体,使新的社会秩序得以建立起来。

随着景德镇瓷器贸易的日益扩展,越来越多外来人口来到景德镇淘金,而明中期以降地方官员围绕景德镇官窑瓷器烧造进行的一系列改革,客观上承认了人口流动的合法性,使拥有雄厚商业资本的商人作为一支新兴社会力量,得以动摇之前里甲赋役系统下由窑户大族主导的权力结构,也使得这一时期景德镇的土客矛盾日益激化。如嘉靖十九年(1540)佣工景德镇的乐平县民与当地浮梁百姓"各集党千余互相仇杀"⑤;万历三十二年(1604)在景德镇的饶州七县民众与佣工的都昌县民又爆发冲突,"亡赖者乘以抢夺"⑥等。这些冲突的背后其实是地方权力的争夺。明末景德镇地方大族在与外来人群的争斗中并未落入下风,直到清康熙年间三藩之乱时,景德镇"房舍焚毁过半,业窑者十仅二三。沿街店屋悉售外籍,里仁、镇市居民稀少,每遇公役,难以供应"⑦。自此景德镇本地大族元气大伤,外来人群逐渐

---

① 刘志伟:《在国家与社会之间:明清广东地区里甲赋役制度与乡村社会》,第187页。
② 梁淼泰:《明清景德镇城市经济研究》,第55—56页。
③ 参见徐文、江思清:《从明代景德镇瓷业看资本主义因素的萌芽》,《光明日报》1956年3月29日;潘群:《关于清代前期景德镇瓷业资本主义萌芽的考察》,《中国史研究》1979年第2期;许涤新、吴承明主编:《中国资本主义发展史第一卷:中国资本主义的萌芽》,第555—602页;赵宏:《官搭民烧考》,《故宫博物院院刊》,1996年第1期;梁淼泰:《明清景德镇城市经济研究》,第28—155页;[日]佐久间重男:《景德镇窑业史研究》,第117—159、241—255页;王光尧:《明代宫廷陶瓷史》,北京:紫禁城出版社,2010年,第271—278页。
④ 参见胡宸:《明代上供物料制度运作与财政白银化的逻辑:以景德镇官窑烧造改革为例》,《社会》2020年第4期。
⑤ 《明世宗实录》卷二百五十,第5017—5018页。
⑥ 康熙《浮梁县志》卷二,第213页。
⑦ 康熙《浮梁县志》卷九,第413—414页。

占据了制瓷业的上风。这种变化从之后窑工口耳相传的传说中可见其端倪。①考察族谱中所见都昌人殁葬景德镇的情况,亦可见其人数自康、雍之后才有比较明显的增加(表2)。到清中期,景德镇已经形成都帮(都昌人)、徽帮(徽州人)、杂帮(本地人及其他外地人)三帮鼎立的局面,权力斗争的主要矛盾集中在各行帮、会馆之间,之前由乡豪垄断瓷业利润的局面一去不复返。在这种转变之下,新的社会秩序得以形成,景德镇蜕变成了我们今天所熟悉的商业市镇。在这个市镇中,充斥着来自全国乃至世界各地的人群,维系社会秩序与完成赋役任务的不再是里甲编户,而是行帮、会馆。将大家聚在一起的不再是国家制度规定所带来的人身束缚,而是瓷器所带来的商业利益。

表2 都昌七姓宗谱所见明清以来殁葬景镇浮邑人数统计表(单位:人)②

族姓\时代	明代	崇祯、顺治	康、雍	乾隆	嘉、道	咸、同、光	宣统、民国	各族总数
南峰冯氏宗谱			124	263	348	325	119	1179
曲江余氏(三湾)宗谱			232	555	395	321	197	1700
余氏宗谱(金山、茑溪)			29	65	114	172	133	513
余氏宗谱(余家湾)				14	61	90	8	173
江氏大成宗谱(大井头)		4	47	97	170	179	135	632
曹氏宗谱	1		48	65	104	123	45	386
延陵吴氏宗谱(仅第3、4卷)	8	1	3	1	2	1	4	20
各期总数	9	5	483	1063	1194	1211	641	

诸因素碰撞所造成的社会环境剧变,也为景德镇的市镇面貌带来了巨大变化。瓷业发展所带来的商业资本增加以及被瓷业利润所吸引来的大量劳动力,使景德镇的市镇规模在16至18世纪这段时期内得以不断拓展。随着城镇规模的不断扩大,城镇内社交网络的日益细密,城镇功能的日趋完善与成熟,景德镇最终蜕变成一座繁荣的工商业市镇。御窑厂周边最核心、地价最高的区域遍布商铺、瓷行,窑座与手工业作坊则以御窑厂为中心向南北两端延伸。

在市镇形态变化过程中,有两点表现最为突出。其表现之一是市镇范围的扩大。从考古材料看,清代景德镇的前街在明代临河,前街以西基本是清代的窑业与生活遗存。③这说明现在景德镇前街以西临河的这部分街道是明清之际逐渐拓展出来的。相关文献也支持这种观点。景德镇临河洲地在清初并未进行多少开发,但随着市镇经济的日益繁荣、市镇人口的持续增加,这些洲地成了利益争夺的新焦点,乾隆《浮梁县志》就记载了乾隆年间苏湖会馆与当地百姓争夺王家洲土地的案件。④随着开发的深入,在这些洲地上逐渐形成了新的街

---

① 传说中都昌人来景德镇有两批,第一批未站住脚,被本地人排挤了,第二批才站住。江西省历史学会景德镇制瓷业历史调查组编:《景德镇制瓷业历史调查资料选辑》,内部发行,1963年,第36—37页。
② 资料来源:江西省历史学会景德镇制瓷业历史调查组编:《景德镇制瓷业历史调查资料选辑》,内部发行,1963年。
③ 白光华:《景德镇老城区古瓷窑业地下埋藏情况》,《景德镇陶瓷》2014年第5期。
④ 乾隆《浮梁县志》卷十二《杂记下》,景德镇图书馆藏油印本,第10—11页。

道。这一点可以从地名中看出端倪,今天的景德镇,前街以西的地名,是前街以东地名的延伸,如前街以东是彭家弄,以西就是彭家下弄。徽州会馆的契约文书令我们得以窥见这些洲地不断得到开发的过程。徽州会馆购置地产的契约文书中有许多购买浮屋、浮店的契约,如康熙五十一年(1712)购入哲四巷浮楼店一间半、乾隆五十九年(1794)购入石狮埠下河巷浮店六间、嘉庆元年(1796)购入江家巷下河打船厂浮店屋一间等。①这里的"下河巷"即"下弄";浮店、浮屋当指沿河搭建的简易房屋。下弄的街道正是由这些简易的浮屋、浮店组成、拓展而来。

其表现之二是景德镇不断向外拓展规模的同时,也经历了内部肌理细密化的过程。排比历代方志可以看到,在正德至乾隆这段时间中,景德镇市区增加了大量的桥梁、庙宇与渡口。

表3 正德至乾隆间景德镇桥梁、庙宇、渡口变化表②

桥梁	正德饶州府志	弥陀桥
	康熙浮梁县志	弥陀桥、通津桥、十八间桥、青云桥、金花桥、拱宸桥、落马桥
	道光浮梁县志(新增)	赛金桥(康熙间建,乾隆重建)、十八间桥
庙宇	正德饶州府志	崇宁庙
	康熙浮梁县志	师主庙、五王庙、杨副使庙、阳府寺、祝禧寺、云隐庵、新兴教院、诸堂教院、五龙庵、白云庵、观音阁、翠云寺、圣寿观、义合教院、安宝教院、景德禅寺
	道光浮梁县志(新增)	福慧寺(康熙间建)、万福庵、普济庵(康熙间建,乾隆增建)、祗陀林(顺治间建,康熙增建)
渡口	正德饶州府志	明山渡、市埠渡、小河沙土渡、锺秀渡、建阳渡
	康熙浮梁县志	老鸦渡、建阳渡、李施渡、明山渡、中秀渡、崇建渡、小港渡、宝山渡

除了桥梁、庙宇、渡口这一类公共设施大量增加以外,活跃的商人组织还建立起大量会馆③;为满足大量涌入人口的需要,旅馆、饭店、成衣店等服务行业也愈益增多,形成新的商业街区。之前镇区中的空地、淤浅河道、田地、池塘被占用、填平,在其上建起了一排排铺屋,这些建筑与公共设施填充了景德镇核心镇区的内部聚落缝隙。

四、结　论

如果一位旅行者在民国初年到达景德镇,他会看到十分罕见的奇异景观:镇中遍布高

---

① 郑乃章编:《景德镇新安书院契录》,南昌:江西人民出版社,2012年,第236—237、35、120页。
② 资料来源:正德《饶州府志》卷三,《天一阁藏明代方志选刊续编》第44册,上海:上海书店,1990年;康熙《浮梁县志》卷三;道光《浮梁县志》卷三、二十。说明:康熙《浮梁县志》中所载庙宇,有少部分其实创建于正德之前,由于正德府志失载无法考证,但这并不影响对于整体趋势的判断。
③ 汪维培:《景德镇的会馆》,景德镇文史资料研究委员会编:《景德镇文史资料第四辑》,内部资料,1987年,第189—196页。

耸的烟囱,烟囱中冲出的黑烟遮蔽天空。①镇里每一个角落都有大大小小的制瓷作坊,从外面就可以看见工人们在其中忙碌的身影。狭窄的街道上,担着各种原料、柴薪、成品、半成品的挑夫来来往往,络绎不绝。河岸边,上千只帆船停靠在那里,一眼望不到头。②这是一座繁荣的工商业市镇,它的出现并非单纯是宋代以来景德镇制瓷业发展的结果,王朝制度变革对于它面貌的塑造同样起着不容忽视的作用。诺思(Douglass Ceil North)指出:"制度提供人类在其中互相影响的框架,使协作和竞争的关系得以确定,从而构成一个社会特别是构成了一种经济秩序。"③把目光投放到景德镇这一小区域,可以切实地看到宏观的制度与市场,如何进入并影响着地域人群的生活,而制度、市场与地域社会等诸因素间的碰撞与激荡,又怎样塑造了这一长时间段中的种种变化,其中有波折,有过渡,有融合,有同化……纵观景德镇的社会变迁,可以发现变化并非猝然而至,亦非戛然而止。

  市镇的兴起与变迁,有着远较经济决定论更为复杂的内在逻辑,其中制度变革是不应忽视的重要动因之一。从官窑烧造制度变革的角度去考察景德镇的变迁过程,便会发现二者的关联竟如此紧密。官窑烧造制度的变迁,不仅影响着景德镇市镇规模与形态的不同,也影响着镇内权力结构的变动。当然,强调制度因素在市镇变迁中的作用,并非否定经济市场发展影响的重要性,而是希望将国家作为能动主体的一方,通过其与市场、地方人群等其他能动主体的互动,去展现市镇生成、运作的具体过程,以有别于以单一因素为决定性指标所勾勒出的线性发展趋势。在这种复杂、曲折的互动中,不能简单将发生在这一时期的巨大社会变迁,用"自然经济—商品经济"或"传统—近代"的二元对立模式去解释,而应当从具体的个案研究出发,在历史情境中去捕捉市镇发展的差异性与多元性,从中揭示出明清市镇在塑造传统中国市场与社会中,究竟扮演着怎样的角色。

作者简介:胡宸,中山大学历史系博士研究生。

---

① 光绪十七年(1891),景德镇已有柴窑30几座,槎窑80几座,到了20世纪二三十年代,柴窑最盛112座,槎窑7座。柴窑在容量与烧造质量上皆高于槎窑。江西省历史学会景德镇制瓷业历史调查组编:《景德镇制瓷业历史调查资料选辑》,第37页。

② 东亚同文会编:《中国省别全志》第11卷,台北:南天书局,1988年,第84页。

③ [美]道格拉斯·C.诺斯:《经济史上的结构和变迁》,北京:商务印书馆,1992年,第227页。

从嘉靖时期万寿宝塔的捐建看辽藩与沙市市镇经济*

谢宁静

【摘　要】明代辽藩在荆州的活动与地方经济的发展密切相关。嘉靖时期,辽王朱宪㸅倡建万寿宝塔,参与捐建的信士不止有宗室成员,还有卫所、僧道和商旅,他们至少来自一个京师(南京)、九省四十个府(州),涉及地域极广。万寿宝塔的捐建者与辽藩的经商网络有着千丝万缕的联系,宝塔捐建一事不仅可以折射出明代中后期沙市市镇经济逐渐繁荣的图景,而且可以一窥宗藩与地方社会的复杂关系。

【关键词】宗藩;地方社会;沙市;商业

按照明代规制,分封至地方的宗室由各地府县供养,宗藩与地方社会的关系由此变得非常紧密。以往涉及王府与地方关系的讨论,大都从食封制中的庄田和禄米出发,把宗室看成寄生集团,关注其对地方社会造成的恶劣影响。①相关区域社会史的研究,也多限于宏观尺度的把握,正如张建民所指出的:"典型区域宗藩与地方互动关系的系统论述并不多见。"②

除了制度供养的内容,宗室还通过经商或其他手段敛财。为数不多的相关研究主要从分封制度的弊端、明中叶商品经济的发展、统治者的带头作用来探究宗室经商的原因。在具体经商形式和内容上,通过举例说明有长途贩运、开店、经营炭厂等方式,经营内容有盐、

---

* 基金项目:本研究获"中山大学历史人类学研究中心田野调研资助计划"经费资助。

① 参见顾诚:《明代的宗室》,明清史国际学术讨论会编:《明清史国际学术讨论会论文集》,天津:天津人民出版社,1982年,第89页;王毓铨:《明代的王府庄田》,《莱芜集》,北京:中华书局,1983年;张德信:《明代宗室人口俸禄及其对社会经济的影响》,《东岳论丛》1988年第1期。

② 参见张建民:《明代两湖地区的宗藩与地方社会》,《江汉论坛》2002年第10期。该文从分布衍化、供应役使、地方秩序、社会生活方面总体上探析了湖广宗藩与地方社会的关系。近年来,关于宗室与地方关系的个案研究出现在大量学位论文中,主要集中在藩王数量较多的如河南、湖广、山东等地。如闫海青《明代山东藩王与地方社会》(山东大学硕士学位论文,2007年)、杜星《略论明代湖广宗室对地方社会的影响》(华东师范大学硕士学位论文,2010年)等。这些论文对于我们认识不同地区的宗室有所贡献,然此类讨论大都停留在浅层次,且用相似的逻辑解读宗藩与地方的关系,未脱离前人研究理路。此外,值得一提的是吕双对山西宗室的研究,从宗室的城市活动、婚姻策略、宗教策略、文人网络构建四方面揭示了晋、代、沈三个宗室与地方社会、王朝制度之间的关系。详参吕双:《地方上的天潢贵胄:明代山西宗室的生存策略与演变》(新加坡国立大学博士学位论文,2017年)。遗憾的是,该研究尚未触及本文要讨论的宗室经商问题。

茶、钱钞等。①在性质判断上,基本上都是从宗室对经济的破坏或犯罪层次展开讨论。②笔者认为,宗藩从商及其他非法敛财之举,固然可用腐化堕落来稍做解释,但若止步于破坏层次的讨论,对于我们更深入理解王府与封地的关系及宗藩制度的实际运作问题是远远不够的。

虽然受明代藩禁限制,加上藩王特殊身份的限定,宗室经商研究目前止步于史料考述③,但探讨宗室经商与人群关系却是从区域史的角度研究王府体制无法绕开的话题。本文选取辽藩作为研究对象,拟揭示辽藩的活动与市场的关联,希望可以对王府与地方社会的关系,以及宗室经商的性质等问题做些许回应。

自永乐二年(1404)朱植从辽东移藩至荆州,截至隆庆二年(1568)朱宪㸅因罪除国,辽藩历经简王植、庶人贵烚、肃王贵熞、靖王豪墭、惠王恩鐩、恭王宠㳞、庄王致格、庶人宪㸅,共七代八王,宗支甚众,在地方影响甚巨。辽藩经历了从明初被朝廷猜忌、困窘无措到嘉靖时迅速致富,隆庆时亲王被废国除的大起大落。这期间,末代辽王朱宪㸅为给嘉靖祝寿而倡建的万寿宝塔,标志着辽藩势力的巅峰,同时见证着沙市市镇经济走向繁荣的历史过程。

一、万寿宝塔概况及题名砖线索

万寿宝塔坐落于今湖北沙市荆江大堤之上,宝塔正前方为观音矶,凸出江中,三面环水,不仅地理位置至险至要,且历史层累非常丰富。此处在建宝塔之前,已是当地名胜之一。唐代在此建有观音寺,"地名白船套,抑当年竞渡分泊之所",洪武时,湘王朱柏曾在此创建庙宇④,嘉靖时辽藩又在此建造万寿宝塔。清初,孔自来曾如此描绘其景观:"七层桀峙,雾合云连,烟影铎音,清人听睹,陟而眺之,江如萦带,舟如凫雁矣。"⑤在康熙《荆州府志》中,存有"江陵八景"图,其中宝塔在"江津晚泊"图中格外醒目,恰好为船只途经沙市指引方向。⑥

在清代,由于沿江贸易的不断发展,宝塔之下已辟有专门码头,为船舶靠岸之所,华学澜曾游历至此并记道:"舟中远望,见一塔高峙,舟人云,地为沙市轮舟停泊之所。"⑦民国方

---

① 赵毅:《明代宗室的商业活动及其社会影响》,《中国史研究》1989年第1期;覃延欢:《明代藩王经商刍议》,《中国社会经济史研究》1993年第2期。
② 见赵毅:《明代宗室的商业活动及其社会影响》。又如李龙潜亦讨论过宗室的皇店、"店肆"等工商业经营状况和性质,指出其发展道路是从分割国家税源到占夺一般商业者的经营利益,最后是公开掠夺,严重阻碍商品经济发展和资本主义萌芽。(《明清经济探微初编》,台北:稻香出版社,2002年,第126—127页)此外还有赵全鹏《明代宗藩对社会经济的影响》(《河南师范大学学报》1994年第5期)、田培栋《论明代"藩王"地主对社会经济发展的影响》(《明代社会经济史研究》,北京:燕山出版社,2008年,第471—500页)、雷炳炎《明代宗藩经济犯罪述论》(《暨南史学》2009年第6辑,广州:暨南大学出版社,第257—267页)等。
③ 具有代表性的有对潞王店业的研究,如苏德荣:《潞王府的庄田、店业考述》,《明史研究论丛》1991年第21期。
④ [清]孔自来:顺治《江陵志余》不分卷《志精蓝》,《中国地方志集成·湖北府县志辑》第30册,南京:江苏古籍出版社,2001年,第431页。
⑤ [清]孔自来:顺治《江陵志余》不分卷《志精蓝》,第432页。
⑥ [清]郭茂泰等:康熙《荆州府志》卷一《图考·江陵八景》,《中国地方志集成·湖北府县志辑》第35册,第36页。
⑦ [清]华学澜:《辛丑日记》不分卷,上海:商务印书馆,1936年,第77页。

志载:"在观音寺前石矶内,七层桀峙,矗立江面,为全市望。"① 远近闻名的宝塔,自其竣工起,就因其突出的景观特征,成为沙市的重要地理标志和一方胜景。往来贸易的各地商旅,行船至此,便知到了沙市。

宝塔的创建缘由,据辽王朱宪㸅《鼎建万寿宝塔》载:

> 荆故无塔,创自嘉靖戊申始。先太妃毛以贞静端一之性,究心内典……乃命予矢心创建浮屠,范金庄严,接引尊佛,修人天供。藉此无上真乘妙法,祝延我圣天子万万寿用敷,锡余福以庇下民。爰协灵辰,肇基观音阁之净土。于是远近皈依,财力弗戒以集,盖再期而功成……不谷率我境内臣民,祇事斋心,和南称赞,祈天永命,无疆惟休,与佛同春。而茅土席荫,罔俾本支百世,专美周宗矣……②

据《碑记》所言,辽王是在笃信佛教的辽藩毛太妃的建议之下,为嘉靖祝寿而建。"率我境内臣民"之语,足显辽王一方藩主的心态,"罔俾本支百世,专美周宗矣"一语则流露出其希望本宗绵延长远之愿。

此碑记只提及宝塔始建于戊申即嘉靖二十七年(1548),并未交代其建成时间,收入此篇文章的《种莲文略》,初版为嘉靖三十五年(1556)刻本,可知竣工时间在这之前。光绪《荆州府志》中亦有《辽王宪㸅鼎建万寿宝塔碑记》,内容与此篇相同,仅文末落款"嘉靖辛亥岁霜降日以卜"③,结合题名砖中牵涉嘉靖年份最晚的为"嘉靖三十一年三月初一",可推知宝塔功成时间约在嘉靖三十年(1551)至三十一年(1552)间。④

万寿宝塔的塔砖由各地信士捐赠,历经四百余年,多数已风化剥落,字迹漫漶。笔者通过实地探访,将可以辨识的题名砖文字信息做了初步整理。捐献的物资主要有金钱、砖石、神像、木料四类。捐建者身份比较明确的主要有宗室、卫所、官吏、商人、僧道五类(详见表1)。

表1 宝塔塔砖捐赠者身份⑤

身份	类别举例	原文举例
宗室	辽国宗室、华阳王府(蜀藩) 楚府	辽国广元王长子朱宪㷂施砖三千块 华阳王府喜施塔砖四千块
卫所	荆州卫、辰州卫、施州卫、显陵卫 夷陵守御千户所、承天太府锦衣卫	施州卫信官百户红钟禥舍佛砖一块 辰州卫……信官指挥使王一乡施砖十块
官吏	抽分厂信士 通事	湖广荆州府江陵县沙市抽分□□□□喜舍……宝塔井口楠木一根…… 西蜀保邑通事袁文显施佛壹尊 四川马湖府信官文普贵

---

① 王百川:民国《沙市志略》不分卷《古迹第四》,《中国地方志集成·湖北府县志辑》第38册,第16页。
② [明]朱宪㸅:《种莲文略》卷之下《鼎建万寿宝塔》,《原国立北平图书馆甲库善本丛书》第693册,北京:国家图书馆出版社,2013年,第601页。
③ [清]倪文蔚等:光绪《荆州府志》卷二八《祠祀志二》,《中国地方志集成·湖北府县志辑》第36册,第295—296页。
④ 万寿宝塔建成后有数次重修记录,题名砖中出现的年份依次有嘉靖二十八、二十九、三十、三十一年,崇祯三年,康熙四十年,乾隆五年,光绪十一年。
⑤ 限于篇幅,在此只选取部分代表性示例。

续表

身份	类别举例	原文举例
商人	浙江金华府商人 江西临江府保人、商人 江西槎溪、熊庄商人	浙江金华府……信商范宪喜施佛砖伍块 清江县木商杨栋喜舍佛砖十块 大明国祖贯江西临江府……保人氏今商寓荆州府江陵县上湾龙打口土地居住……信士李洪进……合家眷等……施银四十两
僧道	寺僧、道童	四川邛州九罡山凌空寺僧行清施砖五十块 过往云游长道童王清阳李高施花砖一面

此外,尚且存在更多身份和籍贯信息不甚明确的"信士"。据初步统计,那些籍贯明确的捐建者,至少来自全国一个京师(南京)、九省的四十个府(州)地,具体来说为南直隶(应天、苏州、扬州),湖广(武昌、黄州、荆州、承天、长沙、郧阳、岳州、辰州、夷陵州),四川(成都、重庆、夔州、保宁、顺庆、叙州、马湖、雅州、卭州、泸州、嘉定州),江西(饶州、南昌、吉安、广信、瑞州、抚州、临江),山西(太原、平阳、泽州),河南(开封、汝宁、南阳),陕西(西安),浙江(金华),山东(济南),广东(肇庆)。①沙市并无佛教圣地,跋涉千山万水到沙市来的人们恐怕很难说都是专程来此礼佛的,故绝大多数信士的身份并不普通。此外,将所涉地名与明代徽商黄汴所著的《天下水陆路程》和杨正泰《明代驿站考》相比对可知,它们恰处于水陆要道上。②

上表所示的"江槎溪商人""清江县木商"及"保人",均从事商贸活动③,结合明中叶后沙市的发展状况及宝塔特殊的地理位置,或可推知,这些冠以"信士"之名的人群,大多是沿着水路陆路汇聚到沙市来贸易的各地商旅。又如表格未列的"江西饶州府浮梁县景德镇信士于幸太保两陶寿命延长施佛砖二块",虽冠以"信士"之名,但此人却与景德镇陶瓷贸易不无关系。

辽王主持修建的宝塔,参建人员如此之多,涉及范围如此之广,王府与这些人群之间究竟有何种关联。按照藩禁政策,居住于荆州府城之中的辽藩禁止出城至沙市活动,更不被允许与官府交结,从事商业活动。万寿宝塔背后所隐含的商贸网络,还有王府与抽分厂、卫所、地方官吏、商人扑朔迷离的关系,提示着我们要回溯辽藩历史,并结合沙市市镇经济发育的过程来寻找答案。

二、早期辽藩的经济困境与贸易尝试

明初,朱元璋封建诸子,朱植于洪武二十五年(1392)被封为辽王,次年就藩广宁,朱植即辽藩首王。④分封之初,诸王待遇优渥,不仅典兵而且参与地方政事,一切用度由国家财政

---

① 题名砖统计信息大多数来自笔者的实地考察,又结合《荆州万寿宝塔》一书的统计,最终核对而成。荆州市万寿宝塔管理中心:《荆州万寿宝塔》,武汉:湖北美术出版社,2018年。
② 黄汴:《天下水路路程》,太原:山西人民出版社,1992年。杨正泰:《明代驿站考》,上海:上海古籍出版社,2006年。
③ 参见胡铁球:《明清歇家研究》,上海:上海古籍出版社,2015年。他指出由"保歇"延伸出"保家""保人"等诸多异名,他们的核心功能是提供住宿和贮存服务。
④ [清]张廷玉等:《明史》卷一一七《诸王二》,北京:中华书局,1974年,第3586页。

供给。此时朱植有三支护卫，日常练兵以防敌，担负着屏卫宗室的职责。①建义帝继位后着手削藩，朱植在此期间"坐罪，夺禄"。②随后靖难兵起，朝廷"召植及宁王权还京。植渡海归朝，改封荆州"③。此次改封尚未成行，朱棣即已起兵并获得成功。

永乐元年（1403）诸王入朝，或许是没有响应朱棣起兵的缘故，朱植颇不为成祖所喜，"帝以植初贰于己，嫌之"④。次年，朱植以辽地荒远，供给困难为由，自请"留三护卫于彼，以益边防"及移藩荆州，并于同年获准至荆。⑤此后，朱棣在削藩中削除了朱植的仪卫和护卫。⑥此时，朱植的待遇十分低下：

> 昔辽简王得罪朝廷，太宗皇帝特加原贷，削去护卫及仪卫司，止与校尉厨役三百人。仁宗皇帝命，今辽王袭封，于原禄米一千石外加赐千石。⑦

辽王朱植在永乐间的禄米为一千石，在亲王待遇中属最低之列。据明会典载，永乐以后亲王待遇均为一万石。⑧不仅如此，朱植仅有三百人供其役使。这种"得罪朝廷"的株连一直延续，至正统年间才给辽王稍稍增加了一千石的禄米。

永乐一朝，朱植在封地行事低调，"王在国中，素循礼法"⑨。其后继任的贵烚不算安分，仅十数年，就因屡犯条例被废为庶人。⑩与此同时，辽藩宗支迅速繁衍，排除罪废爵位和早逝的情况，仅第一代郡王府的数量已达14个。⑪

宗室人口增长迅速，地方疲于应付。正统间就出现郡王房屋不足的情况。如宜城王贵燣奏"所居房屋十二间，与弟枝江王贵熠分居，臣止得六间。况年深腐朽，不堪居止"⑫。成化十年（1474）湖广荆州府知府赵琏言，"本府城内原有辽府自郡王以下至将军、中尉、郡主、县主、县君、乡君等府共七十余处。递年修建宫室，创造坟墓，略无停息，民疲财耗"⑬。

不唯如此，禄米实际供应不足的状况频现。如松滋王、应山王先后上奏用度艰难，乞赐禄米。⑭成化七年（1471），辽世子豪墭奏："父辽王薨，禄应住支，而府中艰窘无措，乞赐是岁

---

① [明]何乔远：《名山藏》卷三七《分藩记二·辽王》，北京：北京大学出版社，1993年，第2071页。
② [明]何乔远：《名山藏》卷三七《分藩记二·辽王》，第2072页。
③ [清]张廷玉等：《明史》卷一一七《诸王二》，第3586页。
④ [清]张廷玉等：《明史》卷一一七《诸王二》，第3587页。
⑤ [明]孙存等：嘉靖《荆州府志》卷五《藩封·附录》，武汉：湖北人民出版社，2014年，第240页。
⑥ 《明太宗实录》卷一二五，永乐十年二月庚辰条，台北："中研院史语所"1962年，第1570页。载"辽王植有罪，削其护卫及仪司，止给军校尉三百人备使令"。
⑦ 《明英宗实录》卷二十，正统元年七月甲寅条，第396页。
⑧ [明]申时行等：《大明会典》卷三八《户部五·廪禄一·宗藩禄米》，《原国立北平图书馆甲库善本丛书》第427册，第1329—1331页。
⑨ 《明太宗实录》卷六七，永乐六年三月戊寅条，第1051页。
⑩ 《明英宗实录》卷五三，正统四年三月庚申条，第1020页。
⑪ [明]孙存等：嘉靖《荆州府志》卷五《藩封》，第212—218页。
⑫ 《明英宗实录》卷七十，正统五年八月丁亥条，第1359页。
⑬ 《明宪宗实录》卷一二五，成化十年二月乙巳条，第2389页。
⑭ 《明英宗实录》卷一五八，正统十二年九月丙午条，第3080页；卷一七〇"正统十三年九月庚子"条，第3283页。

禄米以治丧。"①亲王府尚且如此,更不必说其他宗支。到成化二十三年(1487),荆州府知府沃频言:"本府常积仓粮亏折至二十余万石,事涉王府,有司不能治。"②

宗室用度艰难一方面是地方不能及时供应,另一方面则与食封制的变化有关。宗室供应虽有定制,但随着宗藩人数膨胀,政府财政压力增大,食封制渐无法保证初始之标准。③食封制以禄米为主,仅从禄米来看,实际供给的宗藩禄米一般分为本色的禄米和折色的钞两部分。因爵位不同,改折率亦异。伴随着明代财政改革的进程,禄米中本色部分也在经历着折银的变化,更重要的是折色的钞的部分亦在变化。明代钞法在明初推行后不久,便迅速走向崩溃,全汉昇指出"到了明中叶,'大明宝钞'就退出了商品流通领域"④,但钞却仍然被用于支付宗室禄给。宝钞的贬值,对以禄米为主的供应体系影响甚大,据日本学者布目潮渢的计算,禄米部分折钞后,对于宗藩而言,实际上是一种变相的减禄。⑤

随着国家财政负担加大,王府供应出现紧缩和拖欠现象,朝廷也逐渐限制或者拒绝宗支关于用度的奏求。成弘以后,辽藩关于用度的奏求少见允准,中下层宗室迅速陷入生计困境。宗支生计日绌,甚至引发宗室与有司的矛盾,正德十一年(1516)荆州大水,"窘迫如近日辽府将军恩锢父子,因少俸粮,私出府第,欺凌官府,挟放囗囚,擅抬库银,大肆凶恶"⑥。

自永乐至正德,生计引发的问题愈发严重,一方面,庞大的宗室供应,加剧了地方负担;另一方面,出于自谋生路的本能,商业贸易成了宗室敛财的重要出路。辽王待遇不高,于本地商贸活动早有参与。至于中下层宗室,亦有增加收益的诉求。早在永乐时,朝廷曾将荆州城的商税归于辽王朱植,但很快又以五石禄米换回了这原本不多的商税⑦,其中缘由已无法获悉,但透过商税的征收,多少可以了解王府和地方商人之间曾存在一定程度的联系。永乐六年(1408),朱植"于造作商贩之事未尝妄为"⑧,又恰可从侧面反映出他与当地商贩谨慎有度的往来。辽王贵焰罪行频发,正值藩禁日严之时。自宣德始,宗藩被禁止参政、出仕、从事四民之业,及出城、入朝,与官府结交等等。⑨我们在贵焰的罪状中,常发现他出城活动,有如"强买货物""侵占湖港""买马不偿值"等行为,多与商贸有关。⑩虽然贵焰被惩治了,但其后代并未完全脱离商贸之事。辽王豪墭曾经与其他宗支之间因为贷款问题产生矛盾。⑪辽王恩镨在位期间,宗支因商贾之利引发剧烈冲突,弘治四年(1491),"仪宾表镛复诱恩鏽等招引群小,夺军民商贾之利",辽藩远安、长阳等郡王府下宗人纷纷效仿,辽王力阻后却引发宗室

---

① 《明宪宗实录》卷九五,成化七年九月甲申条,第1821页。
② 《明宪宗实录》卷八,成化二十三年十二月丁卯条,第157页。
③ 相关问题学界早有探讨,详参张德信《明代宗室人口俸禄及其对社会经济的影响》(《东岳论丛》1988年第1期)、顾诚《明代的宗室》等。
④ 王毓铨主编:《中国经济通史:明代经济卷(下)》,北京:经济日报出版社,2000年,第794页。
⑤ [日]布目潮渢:《明朝の諸王政策とその影響》,《隋唐史研究:唐朝政権の形成》附篇二,東洋史研究会編:《東洋史研究叢刊》第二十,京都:東洋史研究会,1968年,第462页。
⑥ [明]薛纲等:嘉靖《湖广图经志书》卷一《本司志》,北京:书目文献出版社,1991年,第40页。
⑦ 《明太宗实录》卷一五,洪武三十五年十二月癸丑条,第270页。
⑧ 《明太宗实录》卷七七,永乐六年三月戊寅条,第1051页。
⑨ 参见暴鸿昌:《明代藩禁简论》,《中国史研究》1989年第1期。
⑩ 《明英宗实录》卷五三,正统四年三月己未条,第1020页。
⑪ 《明宪宗实录》卷一八五,成化十四年十二月庚戌条,第3326页。

相互残杀的严重后果。①

到明代中后期,藩禁渐开,商品经济迅速发展,位于荆州城外的沙市市镇经济日趋繁荣,不可避免地吸引辽藩介入到沙市各种商业活动之中。

三、沙市市镇经济与辽藩的活动

沙市位于"(荆州)府东南七里"②。据陈国灿研究,沙市在东汉时称"津乡",为天然渡口。唐时渐形成较固定的草市,始以"沙头市"为名,市场在江堤上,堤上酒舍、商店次第排列,堤下帆船相连。南宋时已是万人以上的大型城镇。③元末明初,沙市经历战乱,商业一度颓败,随着休养生息,到明中后期再度繁盛。隆万时,"蜀舟吴船、欲上下者,必于此贸易,以故万舫栉比,百货蚁聚"④。明末刘献廷描述道:"荆州沙市,明末极盛,列巷九十九条,每一行占一巷,舟车辐辏,繁盛甲宇内,即今之京师、姑苏皆不及也。"⑤

在沙市的发展中,内河航运和桥梁关津尤为重要。陈国灿指出,沙市商业的发展主要得益于江河联运的水上网络。历史上沙市周边多次开凿运河,将长江与内河航道接连起来,使商业发展非常迅速。⑥辽藩最早现身沙市亦与航运有关。弘治时沅陵王府仪宾赵玺于城外草市漕河上建东市桥。⑦正德后辽藩建桥增多且有商人参与:

> 荆州自古要路,四方辐辏。然每海柜分泄,非莫济。城南白云、草市漕河、府西龙陂,旧有桥梁,为水冲激,善崩,往来苦之。僧修真发一念,结万缘,遍求功德主。适徽商方氏资贯,谓非东泉葛翁无能倡此义者。僧岁遏东泉,欣然允请,首捐重资,为一郡先。于时,郡牧白下东津姚公、滇南中溪李公,蘿赎镪羡余,佐其役,三桥俱新。东泉请予文诸石……东泉名楠,惠祖第三塔,予姑丈,本吴人,父官监利……三桥雄伟坚固,人咸称奇……昔建阳驿,建兴圣桥,东泉尤大……⑧

三座桥中,龙陂桥的起讫时间为正德九年至十一年(1514—1516),白云桥的为嘉靖七年至二十五年(1528—1546)。漕河桥初修于正德十三年(1518),竣工时间不明,但应略晚于白云桥的竣工时间,而早于此文集修成时间,即在嘉靖二十五年到三十二年间(1546—

---

① 《明孝宗实录》卷六十,弘治五年二月戊申条,第1148页。
② [明]孙存等:嘉靖《荆州府志》卷一《舆地志市》,第50页。
③ 陈国灿:《古代荆沙地区的经济发展与演变》,载黄惠贤、李文澜编:《古代长江中游的经济开发》,武汉:武汉出版社,1988年,第71—89页。
④ [清]孔自来:顺治《江陵志余》不分卷《古迹》,第417页。
⑤ [清]刘献廷:《广阳杂记》卷四,北京:中华书局,1997年,第200页。
⑥ 陈国灿:《古代荆沙地区的经济发展与演变》。
⑦ [明]徐学谟等:万历《湖广总志》卷一六《建置四》,《四库全书存目丛书》史部第194册,济南:齐鲁书社,1997年,第565页。
⑧ [明]朱宪㸅:《种莲文略》卷之下《建白云、龙陂、漕河三桥记》,第597页。

1553）。修筑时间长，工程浩大。三桥是沙市内河航运要道上的重要桥梁，出资者主要为徽商。有研究表明，明清时期徽商往来于吴楚间，经营盐业、粮食和木材。"为了便于他们的商业活动，还在沿江一带疏浚航道，设置航标，改善商业运输条件。"①他们在沙市的活动应在此脉络下理解。据府志载，白云桥与便河附近聚集着不少徽商，"白云桥，公安门外四里许便河上，徽人方锱自覆以屋"②，方锱又建"白云亭"③，还与徽人吴介夫在便河附近修"义冢"④。

材料中的仪宾葛楠值得注意。葛楠为辽惠王恩鑙之婿。他是荆州监利县主簿葛富之子，"时随父任，以才貌，辽府选为仪宾"⑤。他倡建三桥得到了徽商方氏的大力支持。"适徽商方氏资贯，谓非东泉葛翁无能倡此义者"，及"蘷赎镂羡余，佐其役"的姚、李二公等信息，不仅透露出他与方氏关系亲密，还显示了他在当地举足轻重的声望。除了三桥，葛楠还曾参与修建兴圣桥和驿站，在正德十二年（1517）与仪宾赵铨在县北建另一座"龙陂桥"⑥。此外，葛楠"本吴人"，"首捐重资"，作为一位外来者，有如此声望，显然与其仪宾的身份有直接关系。他屡兴建设，改善商业运输条件，又与徽商来往密切，联系上文惠王恩鑙在位时宗室曾因商贾之利引发冲突之事来推断，葛楠本人极可能从商。他的经营令葛氏在荆州站稳了脚跟，"本族（葛氏）创祠、修谱，皆赖其力，遂家于荆州"⑦。

白云桥修成后，大大方便了荆州与沙市间的交通，拓展了辽藩的活动空间。此桥成辽王出游沙市的必经之路。嘉靖三十九年（1560）任荆州知府的徐学谟曾写诗回忆其与辽藩的交游，有"千花骑拥白云桥，月淡烟霏湿缝绡"⑧之句。在要道上修建桥梁，不仅徽商、僧人参与其中，辽王亦直接助力。此类工程利于物资流通，不仅为辽藩获得一定声望，还能成为徽商长居此地，攀援王府进而顺利贸易的重要资本。方氏得以与辽王交好，又在白云桥功成后第六年，将珍贵扇墨敬献给辽王，得王作诗以谢。⑨其孙辈方景真至荆，出资整修白云桥、白云庵。他贩卖荆茶入蜀资金不足，获得当地人的主动资助。⑩

在早期桥梁修建中，多是仪宾出面，而罕见辽藩直接参与的记载，这应与藩禁有关。而进入嘉靖时期，得皇帝赏识，辽藩际遇大幅好转。辽藩与嘉靖所出兴藩的封地邻近，又长期受道教濡染⑪，这无疑使其易获崇道之嘉靖的好感。嘉靖七年（1528），值辽王致格在位（嘉靖三年到十六年），世宗亲制燕弁忠静冠服，光泽王宠瀍（辽王宪㸅之叔）奏请将此服"赐宗亲

---

① 王廷元：《略论徽州商人与吴楚贸易》，《中国社会经济史研究》1987年第4期。
② ［明］孙存等：嘉靖《荆州府志》卷一《舆地志》，第62页。
③ ［明］孙存等：嘉靖《荆州府志》卷四《宫室志》，第194页。
④ ［明］孙存等：嘉靖《荆州府志》卷四《宫室志》，第175页。
⑤ ［明］李得中等：万历《广德州志》卷五《人物志·藩戚》，《北京大学图书馆藏稀见方志丛刊》第157册，北京：国家图书馆出版社，2013年，第465页。
⑥ ［明］薛纲等：嘉靖《湖广图经志书》卷六《荆州府·关梁》，第521页。
⑦ ［清］李国相等：乾隆《广德直隶州志》卷二九《选举志》，载《安徽历代方志丛书》，安徽：黄山书社，2008年，第627页。
⑧ ［清］郭茂泰等：康熙《荆州府志》卷二四《名宦》，第387页。［明］徐学谟：《徐氏海隅集·诗编》卷二二《荆州上元曲十首》，《四库全书存目丛书》集部124册，第373页。
⑨ ［明］朱宪㸅：《种莲岁稿》卷一《谢方大商扇墨》，《原国立北平图书馆甲库善本丛书》第693册，第503页。
⑩ ［明］汪道昆：《太函集》卷四十《儒侠传》，《四库全书存目丛书》集部第117册，第500—502页。
⑪ 王岗认为辽藩与道教渊源极深，辽王朱宪㸅更是一位虔诚的道教徒。详参王岗著、张博博译：《明代辽王的荆州崇道活动及其政治命运》，《华东师范大学学报》2014年第4期。

官属"以示皇恩,得皇帝褒奖。①正在此年,辽王姑父葛楠始建白云桥,徽商参与进来。

三桥碑记作者为末代辽王朱宪㸅,他于嘉靖十九年(1540)继位,"肃皇帝好道,王亦奉道"②。嘉靖二十七年(1548)万寿节,他率众祝寿的宝塔正式动工。此举大获圣心,三个月后,嘉靖赐他道号清微忠教真人,"给与金印及道藏经典"③,辽府风光无限。

朱宪㸅在位时,辽藩在沙市活动的身影愈发清晰。恰逢藩禁渐松,社会经济发展,经商之风盛行,"禁止宗室经商的法令丧失约束力量,成为一纸空文",经商的主要形式有开店、经营炭厂、窑冶等,嘉万时"宗室开设店肆已经成为常见之事"。④如楚藩,史载:"楚宗错处市廛者甚多,经纪贸易,与市民无异。"⑤

辽王亦有"沙市官店"⑥,应是他奏请而得。⑦他在据有官店后,可自行买卖,明人赵世卿曾解释过此类"官店","原议停宿",但在被宗室奏请据有后,则"兼发卖矣"。⑧赵毅由此推论,王府官店是"一身兼二任,具备了商店的属性"。⑨官店亦可自行收税,譬如辽藩曾据有"辛效忠店房"以收税。⑩

这类官店往往设于市场繁荣之所。嘉靖四十年(1561),为拒绝景王争夺沙市,知府徐学谟曾言:"今查沙市沿河一带,旧系辽府管业,非有司之所得专。"⑪"沙市边近江洋,商税所聚,为盗贼睥睨之冲,先年该市为因王校、军、民杂处夜行,不得呵禁。"⑫可知辽府在沿江堤街上置有产业(包括官店),且有军校守卫。不唯如此,辽藩还将店房租赁给商人,甚至利用王府官员和役使名色吸纳试图逃避差徭的民户入其店房从事买卖:

> 沙市八总,凡人烟辐辏之处,王府、士夫多置有店房,赁民兴贩,素不当差。其民间殷实之家,又纳充王官吏典、各色员役,遮掩差徭……⑬

---

① 《明世宗实录》卷九三,嘉靖七年十月甲子条,第2160页。
② [明]何乔远:《名山藏》卷三七《分藩记二》,第2074页。
③ 《明世宗实录》卷三四一,嘉靖二十七年十月戊午条,第6205页。
④ 赵毅:《明代宗室的商业活动及社会影响》。
⑤ [明]包汝楫:《南中纪闻》,北京:中华书局,1985年,第11页。
⑥ 万历《湖广总志》卷二三《贡赋三·荆州府》,第735页。载"(广元王)乞要拨给废人宪㸅所遗杨林洲等处洲地、沙市官店"。
⑦ 韩大成指出,官店的开设者一般是权贵势要之家,他们通过"奏讨""请乞"得来。详参韩大成:《明代的官店与皇庄》,《故宫博物院院刊》1985年第4期。
⑧ [明]赵世卿:《三争店税疏》,载陈子龙等辑:《明经世文编》卷四一一,北京:中华书局,1962年,第4465页下。
⑨ 赵毅:《明代宗室的商业活动及社会影响》。
⑩ [明]高汝栻:《皇明续纪三朝法传全录》卷五,《续修四库全书》,史部第357册,上海:上海古籍出版社,2013年,第705页。载"湖广荆州地方原有辛效忠店房,曾经辽藩窃据收税"。
⑪ [明]徐学谟:《徐氏海隅集·外编》卷八《公牍·议商税银解景府作沙市岁课牍》,《四库全书存目丛书》,集部第125册,第331页。景王为世宗之子,于嘉靖四十年就藩湖广。见张廷玉等:《明史》卷一二〇《诸王五》,第3647页。
⑫ [明]徐学谟:《徐氏海隅集·外编》卷八《公牍·修陈地方门差牍疏》,第340页。
⑬ [明]徐学谟:《徐氏海隅集·外编》卷八《公牍·修陈地方门差牍疏》,第336—337页。

同时,辽王还于沙市建"辽府官衙"①,供人游乐消费。御史郜光先指出:

> 辽王于沙市美花衙内建官亭,以为点乐之所。外建接待寺,以为游乐之所。又令田大茂等家建有步香园、静观亭等处,以为玩赏之所……其在街乐妇,每年进银数百两,名为脂粉钱,其乐工四外买卖,每年进银数千两,名为生意钱,故又有"美花庄田"之号。②

辽王在美花衙内建不同功能的消费之所。王府乐妇日常经营,乐工四外买卖,收入颇丰。他还差遣人员,"近则强夺江陵、监利等处良家妇女;远则收买山西、四川、淮扬、苏杭、南北二京等处绝色女子,多至数百余人"③,鉴于郜光先是隆庆时弹劾辽王的主力,这类描述有夸张抹黑之嫌,但辽王经营妓院确属事实。

开店收税、出租店房、经营妓院,加上庄田的经营④,帮助辽王和不少宗室顺利致富,他如益阳王府建有"拱极楼""缘花馆"⑤。嘉靖三十六年(1557),辽王"献大木七根,银二千两"⑥,"以岁歉辞禄一年"⑦,这些善举表明其财力已相当雄厚。隆庆间初次抄没辽府得七万四千两现银,当知其富。⑧

四、万寿宝塔背后的利益网络

科大卫曾反复强调庇护对传统市场的重要性,他指出:"在 15 世纪资本市场还没有发育成熟之时,中国商业的发展在很大程度上依赖于庇护制度,以及处于礼仪(而不是法律)规范下的合伙关系。"⑨他主要从宗族角度来讲这种庇护关系。而王府作为拥有特权的宗室,其庇护能力绝不输于地方宗族。嘉靖时朝廷的荣宠重塑了王府的威信,也为辽藩经商提供了便利。在宗室经商成风、商品经济繁荣的嘉万时期,辽藩拥有一定特权,又在堤街上有大量产业,这将吸引来沙贸易的商人主动与之交好。市场的稳定须王府庇护,而辽藩贸易的扩大亦须商人和官吏的支持,因而渐形成王府权势之下的利益关系网络。

陈关龙指出明清时期"充斥(沙市)市场的有四川的楠梓木材,江淮的食盐,湘湖的粮食,滇黔的铅铜以及本地的丝绸、布匹等"⑩。前见与辽王来往的徽商正是经营着盐业、粮食

---

① [明]徐学谟:《徐氏海隅集·外编》卷八《公牍·议商税银解景府作沙市岁课牍》,第 332 页。
② [明]郜光先:《严究拨置奸徒警戒亲藩杜后患疏》,载张卤辑:《皇明嘉隆疏钞》卷三,《原国立北平图书馆甲库善本丛书》,第 211 册,第 137—138 页。
③ (明)郜光先:《严究拨置奸徒警戒亲藩杜后患疏》,载张卤辑:《皇明嘉隆疏钞》卷三,《原国立北平图书馆甲库善本丛书》,第 211 册,第 136 页。
④ 辽藩庄田的问题与商贸关系不大,在此不展开讨论。
⑤ [清]孔自来:《江陵志余》不分卷,《志宫室》,第 437—438 页。
⑥ 《明世宗实录》卷四五二,嘉靖三十六年十月丁酉条,第 7670 页。
⑦ 《明世宗实录》卷四五四,嘉靖三十六年十二月癸未条,第 7683 页。
⑧ 《明穆宗实录》卷二五,隆庆元年十月丁亥条,第 352 页。
⑨ 科大卫:《近代中国商业的发展》,杭州:浙江大学出版社,2010 年,第 159—160 页。
⑩ 陈关龙:《明清时期沙市商品市场探索》,《华中师范大学学报》1989 年第 1 期。

和木材。至于捐建宝塔的商人、卫所、抽分厂、官员,限于材料,现在无法一一印证辽藩与这些有确切姓名人群之间的关联,但辽藩与相关身份者的往来,以及他们在当地有所图之利却有迹可循。

辽藩与官员、僧道等各色人等过从甚密。宝塔建成后,辽王曾置宴于宝塔旁的观音阁,与道士、荆州知府袁祖庚及"诸邻君子",共登宝塔,并赋诗为记。①其后,"辽邸最盛,宫室苑囿,声伎狗马之乐,甲于诸藩","王日与诸名士赋诗觞酒其中……是时秦中孙一元、信州宋登春、吾吴顾圣之诸君,凡数十辈皆为王门珠履,与故荆守徐宗伯公倡和上元诸曲。"②"故荆守徐宗伯"即徐学谟,他与宋登春、辽藩关系密切。宋登春初来荆时,徐还费重金向辽藩购买宅院供其居住,"始守所授生室,故宗人产,货之,直四十金"③。前文指出知府徐学谟曾力抗景王,据当时景府宦官来荆的观察,徐想把沙市之利独留给辽藩的意向相当明显。④到隆庆朝,朝廷清算辽府罪状,徐"以论辽王不反,失同僚意"遭弹劾⑤,侧面反映出辽藩与徐学谟曾有共同利益。

抽分厂、卫所及清江县的木商同时参建宝塔绝非偶然。早在成化七年(1471),明政府便设工部抽分于沙津上游,以抽竹木等货运销之税。⑥荆州抽分厂是隶属工部都水司中最接近木材产地的抽分厂。⑦荆州亦为"材木之汇",故"漕运造船必取给焉"。⑧此外,荆州又是湖广漕粮交兑的重要节点。宣德五年(1430)后,湖广、江西等地漕船改归卫所自造,漕军亦办纳木料,甚至同商人私下往来,走私货物。⑨宝塔的捐建者有不少来自湖广、四川等地的官吏和身份不明的信士,这些地方有不少为重要的木材产地,比如四川马湖、湖广辰州等,捐建者中很可能有不少木商,他们利用长江及其支流,将大量未开发山区的木材运到下游。

此外,表1中由抽分厂捐的楠木价值不菲,四川马湖又有土司管辖的重要木厂,还有表格未列的"容美宣抚司信士"等信息又引我们注意到皇木采办。明廷遇大型工程建设时会采办皇木,其中尤属楠木最受重视,而楠木又是西南土司管辖之地的特产。朝廷一度督土司采办楠木,土司亦可通过敬献楠木获得奖励或赎罪。⑩又据邰光先指出:

> 夫施南、容美等司,反侧不堂,非宜结好,而西番、南粤远在万里,亦岂宜私通,而莫之忌乎?王乃馈金炉香与田宣抚,送李松枝与覃宣抚,因而往来交际不绝。而西则收买私茶,潜通番国,而赵凤等被巡抚谷都御史解回,南则私入粤海,收买禁物,而金文祥等

---

① [明]朱宪㸅:《种莲岁稿》卷二《王承奉置酒于沙津观音阁予同兼山见屏二天使定山太守诸邻君子登万寿宝塔是日早微雨午晴晚月甚朗可为良会赴诗纪之》,第515页。
② [明]钱希言:《辽邸记闻》,载陈诗编:《湖北旧闻录(中)·藩镇二》,武汉:湖北人民出版社,1999年,第642页。
③ [明]徐学谟:《徐氏海隅集·文编》卷二二《鹅池生传》,第577页。
④ [明]徐学谟:《徐氏海隅集·文编》卷一二《沙市狱记》,第525—527页。
⑤ [明]王锡爵:《王文肃公文集》卷五《太子少保礼部尚书太室徐公神道碑》,《原国立北平图书馆甲库善本丛书》第800册,第138页上。
⑥ 《明宪宗实录》卷八九,成化七年三月戊寅条,第1724页。
⑦ 易嘉碧:《"军三民七"的确立与调适——明代漕船修造的料额制度》,《历史人类学学刊》2016年第2期。
⑧ [明]周之龙:《漕河一瞥》,《原国立北平图书馆甲库善本丛书》第442册,第391页。
⑨ 参见[美]黄仁宇:《明代的漕运》,北京:新星出版社,2005年,第88—89页。
⑩ 李良品:《明代西南地区土司进献大木研究》,《中南民族大学学报》2008年第5期。

被巡按潘御史参提。彼其曲意,以结土司之欢,而驰神于西南万里之外,志将何为哉?①

这位田宣抚为容美土司田氏。嘉靖三十四年(1555),"湖广容美宣抚司土官田世爵献大木五十根"②。两年后明廷专派督木大臣驻于荆州负责采木,除了委州县采办,还采取招商采木之法。③荆州竹木市场因而更为繁荣,大量木商聚于此。同年,辽王"献大木七根"④,这大木的来源得益于他与土司的交好,他甚至可能与驻荆的督木官员搭上关系。辽藩在沿江开设店铺,与商人来往,又与抽分厂的官员频繁交游⑤,还和不少卫所官有姻亲关系⑥。易言之,王府、抽分厂、卫所、土司、商人均与长江流域的竹木市场有着千丝万缕的联系。

表1有"西蜀保邑通事",这类负责翻译的通事常出现在西南的汉夷互市中。其他如"施州卫""夷陵守御千户所"亦深入夷地,与少数民族交流频繁。结合辽王与土司的往来交际,可知他的利益网络正在不断深入西南。郜光先的控诉还提示我们这个网络已远伸海外,虽无确切证据,但从嘉靖三十四年(1555)有海南来的商人将罕见的鹦鹉献给辽王⑦,可知其或涉海外贸易。

最后,表1中"商寓荆州府江陵县上湾龙打口土地居住"的江西商人李洪进,可视为来沙贸易并渐定居此地又加入建塔的典型个案。表格未录的"祖贯江西槎溪商寓(荆州)万城"黄论与"祖贯江西槎溪"黄恺同的捐建信息出现于同一块题名砖上,这共同反映着沙市市场不断扩大且愈发繁荣的进程。

嘉靖四十四年(1565),辽王大寿。时在文坛颇负盛名的李开先曾记其盛况云"通国称寿者,不计其数"⑧。可见,嘉靖时在朱宪㸅的努力下,辽藩与官员、商人、卫所、土司等各色人等密切往来,逐渐建立起以王府为中心的利益网络,万寿宝塔便是这个网络的缩影。

五、结　语

有明一代,辽藩的活动与沙市市镇经济反复纠缠。早期限于藩禁及得罪朝廷等特殊情况,居于城内的辽藩在沙市的活动尤其是经商是有限又隐秘的,仅宾葛楠的角色更多地可视作王府的直接代理人。到嘉靖时期,颇受荣宠的辽藩公开而频繁地离开府城,与各色人等

---

① [明]郜光先:《严究拨置奸徒警戒亲藩杜后患疏》,第138页。
② 《明世宗实录》卷四二一,嘉靖三十四年四月辛巳条,第7299页。
③ 蓝勇:《明清时期的皇木采办》,《历史研究》1994年第6期。
④ 《明世宗实录》卷四五二,嘉靖三十六年十月丁酉条,第7670页。
⑤ 参见[明]邵经邦:《弘艺录》,《四库全书存目丛书》集部第77册。邵在嘉靖初年以工部主事榷税荆州,其文集中有不少与辽藩来往的记录。
⑥ 比如朱宪㸅之妃就与荆州右卫陈万户妻为同胞姊妹。见《明故金恭人许氏墓志铭》,载焦知云编:《荆门碑刻拓片选集》,北京:中国文化出版社,2013年,第144页。
⑦ [明]朱宪㸅:《种莲岁稿》卷六《红鹦鹉赋有序》,第565页。
⑧ [明]李开先:《李中麓闲居集》卷一二《杂文·寿辽国主四十岁致语》,《续修四库全书》集部第1341册,第373—374页。

逐步建立起错综复杂的关系网,他们参与津梁建设,改善商业运输条件。积极开店,甚至展开远程贸易。

嘉靖三十年(1551)前后,辽王以为皇帝祝寿为名,在沙市主持捐建万寿宝塔,宗室,漕军、官吏、商旅纷纷参与其中,他们的联系并非一时之偶然,宝塔的捐建过程折射出一张庞大的利益关系网。不断繁荣的地方市场,宛若一个巨大的利益蓄水池吸引着形形色色为利而来的人群频繁而至。而辽王凭借其宗室的特殊身份,一跃成为这个网络的重要推动者和庇护者。伴随着辽藩深度参与商业活动及其贸易关系网络的逐步确立,当地市场被不断推向活跃,沙市的市场等级和市场腹地也得到了进一步的提升。

明中叶以后,宗室从商渐趋普遍,以往研究多对此持批判性的否定态度。笔者认为探索宗室经商缘起和性质等问题,应该在具体制度的实际运作中去理解宗室的行为,若直接用"经济犯罪"一词理解王府经商行为,或用"危害"二字一笔抹黑宗室形象,就难免会走入简单化的错误,从而无法真正理解明中后期的宗室问题。辽藩经商有其特殊性,即辽藩一开始就面临着待遇不敷、不受重视的局面,生计危机迫使他们寻找其他财源,后期经商扩大又得益于皇帝的荣宠;也有其普遍性,人口膨胀,供应不敷加剧宗人困窘,使得他们越制乃至通过犯罪来获利,而嘉靖时辽藩经商的公开化和扩大化则与当时藩禁渐开、宗室经商成风、整个社会商品经济的发展有着深刻关联。此外,辽藩经商活动对市镇经济有着积极的推动作用。透过辽藩经商的个案,我们不仅可以探究宗室与地方社会的复杂关系,更能引起我们对地方社会变迁机制的新的思考。

作者简介:谢宁静,中山大学历史学系博士研究生。

矛盾与整合:晚明时期江南地区儒匠群体的社会网络构建

——以程、方斗墨为例*

吴 玢

【摘 要】社会网络资源的构建,是指一个社会群体在从业活动中,不断依赖彼此间的交流、竞争以及共同社会资源的整合,而逐渐形成的社会群体间的利益相关链条。晚明时期的江南地区,儒匠群体日渐庞大,其内部矛盾也渐趋激烈。为了生存,他们不惜通过各种途径改变自己的困境,招揽生意,壮大市场。作为制墨行业的劲敌,程君房和方于鲁各自为营,几乎同时出版了《程氏墨苑》和《方氏墨谱》,将这种竞争推向了极致,掀起了程、方斗墨的高潮。同时,为了提高自己的声名,他们也开始自发与其他群体形成特殊的产业链,对相关利益资源进行整合,而儒匠群体也在这种环境下有意识地逐步走向专业化。

【关键词】晚明江南;儒匠;社会网络;程君房;方于鲁

一、引 言

在近年来有关晚明物质文化消费研究的进程中,学术界发表了为数众多的论文,出版了一些专著,但是对于文人与工匠的互动以及有关徽墨市场竞争的论著却很少,迄今相关论著也寥寥无几。[①]目前学界已开始关注晚明时期不同社会群体如何透过消费活动寻求身份认同的问题,大多集中在商人阶层[②],但是对于涉及"物"的主体,即工匠阶层的考察相对

---

* 基金项目:华中师范大学中央高校基本科研业务费(优博培育项目)"晚明江南地区儒匠群体研究"(项目号:2018YBZZ051)阶段性成果之一。

① 关于晚明文人与工匠的互动,研究成果有杜游:《身份与角色——"大小传统"视域下明代中晚期文人与匠人的设计合作》,《美术与设计》2016年第5期。李志勇:《由明清家具论明代中晚期文士与匠人合流倾向初探》,《理论界》2011年第4期。彭圣芳:《晚明文人工匠观探析》,《美术与设计》2016年第2期。关于徽墨市场的竞争,研究成果有陈艳君:《技术与市场:传统徽墨研究述论》,《牡丹江大学学报》2017年第10期。梅娜芳:《文人趣味与制墨工艺》,《新美术》2016年第9期。尹润生:《方于鲁与程君房两家墨店》,《紫禁城》2010年第5期。

② 关于晚明士商互动的研究,研究成果有原祖杰:《奢侈型消费与晚明士商的身份认同》,《史林》2009年第5期。乔凌霄、梁衍东:《明清社会的士商渗透及其影响》,《历史档案》1999年第1期。

较少,而且对于市场竞争也是从商人的角度出发。因此,本文就以晚明时期新安地区的两个制墨家——程君房和方于鲁的墨业竞争为例,来重点说明儒匠群体是如何从一开始的内部矛盾、斗争,走向资源整合和利益联合的。虽然他们站在各自的立场上有着矛盾与冲突,但是于现实生活中又有着广泛的利益交叉与融合,这种矛盾与利益的撞击与联合,共同构建了晚明时期新安制墨家群体的社会网络资源,从而使得以他们为代表性的儒匠群体的身份能够广泛被当时的社会所认同,并且能够活跃在社会各阶层当中。

晚明时期徽州地区两位有名的制墨家程君房和方于鲁,不仅本身就具备很高的制墨技术经验,而且将之制作成文笔优良、规范严谨的墨谱——即上海图书馆藏万历三十三年(1605)滋兰堂刻本的《程氏墨苑》,以及上海图书馆藏万历十六年(1588)美荫堂刊本的《方氏墨谱》,并运用到商业推广方面,在当时社会引起了广泛的关注,产生了重要的影响。他们结交了不少的文人,文人也因为他们的文才不同于一般的工匠,即"俗匠",而另眼相待。

从程君房和方于鲁的生平经历来看,他们在制墨行业中,就是区别于一般传统的"墨工"或"墨匠",上升到了"制墨家"的程度,也就是我们所说的"儒匠"。他们之所以能够成为"儒匠",最关键的因素并非他们的制墨技艺,而是自身具备的文才和曾经为官的履历[1],这一因素不仅能够促进他们地位的提高和墨品的流传,更重要的是让他们的名字出现在文人的笔下,文人可以为他们作传,撰写墓志铭,甚至延请他们加入文人组织当中[2],所以程氏和方氏经常在各自的字里行间中流露出他们"墨品原待韵士而工"[3]的心态,甚至不吝各方赠墨,既有打开自己名声,拉动制墨业发展的意图,也间接证明了二人在文人中的口碑还是值得肯定的。

虽然程君房和方于鲁都对晚明时期徽州地区的制墨行业有着卓越的贡献,但是有利益就有竞争,作为制墨行业的劲敌,二人各自为营,几乎同时出版了《程氏墨苑》和《方氏墨谱》,将这种竞争推向了极致,掀起了程、方斗墨的高潮。深究二人之间的竞争,并非简单纯粹的商业竞争,而是掺杂着彼此间的私人恩怨,以及背后各自文人阵营的支持。下面就简单梳理下程氏和方氏二人之间复杂的竞争,这同时也是晚明时期商业竞争的一个独特现象,更有助于我们了解他们与当时文人频繁往来的状况。

二、程、方初见与合作无间

方于鲁年轻时曾依赖父亲多年经商留下的财富,到处游历河山,广交朋友,当有一天他发现父亲遗留的资产被耗尽,而自己囊中羞涩,贫病交加的时候,无奈回到了家乡歙县,正式投靠程君房门下,"受造墨之法于程大约"[4],开始了他的制墨生涯。

程君房初见方于鲁,看到方氏一身重病,朝不保夕,遂心生怜悯,又考虑到歙县制墨行

---

[1] 程君房于万历二十年(1592),捐资谋得了鸿胪寺序班这样一个九品小官。
[2] 方于鲁得以受到汪道昆的赏识,并延请他加入丰干社。
[3] [明]江秉谦:《墨海》附录《江秉谦赞》,《墨谱集成》第一册,西安:三秦出版社,2006年,第411页下。
[4] 民国《歙县志》卷十,1937年铅印本,第32页。

业很发达,可以作为方氏的治生之业,因此倾尽全力,"待之甚厚,资墨业"①,提供资金和技术,以及人力,让方于鲁潜心开设墨店。程君房在所著墨谱中曾有详细记载:

> 夙抱墨癖,遍访古人搜烟和胶之法,试之果良,较罗舍人所制,不翅倍蓰。居恒念于鲁不能治生,尽以其法授之。法具矣,苦无赀,庚贷以赀;赀具矣,苦无仆,庚分以仆。于鲁按法制墨,业骎骎起,衣食之外,颇有赢钱,于是淫心复炽。②

程君房在遍访和尝试了众多古人的搜烟和搜胶之法后,最终研制成了自己独特的墨品,"竭桐膏之馅、五石入漆,缩烟百两,寂光内蕴,神采坚莹"③,并且发现自己所制之墨品已经超过了歙县制墨前辈名家罗小华④的墨品。程君房在独自创作了精湛的墨品之后,就把这项精心制作的技艺传授给了此时饥寒交迫的方于鲁,而且出尽人力和资金,供对方开店经营。这种情形导致了有二人共同具名的传世墨品的存在,《程氏墨苑》和《方氏墨谱》上也因此有多种相同的墨样。

但是这一说辞只是程氏一人的片面之词,而在当时著名的文人李维桢看来,方于鲁开始从事制墨行业,开设墨店完全与程氏无关,甚至认为方氏之所以回乡参与制墨,是受到汪道昆的鼓励和建议,同时也因为二者看到了同行名家罗小华的墨品"几与黄金同价"的现状。

> 顾其家贫,汪先生策之曰:"吾郡故能为墨,罗氏与金同价,今亡矣,子何不为墨?古人远山磨貐糜以助文思,是或为一道也,且可治生。岂贾竖立之事,侮辱之处,如杨恽所云乎?"建元诺,命其子按朱万初、潘谷、郭圯、李廷珪父子诸家法,选烟和胶。墨成,倾其郡中。⑤

按照李维桢的描述,方于鲁在早年游历时并不懂如何制墨,囊中羞涩回乡之后,在汪道昆的建议之下,和其子方嘉树一道,开始潜心钻研摸索古人制墨的配方、技法,然后选定了制墨所用的烟和胶。这种说法完全绕开了程君房的贡献。联想到这是李氏为方氏所撰写的墓志铭,多少有美化的成分,再加上李、方二人的交从甚密,李氏评论不免带有一丝私人情绪。

---

① 民国《歙县志》卷十,第32页。
② [明]程君房:《程氏墨苑》附录二《续中山狼传》,《中国古代版画丛刊二编》第六辑下册,上海:上海古籍出版社,1994年,第54页。
③ 民国《歙县志》卷十,第31页。
④ 罗龙文:据民国《歙县志》卷十(第31页)记载:字含章,号小华,官中书舍人,家饶于财,侠游结宾客,故有德于海寇、汪直、徐海会。胡宗宪开府浙江令,招降汪、徐至,则杀之,龙文因入严幕,后与世藩同死西市,乡人多讳其事。其子南斗,字伯廛,号吴野生,避祸改名王常,字延年,又号青羊生。父子皆工书画,龙文精鉴别,蓄古器,法书名画甚富。又善制墨,坚如石纹,如犀黑如漆,一螺值万钱。此外,清代文人阮葵生也在《茶余客话》中描述道:"罗秘书墨屑玉如珠,人艳之,几与黄金同价。然其名售者真伪易淆,赏鉴家自有品也。"
⑤ [明]李维桢:《大泌山房集》卷八十七《方外史墓志铭》,转引自陈智超:《明代徽州方氏亲友手札七百通考释》第二册,合肥:安徽大学出版社,第943页。

既然当时存世的墨品上曾有程、方二人的签名,那么笔者不能不认为李维桢一词同样有些片面。而歙县人江东之的说法,似乎更加合理一些。他作为程、方二人的同里,于万历二十六年(1598)考中进士,生活年限与程、方二人大致有所交叉,因此对二人的了解也可谓更加客观一些。他写道:

> 其同里人奇觚氏方甲,贫而给事幼博,幼博极怜爱之,推食与食,解衣与衣,已资墨业与业。久而输攻,悖德滋甚,且以司马引重,横猎时名,反噬而重幼博。①

综合以上程君房、李维桢和江东之的说法,方于鲁最初因贫困交加回到歙县之后,程君房与他初见之始,的确曾经倾囊相授制墨技艺,并且重金资助方氏开设墨店,改善生活。也就是说,方氏一开始是投靠在程氏门下的,也即程氏的说法没有错。而方氏在掌握了制墨技艺,开设墨店赚取费用,家境有所改善之后,就在汪道昆的支持鼓励下,独立出去,自己单独经营制墨行业。汪氏不仅延请其加入丰干社,还和方氏攀上姻亲关系②,因为这层关系,方于鲁是被划归为文人一类而言的,而他此后的制墨名声的确也超过了程君房。李维桢作为与汪道昆齐名的文人,自然而然会站在汪氏一面,李氏的说法虽然忽略了程君房对于方于鲁的启蒙作用,但在文人社交圈的内部,由于认可方于鲁的贡献来自汪道昆的影响,因此也没有错。

江东之的说法,笔者认为最客观,明确了方于鲁从最初投靠程君房门下,跟随他学习制墨技艺和经营之道,到攀上汪道昆之后,独立经营墨业的时间线索。至万历十一年(1583)方氏开始筹划出版《方氏墨谱》,由此开始了他与程氏剪不断理还乱的斗墨之途。

纵观晚明文人笔记,的确有不少对程君房和方于鲁的评价,以及记载了两人之间商业竞争、互相倾轧的事件,但这些带有主观性质的看法,都多有抵牾,形成了或扬或抑的两个对立派别,具体情况见下一节。但没有疑问的是,程、方二人的确由最初的合作无间,方于鲁在生活和制墨技艺上都受到程君房的资助,走向了商业上的竞争。各自背后的支持阵营,使二人或多或少产生了隔膜,并直接导致了程君房的牢狱之灾。

三、程、方生隙与《续中山狼传》

在传世的《程氏墨苑》一书中,只有极个别版本中附有《中山狼传》《续中山狼传》以及《中山狼图》,其中《续中山狼传》由程君房本人撰写。本节就以上海古籍出版社主编的《中国古代版画丛刊二编》第六辑《程氏墨苑》③为蓝本举例。该书不仅完整地将《程氏墨苑》中二百多幅有关制墨技艺的版画插图展示出来,并且附有《中山狼传》的插图。

---

① [明]江东之:《程氏墨苑》,《人文爵里》卷六《程君房墨赞有序》,第372页上。
② 其子方嘉树娶了汪道昆的同乡汪雷之女。
③ 据上海图书馆藏万历三十三年(1605)滋兰堂刻本的《程氏墨苑》所辑。

关于"中山狼"一词,首次出现于《中山狼传》①,讲述了仁慈的东郭先生与忘恩负义的"中山狼"之间的故事。自此以后,"中山狼"就成为忘恩负义之徒的代名词。由于程君房和方于鲁之间存在种种私人恩怨,再加上社会环境的影响,程君房本人看到《中山狼传》时,神经受到触动,同时也产生了一丝感慨,提笔写作《续中山狼传》,来表达自己心中的愤懑,借此指责那些所谓的忘恩负义之徒:

> 余不佞,慕古人节侠之谊,每急人之厄,未尝责报。乃余所遭三四人,背德负恩,大类中山狼事,因作"续中山狼传",以垂戒于世云。②

但是程君房笔下的"中山狼",是否就是指方于鲁呢?从他的言论中可见,不单单就是方于鲁一人,而是包括其在内的四人,除方氏之外,还有程嘉士、程大德和洪光祖三人。对于这几位的行状,程君房也是详细地描述了一番:

> 嘉士父子悉皆受恩于余,解其厄,成其名,润泽吹嘘,无所不至。此其谊挽近世所希觏也。顾世济其恶,包藏祸心。始拨弄余朋友之情,既构结余叔侄之难,又离间予父子之恩,复攘绝予君臣之义。学申韩者,固如是乎。大德三侵官钱,身陷异狱,而余三出之。恩非不深也。乃今见利忘义,反生讼端。谚曰:溺思命,济思财,其德之谓矣。方于鲁羸若贫病,交困奄奄,殆泉下人,余响沫备至,不啻起白骨而复肉之。乃竟以床笫之故,忘生死之交。人之无良,一胡至此。况杀人图人,如刈草菅。设人莫予知。谓天道何。洪氏儿,赖予获其室家。视若弁髦,而遂弃之。已为不德。况助犹子悖逆,其恶可胜道哉……故余于此四人,而咸目之以狼,言虽激而非过矣。③

从上文这段话中,我们可以知道在程君房心目中,有关"中山狼"的人选,排名首位的并非方于鲁,而是程嘉士父子,并且直言其构结"叔侄之难",离间其"父子之恩"。所谓"叔侄之难",即是程君房被控杀人,入狱六年的事件。这一事件,透过程君房字里行间的文字,可以大致窥探下其具体发生背景和过程:

1. 程君房与其两个侄子程公霖(程君房长兄程大纲之子)、程一凤(程君房仲兄程大纪之子)因家事引起争端。

> 甲午,不佞综理先人故物,将卜宅以奉先人之灵,遂见雠于侄霖,霖主家,奴孽,祸怙跋扈而侮慢之,因薄惩以家杖,大都分在理然,非过也。奴归愬凤。凤往不德于后母,怂不佞规己,而衔之有时。至是乘间而谋于霖。④

---

① 《中山狼传》:关于其作者,有三种说法:明《合刻三志》中认为是唐人姚合,明《古今说海》中认为是宋人谢良,清《明文英华》中认为是明人马中锡。至于程君房所见《中山狼传》,则标示为宋谢良所撰。
② [明]程君房:《程氏墨苑》附录二《续中山狼传》,第34页。
③ [明]程君房:《程氏墨苑》附录二《续中山狼传》,第63—64页。
④ [明]程君房:《圜中草》,《孝孙女请状》,转引自林丽江:《晚明徽州墨商程君房与方于鲁墨业的开展与竞争》,出自《法国汉学》丛书编辑委员会编:《徽州:书业与地域文化》,北京:中华书局,2010年,第123页。

此事发生的主要原因就是程君房不能够忍受其侄子程公霖暴打家仆,以及另一侄子程一凤在其父去世之后试图驱逐后母。虽然惩罚嚣张跋扈的仆人是理所当然的事情,但是这两件事程君房都曾经出面干预过,其背后暴露出了叔侄间的矛盾和不满,最终导致程公霖、程一凤联合起来,并合伙方于鲁一起对付他。

2. 方于鲁联合程君房侄子程一凤,共同制造出程氏"六年冤狱"一案。

> 乃于鲁不自悔祸,反相雠憾。追余杖一老监,兄子一凤以恨余责逐继母之故,计移置之岳庙中,实幸其死。于鲁乘其创甚,赂医投以犀角地黄汤,顷之死矣。于鲁父子鼓市之无赖者,亡虑数十指,弁其死尸,蜂拥于余之门,喧呼杀人,以激众怒。予坐是系居圜户六载始出。①

这段话说明了具体冤狱的细节,即方于鲁为了打击程君房的制墨事业,联合对他不满的程一凤,借程君房曾杖责一名老奴的事情,设计将老奴转移一寺庙里,然后贿赂一名医生,喂之犀角地黄汤,使其致死。最后方于鲁父子将此事不断发酵,鼓动市井无赖踏破程君房家门,喧呼其杀死老奴,以此激起了众怒,最终系狱六年。方氏父子和程一凤借力打力,不惜牺牲一名老奴的性命,就为了让程君房受到打击。

此事之后,程君房的确因"叔侄之难"引起的一系列矛盾被控杀人入狱六年。这件事算是他人生道路的一个转折点,对其影响极深,不仅家财丧尽,而且声誉俱损。他因此立志要在制墨技艺上成就一番事业,走出此事的阴影。

3. 程嘉士的"狱词",使矛盾进一步加深,直接上升到"恶狼"的程度。

> 方余狱急时,谋秘不泄。及事白,客有知者,从容为余陈说。历历有征,盖信其不诬云。初余构于鲁,夺其优俪,狱词出嘉士手,于鲁衔之甚。今嘉士寄谤书里中,属于鲁灾木流传,交为贝锦。朝结仇雠,暮托肝胆。设令引镜自照,其何以施眉目乎!嗟嗟,夫人以饿莩投人,而活之以衣食,已有更生之德矣。况病而汤药之,又贫而生业之,贷资斧以给饔飧,分仆役以供任使,为恩已极,不翅生养之二天也。胡乃以淫夺理,而谋及闺闱之侍;又以怨叛德,而构其聚杀之谋;又以类结党而肆其交谤之毁。即狼虽恶,恐不若于鲁之特毒也。②

方于鲁因为想摆脱程君房,独立经营制墨业而与外人联合陷害程氏,程氏因之入狱。这段经历很多人不明真相,也就想当然认为程的人品不如方。而之所以如此,程君房认为正是因为程嘉士的狱词,并且因为程嘉士的同乡身份,使得程君房的"事迹"遍布整个家乡。可以说,正是因为程嘉士的"谤书",程君房将其视为"中山狼"的首恶。

程君房的这段说辞,无法确认真伪,毕竟"谤书"已无从可考,仅从"历历有征"的旁人之处得知,但是二程之间的梁子确实结下了。程嘉士父子二人曾经投靠在程君房门下,受到过

---

① [明]程君房:《程氏墨苑》附录二《续中山狼传》,第55—56页。
② [明]程君房:《程氏墨苑》附录二《续中山狼传》,第56—57页。

程君房的资助,但是仍然做出挑唆、离间程君房亲人的鄙薄行径。在程嘉士离间程君房与其子程士庄之后,二人的关系降到了冰点。

  (嘉士)以邪谋蛊士庄曰:"若素获罪若翁,若翁憎汝,盍乘其在系,罄其财物囊括之,时乎不可失也。否则汝翁以之挥霍,财渐尽也。"①

  程君房一开始因为同乡之谊,选择让程嘉士去京城陪伴自己的长子程士庄,但是程嘉士到了以后,不仅诱使程士庄到处吃喝玩乐,而且还在程君房即将身陷囹圄,锒铛入狱之际,教唆程士庄趁机卷走自己父亲的财产,以免其父因坐狱而导致万贯家财尽数散尽。甚至在程君房出狱之前,程嘉士还不断教唆程士庄将家中财产转移到京城或其他地方,这样做的结果就是程君房在出狱回到家乡之后,面对的是家中一贫如洗的惨状,"家外两丧,困苦不堪"②。

  除此之外,程嘉士还凭借程君房的关系,经常游走在京城的文人士大夫中间进行挑唆,程君房得知此事后,直接断绝了与其的来往,程嘉士与程君房的恩怨,不仅仅导致了钱财的损失,更重要的是亲人的疏远和抛弃,在他坐狱期间,程士庄等所有儿子都很少甚至不曾去探视过他,这才让他发出程嘉士父子"恶贯满盈,殆有甚于狼者"③的感叹:"既吮父之躯,又吸子之髓。"④

  至于程大德,既是程君房的同乡,也是他的同宗,而洪光祖,则是他的同乡,这二人均是在程君房官司缠身,罹患"叔侄之难"之时,因为财产问题,全然不念旧恩,落井下石,"为之揣谋画策,往来奔走"⑤。

  纵观整篇由程君房本人撰写的《续中山狼传》,可以看出,在其点名道姓的四名"中山狼"当中,程嘉士是被定义为"首恶"的。至于程君房在制墨行业的竞争对手——方于鲁,虽然同样位列他心目中的"中山狼"之一,但是,只有程嘉士才是他撰写《续中山狼传》的导火索,并且程氏在两篇文章(即《中山狼歌》和《覆车篇》)中都直言了此事。

  《中山狼歌》中,程君房详细记述了他在路上偶遇程嘉士之后,想起了他曾经迫害自己的种种画面,恨不得提笔以平心中愤恨:

  余入郡城,行至河西,遇程嘉士于道。余尚恍惚疑似,而程则识为余。怆惶含愧,以袖半掩其面而过。余反复思惟前后受其毒害,怒发上指,目眦尽裂。比至寓居,亟索笔砚,作中山狼歌。歌之,冀渐消其不平之气云尔。⑥

  而在《覆车篇》中,则是直截了当地点明了他撰写《续中山狼传》的原因,就是为恶人程

---

① [明]程君房:《程氏墨苑》附录二《续中山狼传》,第42—43页。
② [明]程君房:《程氏墨苑》附录二《续中山狼传》,第43页。
③ [明]程君房:《程氏墨苑》附录二《续中山狼传》,第45页。
④ [明]程君房:《程氏墨苑》附录二《续中山狼传》,第42页。
⑤ [明]程君房:《程氏墨苑》附录二《续中山狼传》,第61页。
⑥ [明]程君房,《中山狼歌》,《中国古代版画丛刊二编》第六辑,《程氏墨苑》下册附录二,第64—65页。

嘉士作传，将他的贪戾展露无遗，免得士人深受其害：

> 覆车者何？惩程子嘉士也。惩程子者何？恶程子全后人也。何恶夫程子？程子人也，而性贪戾，弗类夫人。人有德于己者，悉以怨报之，余重罹其毒，乃作《续中山狼传》以传。然犹恐世之君子不加察而迩之，使彼得肆其爪牙，致所伤之寖广也。①

综览以上所述，可以看出，在程君房心中，程嘉士的恶是远远排在方于鲁前面的，那么为什么针对程嘉士其人所撰写的《续中山狼传》，却张冠李戴被视为针对方于鲁本人所作的呢？之所以会产生这样的误解，使得士人认为程君房笔下的"中山狼"形象就是特指方于鲁，这是接下来我们需要去厘清的问题，即程、方二人在制墨行业上的一系列商业竞争，加上他们之间的种种私人恩怨被放大，从而导致二人生隙。

程君房在青少年时期，就喜爱制墨，当他从京城罢官回乡之后，就一心以制墨为主业，且很快取得了一些名声，到了晚年，制墨成为他的癖好，甚至产生了编纂一本墨谱的打算，"余为童子时，性即嗜墨，中年专攻其业，晚益成癖"②。可是，人生不如意事十之八九，1594年的"叔侄之难"，彻底中断了他的制墨计划。六年牢狱生活，看着方于鲁离开他，在文人的支持下混得风生水起，他更坚定了要出版《程氏墨苑》的决心，并明确道出了自己之所以这么做的动机：

> 嘻。墨，物也。治墨，工也。余方耻之，奚事于竞。今日之役，第伪人穷吾术而忘其源，延虚名以诡遇。将胥天下而聋瞽之，故不得不挽其颓而使墨失真于天下。③

可见，程氏撰写墨谱原因有二：一是为了自己的身份。在程君房看来，单纯的墨工并非他的本意，他不甘心仅流于普通的工匠，也即我们前面所说的"俗匠"，因此编辑出版《程氏墨苑》更能够让他跻身文人士大夫中间，有助于他的"儒匠"身份确认。二是与方于鲁的竞争。程君房不满方氏用劣质墨品充当高级墨品，他觉得自己有责任改变当时徽墨市场的这种不良竞争局面。

四、儒匠群体的外部产业链的形成

儒匠群体的造物从业活动不可能一直局限于内部的空间范围内，无论是矛盾竞争还是利益联合，都免不了与其他社会群体或者知识群体的互动，这同时也是晚明时期江南地区的儒匠群体走向专业化的必经之路。尤其是儒匠群体本身在内部活动中就已经不可避免地与其他群体有着明确的交流，因此他们与经常活动的场域内的官府、士人、商人和基层民众

---

① [明]程君房，《覆车篇》，《中国古代版画丛刊二编》第六辑，《程氏墨苑》下册附录二，第67页。
② [明]程君房：《宝墨斋记》，第415页。
③ [明]程君房，《墨苑自叙》，第320页左下。

等的往来互动,在儒匠群体的外部形成了一条特殊、专业的产业链,这个产业链同时也构建出了儒匠群体的社会资源网络,最终推动了他们在晚明社会的身份认同,徽州地区的制墨业也不例外。

(一)儒匠与官府

晚明时期江南地区的制墨行业竞争非常激烈,特别是自从万历年间宫廷用墨进贡开始。万历以前,明代的官府御制用墨更多的是来源于专门的朝廷制墨机构,由司礼监内官职掌调度官府和内廷所需用墨①,并且有着专门的制墨配方和用料,这种情形到了万历年间发生了明显的转变。

明神宗作为一个历史上有名的不爱上朝的皇帝,自然而然对于有些官府或者宫廷的规定不再那么重视,而尤其感兴趣那些官府规制以外的民间制墨。万历时人汪道昆作为徽州地区有名的文人,曾上奏一封《墨表》,记载此事:"圣主日御东观,亲子墨客卿,草莽之臣何由特达……"②万历皇帝这种特殊的爱好,就使得当时民间的制墨家和墨匠都有了向官府和宫廷进贡御墨的机会,这对于以程君房和方于鲁为首的徽州制墨家群体来说,是一个既得名又得利的机会,这种机会同时又带来了相应的利益场上的竞争。

由于万历以前的官府和宫廷用墨调度主要由专门的司礼监内官职掌,即便是万历皇帝放开了对于民间制墨进贡内廷的渠道,这些民间的制墨家若想得到机会进贡,仍然必须借助内廷司礼监等权贵的力量,进而去争夺进贡的资格,毕竟不是所有的民间制墨家都得以有这种进贡的资格。这一资格一旦获取,直接在无形中提升了其在制墨同行中的竞争力和名气。可以说,除了前文提到的程君房和方于鲁之间的私人恩怨引起的斗墨以外,民间制墨进贡官府和宫廷的资格也成为他们二人在制墨业上竞争的直接导火索之一。沈德符之言也证实了这一结论:

> 程墨曾介内廷进之今上,方愈妒恨。程以不良死,则方力也。程亦刻《墨苑》,斗奇角异。似又胜方。真墨妖亦墨兵矣。③

沈德符的话提到了两点内容:其一是关于程、方二人进贡民间墨品的问题。沈德符认为,程君房所制的墨品曾得以进贡官府和宫廷,这引起了方于鲁的嫉恨。毕竟方于鲁的名气曾经一度超过了程君房。另外,在《程氏墨苑》中,有些墨品如"天保九如墨""五星聚圭璧墨""龙凤呈祥墨"等亦曾见于《方氏墨谱》当中,这种巧合也许是两人最初相遇时合作设计的成品。前文也提到过,二人初见时,方氏是投靠在程氏门下的,程氏对他的帮助还是很大的。

其二是关于程君房去世的问题。沈德符认为,程氏由于方于鲁的妒忌而"以不良死",间接证明是方于鲁不满程君房的墨品得以进贡官府和朝廷,而害死了程君房。但是我们深究

---

① 据明代刘若愚《酌中志》记载:"司礼监提督一员,秩在监官之上,于本衙门居住,职掌古今书籍、名画、册页、手卷、笔、墨、砚、绫纱、绢布、纸札、各有库贮之。选监之老成勤勉者,掌其锁钥,所属掌官,四员或六员佐理,并内书房亦属之。"[明]刘若愚:《酌中志》卷十六《内府衙门识掌》,北京:北京古籍出版社,1994年,第94页。

② [明]汪道昆:《方氏墨谱》,《墨表》,出自《墨谱集成》第三册,第1015页下。

③ [明]沈德符:《万历野获编》卷二十六《时玩·新安制墨》,北京:中华书局,1959年,第661页。

起来,发现并不是如沈氏的一言之词所说的那么简单。关于"程以不良死",我们查阅资料发现,方氏于1608年逝世的时候,程氏还未去世,程氏去世年份大概在1610年以后,不可能出现程氏被方氏害死的情况。再一个,根据上文所说,程君房对方于鲁的不满,最直接的佐证就是程氏写作的《续中山狼传》,还是带有很明显的私人恩怨。

所以沈德符所述程、方二人因为贡墨而引起的纷争,简单地认为就是方于鲁一方的责任,还是比较片面的,最直接的原因还是两人在进贡御墨的问题上的竞争,除了商业上的竞争以外,还包含着私人的恩怨。总而言之,沈氏的话间接地证实了二人都曾与官府和宫廷打交道,并且所制墨品都长期供应官府和宫廷中,且均得到了万历皇帝的喜爱。可以说,儒匠借助向官府和宫廷进贡的渠道,打开了自己的知名度,得到了皇帝的赏识,这为他们与官府和宫廷更进一步的往来提供了基础。

(二)儒匠与士人

程、方二人在这场争夺民间用墨进贡官府和内廷资格的竞争中,有一个人不能不提到,他就是汪道昆。汪氏对于方于鲁能够脱离程君房,独自向官府和内廷进贡其所制的墨品,起到了至关重要的作用。前文曾提到,以汪道昆兄弟为首的丰干社成员和其他一众江南地区的士人们,在《方氏墨谱》制作和出版的过程中,大肆宣扬,甚至多人为其写序,这必然导致方于鲁的名声如日中天,甚至一举超越了他在制墨行业道路上的引路人程君房,可以说达到了"独占墨名"的程度。

方氏如日中天的盛名,加上背后以汪氏兄弟为首的一干政坛文人的大力支持,完全切断了程君房向官府和宫廷进贡用墨的道路,加上二人之间的私人恩怨,程氏的牢狱之灾,都使得他不能够像方于鲁一样积极靠近政治中心和政坛相关人物。程君房曾经多次参加科举考试,到了五十多岁屡试不中后,才捐资购得鸿胪寺序班的小职位,为了推销他的从政经历,程氏在墨品和墨样上多次自署"原任鸿胪寺序班臣程大约谨颂"的款识,这也表明了他内心还是很看重民间用墨进贡的事情。所以,方于鲁独自得以进贡墨品对程氏的打击还是非常大的,不仅仅是简单的经济利益的损害,更多的还是其背后的政治利益。

作为晚明时期徽州地区制墨行业的两大领头羊,程君房与方于鲁之间的私人恩怨为他们的商业竞争提供了相互倾轧的推力。关于二人在徽州制墨场域上的倾轧,晚明时期的士人们都彼此各有偏袒,形成了相互对立的两个派系,或扬或抑。下面我们分别选取各自对应的派系——扬程抑方和扬方抑程,来分别说明这一情况。

1. "扬程抑方"派

此派系的代表人物有沈德符和邢侗等。

其中沈德符认为:

> 新安人例工制墨,方于鲁名最著,汪太函司马与之连姻。奖饰稍过,名振宇内。所刻《墨谱》,穷极工巧,而同里程君房几超而上之,两人贸首深仇。①

我们来具体分析下沈德符的观点,沈氏首先肯定了方于鲁作为新安制墨家的代表,其

---

① [明]沈德符:《万历野获编》卷二十六《时玩·新安制墨》,第661页。

名声很显著,但是他的成就是建立在与汪道昆联姻之后,以汪氏兄弟为首的文人士大夫们对其大力支持和宣扬的基础之上的,这是方氏无法否认的既定事实。因此他认为集齐各方力量所刻的《方氏墨谱》,仍然无法超越《程氏墨苑》。前文也分析到,沈氏认为程、方二人因为贡墨的事情,导致方氏嫉恨程氏,所以也带有一定的爱憎情绪,显然地"扬程抑方"。

而邢侗更是直截了当地指出方于鲁的某些墨品如"廖天一墨""非烟墨"不如程君房的事实。具体可见如下内容:

> 初焉入目,色泽无异时工。磨而试之,勃然如五色云起凤池之上,坚而能润,黝而有光。余求所谓舐笔不胶,入纸不晕,今始见之。较之方于鲁"廖天一""非烟"不翅倍蓰,直与所藏辛亥者燕行,若罗氏徒重珍糜而质且退三舍。署纪名岁知作者为新安程氏君房。余不知君房为何如人,即其造物入神,足称绝技。及按品列二种,尚居下乘,不知上此而"廖天一""非烟"宜当何似。①

按照邢侗的理解,他认为程氏所制的两款墨品"妙品墨"和"重玄墨"在程氏制作的所有墨品中居于下乘,而方于鲁的两款墨品"廖天一墨"和"非烟墨"不仅无法超越之,甚至还很有可能是赝品,"宜当何似"。

沈德符对程氏制墨的赞美掺杂着有两人的私人恩怨而相对没有那么客观,而邢侗则表明了自己"不知君房为何如人",站在欣赏者和使用者的角度,则客观评价程氏制墨"造物入神,足称绝技"。

2."扬方抑程"派

此派系的代表人物有谢肇淛和姜绍书等。

其中谢肇淛认为:

> 国朝方正、罗小华、邵格之皆擅名一时。近代方于鲁始臻其妙。其三十年前所作"九玄三极",前无古人。最后,程君房与为仇敌,制"玄元灵气"以压之。二家各争其价,纷拿不定。然君房大驵,亡命不齿伦辈,故士论迄归方焉。②

谢肇淛同样直接将方于鲁的制墨成就凌驾于一众明朝新安制墨群体之上,超越了"擅名一时"的方正、罗小华和邵格之,其所制"九玄墨"和"三极墨"更是达到了"前无古人"的高度。而程君房虽然以"玄元墨"和"灵气墨"与方氏在制墨业上一争高下,但是程氏因为曾经入狱的关系,被谢肇淛直接否认其人品,"不齿伦辈,故世论迄归方焉",导致当时社会舆论直接倒向了方氏。

关于程君房的墨品和人品均不如方于鲁的原因,谢肇淛也发表了自己的见解:

> 方于鲁有《墨谱》,其纹饰精巧,细入毫发,一时传玩,纸为涌贵。程君房作《墨苑》以

---

① [明]邢侗:《墨记》,出自《墨谱集成》第一册,第11页上。
② [明]谢肇淛:《五杂俎》卷十二《物部四》,北京:中华书局,1959年,第341页。

胜之,其末绘《中山狼传》以诋方之负义。盖方微时,曾受造墨法于程,迫其后也,有出蓝之誉,而君房坐杀人拟大辟,疑方所为,故恨之入骨。二家各求海内词林缙绅为之游扬,轩轾不一。然论墨品、人品,恐程终不胜方耳。①

从上文的字里行间来看,谢氏直接以程君房《中山狼传》为例,简明扼要地指出这是程氏专门为了诋毁方氏忘恩负义所作。他认为最初方氏的确曾受程氏的恩惠,学习了程氏的制墨之法,可是到后来,方氏的制墨技艺青出于蓝而胜于蓝。再加上程氏认为自己入狱是受到了方氏的陷害,故恨之入骨,所以才试图编纂新的墨谱来超越《方氏墨谱》。虽然二人都曾邀请当时有名的文人士大夫为各自的墨谱宣扬,但即便如此,谢肇淛仍然认为"论墨品人品,恐程终不胜方耳"。

而姜绍书也持有相同的观点,他提道:

> 新安方于鲁、程君房以制墨互相角胜。所汇《墨谱》倩名手为图,刻画研精,细入毫发。程作《墨苑》以矫之。两家遗编至今传为清玩。盖于鲁微时曾受造墨法于君房,仍假馆而授餐焉。程有妾颇美丽,妒而出之,正方所慕也。乃令媒者辗转谋娶。程公讼之有司,遂成隙。未几,程坐杀人系狱,疑方阴嗾之。故《墨苑》内绘"中山狼"以诋方。然以墨品人品论,程终不能胜方耳。②

姜绍书除了肯定程、方二人在制墨上的商业角逐,所作的《程氏墨苑》和《方氏墨谱》都广而传之以外,同样指出了程氏的墨品和人品不如方氏。但是他与谢肇淛观点最大的区别,在于他认为这二人的矛盾集中在"桃色绯闻"上。具体原因是,程氏有一小妾长得很美,方氏妒忌之,然后辗转谋取这名小妾,最后导致二人闹上诉讼。随后程氏入狱,遂质疑是遭到了方氏的陷害。所以出狱后,程君房就把这段故事写进了墨谱,即《续中山狼传》,用以诋毁方于鲁。

从以上谢、姜二人的论述,我们可以看出,时人对程、方的评价,首先居于他们的人品而言,也就是所谓的"世论迄归方焉",都是单单凭借程氏所作的《续中山狼传》而断定,这是他为了诋毁报复方氏所构成的人身攻击,进而否定其墨品不如方氏。这种纯粹以人品出发来判定晚明时期制墨家或群体技艺的高低,可以说是当时社会对他们的考量标准,也表明了这些文人是把制墨家群体上升到了与他们地位相一致的高度,同时从侧面也反映出他们已不同于一般的"俗匠"。

综上所述,无论哪一派的观点,扬或者抑,都充分表明了《程氏墨苑》和《方氏墨谱》在编纂推广的过程中,得到了文人士大夫们的广泛支持,并非是程君房或方于鲁一人之力而完成的。可以说,正是以汪道昆、李维桢和沈德符为主的晚明时期江南地区士人们在背后的推动和揄扬,文人们或有意或无意地在其中发挥了大大小小的作用,才有了最后的两本优质墨谱。换言之虽说程君房和方于鲁等新安制墨家群体本身制墨技艺就比较高,墨品质量上

---

① [明]谢肇淛:《五杂俎》卷十二《物部四》,第 342 页。
② [明]姜绍书:《韵石斋笔谈》,黄宾虹、邓实编:《美术丛书》第二册,南京:江苏古籍出版社,1997 年,第 1321 页。

乘,墨谱的质量也很高,但若没有文人士大夫在背后的参与,也不会有这些制墨家名气的提升和墨谱的诞生,这是毋庸置疑的。

从这个角度来说,儒匠与士人之间的关系是相辅相成的,儒匠借助于文人士大夫的政治背景和影响力,提升了自己的知名度,为自己在商业竞争中增加了不少筹码,同时也为自己的儒匠身份造了势。而士人在这个过程中,得到了儒匠的经济支持,更加热衷于为他们宣传推广。

(三)儒匠与商人

晚明时期,徽州地区有一个非常显著的群体——徽商。嘉靖、万历年间张居正开始进行的经济制度改革,加上当时黄宗羲"工商皆本"口号的提出,晚明以后商品生产得以发展,全国性市场逐步形成,从而带动了整个商人集团的兴起。而徽商正是在两者的互动过程中,以地域和乡族关系为纽带所形成的新兴商人群体。

晚明时期的徽州商人利用地域位置的优势开始了一系列商业经营领域上的扩张,在江南地区各大小城市开展商业经营和贸易,还多次投资开设手工业生产作坊,如铁矿、染坊等等,徽商就在这种情况下日渐壮大起来。在商品经济高度发达的晚明时期,工商业的繁荣,"贾而好儒"思想的认识,都导致当时的江南地区的艺术品市场也开始繁荣起来,出现了徽商赞助艺术品制作人(或工匠)的局面。一大批拥有巨额资产的徽商,为了寻求政治上和社会上双重身份的认同,开始逐渐涉入艺术品市场中。他们通过开设书画坊、出资供工匠们进行技艺上的创作革新,以及延聘文人士大夫们吟诗品茗等等来宣传自己的墨品和墨谱。可以说,徽商的"雅化"使其成为晚明时期江南地区主要的艺术品市场的经营者、赞助商和推广者。

徽州地区的儒匠也在这个过程中,逐渐与徽商建立起亲密的联系,特别是对于徽州的制墨家群体而言,徽商的出现可以说带动了整个徽州地区制墨行业或产业的大发展,甚至将之推向了一个新的高度。在整个制墨行业中,从最初的原材料提供,到中间环节的作坊场地提供,再到最终的市场供应,无不可以看出徽商在其中的功劳。而很多徽州制墨家或者墨匠本身就兼具商人身份,比如前文提到的罗小华、程君房和方于鲁之辈,他们除了自身有高超的制墨技艺以外,还具备极其敏锐的眼光并且善于推广自己的墨品,经营自己的制墨产业,获取了高额的利润。

而徽商又在这种高额利润的驱使下,特意不断地将家乡的优质墨品行销到其他地方,最终使得徽墨占据了全国的制墨业市场。与此同时,晚明时期商品经济的繁荣,也改变了传统制墨行业或产业本身的家族式或者小作坊式的生产模式,使之开启了内部的竞争,最终被新兴雇佣模式所取代,逐步走向商品化和产业化的道路。为此,制墨家群体们开始大量开设墨肆,广招徒弟,雇佣伙计。如邵格之的"玄石山房",罗小华的"水云居",汪鸿渐的"桑林里",程君房的"还朴斋",吴叔大的"玄素斋"等等,而叶玄卿和方于鲁曾分别投身于汪鸿渐和程君房处帮佣,后均自立门户,开设"苍苍室"和"如如室"。①这些都是晚明时期徽州制墨行业或产业的著名品牌。这批制墨家群体的墨肆,在背后文人和徽商的大力支持下,都得以传承下去,甚至在子孙辈的手中不断发扬光大,一直延续到清朝初年。

---

① 梅娜芳:《墨的艺术:〈方氏墨谱〉和〈程氏墨苑〉》,中国美术学院博士学位论文,2011年,第5—6页。

晚明时期徽州地区的制墨家群体,与官府和宫廷、士人、商人等建立了外部的产业链,这些人是他们手工造物活动的主要参与者。他们在与这些群体的频繁往来互动中,分别建立起了或稳定或离散的微妙的关系。因此,在共同利益的驱使下,以新安制墨家群体为代表的晚明江南地区其他的儒匠群体,都在彼此的关系链上暂时获得了一种相对平衡的状态,在彼此的立场和矛盾间起了润滑作用,而这些外部群体也在其中对儒匠的身份有了一定的认同,建立起了儒匠群体活动的社会资源网络,从而为他们进一步参与手工造物活动,甚至某些社会活动营造了相对宽松的外部环境。

五、余 论

程君房与方于鲁两人在制墨行业上长达数年的商业竞争和私人恩怨,以及二人与官府、宫廷、士人和商人之间的交往,反映出当时江南地区的儒匠群体已然不同于以往的"俗匠",其社会地位已然有所提升,并能够与文人、缙绅平起平坐,其文人气质已经具备,上升为"儒匠"。而面对程君房和方于鲁的斗墨现象,背后的文人士大夫们各自建立起彼此对立的阵营,不惜用笔墨褒扬贬抑之,甚至有像汪道昆兄弟这样的同乡名人,更是出资出力,将方于鲁拉进文人社团里面,可想而知,文人团体所发挥出的重要作用。但是,透过《程氏墨苑》和《方氏墨谱》中的文人序跋和题赞,我们也可以看到很少有文人同时为这两本墨谱都题词,这是否能够说明晚明时期徽墨市场的商业竞争如此激烈呢?答案并非如此,不与程、方二人同时交好,不等于支持其中一方的人不会为其他墨匠的墨谱题词。所以,我们不能够简单地就以程君房和方于鲁之间的恩怨斗争来看待当时晚明社会商业竞争剧烈的现象。

但我们仍然需要注意到一个问题,就是晚明时期江南地区的儒匠群体内部的矛盾与竞争,或者说因为共同的利益而形成的联合,实际上并没有形成有效的管理体系。在传世的文献或者史料当中,也没有具体的文字记述这一群体的内部组织规定或者纲领性的条款,究其原因,无外乎两点:一是该群体本身就是松散的,由于涉及产业或行业多,涉及阶层广,而没有形成稳定的独立群体。二是该群体因为共同的特征和地域等暂时联合的过程中,他们的从业意识和儒家素养也在不断地建立,随之自发与其他阶层形成特殊的产业链,而儒匠群体也在这种环境下有意识地逐步走向专业化。

作者简介: 吴玢,中国地质大学(武汉)马克思主义学院助理研究员。

清代陕南义渡的社会史考察*

董永强

【摘 要】义渡是一项便民济渡的地方公益事业,在乡村社会中承担着重要的交通职责。官员、士绅、僧道、商民乃至地方大族富户等地方精英常常捐钱置地,创设义渡。方志和碑刻等地方历史文献表明,因地貌特征不同,清代陕西义渡有明显的地域和时段差异。陕南地区的义渡无论从数量、分布范围上,还是管理水平、维持时间上都远远超过关中和陕北地区。道光以后,汉水及其各支流的义渡大都是通过官捐或民捐两种方式置田兴办而成,船桥会等民间组织的出现以及义渡条规的出台标志着义渡管理体系的健全与完善,地方官以建坊赠匾的方式表彰义渡善举,也深刻体现着在地方社会治理时国家意志的某些痕迹。

【关键词】津渡;义渡;陕西;清代;船桥会

"津,济渡处也"。所谓"津渡"即搭乘渡船的渡口,是民间或地方官府为越过江河湖泊阻隔,抵达对岸而设置的交通处所及便民设施。"渡则有官渡、私渡、义渡之称"[①]。此三者依据兴建主体不同,可分为官渡和民渡两类,民渡中依据是否以盈利为目的又可分为私渡与义渡两类。私渡是以盈利为目的,由民间自备渡船,以济渡行旅并向过河人收取渡资的渡口。"由私家制造船只,渡送来往生人,大都索资补助工食"[②]。义渡是明清时期由民间善士捐资置船、雇请船夫并出资维护运行的免费公益渡口。"凡义渡不取渡者之赀"[③]。官渡与义渡的区别明显:"津要之所,地方有司造船以济往来,曰官渡;自里中好善者为之,曰义渡。"[④]民国

---

* 基金项目:本文系陕西省社会科学基金一般项目"明清陕西地方社会治理研究——以乡约碑石为中心"(项目号2014H10)、中央高校基本科研业务费"关中历史文化信息化研究"(项目号20106185642)阶段成果。本文得到陕西智慧社会发展战略研究中心项目资助。本文曾作为北京大学2018年秋季历史系研究生课程"社会史史料研读"的结课论文,得到赵世瑜教授的指教,特此致谢!

① 吕耀钤纂修:《南田县志》卷二五《地理志·津渡》,1930年铅印本,第27页b。已往义渡研究主要集中在明清南方地区,其中比较重要的论文有张艳芳:《明代渡口研究》,《中国地方志》2008年第3期,第51—59页;吴琦:《清代湖北津渡及其运营管理》,《江汉论坛》2008年第1期,第83—89页;常建荣:《明清海南的桥梁与津渡研究》,暨南大学硕士学位论文,2011年;杨文华:《清代四川津渡地理研究》,西南大学硕士学位论文,2013年;杨文华:《清代四川民间义渡的社会功能整合》,《求索》2016年第7期,第65—70页。论及陕西义渡者有孙丽娟:《从碑刻资料解读清代汉水流域陕西段民间水运秩序》,《陕西理工学院学报》2006年第3期,第39—43页;刘峰:《陕南交通碑刻研究》,西北师范大学大学硕士学位论文,2014年。

② 钟景贤纂《开阳县志稿》第七章《建设·义渡》,1940年铅印本,第26页a。

③ [清]方旭修,张礼杰纂:光绪《蓬州志》卷三《纪川篇》,清光绪二十三年刻本,第6页b。

④ [清]高佐亭:同治《崇阳县志》卷二《建置志·津梁》,《中国地方志集成》,南京:江苏古籍出版社,2001年,第97页。

时期有些地方将收取象征性渡资的渡口也称为义渡。如浙江省南田县,"其共同捐田备船,雇工而渡人仅收备值三之一者即为义渡"①。义渡概念的核心是凸显"义"。义者,宜也。凡合乎正义或公益的即为义。因此,义渡概念有两层含义:其一,义渡是一种"善举""义行",渡人过河不取或少取费用,属于公益范畴,设义渡与捐资设立会馆,办学,修路,建桥,兴水利等一样,是增进社会公共利益的利他行为;其二,义渡与"私渡"相对,是地方民众共同捐建服务公众的,属于公共范畴,因此又称"公渡"。

陕西虽不及南方那样江河密布,但也有大小河流上千条。以秦岭为界,可分为黄河和长江两大流域水系。其中流域面积较大的河流有五条,从南至北分别是陕南地区的汉江、关中地区的渭河与泾河、陕北地区的北洛河与无定河。陕西"京邑所居,五方辐凑",在秦汉至隋唐的古代历史上,无论从政治、军事,还是从经济上观察,陕西有发达的陆路与水路交通网络。因此,为保障水路与陆路交通的互联互通,州县各地都普遍设置津渡。清代以前,陕西津渡的渡船大都由官方购置,渡夫的工食也由地方官府负责。道光以来,民渡开始盛行。据道光五年(1825)八月所立《石泉知县河池口义渡告示碑》记载,客居石泉县的安徽商人周允吉"窥莲花石乡道路崎岖,捐资修理建造渡河船只,又捐买产业一分(份),以作该渡船水手工食之费,凡往来行人,毋许渡船需索钱文"②。这种渡人过河,不索钱文的渡口就是义渡。

陕西义渡最早兴起于何时,已无从可考。但清代是陕西义渡数量最多,管理最完善的时期,也是地方志记载最为详尽的时期,更是地方碑刻资料反映最集中的时期。义渡的广泛设置反映了在兴办公益事业上地方官府力量的消退和民间精英力量的崛起。关于陕南地区义渡的研究,仅有孙丽娟和刘峰等人,从水上交通史的视角略有涉及。义渡的设置、管理、运作过程中,不同群体的作用是如何发挥的?国家意志是如何体现的?义渡会等民间组织与地方自治的关系是什么?陕西存留众多义渡碑的原因是什么?义渡碑的生产过程反映了什么社会观念?以上诸多问题还有深入研究的必要和可能空间。因此,本文从社会史的视角出发,利用碑刻、方志等地方历史文献,从义渡与官渡、义渡与民间精英、义渡与地方治理三个方面,对陕西义渡进行梳理,期望能重新构建对清代陕西地域社会内部人群、制度和生存境遇三者关系更为清晰的认识。

一、义渡与官渡

官渡在陕西由来已久。北宋熙宁时撰修的地方志《长安志》记载:"横霸官渡在县东南二十五里,入蓝田路。"③按:横霸官渡在唐万年县,明清咸宁县东南二十五里,桥渡并置,桥即霸桥,渡即霸渡,而且置驿。从长安东出通化门,至长乐驿,再至霸桥驿,渡霸水,入蓝田路口,通蓝田驿,东出潼关。可见,在东入蓝田的官道上,横霸官渡是霸水上重要的官方渡口。

---

① 吕耀铃纂修:《南田县志》卷二五《地理志·津渡》,第27页b。
② 《石泉知县池河口义渡告示碑》,见张沛编著:《安康碑石》,西安:三秦出版社,1991年,第1页。
③ [宋]宋敏求撰:《长安志》卷十一《万年县》,《中国方志丛书·华北地方·第290号》,台北:成文出版社,1970年,第257页。

明代非常注重桥梁津渡建设。在国家层面,不仅成立专门的国家机构来负责营建与管理,而且通过立法来确保这些交通基本设施的建设。明代工部的都水司是负责桥渡管理的中央机构,规定"凡各处河津合置桥梁者,所在官司起造,若当用渡船去处,须要置造船只佥点水手"①;地方上则是由基层官府负责对桥渡修建、维护与管理,府、州、县掌印、佐贰官及巡检司巡检都是直接的责任官员。

《大明律》中规定:"凡桥梁、道路,府、州、县佐贰官提调,于农隙之时,常加点视修理,务要坚完平坦。若损坏失于修理,阻碍经行者,提调官吏,笞三十。若津渡之处,应造桥梁而不造,应置渡船而不置者,笞四十。"②由此可见,建桥设渡是明代基层地方官吏的重要职责之一,这也成为评价一个地方官是否体恤黎民、关心百姓,是否行王政、勤民事的标准之一。因此,明代以来的地方官吏都非常重视地方桥渡建设。一般而言,桥渡见载于地方志中的《建置志》。而方志通常都是由地方官主持或亲自编修的。这从明清各地大量存留的有关修桥设渡的碑刻资料中也可得到证明。

不仅如此,明代还将官渡的管理办法载入法典,以成永例。《大明会典》记载,成化七年(1471)规定,各处渡船每船设艄夫十名,每州县设老人一名专门管理,"于附近巡司衙门掌之"③。明代自正统以后,社会经济得到恢复和发展,商品经济空前繁荣。各地主要交通线很多,其中以运河、长江中下游和关洛地区的交通最为重要,过往这些地区的商家众多。水运因为费用低,运量大,安全性高,利润大,所以成为长途贩运的首选运输方式。水运需要沿途提供各种服务,因此也带动沿途各地的城市发展和基础设施建设。成化七年的规定就是在这种背景下生发而来的。每船有十名艄夫,由一老人管理,并由巡司衙门直接掌管,足见地方官府对辖境内官渡的重视。

清袭明制,在重要水运交通线上都设有官渡。清前期民间也有私渡存在。早在康熙年间,陕西已有私渡。据康熙《蒲城县志》记载:"通同州、晋城为官渡,而车渡、晋王、常乐、温汤、武堡皆私渡,通澄城、蔡邓为官渡,而永丰则为私渡。"④可知在清前期,官渡与私渡并存,私渡应为数不少。从地方志可以看到,清前期的渡口数量明显少于中后期,而且地区分布不均衡。以乾隆时期为例,地方上的官渡与民渡数量大体相当,汉水流域的渡口明显多于渭水流域。陕南汉水流域的安康、洵阳、紫阳、白河、石泉、平利等县地处山区,居民出行和生计主要依靠汉江及其支流,因此渡口多于关中地区。对比蒲城、安康、洵阳、石泉四县津渡后发现,见载于县志中的渡口整体数量不多,但各县都设有官渡。

---

① [明]张卤撰:《皇明制书》兵刑工部通大职掌卷之五《桥道》,《北京图书馆古籍珍本丛刊》第46册,北京:书目文献出版社,1988年,第234页。
② 怀效锋点校:《大明律》卷三〇《工律》二,"修理桥梁道路"条,北京:法律出版社,1999年,第230页。
③ [明]李东阳等撰,申时行等修:《大明会典》卷二〇〇《工部》二〇,南京:江苏广陵古籍刻印社,1989年,第1—2页。
④ [清]张心镜纂修:《蒲城县志》卷四《建置志·津渡》,《中国地方志丛书·华北地方·第544号》,台北:成文出版社,1976年,第120页。

表 1　乾隆时期的蒲城、安康、洵阳、石泉四县津渡比较

县别	官渡	民渡	出处
蒲城县	2	6	(清)张心镜修、吴泰来纂《蒲城县志》卷四,乾隆四十七年刻本
安康县	5	3	(清)李国麒纂修《(乾隆)兴安府志》卷五,道光二十八年刻本
洵阳县	7	不详	(清)李国麒纂修《(乾隆)兴安府志》卷五,道光二十八年刻本
石泉县	4	6	(清)李国麒纂修《(乾隆)兴安府志》卷五,道光二十八年刻本

乾隆时期的民渡中大多为"里人设舟,以济往来"的私渡,但义渡已经在陕南出现。比如,洵阳县柳村铺人潘文光,乾隆二十一年(1756)为乡饮众宾,"曾修义渡以利涉"①。

表 2　洵阳县雍正、乾隆、光绪三朝津渡比较情况简表②

时期	总数	官渡	民渡	
			私渡	义渡
清雍正时	8	8	不详	不详
清乾隆时	8	7	不详	1
清光绪时	32	6	17	9

从表中数据来看,康熙到光绪时期,洵阳县津渡变化显著。总体而言,清晚期渡口总数量有大幅增加,比清前中期有 3 倍的增长。光绪时,官渡数量呈现缓慢减少的趋势,相反,民渡的发展速度很快,明显超过了官渡。

官渡积弊导致民渡快速发展。道光十八年(1838)洵阳县两河关《修建义渡碑序》中对官渡积弊、官渡改为义渡的原因有深刻认识,为便于分析,兹引相关碑文如下:

> 今洵邑之北两河关者,有一渡焉,地接江汉,界连川楚,虽山径之鄙津,实水泽之要道。官贵之荣迁出于此焉,置邮之传命出于此焉,商贸之往来出于此焉,不诚西秦之要津也哉。昔年虽有官渡之设,例以冬夏□取河粮,舟子贪其厚利,小民苦于息索。然其为渡也,□利于公而不利于私,便于近而不便于远。凡往来行人,隔岸相呼,怅天涯于咫尺;平沙久坐,等片时于终朝。更可甚者,夏雨淋漓,河满浩瀚,舟子执舟,任意勒索,而行其□者。感波涛之腾沸,何能□厉□揭,徒致叹于苦鲍;望流水之滋漫,殊难就浅就深,唯兴嗟于脱辐。是向之设是渡以济人者,而反设是渡以阻人也,何渡之足云。③

为维护官渡的运营,清政府每年要支出大量的船工费用、船价银和维修费用。到清中后

---

① [清]刘德全等:《洵阳县志》卷十一《人物志·任恤》,《中国地方志丛书·华北地方·第 276 号》,台北:成文出版社,1969 年,第 370 页。
② 资料来源:三种县志,分别是李宏勋、叶时沩纂修:《洵阳县志》,雍正九年抄本;邓梦琴、董诰纂修:《洵阳县志》,同治九年增刻本;刘德全、郭炎昌纂修:《洵阳县志》,光绪二十八年刻本。说明:方志对津渡记载简略,凡设官船的渡口本文视为官渡,否则视为民渡。但民渡中义渡与私渡有时很难区分,将诸如"里人设舟济往来"的渡口看作私渡;而有明显"义渡"字样或表明捐资者的渡口看作是义渡。此表统计渡口数字未必准确,但基本能反映该县渡口从清前期到晚期的变化趋势。
③ 张沛编著:《安康碑石》,第 153—155 页。

期,渡口主要由地方政府管理,而地方政府财政危机日益严重,此项开支被大幅削减。官渡经常会"年久失坏,因复捐造,而渡工费用无出。故近处有派收河粮之扰,远客有勒诈船钱之苦"①。舟子(即渡工)的工资也是难题,"若夫松河口船济往来,由来旧矣。但舟子之工资,向收河粮,而乡人之输给,每难支应取欤"②。

所谓"取河粮",是指平日过渡不取分文,每年定期由渡工到经常过渡的农户家里募集粮食,充作渡工工资,俗称"打河粮"。两河关渡口以前即是收取河粮的官渡,按成例在冬夏两季打河粮,但舟子在收取河粮时,往往"贪其厚利",致使小民"苦于息索"。这是官渡舟子之弊。

此外,官渡虽然设置于要津之处,因为经费投入有限,所以渡船数量少,而且位置不够便民,"利于公而不利于私,便于近而不便于远"。这是官渡位置之弊。

再有,舟子摆渡过河,往往要等船满才开船,"平沙久坐,等片时于终朝",给行旅造成大量时间延误。这是官渡摆渡管理之弊。

最后,"夏雨淋漓,河满浩瀚"时,官渡"舟子执舟,任意勒索"。这是官渡人员管理之弊。

以上四种洵阳县的官渡之弊表明,官渡于民不便,而且成为贪利舟子趁机勒索的工具。这在清中晚期的其他州县也普遍存在。可见,官渡在船夫工钱、渡船维护、人员管理等方面尚缺乏相关的完善制度和监管措施。尤其是清中期以后,清政府面临的内忧外患增多,地方政府的财政危机逐渐加深,严重缺乏用于公共事务建设的费用。每年征收的赋税极少用于津渡之类的公共建设。相比赈灾、兴修水利,津渡既不紧急,又不重要,因此,官渡不受地方政府重视,处于自生自灭的状态。与此同时,地方精英力量迅速崛起,他们以增进家乡福利为己任,大力倡导并资助公益事务,洵阳县私渡和义渡在清后期的显著增长即是明证,这也体现着地方士绅寻求乡里权威的努力。

值得一提的是,县志通常是由知县等地方官纂修的,属于官修地方文献,通常不为私渡张目,有意将其略而不述,因此,陕西方志中与私渡相关的史料极其有限。究其原因,或可从私渡发达地区的方志记载中略知一二。据贵州《开阳县志》记载:"开阳县境,既属三面环江,故公私渡口,不下百数。除上述义渡外,余皆私渡。由私家制造船只,渡送来往生人,大都索资补助工食。即未索资者,亦于每年春秋雨季,向两岸附近居民,收打河粮,以作工食。因非义渡组织,故略而不叙。"在《开阳县志》的编修者看来,私渡向行旅"索资"或"收河粮",属营利组织,并非义渡组织,有违于传统修志的"资治""教化"目的,不能体现旌贤能,嘉善举的作用,因此"略而不叙"。

二、义渡与地方精英

清代陕西义渡的捐资设立主体按照身份的不同来划分,主要有士绅捐修、平民捐修、商人捐修和僧道捐修四种。一般而言,不论是首倡,还是捐资,在义渡的始建、日常维护、长期

---

① 《汶水河官渡碑记》,见李启良编著:《安康碑版钩沉》,西安:陕西人民出版社,1998年,第285页。
② 《松河口义渡碑》,见李启良编著:《安康碑版钩沉》,第289页。

运作过程中，士绅[1]阶层都是主力群体。试据方志和碑刻资料将四种陕西义渡的创设过程分述如下。

（一）士绅阶层

表3　清代陕西义渡捐建主体一览表[2]

	士绅捐修	平民捐修	商人捐修	僧道捐修	身份不明
义渡（数）	27	10	2	2	2

为分析地方社会各阶层在修建义渡过程中的作用，笔者对清代陕西全省7府5州50县7厅的方志进行了详细梳理，根据粗略统计，制成清代陕西义渡捐建主体一览表。据此表可知，士绅阶层捐修的义渡在全省义渡总数中所占的比重相当大，已经超过半数，高达62.7%。具体而言，士绅阶层由以下成员构成：

县令、知州。捐修义渡的士绅阶层中，属上层人物的有知州和县令等州县长官。如紫阳县梁县令和桂县令，光绪年间，两人曾与城隍庙主持庄教礼共同捐重资并向众善募化，陆续置买田地，维护任河嘴义渡的正常运转。[3]任河嘴为汉江与任河交汇处的一个山嘴，是通往县西乃至入川官道的要津。光绪时，紫阳县令曾捐资设义渡于此，民国时仍在使用。又如陇州知州郑大纶，“乾隆元年，援新例出知陕西陇州。汧河为东西要道，仅有木桥二，春夏雨多，山水骤发，桥尽冲坏，行旅望洋而叹。大纶造四舟，以为义渡，往来遂成坦途”[4]。

一般而言，州县长官、贡生、耆老等士绅都是地方精英中的骨干，他们通常是地方公益的首倡者和捐资者，实际领导着包括义渡在内的地方社会各项事业。没有他们的支持与参与，地方公益事业是无法展开的，因为他们有权有钱。

监生。同治十二年（1873），紫阳县监生赵起熠捐置义地，“岁收租七石二斗给水手工食，余则留以修补渡船”，用以维护县南义渡“中渡”的运转。[5]

武生、武庠生。如白河县武生柯道强与其弟，“道光二十四年，不惜工资，同造渡船于洵邑沙沟口，行人称为义渡”[6]。

绅士。如汉阴厅“添水河义渡，绅士蒋万栢、张彩、刘元超、刘升、张子建、张质恬、罗鸾响、危世兰、谢万起、罗仁响等捐修。通判钱鹤年会同叶府尹世倬建坊，旌曰：利涉同功”[7]。

---

① 士绅，也称“绅士”。张仲礼先生认为“绅士的地位是通过取得功名、学品、学衔和官职获得的，凡属上述身份者即自然成为绅士集团成员”。他将整个绅士阶层划分为上层和下层两个集团。许多通过初级考试的生员，捐监生以及其他一些有较低功名的人都属于下层集团。上层集团则由学衔较高的以及拥有官职的绅士组成。具体而言，下层绅士包括正途的各类生员和异途的监生和例贡生。上层绅士包括贡生、进士、举人和官吏。有关绅士的详细分类，参见张仲礼著，李荣昌译：《中国绅士——关于其在19世纪中国社会作用的研究》，上海：上海社会科学院出版社，1991年，第4—32页。

② 资料来源：爱如生中国方志数据库之陕西地方志。说明：制作此表是为反映地方基层社会中不同群体对义渡的贡献作用，但在民间常常有士绅和平民、里民和僧道共同捐修同一个义渡的情况，为便于统计，以实际贡献大小计入相应人群名下。

③ 杨家驹、陈振纪纂修：《重修紫阳县志》卷二《建置志·桥渡》，1925年石印本，第26页a。

④ 宋伯鲁、吴廷锡纂修：《续修陕西通志稿》卷六八，1934年铅印本，第24页a。

⑤ 杨家驹、陈振纪纂修：《重修紫阳县志》卷二《建置志·桥渡》，第26页b。

⑥ ［清］顾騄修、王贤辅纂：《白河县志》卷一〇《人物·任恤》，清光绪十九年刻本，第24页b。

⑦ ［清］钱鹤年修、董诏纂：《汉阴厅志》卷三《建置志·桥渡》，清嘉庆二十三年刻本，第10页a。

把总、巡政厅、耆宾、生员。据清光绪三年《兴安西义渡碑》记载："唯兹西渡,实属要津。划船俟帮,多则难免沉渊之患;渡夫索利,久则每致望洋之悲。隔岸相呼,恨天涯于咫尺;褰裳莫济,嗟日暮于穷途。冉、薛翁等,欲成往来行人之便;造舟维梁,抑免水夫逼勒之情。故倡首造船,无非成万世永坚之心也。"①碑后刊刻同治以来西铺经理首士及其中诸监生、把总、巡政厅、耆宾、生员等姓名与捐钱数目。在清代陕南汉江流域,地方官府常常在津要之处设有官渡。但在清后期,官渡不仅数量少,设渡位置"有利于公而不利于私,便于近而不便于远",而且多有废弛。而私渡"渡夫索利"太甚。在这种情况下,地方乡绅往往出头倡修义渡。兴安州西的义渡即是由地方上威望颇高的耆老首倡,并由当地士绅群体共同集资创设的。

在陕西地方乡里中,诸如此类普通绅士、监生、武生等下层士绅在捐修义渡时也十分踊跃。不仅如此,在建桥修路、兴学设仓、兴修水利等各类有关地方公益事业中,士绅阶层都是最为主要的支持群体。原因很简单,所设义渡大都在其居所附近,他们既是义渡的捐资者,同时也是义渡的享有者。因此会不遗余力的支持地方公益。再加上这些人深受儒家传统仁义思想影响,为人乐善好施。

(二)平民阶层

据上述"清代陕西义渡捐修主体一览表"可知,在陕西义渡中,普通平民共同出资捐修者所占比重仅次于士绅阶层。他们是乡村社会中人数最多的群体,任何乡里公共事务若没有他们的参与也都无法完成。在清代地方历史文献的书写中,他们常常称作"某地人""士民某""里人某",与士绅有着严格的身份区隔。

如洵阳县"高大恒、吴馥诚,俱赵家湾铺人。铺旧无义渡,恒首捐钱二百缗成义举。又于熊耳沟、岩阿沟等渡捐重资。馥诚于义渡亦捐资百缗,至今赖之"②。高大恒、吴馥诚两位能捐钱百缗重资设义渡,表明他们很可能是乡村中的富户。

又如,汉阴厅铁炉坝义渡是由"士民田佩南、闵腾周等率好义者捐修"③。

再如,汉阴厅池河义渡地处"兴汉往来大道,水盛多阻","里人公置官桥坝旱地十余亩,以地所出修理舟楫",而且派专人进行管理,"令耕地者轮流渡济",使得"行人无襦袽之患,利济无穷"。④

在地方修建的官渡和义渡通常是水泽之要道,"官贵之荣迁出于此焉,置邮之传命出于此焉,商贸之往来出于此焉"。对于附近居于斯的广大铺民、里人而言,渡口,尤其是义渡不仅是他们往来的交通设施,更是他们赖以生存的重要生活场域,生活必需的物资,与外界的文化、信息交往都必须由此得以出入,甚至在某种程度上影响着乡里百姓的性格和心理。既然义渡对于江河众多的乡村社会如此重要,那么,但凡有人倡议捐修义渡,附近乡民里人大多会纷纷解囊相助,他们也成为受益最大最久的人群。这是百姓捐修义渡的最主要原因。

一般而言,除地方富户豪族外,清代陕西乡里百姓普遍是有田无钱,因此在修义渡时,他们往往不直接捐钱,而是捐田施地,以所收租课来补贴船只造修,付给船夫工食。

---

① 张沛编著:《安康碑石》,第264—265页。
② [清]刘德全修、郭焱昌纂:《洵阳县志》卷十一《任恤》,清光绪二十八年刻本,第9页a。
③ [清]钱鹤年修、董诏纂:《汉阴厅志》卷三《建置志·桥渡》,清嘉庆二十三年刻本,第10页b。
④ [民国]宋伯鲁、吴廷锡纂修:《续修陕西通志稿》卷五六,1934年铅印本,第14页b。

(三)商民

商贸往来必假舟楫以俭省开支,获取最大利润。因为水运的运量大,运费便宜,安全性高,所以,商人往来兴贩通常是走水路。这必然需要通过或停靠渡口,因此,商人出资捐修义渡,利己利人。比如,乾隆癸卯年(1783),石泉县南门外沟水上的东渡为商民捐设,因此在县志里也被称为义渡。①

又,据道光五年八月所立《徽商周允吉创设池河口义渡碑》记载,安徽歙县商人周允吉曾客居石泉县莲花石,"见池河口河水发时,行客为水所阻,是以居心造一义渡以济行人"②。时任石泉知县盍钰为旌表商捐义渡,特意撰文勒碑,告示当地,遂有《石泉知县河池口义渡告示碑》。碑文称,周允吉"捐资修理建造渡河船只,又捐买产业一分(份),以作该渡船水手工食之费"。知县要求石泉乡民"务将该商捐造船只并捐买地内租稞公同经理,付与渡船水手耕种,毋许□水手向往来行人索钱"③。

最后,贸易起家的紫阳县刘天仁也曾不仅捐金置产,维护任河嘴义渡,而且出力经营,使之正常运转多年。④

(四)僧道

传统社会里,在民间公益慈善活动中,常常能见到僧人与道士的身影。他们也是公益桥渡的重要捐修群体。作为出家人,他们一般宅心仁厚,慈悲为怀,是拥有佛法或道行的特殊群体。他们常常以仁爱之心,行济困之举,因而在乡里社会中有一定的宗教影响力,由于他们的倡议和募捐,各项关乎百姓生活的公益事业才得以顺利展开。

据光绪二十六年(1900)镇坪县刊立的《龙滩子义渡碑》记载,龙滩子义渡是法号隆学的僧人与其弟及众人捐田设置的。碑文曰:"光绪丁酉年春,有僧隆学者,即境之童氏启德翁也。翁性好善,布施无吝色,欣然捐钱壹佰壹拾串,其弟启才、童君三者,助捐钱弍拾串,昆玉合捐钱壹佰叁拾串,买王禄焕五池沟上截山地壹份,订稞陆石,年付梢工伍石作工食费,存稞一石作整修费。契卷书公义渡名号,免后人中废。"⑤

据县志记载,清代陕西的义渡中,还有道士捐资修建的。例如,紫阳县文昌宫庄道长曾捐修任河嘴义渡。"岁乙未,会本城整顿任河嘴义渡,因经费之不足也,道长捐赀二百缗,襄成善举,以义渡论之,可谓巨款矣。"⑥

(五)家族

在清代陕西义渡的捐建者中,有一个特别值得注意的现象:家族世代捐资并运维。光绪时,洵阳县洪氏家族三代捐资义渡,造福乡里。据县志记载:"洪在位,两河关人,好施予。关为往来通衢,每河水盛涨,行人苦之。在位倡捐钱六百缗,邀同里谢昌荣、赵国锦共捐钱四百缗,设官渡船,余钱放生息为水手经费。位子忠仁,即息钱置地,租六十余石并街房数区,孙良栋又以赢余添入叶长沟、冷水河各渡。因叶长沟渡经费不敷。栋复置地租数石以垂永远。

---

① [清]舒钧撰:《石泉县志》卷二《建置志》,清道光二十九年刻本,第17页a。
② 张沛编著:《安康碑石》,第132页。
③ 张沛编著:《安康碑石》,第130页。
④ 杨家驹修、陈振纪纂:《重修紫阳县志》卷四《人物志·懿行》,第39页a。
⑤ 张沛编著:《安康碑石》,第332—333页。
⑥ [清]吴纯修,施鸣銮纂:道光《紫阳县志》卷八《艺文志》,清光绪八年吴世泽补刻本,第66页a。

洪姓于义渡功德三世,民乐道之。"①捐修义渡一次能捐钱六百缗②,并且将善举维持三代而不衰,说明洪氏是当地的豪富之家。为人"好施予"的洪在位,不仅自己出重资,而且邀请同里富户谢昌荣、赵国锦共同集资"设官渡船",又将造船余钱放息生利,用以雇请水手,其创建义渡之功,善莫大焉。因此可以说两河关义渡、叶长沟义渡和冷水河义渡都是洪氏家族义渡。以家族名义修建义渡彰显了家族实力,突显了家族在乡村社会的巨大影响力,也成为加强家族凝聚力的一项重要手段。

另据光绪本《洵阳县志》记载,洵阳县还有许多地方大族,包括熊耳沟郭文基与郭士书父子、沙沟陈德万与陈道坪父子以及赵家湾赵成英、赵世鳌父子,他们都为人敦厚,乐善好施,经常周恤贫乏,捐修桥渡,因此,乡里称善。③以上记载表明,地方大族在晚清时期崛起,他们或者"力耕起家",或者"精岐黄术",虽然不能跻身士绅上层,但在增进家乡福利建设过程中贡献卓著,是地方社会不容忽视的仰仗力量。

三、义渡与地方治理

在清代,地方官府对官修的主要桥梁和津渡负有建设、维修和管理职责。从治安和交通安全考虑,地方官一般禁止私人设渡,收取渡资。但对义渡是持鲜明的支持态度,不仅亲自倡捐,而且对地方精英捐置义渡的善行进行建坊赠匾表彰。这种做法有据可循。

光绪《大清会典事例》规定:"凡士民人等,或养恤孤寡,或捐资赡族,助赈荒歉,或捐修公所及道路桥梁,或收瘗尸骨,实与地方有裨益者,八旗由该都统具奏,直省由该督抚具题,均造册送部;其捐银至千两以上,或田粟准值银千两以上者,均请旨建坊,遵照钦定'乐善好施'字样,由地方官给银三十两,听本家自行建坊。若所捐不及千两者,请旨交地方官给扁匾旌赏,仍给与'乐善好施'字样。如有应行旌表而情愿议叙者,由吏部给与顶戴,礼部毋庸题请。"④

清王朝对这些善举大加褒奖,目的在于敦化风教,将国家意志的触角伸向乡里,实现善治。方志中有许多因捐建义渡得到匾额者。比如,嘉庆时,汉阴厅士民张通泰等因共同捐资置田,以田租收入修补西关月河渡桥,获得地方官赠给的"惠周行旅"匾额;汉阴厅绅士蒋万柏等因共同捐修添水河义渡,获得"利涉同功"匾额。⑤又道光二十四年,白河县武生柯道强兄弟,捐资造船,又置地给工食,设沙沟口义渡,洵阳知县赠给他们"施济流芳""惠洽通津"两块匾额。⑥又砖坪县新街人娄世金,咸丰时,助军饷。同治时,修杜家坝义渡,施义地,捐义

---

① [清]刘德全,郭焱昌纂:光绪《洵阳县志》卷十一《任恤》,第7页a。
② 按《紫阳县志》记载,光绪时,任河嘴义渡三年换船一次,每条新船的造价大约五六十串。一串等于一缗,以此计算,洪在位一次捐款足够新造渡船10—12条。
③ [清]刘德全,郭焱昌纂:光绪《洵阳县志》卷十一《任恤》,第6页a—第8页a。
④ 光绪《大清会典则例》卷四〇三《礼部·风教》,北京:中华书局,1990年,第498页。
⑤ [清]钱鹤年修、董诏纂:嘉庆《汉阴厅志》卷三《建置志·桥渡》,清嘉庆二十三年刻本,第10页a。
⑥ [清]顾骥修、王贤辅纂:光绪《白河县志》卷十《任恤》,第24页a。

谷。地方官赠其"乐善不倦",以兹嘉奖。①

清代的官渡一般是由当地官府负责修造渡船,挑选渡夫。渡夫,在各地有不同称谓,又叫艄公、水工、篙工、船夫、水手等,陕西方志中常称其为"舟子"。管理渡船,运送官府公职人员过渡是渡夫的主要职责。渡夫的工食银一般在1至3两之间。

义渡的渡夫则是由义渡田的收入雇请的,或者由当地百姓轮流充任。如石泉县里人共同捐置官桥坝十亩土地,用作该县东边池河义渡的养渡田,以地租收入修理船只,并"令耕地者轮流渡济"②,省去雇请水手的工食钱。

维持义渡长期运转的各项开支主要依靠养渡田。清代无论中央还是地方政府都没有用于桥渡建设和维护的专门经费。因此,清代全国各地为解决津渡的建设、维修资金问题,常常设立专门的养渡田,以田地的收入作为渡口创建、维修和添造渡船的费用,同时渡夫的工食或佣金也是出自此。因田地可重复性使用,确保了收入的可持续性,从而使得义渡能够长久维持正常运转,方便行旅过渡。

养渡田主要有两种来源:官员捐置和绅民捐置。

(一)官员捐置

如《紫阳县志》记载,任河嘴义渡原有白杨河和西铭河地各一分。光绪间,县令梁、桂二公与城隍庙主持庄道长等捐重资并募捐,"陆续置买龙洞沟田地一分,收租二石六斗,左家沟田地三分,收租共三石四斗。又左家沟田地一分,收租二石。桑树沟地一分,收租一石八斗"。这些田地每年的地租全都用于开支义渡水手的工食钱,并添造新船。"原设渡船一只,至光绪二十年添造渡船一只,每年开支水手工食钱七十二串。夏秋水涨之时,添雇水手二人,另行每日发钱二百文。三年换船一次,每只约费钱五六十串,每年维持费约三四串不等。"③在陕西义渡田的置办过程中,官员捐置的比例不多,这与陕西相比于南方水乡泽国而言,义渡数量少有很大关系。

(二)绅民捐置

清代陕西义渡田大部分主要是由士绅、百姓以及各方共同捐置的。如《兴安府志》记载,石泉县东池河是兴安与汉中之间往来的大道,涨水季节,往来行旅常常被河水阻隔,"后里人公置官桥坝旱地十余亩,以地所出修理舟楫"④。《汉阴厅志》记载,汉阴涧池铺义渡是士绅与好义者共同捐田创设的,"绅士刘光武与子鉴,捐田一石并劝好义者共建船一只,以租入为榜人工食之费"⑤,为表彰此义举,地方官赠予刘光武父子"仁惠继美"匾额,以兹嘉奖。此外,汉阴百姓"王曲成于乾隆二十八年捐修木梓河义渡,并施水田旱地各一区,永为此处渡船之费,行旅德焉"⑥。或者是由官员倡议,当地富户和百姓共同捐钱置地创办义渡。又如《两河关建修义渡碑》记载:"予等爱约⃞人,聚处商议,咸愿解囊捐助。奉宪请示,勒石刊名,特

---

① 佚名撰:民国《砖坪县志》卷二《人物志·德行》,1917年铅印本,第2页b。
② [清]李国麒纂修:乾隆《兴安府志》卷二六《艺文志·池河义渡碑记》,清道光二十八年刻本,第30页b。
③ 杨家驹修、陈振纪纂:《重修紫阳县志》卷二《桥渡》,第26页a。
④ [清]李国麒纂修:乾隆《兴安府志》卷二十六《艺文志·池河义渡碑记》,清道光二十八年刻本,第30页b。
⑤ [清]钱鹤年修、董诏纂:嘉庆《汉阴厅志》卷三《建置志·桥渡》,清嘉庆二十三年刻本,第10页a。
⑥ [清]钱鹤年修、董诏纂:嘉庆《汉阴厅志》卷四《食货志·义捐》,清嘉庆二十三年刻本,第19页b。

造义渡,以济水之不通,更将所捐之金,买置山地,以作义渡久远之费。"①

与其他很多地方一样,为确保义渡长期正常运转,清代陕西民间通常也是以养渡田招佃收租的方式来筹备维持义渡所需的各项费用。具体而言,其管理方式有两种。

一是由义渡会组织委托经理来管理。义渡会是管理某地义渡的民间组织,广泛分布于整个汉水流域。无论是汉中地区还是安康地区都有义渡组织存在,时人称之为"船桥会"或"渡船会""渡会"。②它是由某地区的绅户和粮户参与,共同商议自愿成立的社会组织。比如汉中府南郑县永兴渡不仅有义渡会负责渡务,而且有规章保障安全运行。兹引《订立永兴渡规章碑》如下:

> 任命试署南郑县知事杨(楷)为出示晓谕事:案据永兴渡首士杨伯藩、康继周,会首谢子珍、邹兴伦、徐子仪、江朝云等,以修规节款,恳准立案,以利济渡而垂永久等情具禀一案,除禀批据禀暨清折均悉。查该渡既属汉江要津,其船桥自宜切实规画,所称前因水夫勒索舟资,会首糜烂公款,弊窦丛生,致酿巨讼,虽议定订规则,改为义渡,徒以办法未善,以致名实不符。兹据该绅等心存利济,邀集筹画,相度南北形势,酌量河岸阔狭,分配船只,就旧有之资,为永久之计,所拟会首以下各项执务规则等条,均尚妥协可行,应准如禀立案,并准出示,以垂久远。嗣后务须遵照,切实整顿,毋蹈粉饰之习,庶几款不虚糜,切归实际,是为至要,切切此批。清折存挂发外,合行出晓谕。为此示仰该渡会首、水夫暨过渡人等,一体知悉:尔等务遵照后开议定规则,切实整顿,认真经理,以利行人,而垂久远。毋得稍涉粉饰,虚糜公款,再蹈前习,致干咎戾,是为至要。其各凛遵毋违,切切特示。
>
> 计开会内分别办理规则各条:
> 一、本渡首士由南区各坝绅粮公推禀举,以人望素孚,殷富公正者为合格,如不欲久任,按六年一更替。
> 一、本渡会首,以四人为合格,由首士会同各绅粮,选家道殷实,老实谙练者为合格。
> 一、会首三年一更替,如任事得力,著有劳绩者,由首士建碑石旌善,以资劝励。
> 一、本会迩因款项支绌,极力樽节,会内不得开灶,庶免一切冗费。议定会首每人全年薪金一十二串文,以资在会办公之膳费。
> 一、本会上下两季收取租稞,概由会首干包,亦不得开灶糜费。
> 一、每年六月办会一次,酒席三桌并香烛等项支费,不得过八串之限。
> 一、每年终,请首士并前任会首清算帐目一次,应用酒席香烛等费开支,不得过十

---

① 张沛编著:《安康碑石》,第153页。
② 南郑县道光十七年《下水渡船桥会碑》记载:"如汉郡南乡阖会绅士,设理下水渡船桥会,所造冬桥夏船,南通北达,利济行人。"(陈显远编著:《汉中碑石》,西安:三秦出版社,1996年,第269页)又,南郑县同治十一年《上水渡船桥会碑》载:"我上水渡有船桥会者,不□□□时作舟行水";南郑县光绪三十三年《张仙渡船桥会碑》亦载:"苟无以利涉之□,不至望洋而□,临河而□者鲜也。昔人悯此,特兴船桥会于兹。"以上两例为笔者田野调查所获,未见著录。另,安康县光绪时《迎风坝义渡碑》记有:"昔人创设义渡,居民始免寒裳。后起复谋集腋,光绪八年,众首士议立渡船会。"安康县光绪三十年《磨沟口义渡碑》记有:"同施与渡会为业,收课完粮,博施济众。"(李启良等:《安康碑版钩沉》,第290、295页)有关船桥会与地方社会的关系,参见拙稿《利涉在兹:船桥会与清代陕南地方社会》(待刊)。

二串之限,并抄录清单,实贴庙门,以昭公信。

一、会首四人,分四项,各任一事:一管收卖租稞,一管各项帐目,一管银钱,一管桥板木料。各项须互相稽查,各记手册一本,不得有把持之弊。其造船、搭桥、购置板料,凡大宗事件,必会同妥商,不得拘执推诿。

一、每年造新船一只,或自造,或包造,或购置,约计不得逾七十串之限。

一、每年补修旧船五只凡两次,每只约计不得逾十五串之限。

计开水夫规则十三条:

一、本渡旧规船七只,昼夜六只,南北分渡一只,留作支应。兹因节款起见,合亟裁一只,按六只昼夜轮流,俾足济渡,期以南北两岸无磊杂之势,无喧嚷之声为限,以免该水夫偷安狡混。

一、渡船六只,招募水夫一十二名,按每只二名,均须本会躬亲其事,不得滥用空子塞责,坐地分肥,有误利济名义。

一、招募水夫,务要年力精壮,不染嗜好者为合格。

一、如遇要事耽搁,须先诣会首或巡河处报明许可,仍议请妥人代撑,发给假单,至多不得逾一星期,违者按期罚扣口食。

一、每船水夫二名,各请保荐一人,并具保结一张,互相环保,定与会内存各纳保船制钱陆串文,以防不护惜船只起见。倘若故意损失面板漂溥各节,以此项钱文作抵支,并另行招募支应,该水夫不得后悔异言。

一、每月每名除上下两季河粮不计外,再给口食制钱一串五百,往来客商,不准勒索一文,违则罚口食一月,立即革退,其河粮亦不准讨收,概归新招水夫讨收,以示惩罚。

一、每年两季补修旧船及钉新船各项支务,应该渡水夫等是供,不能另给工食,违者开除另补。

一、每水夫一名,全年给伏帽、雨衣、雨帽制钱四百文正,其余篙杆、系舟绳索,概由自备,以示体恤而免贻误。

一、汉江从古一道,近分南北两河,南河岸狭易渡,限定其船两只。北河岸阔难济,限定船四只,各船头编刻第几号字样,每号置签四十根,归巡河监守发签,傍晚齐诣河岸,同众验签,以按签数之多寡,例水夫之勤惰,由惰者口食折合给奖,以示鼓励。

一、如遇水涨,南北一道,仍按六只轮流,每船各招一人搬桡。如其水枯,南河搁浅,搭有小桥,该水夫各往北河轮流,不准停船,亦不准停夫,以示甘苦同味之义。

一、每年春季交船,由会内修码头六架,令其各船水夫承领,各搭各码头,不得彼此混淆,两船对撞。开具领单,其板片、柱子各项,登记清楚,至桥造成之日,水夫交船时,照单点交会内,已总然腐坏,即寸木寸板,亦不准顺携隐匿,以免任意狡诈,如违者议价照赔。

一、遇洪水泛溢,必先报知各会首,验明水势核夺,该水夫亦不得擅专卖渡,致有性命之虞。

一、各水夫务要恪守规则,受巡河指挥,不得违犯,亦不准其挟嫌寻仇,违者立饬革,只得算给口食,不得讨要河粮。

计开巡河规则七条:

一、巡河一人，由首士、会首选募，必稍明大义，不尚阿谀者为称职。

一、巡河一人，每月给口食制钱三串文，照水夫之口食起止耳。并由裁减项下，准收河粮二分，全作身俸，再给衣帽钱贰串文，由该巡河自置仿巡警装束，以示区别。

一、巡河限定，朝北暮南，监视给签，以便督促该水夫等，毋得稍事延宕，并督理码头及过渡人抢跻。

一、巡河如有与水夫通同作弊及徇情偷安，有碍利济事宜者，首士、会首得量予处罚重则。

一、巡河之责，所关非轻，不得以争充水夫及现充水夫并夫家人滥竽充数，以示慎重。

一、巡河之责，例不可离，如遇有急紧事务，准商请妥人代理，不得逾一星期，有务要公。

一、如遇有少艾上船，该水夫嘻戏调笑者，准巡河饬责不贷。

计开造桥规则三条：

一、冬季搭桥，该水夫既熟识水性，复收城乡河粮，自应稍尽气力，凡桥板、柱子各项，概归该水夫搬运，俟造成之日，每洞议给千包工食制钱一百六十文，核算照验，不得短扣。

一、春季拆桥，板柱各料晒干，仍归该水夫搬运桥房，同点交清楚。以便登记，不得故意伤损，每洞给大钱一百二十文。

一、南北各桥造成后，由该水夫中推举一老成可靠者经理搭桥码头、每日造桥事务，以免防害行人，复筹给制钱三串文，以示体恤。应用水工，不在水夫之例。

自雍正至民国四年止，总计水田壹百二十八亩，旱地壹百一十九亩二分，沙地二段，地基六段，佃出瓦房十四间，民粮三两四钱，军粮六两七钱九分四厘。①

此碑无纪年，据碑文推测应立石于1915年或稍后不久。从雍正到1915年，永兴渡义渡会已经运行了近两百年。该义渡会组织由首士、会首、水夫、巡河四类人员构成，又公议制定了详细的运行规则，对首士、会首、水夫、巡河的选任及会产的使用都有明确的制度规定。会内任事者的规则有十条，首士两人，必须是南区各坝绅粮公推禀举而成，由"人望素孚，殷富公正者"充任，六年一更替。会首四人，"选家道殷实，老实谙练者"充任，各任一项事务，三年一更替。又规定造船、搭桥、购置板料等会内事务，会首必须会同各方商讨办理。水夫规则十三条明确了水夫的员额和职责要求。渡船六只，招募水夫一十二名，每船两名，"务要年力精壮，不染嗜好者"。特别强调"各水夫务要恪守规则，受巡河指挥，不得违犯，亦不准其挟嫌寻仇，违者立饬革，只得算给口食，不得讨要河粮"。此外，还有巡河规则七条和造桥规则三条，关涉到义渡的各个环节和方面，形成一整套有效的运转机制。以上规章从制度层面弥补了以往义渡会中"水夫勒索舟资，会首糜烂公款"，致酿巨讼等弊端，是永兴渡当地民众根据自身实情制定的义渡会规，在奏禀南郑知县杨楷批准后，勒石晓谕地方，成为官方认可的具有

---

① 陈显远编著：《汉中碑石》，第390—393页。义渡组织议有规章在安康地区也有类似事例，如平利县光绪二十九年立石的《创设坝河垭公渡记暨公议船规碑》（张沛编著：《安康碑石》，第341—343页）。

一定约束力的民间规约,它为永兴义渡的长久运转提供了强有力的制度保障。

永兴渡义渡会还拿出会款资助同县冷水河三官庙普济渡。对此,1924年刊立的《下水渡会产碑》记载:"今与本渡绅首粮户商议妥谐,自后普济渡首人欲造船桥而板片材料款资不足者,准其来会领取,我永兴义渡首人酌量给予,不分畛域。"①这条材料说明,同县义渡会之间常常互相出资帮衬,维持义渡的运行。

又如《龙滩子义渡碑》记载,僧人隆学等三人共同捐资购买王禄焕五池沟山地一份,充作义渡费用,而且规定"订稞陆石,年付梢工伍石作工食费,存稞一石作整修费"。该义渡田的契税银被官府免征,"交首士顾世文执掌,以其居近渡处,便经理也"②。首士经理在管理义渡田时,有时与捐资者共同商议拟定义渡条规,约束渡夫。再比如,光绪十二年(1886)汉阴县刊立的《安汉界牌义渡碑》也是义渡条规的典型实物资料,碑文对该义渡的捐设经过、管理办法、条规内容都有详细记载,为便于分析,兹引全文如下:

安汉交界之地有渡口焉,名曰界牌,上通汉沔,下达楚荆,为文报往来之途,行旅必由之路,要津也。每值夏则水泛平芜,冬则冰凝刺骨,假无船桥以济之,鲜不至望洋病涉者。溯自我越梅西铺,先君子忧深利济,筹船桥,招舟子,曾捐施坝地叁亩陆分,备渡夫口食。第其费巨资微,究不免募化需索,董事者伤矣,乐输者盖寡。光绪四年春,铺耆宾双和晏君好善乐施,捐北山旱田坡地壹分(份),庄房一所,计杂课叁石陆斗,渡渐有资赖焉。然示义本境,均可称一乡之善士,而示义外邑,一国之善士愈足彰矣。即如汉阴厅监生田君国典者,素疏财仗义,广行善事,光绪七年秋,以应试道经斯渡,目睹恻然者久之。及闻晏君风,不禁跃然曰:善哉此举,何先我而为之也。因解囊置捐水田壹分(份),计稻课柒石,房租铜钱五串。由是,斯渡之经费稍裕,船桥有资,即文报行旅往来,可长恃以不阻不悞(误)者何,莫非晏、田二君与先君子之力相与有成也。铺属地瘠民贫,莫襄善举,幸诸君后先慷慨,和衷共济,较溱洧之区区济人,真有间矣。余忝列铺绅,愧无椽笔,赞扬盛美,谨盥手序其巅末,以志不朽云。

一、渡设船、桥,原为远近往来过渡之便。水涨驾船,有客即渡,水退搭桥,四季不停。该渡夫不得稍有怠惰耽延,招致众议。

一、渡本济人而设,务择素□□□□□有力者,方寸膺此重任。该首士不得徇私滥招,贻误匪浅。

一、月(河)水性刚,尤不可玩,临济□□□□每船只载数人,过有牛马,必须另渡,毋得同船拥挤。古云:过渡莫争先。各有性命,各宜□□三思。

一、该渡经费,今已颇裕,岁议付渡夫口食工资稻谷捌石,向首士等秋收领取,不得私索客钱,强取客物,查出必行更换。

一、该渡船、桥,日久毁坏,报知首士修补。该渡夫务随时加意护惜,不准私赁借装载。如被水冲没,即照口食工资扣赔,不足另补外,仍必更换渡夫,以昭慎重。

---

① 陈显远编著:《汉中碑石》,第416页。
② 张沛编著:《安康碑石》,第332—333页。

大清光绪十二年岁次丙戌季夏月吉日
安汉首士同立①

这通石碑碑额镌"界牌义渡"四字,主要是为表彰界牌铺耆老宴双和与监生田国典二人捐田、捐产办义渡的善举而刊立的。碑文由铺绅陈树堂撰写。从碑文内容来看,界牌因地处安康与汉阴交界之处,"上通汉沔,下达楚荆,为文报往来之途,行旅必由之路,要津也"。因此,以往善士捐田创设义渡,"费巨资微,究不免募化需索,董事者伤矣,乐输者盖寡",义渡难以为继。光绪四年(1878)和七年(1881),宴双和与田国典两人分别捐田,补充义渡经费。正是鉴于前人不善管理的教训,此次再办义渡,专门议定了五项义渡条规,主要是对渡夫的职责进行了明确的规定:首先,渡夫负责在水涨时驾船渡客,在水退时搭桥通过,四季不停,不得迟误摆渡;其次,渡夫责任重大,首士不得徇私滥招,必须选择有责任心,有能力者充任;再次,渡夫口食工资为稻谷八石,由首士给付,不得索要客钱与客物;最后,渡夫还负责日常桥船的管理,不能超载,不得私自租赁渡船装载货物,不能使桥船被水冲毁,如遇到损坏要报知首士修补。特别值得强调的是,义渡条规中还对行客提出要求,不得在月河戏水,行人不得与牛马同渡。这些都是为确保摆渡安全的善意规定。

从义渡管理的角度而言,界牌义渡碑中所列的五项规章是针对渡夫的职责要求和行为规范,它被刊刻成石碑,立于义渡岸边,往来行旅和渡夫都能看到,实际上也成为一种特殊的乡规民约,专门用以确保摆渡安全及义渡的长久运转。

根据清代南郑县的义渡碑刻记载推断,界牌应该有类似"船桥会"之类的义渡组织存在。这从此碑的背阴刊有多名经理首士的姓名即可推知。它表明界牌义渡有多位经理首士负责管理,他们主要负责义渡会的经费收支。具体而言,比如按时收取佃户佃租,并将每年提取租课的数额及用途记录在册,到光绪十二年(1886)立此碑时,经理首士的管理已经运转五年有余,趁此立碑之时,将以往支出情况公示出来,因此会在背阴位置看到相应首士名下每年提取的租课数额。由此也可推知,多位经理首士每年轮流当值。此外,他们还负责雇请渡夫、修补船只等等。义渡组织和条规的出现,标志着清代陕西义渡管理更加完善和健全。

二是由捐置人或其后代自行经营管理。如前引洵阳县洪氏家族捐置的两河关义渡即是典型例证。据《洵阳县志》记载,该县两河关"为往来通衢,每河水盛涨,行人苦之。(洪)在位倡捐钱六百缗,邀同里谢昌荣、赵国锦共捐钱四百缗,设官渡船,余钱放生息为水手经费"。由于管理有方,到其子洪忠仁时,用其父捐款的利息置地,租课多达"六十余石并街房数区",到其孙洪良栋时,"又以赢余添入叶长沟、冷水河各渡。因叶长沟经费不敷,栋复置地,租数石,以垂永远"。②由此例可知,洪氏子孙两代善于管理经营,不仅将洪在位此前的捐款用于两河关渡口的运转,而且还以盈余部分置买田地,再以租课收入添补叶长沟和冷水河各渡口的开支。此外,还为叶长沟义渡专门置地,用以长期运营和维护。

从以上论述中,我们可以看到,从一次性捐钱设渡发展到置买田产以图长期维持义渡运行,义渡在经营管理方面走过了漫长的过程。民间义渡组织的出现,以及带有鲜明自治性

---

① 张沛编著:《安康碑石》,第281—282页。
② [清]刘德全修、郭焱昌纂:光绪《洵阳县志》卷十一《任恤》,第7页a。

质的义渡条规的出台,使得义渡得到有序管理,捐置田地、招佃收租成为义渡长久存在的经济基础。自此,船桥修补,渡船添造,渡夫工食都能得到充裕的经费保障,渡夫尽力,经理尽责,行旅甚便。

四、结　语

清代中后期,陕西地方政府的财政危机加剧,地方民生公益事业的建设经费匮乏,官渡难以为继,私渡船夫"需索太甚,行旅苦之"。随着四川、湖北、河南、江西及安徽等处贫民大量涌入陕南就食,百姓过河渡江的需求有所增加,地方精英力量积极参与家乡建设,民间义渡得到快速发展,成为官渡的有益补充。正如梁漱溟从乡村自治实践摸索的说法那样:"许多事情乡村皆自有办法;许多问题乡村自能解决:如乡约、保甲、社仓、社学之类,时或处于执政者之倡导,固地方人自己去作。"①捐田置船或捐资设渡后形成的义渡会就是具有鲜明的地方自治性质的民间组织,它显然是着眼于解决当地民众的出行需要。因此,清代陕西义渡的交通职能是第一位的。从国家与社会的视角来看,这些民间公益组织的出现,本身就表明国家权力是存在边界的,即所谓"皇权止于县"。这从费孝通先生讨论传统中国皇权与绅权的关系时可以得到启示。他认为:"一、中国传统政治结构有着中央集权和地方自治的两层。二、中央所做的事是极有限的,地方上的公益不受中央的干涉,由自治团体管理。"②换句话说,像义渡义桥之类乡里公益事业,清王朝国家既无暇顾及,地方政府也无力管理,只能由公益设施和服务的受益共同体在地方官的倡导下或善士的自发组织下,捐钱置田兴办,再成立义渡会委托经理首士对义渡经费、渡船和人员进行自我管理。陕西清代后期出现的义渡条规是义渡组织进行制度性治理的结果,它闪烁着义渡可持续发展的自治智慧。反而言之,这是在地方公益事业上官退民进的具体表现,也体现着清代陕西义渡自建、自养、自治的真实状态。

作者简介: 董永强,西安电子科技大学人文学院副教授。

---

① 梁漱溟:《在中国从前历史上有无乡村自治?》,收入氏著《梁漱溟全集》第5卷,济南:山东人民出版社,1992年,第585页。
② 费孝通:《乡土重建·基层行政的僵化》,收入氏著《费孝通文集》第4卷,北京:群言出版社,1999年,第399—400页。

光绪朝(1875—1908)中朝人参贸易探论

余 辉

【摘 要】 清光绪朝是中朝传统宗藩关系发生剧烈的变化的时候。清朝与朝鲜王朝的传统朝贡关系已经动摇,双方在西方的压力下都在谋求变革,但是清政府仍然谋求其在朝鲜宗主国的地位,力求控制朝鲜这个清朝为数不多的藩属国。传统上清与朝鲜的传统贸易方式为朝贡贸易,但至光绪朝部分朝鲜人为了高丽参的暴利,不顾清政府的禁令,直接来到中国内地进行贸易,引起了清政府与朝鲜的交涉,间接促进双方修订《中朝商民水陆贸易章程》,双方贸易类型趋向自由发展。本文即是对清光绪时期朝鲜商人直接进入内地贩卖人参情况的研究。

【关键字】 中朝关系;人参贸易;《中朝商民水陆贸易章程》;长途贩运

一、光绪前期中朝贸易及人参买卖的规定

清朝与朝鲜王朝的贸易[①],以使节朝贡贸易占据主流,同时允许使团在向皇帝朝贡时带私货在京师会同馆及凤凰城栅门(边门)两处进行交易。两国边民则定期在官方规定的地点进行互市,除此之外严禁人民私自交易。海上也没有往来,禁止渔民互采。因此宗藩关系下的中朝经贸往来非常有限。日本自从强迫朝鲜签订《江华条约》后,对朝鲜商品输出占有统治性地位,其后西方诸多国家也纷纷要求朝鲜开港,从而占领朝鲜的贸易市场,光绪五年(1879)六月至十二月朝鲜釜山进口额达 31 万多洋元,出口额达 34 万多洋元,进出口盈余 3 万多,其中洋货 28 万 2 千洋元,远超日本的 3 万 1 千。[②]此时中朝朝贡贸易就显得微不足道了,清政府迫切需要对朝鲜展开大型的贸易。光绪十八年(1882)金弘集在天津督署与李鸿章对谈时提到朝鲜往昔禁止红参出口,现在与美国定约则可以准许出口,人参可以"多种

---

① 关于晚清中朝贸易方面,参看张存武:《清韩中藩贸易》,台北:"中研院"近代史研究所,1967 年;尹永日:《朝鲜与清贸易关系史研究》,长春:吉林人民出版社,2005 年;李哲民:《朝鲜后期对清贸易史研究》,首尔:国学资料院,2007 年;酒井裕美:《最恵国待遇をめぐる朝鮮外交の展開過程:朝清商民水陸貿易章程成立以降を中心に》,《大阪大学世界言语研究センター论集》,2011 年第 6 期;山本进:《近世中朝贸易と青布》,《朝鲜学报》,第 234 期,2015 年,第 35—55 页。朝鲜人参贸易历史参看今村鞆:《人参史》第三卷,《人参经济篇》,东京:思文阁,1937 年。人参作为药品的价格参见邱仲麟:《明代的药材流通与药品价格》,《中国社会历史评论》第九卷,天津:天津古籍出版社,2008 年,第 195—213 页。

② 《何如章致总署(光绪六年五月四日)》,近代韩国外交文书编纂委员会编:《近代韩国外交文书》第四册,首尔:东北亚历史财团出版,2009 年,第 139 页。

广告,厚收其税,其利斯博"。①中国对朝鲜人参的需求还是很大的,朝鲜名臣鱼允中来上海时发现此时上海红参一斤四十元,上至四十四洋元,下至二十余洋元;黄金每两二十余洋元。②可见上海市面上稀缺人参之程度,鱼允中也感慨不已。

晚清时期随着国际形势的发展,传统意义上的中朝朝贡贸易已经满足不了中朝双方商品经济的需要,因此清朝双方均认为要采取措施,调整双方关系以适应朝鲜开港后的需要。1882年10月3日(光绪八年八月二十二日),中朝两国开始对条约内容进行最后敲定,并由当时来华的谢恩兼陈奏使赵宁夏、金弘集一行会同鱼允中代表朝鲜政府在《中朝商民水陆贸易章程》上签字,中方的签字人则是草拟该章程的马建忠和周馥。10月11日(八月三十日)李鸿章将通商章程上奏朝廷,并于10月23日(九月十二日)得到光绪皇帝的批准。《中朝商民水陆贸易章程》最终达成并生效。③

《中朝商民水陆贸易章程》④共八条。涉及朝鲜商人以及人参进入内地的规定是第二条"凡朝鲜人民在其本国至中国商务委员处,或在中国至各地方官处,控告中国人民各邑衙役人等,不得私索丝毫规费,违者查出,将该管官从严惩办。若两国人民或在本国,或在彼此通商口岸,有犯本国律禁,私逃在彼此地界者,各地方官一经彼此商务委员知照,即设法拿交就近商务委员,押归本国惩办,惟于途中止可拘禁,不得凌虐"。本条规定若有双方商人在对方国境犯事,只能拘押遣送回本国查办,客观上对方不进行处罚。这就造成了许多清朝与朝鲜商人铤而走险,无视章程规定。

第四条"朝鲜商民除在北京例准交易,与中国商民准入朝鲜杨花津、汉城开设行栈外,不准将各色货物运入内地,坐肆售卖。如两国商民欲入内地,采办土货,应禀请彼此商务委员与地方官会衔,给与执照,填明采办处所,车马、船只听该商自雇,仍照纳沿途应完厘税。如有彼此入内地游历者,应禀请商务委员与地方官会衔,给予执照,然后前往"。本条明确规定清与朝鲜自由贸易的地方有北京和朝鲜杨花津、汉城,而且不准将各色货物运入内地,自由售卖。两国商民若要进入内地,要申请执照,在清朝还要按照规定交纳厘金。

第五条"向来两国边界如义州、会宁、庆源等处,例有互市,统由官员主持,每多窒碍。兹定于鸭绿江对岸栅门与义州二处,又图们江对岸珲春与会宁二处,听边民随时往来交易"。本条为增开通商口岸,除去旧有边境义州、会宁、庆源,增加栅门与珲春两处。

第六条"至红参一项,例准朝鲜商民带入中国地界,应纳税则,按价值百抽十五。其有中国商民将红参私运出朝鲜地界,未经政府特允者,查出将货入官"。第四条规定不准双方携带货物进入内地售卖,但是朝鲜红参作为特殊商品,被清廷特许朝鲜售卖,而且不允许中国商人前往朝鲜私运,朝鲜商人售卖红参在清朝的税率是15%,高于两国商定的平均税率5%,而且一开始清朝要求为30%,在朝鲜据理力争下才降低为15%。⑤

朝鲜方面对于第二条反映颇大。"朝鲜民人为原告,中国民人为被告,应由中国商务委

---

① 《北洋大臣衙门笔谈事情及海关谈略》,近代韩国外交文书编纂委员会编:《近代韩国外交文书》第四册,第362页。
② 鱼允中:《鱼允中全集》,《随闻录》,汉城:亚细亚文化社,1979年,第74页。前揭邱仲麟《明代的药材流通与药品价格》(第212页)也认为人参在明清甚至中期都是贵重药品,经过长途贩运的人更是暴利达五六十倍。
③ 张存武:《清季中韩关系之变通》,《清代中韩关系论文集》,台北:台湾商务印书馆,1987年,第150—163页。
④ 《申报》,1882年12月21日第2版。
⑤ 鱼允中:《从政年表》,汉城:探求堂,1974年,第178页。

员追拿审断。如中国民人为原告,朝鲜民人为被告,则应由朝鲜官员将被告罪犯交出,会同中国商务委员,按律审断。"金允植言道:"今云再有扭控者,无论官民,应即时审明曲直,秉公断结,何其谬也?况其所断结者,只是偏信一面之词,殊无公心,处事如此,何以服敝邦之人心乎?自闻此言,大小遑遑,人不自保。夫扭之者,华商也;听断者,商务委员也,敝邦官吏,更无治民之权。小民虽有冤枉,何以伸白?"①清政府对此依然坚持己见,没有理会朝鲜的要求。总之《中朝商民水陆贸易章程》对两国关系起着积极的意义,突破原有朝贡藩属关系的窠臼,朝着近代平等贸易的方向前进,强化两国贸易关系中的法律意识。②中朝贸易总量也在之后快速发展,1885 年后甚至超过了日本。③朝鲜海关的各种规章条例不断完善,但是对出口货物一般都实行5%的税率,原则上不再征收内地各种税。④促进了朝鲜商品向华输出,中朝人参贸易迅速发展。

鱼允中所言朝鲜人参在上海价格超过黄金。其实这很好解释:垄断贸易地点、高关税率、高厘金率等行为,事实上就是在提升交易成本。新制度经济学家揭示的制度的功能:首要的就是降低交易费用、帮助人们形成合理的预期等。"个人必然受刺激的驱使去从事合乎社会需要的活动",但清朝垄断贸易地点、高关税率、高厘金率等行为,却反其道而行之。"合乎社会需要的活动"往往被视为"走私"。打击走私又要支付高昂的成本。但是,商业贸易扩张就会导致城镇的兴起和一些减少市场不完善的制度出现,比如委托制、合伙制、保险、集市、商法等制度的发展。但很高的关税壁垒却让这一切都消失遁形。这是基于清朝仍然对朝鲜拥有宗主国权下的条约,所以还是没有现代国家的平等性,东亚清、朝、日三国对此进行长久的博弈。⑤

二、"章程"第四条修订前朝鲜商民进入内地走私人参现象

人参在晚清中国人身体保健方面有着极好的口碑,许多富贵人家服用人参,促进对这一奢侈品的消费热情,但是中国国内人参产量已经日渐萎缩,来自朝鲜的人参就成了国人追捧的保健品。《中朝商民水陆贸易章程》签订后,两国民间贸易迅速发展起来。但是第四条"朝鲜商民除在北京例准交易,与中国商民准入朝鲜杨花津、汉城开设行栈外,不准将各色

---

① 金允植:《云养集》卷十一,《与津海关道周玉山(馥)书》,收入《韩国文集丛刊》第 328 册,汉城:景仁文化社,1992 年,第 434 页。

② 关于中韩贸易章程签订情况及其影响参看张存武:《清朝中韩关系论文集》,台北:台湾商务印书馆,1987 年;高伟浓:《19 世纪 80 年代中朝外交和贸易体制的演变》,《朝鲜学论文集》(第 1 辑),北京:北京大学出版社,1992 年;金钟园:《朝清商民水陆贸易章程的缔结与影响》,载黄时鉴主编:《第二届韩国传统文化学术研讨会论文集》,北京:学苑出版社,2000 年;宋慧娟、李晓光:《简析〈中朝商民通商章程〉对中朝关系的影响》,《吉林省教育学院学报》2006 年第 9 期;金钟圆:《朝中商民水陆贸易章程대해서》,(韩国)《历史学报》,2006 年第 32 期。

③ 权赫秀:《陈叔棠在朝鲜的商务领事活动与近代中朝关系》,载氏著《东亚世界的裂变与近代化》,北京:中国社会科学出版社,2013 年,第 101—102 页。

④ 郭廷以编:《清季中日韩关系史料》,《照录朝鲜通商章程》,台北:"中研院"近代史研究所,第 1278—1287 页。

⑤ 廖敏淑:《清代中国对外关系新论》,台北:政大出版中心,2013 年,第 239—242 页;冈本隆司:《世界のなかの日清韩关系史:交隣と属国、自主と独立》,东京:讲谈社,2008 年,第 63—136 页。

货物运入内地,坐肆售卖"的规定对于中朝民间自由贸易有着极人的妨碍,许多走私活动因此而发生,一则造成税金的流失,二则加大海关监管的压力。各方呼声不断,清政府开始根据实际情况修订原有章程。光绪九年至光绪十年(1883—1884)连续发生朝鲜商民不顾《中朝商民水陆贸易章程》中第四条"朝鲜人只可以自由进入北京"的规定,不断地进入中国内地贩卖人参,被当地百姓和地方官发现,从而引起争端的事件。

同治十一年(1862),直隶地界就发现朝鲜开始私自售卖人参。光绪五年(1879)江西省也发现了朝鲜人私自偷偷售卖人参。这在当时都没有引起重视,一般都由礼部衙门遣送出境了事,以示宽慰朝鲜之心,但是清政府对于此类私下贸易始终没有好的解决方法。①光绪六年(1880)成都将军恒训向总理衙门发文称"高丽商民(朝鲜人)文天用一行四人从由汉口到奉节、巫山县贩卖人参与朝鲜纸张,他请求照西方商人进行保护"②。光绪七年(1881),四川巡抚丁宝桢发文称朝鲜商民张汝元来四川贩卖人参,他请求派员遣送他们回国,给予他们沿途照顾,以免引起纠纷。③

光绪九年(1883)四月初九日,朝鲜商民闻肖云因为在甘肃贩卖人参被甘肃地方政府拘捕,并解送北京。这是影响中朝人参贸易一件大事,该案的处理影响后续的贸易,成为可以援引的经典案例,也反映出清政府开始重视朝鲜商民进入内地贸易的问题。总理衙门对此十分头疼,因为此类事情本应"照章办理",但是"本部无案可稽",必须详细研究解决方案,最后通过详细研究上文所述的案例与此次甘肃省地方处理方式,决定现行派官护送闻肖云回国,也不没收其货物。④总理衙门专门就这次事件做出决定,认为中国与朝鲜虽然有通商的章程,但是甘肃并没有开放给朝鲜为贸易口岸,甘肃当时只有嘉峪关一处为俄国通商口岸,朝鲜进入内地通商尚未开办具体事宜,所以不准许朝鲜商人进入内地进行贸易。⑤朝鲜商民闻肖云无照贩卖人参被甘肃地方官发现而遣送北京,是中朝人参贸易中的一个标志性案例,此后清政府在处理朝鲜商民无照潜入内地时基本保持了这个处理方式,但是细节视具体情况而有所不同。

朝鲜商民闻肖云进入甘肃贩卖人参被拘捕至北京后,江西巡抚潘霨报告说江西境内发现三名朝鲜商人文三碧、朴兰亭、张林德,他们并没有从天津北洋大臣督署领取游历执照,系先期潜入湖南湘潭县,再从湖南湘潭县潜入江西宜春县进行贩卖人参。潘霨建议总理衙门不必对这些朝鲜商人过于为难,不必要援引《中朝商民水陆贸易章程》第二条对他们进行处罚。他认为派员押送人员及货物直接到天津,不必要押送北京,再由北洋大臣李鸿章派轮船遣送他们回国就算了。⑥总理衙门比较重视潘霨的建议,之后发生此类事情一般直接遣员

---

① 《申报》,《卖参成例》,1880年4月2日第3版。
② "中研院"近代史档案馆藏清总理衙门档(以下简称总理衙门档):《高丽人文天用等赴渝卖货已饬各州县查探保护》,光绪六年四月三十日,馆藏号:01-25-005-01-004。
③ 总理衙门档:《派员护送高丽商人张汝元等回国》,光绪七年九月十一日,馆藏号:01-25-006-01-012。
④ 总理衙门档:《朝鲜商民闻尚云赴甘肃售药递解来京请查明甘省有无通商口岸凭办》,光绪九年四月九日,馆藏号:01-25-012-01-022。
⑤ 总理衙门档:《朝鲜商民虽定章程准在内地通商但尚未开办甘肃仅嘉峪关一处约为俄人通商口岸》,光绪九年四月十四日,馆藏号:01-25-012-01-026。
⑥ 总理衙门档:《朝鲜商民文三碧等三名由湖南来赣贸易因在未奉新章以前免其查拿入官》,光绪九年十二月二十六日,馆藏号:01-25-013-02-012。

护送到天津,再由北洋大臣派轮船送回朝鲜。江西巡抚潘霨虽然主张对朝鲜商民无照来内地者宽大为怀,但是四川总督刘秉章却对朝鲜无照来内地贩卖人参者深恶痛绝。刘秉章禀告总理衙门道:"近年来,朝鲜商民入川售卖参药纷至沓来,均无执照……两国商民未领执照潜往贸易游历比照新章,将该商民送交就近口岸,彼此商务委员解送回国,船货仍旧查拿入官。"①刘秉章最后还颁布了"禁朝鲜商人私入川楚游历示",详细规定朝鲜人不能入川楚等省的各种原因及处罚规定,一时间朝鲜商人大为震动。②最后总理衙门做出解释,凡是没收的朝鲜商民的货物,可以去朝鲜督办交涉通商事务衙门核准取回原有货物。③

光绪九年十月十九日(1883年11月18日),总办朝鲜商务陈树棠接到中国天津海关道的函件,就上述闻肖云案以及朝鲜商民进入中国内地照会朝鲜督办交涉通商闵泳穆。陈树棠要求今后朝鲜商民进入中国,必须由朝鲜政府知照他,而后在东海关道衙门换取护照,直到朝鲜派驻天津商务委员到位后,再行商议办理护照办法。闵泳穆表示,由于朝鲜政府直接通知陈树棠不合体制,请求由他的通商衙门告知清朝在朝鲜商务衙门,再知照东海关衙门换取护照。④不久朝鲜派出李圭元、金完植、金学升前往上海学习机器,申请护照在陈树棠—闵泳穆之间,不必要惊动朝鲜政府直接发文。⑤随后一段时期,朝鲜商民往来清朝,办理护照大致都走这个流程。

面对越来越多的朝鲜商民铤而走险,继续无照潜入内地贩卖人参,各地地方官均不堪其扰。北洋大臣李鸿章尤为如此,遣送朝鲜商民回国最后都要走天津。修订《中朝商民水陆贸易章程》第四条"不准朝鲜商民在北京以外贸易"已是势在必行。光绪十年二月二十日(1884年3月17日),北洋大臣李鸿章上奏,要求清廷"中韩贸易章程第四条应变通酌,要求清与朝鲜仿效与英德贸易的成例",打破两国商民不能自由运货到对方的惯例。⑥同年二月十九日(1884年4月1日)总理衙门同意李鸿章的请求⑦,清政府经过讨论也正式同意李鸿章的请求,变通酌改《中国朝鲜商民贸易章程》第四条"朝鲜商民除在北京例准交易,与中国商民准入朝鲜杨花津、汉城开设行栈外,不准将各色货物运入内地,坐肆售卖"为"华商运货可至朝鲜内地出售,韩商亦可前来中国内地卖货。庶与英德各约不致轩轾"。⑧

> 朝鲜货洋货进入中国内地售卖,照华商逢关纳税,遇卡抽厘……倘朝鲜商民愿领洋货入内地税单,冀免内地厘税,亦听其便,以示优待一体之意……朝鲜商民前来中国内地卖货者,中国视同华民,一律同沾利益之处买出。⑨

---

① 总理衙门档:《无照朝鲜商民潜赴内地贸易已知照朝鲜国王严禁川省所订一年之内不将私带货品查拿入官应准立案》,光绪十年二月十六日,馆藏号:01-25-013-02-034。
② 《申报》:《禁朝鲜商人私入川楚游历示》,1885年1月12日第3版。
③ 《申报》:《宪示照录》,1885年11月27日第2版。
④ 高丽大学编:《旧韩国外交文书》第八卷《中国发给朝鲜人的照会》,汉城:高丽大学出版部,1970年,第9页。
⑤ 高丽大学编:《旧韩国外交文书》第八卷,第16页。
⑥ 总理衙门档:《咨送中韩贸易章程应变通酌改折稿》,光绪十年二月二日,馆藏号:01-25-013-02-035。
⑦ 总理衙门档:《酌改中韩商民贸易章程第四条此后中国朝鲜商人各准持照入内地售买货物》,光绪十年二月十九日,馆藏号:01-25-013-02-034。
⑧ 《清德宗实录》卷一百七十八,光绪十年二月乙丑条,北京:中华书局,1986年,第485页。
⑨ 台北故宫博物院藏军机处档:《奏报中国朝鲜贸易章程第四条变通酌改(附清单)》,登录号:125342。

这就解放了清朝与朝鲜双方商民在贸易的诸多限制,对于促进两国贸易有着极大的好处,从而使得朝鲜商民进入内地贩卖人参获得了合法途径,于是朝鲜与清民间人参贸易开始增多起来。特别是仁川开港以后,中国商人开始放弃绕过路途遥远的传统陆路口岸,开始走海路的汽船贸易,大大提高两国之间贸易额。[1]

三、"章程"第四条修订后至1895年朝鲜商民进入内地走私人参情况

上文我们提到清政府在光绪十年二月十九日(1884年4月1日),正式同意总理衙门与北洋大臣李鸿章的请求。修订《中国朝鲜商民贸易章程》第四条,使得中朝两国商民在申请执照后,可以自由到通商口岸贸易。但是朝鲜商人依然要面对朝鲜政府高额海关税与清政府厘金以及高额进口税,许多朝鲜商人还是选择来中国内地走私人参。

光绪十年六月十三日(1884年8月3日),江西巡抚潘霨给总理衙门报告,发现了一个朝鲜人私来江西卖参,此人名张信汉,三十三岁,是跟随朝鲜朝贡使节的干粮官。张信汉于北京离开使节团,经天津—河间—德州—徐州—清江浦—扬州—南京—芜湖—安徽—湖口九江—吴城一路来到江西省会南昌,暂住南昌天福客栈,被发现私自卖参。潘霨还是如同上次一样,只是建议将张信汉驱逐出境,并不没收他的货物,交由朝鲜本国商务委员处罚。[2]本案是《中国朝鲜商民贸易章程》第四条修订后,第一次被地方政府发现的走私人参事件,由于张信汉具有使节团的身份,最后总理衙门也按照潘霨提交的建议办,并不没收其货物,此条被总理衙门引为此后处理此类事件的成例。

光绪十年(1884)后,有部分朝鲜商人尊重清政府的法令,来中国内地后,开始通过朝鲜驻天津商务委员,向津海关转呈北洋大臣申请执照。光绪十一年二月十七日(1885年4月2日)朝鲜商人李清风等向北洋大臣申请前往甘肃、四川游历。[3]光绪十三年六月十九日(1887年8月8日)朝鲜商民姜成西、金应焕申请去江西安徽等地经商游历。[4]这些北洋大臣都已发给执照,他们可以去往执照所填目的地游历贸易。

尽管清政府放松对中朝人参贸易的部分限制,但仍然有部分朝鲜商人故意不申请执照而前往中国地方贸易。光绪十二年(1886),江西巡抚德馨报告广昌县知县程凤墀发现该县有朝鲜商人金永辅、李秉录贩卖人参,经过询问得知,他们从直隶、河南、南京、安徽、九江、南昌、进贤、抚州到广昌,下一步还准备去赣州。经过江西巡抚衙门检查,他们只有朝鲜统理通商事务衙门的商票,而没有北洋大臣衙门和海关道的执照。江西巡抚衙门经过审讯得知,他们为了避免逢关纳税而故意不申请执照,企图瞒天过海。德馨建议此次不没收其货物,而

---

[1] 刘畅:《〈中国旧海关史料〉中的近代中朝海上贸易》,收入复旦大学历史地理研究中心、韩国仁荷大学韩国学研究中心编《19世纪以来东亚交通与社会变迁》,上海:上海人民出版社,2014年,第27页。

[2] 总理衙门档:《韩人张信汉私来江西卖参已饬解回本国》,光绪十年六月十三日,馆藏号:01-25-015-01-005。

[3] 总理衙门档:《朝鲜商人李清风等欲前往甘肃四川游历已发给执照》,光绪十一年二月十一日,馆藏号:01-25-017-02-004。

[4] 总理衙门档:《朝鲜商民赴安徽江西等省游历已发给执照》,光绪十三年六月十九日,馆藏号:01-25-023-02-009。

遣送其人员归国，表达对朝鲜的关怀之意，但是德馨也建议严惩朝鲜商人所雇佣的中国马夫。①光绪十三年（1887）江西巡抚德馨会同布政使李嘉乐报告总理衙门，江西建昌府南城县发现朝鲜人罗承五等进行人参贩卖，但是却没有护照。德馨、李嘉乐建议北洋大臣与朝鲜重订章程，使得朝鲜商民可以在中国各地钞关、常关正常纳税。②三个月后，护理江西巡抚李嘉乐报告总理衙门，江西又有几位朝鲜商民来江西贸易未领执照，应遣送回国。有一位朝鲜人名叫金诚才，二十四岁，朝鲜平安府宁边县人，随着朝鲜朝贡使团进京，然后开始在各地进行贸易，并没有申请本国护照以及北洋大臣督署的执照，线路也是走运河南下，然后沿长江溯流而上进入九江，最后进入江西境内。③最后他们都援闻肖云例，被送到天津，由北洋大臣集中送回国。江西地区也是各国商人来华走私的重灾区，江西还曾发生日本商人走私人参被盗案，一年多都未能侦破。④

朝鲜来华贩卖人参者不仅仅局限于商民，光绪十七年十二月二十四日（1892年1月3日）江西巡抚德馨报告，袁州府宜春县发现朝鲜人金晋沙、张泰俊无照贩卖人参，他们由萍乡县进入江西，然后想转至广州。金晋沙为朝鲜文举人、张泰俊是朝鲜武举人，但是最后总理衙门决定把他们等同于一般商民所看待，再次援闻肖云例遣送回国。⑤二十天后，德馨继续报告朝鲜人金应坤在江西省无照经营贸易，金应坤出身朝鲜两班士人，父亲是仁川府知府金宗桂，光绪五年（1879）城池被义军攻陷不知所踪，金应坤于是流落中国寻父，足迹遍布燕、豫、湘、鄂、吴、闽等省，最后来到江西，贩卖人参为生，德馨派员把他送上招商局的江孚号轮船，前往上海，最后由江海关道派员送他回朝鲜。⑥北洋大臣会同总理衙门研究决定，以后朝鲜商民即使领取执照后，还是需要在中国境内遇关纳税，从而可以看出德馨、李嘉乐的建议得到了总理衙门采纳。⑦

光绪十三年十一月二十八日（1888年1月11日）江西巡抚德馨报告一名朝鲜朴姓参商在江西抚州府乐安县病故。江西巡抚德馨责成乐安县夏宗鳌详细调查，最后写成报告呈交总理衙门。该朴姓商人携带布包雨伞于光绪十三年六月十五日入住乐安县城西北角的旅店，在旅馆吸食洋烟，晚上又感染暑热。乐安县地保与医生协同去看望他，已经不行了，于十六日下午病故。乐安县随即展开调查，请来仵作验尸，并且传讯旅店老板与医生问话。乐安知县夏宗鳌收拾好朴姓商人的财物高丽参371支、短参56支和一些生活物品。乐安知县发现遗物中由一方朴奎衡的名章，最后给总理衙门转交北洋大臣督署发文问询意见，朴氏尸

---

① 总理衙门档：《朝鲜商民运货来省售卖查与章程不符照例护送回国》，光绪十二年十月七日，馆藏号：01-25-022-01-004。
② 总理衙门档：《朝鲜人罗承五等未请护照潜往南城等县卖参现饬转解回国》，光绪十三年三月七日，馆藏号：01-25-022-02-004。
③ 总理衙门档：《朝鲜商民来赣贸易未领执照应转解回国》，光绪十三年七月二十八日，馆藏号：01-25-023-02-021。
④ 《字林沪报》，《活人参》，1883年8月2日3版。
⑤ 总理衙门档：《朝鲜人金晋沙、张泰俊来省并无中国地方官会衔执照已饬解送回国》，光绪十七年十二月二十四日，馆藏号：01-25-029-01-041。
⑥ 总理衙门档：《朝鲜人金应坤来省无地方官会衔执照照章解送上海转解回国》，光绪十七年十二月二十四日，馆藏号：01-25-029-01-040。
⑦ 总理衙门档：《朝鲜人金正镇带纸货游历北京除由津海关道印发执照外所带纸货仍饬照完沿途税厘》，光绪十七年九月十八日，馆藏号：01-25-029-01-026。

身先由乐安知县用养廉银买棺木在当地浅葬,以示体恤之意。①北洋大臣李鸿章在接到江西巡抚的报告后,十分慎重,立即会同总理衙门研究,最后决定人参并财物由北洋大臣督署转交给朝鲜驻天津通商代表,棺木起运走水路先运上海,然后直接送往朝鲜。②

朝鲜官方对于商民在中国内地贩卖人参十分关心,屡次要求减低税率,他们认为15%太高了,而且要求免于沿途收取厘金,甚至于朝鲜官方自己开始大规模走私。光绪十四年(1888年),江海关发现一艘日本商船上载有朝鲜人参,准备进行扣押收税,朝鲜高宗立即上书清政府,要求免除。③军机处会同礼部、总理衙门本来已经答应了朝鲜这个请求。④但是总税务司赫德觉得朝鲜国出口人参到中国早有定章,不能轻易更改,况且这次发现走私在先,不可以助长风气,断然予以拒绝,清廷最后尊重了赫德的决定。⑤而且这个事情另有蹊跷,这批走私的朝鲜人参,经由袁世凯调查发现是朝鲜高宗亲自派员来华贩卖的,由于数量巨大,达八千斤,价值白银八万两,引起了汉城贩卖人参中朝客商的不满,中朝海关也因此损失不少关税。有鉴于此袁世凯建议李鸿章彻查此事,杜绝后患。⑥看此案的处理,李鸿章最后是接受袁世凯的建议,而且总税务司赫德也持强硬态度,最后还是以补交税款了事,清政府也没有追究朝鲜高宗私自走私人参的事情。朝鲜国海关对于人参出口征税也开始加重,光绪十四年四月十七日(1888年5月7日),清朝总理交涉通商事宜署袁世凯特别写信给督办交涉通商事务赵秉式,要求对其下属洪霞岑将人参带回清朝十斤分送亲友,朝鲜海关能够免税放行,赵秉式于是照办。⑦

中国—朝鲜人参贸易从朝贡贸易发展到正常平等贸易,经历走私贸易的兴起与规范的制定,这也是贸易形势发展需要。早在光绪六年(1880),《申报》就呼吁清廷制定新的人参贸易规范,或要求朝鲜遵守卖参成例。⑧最后时势使然,中朝人参贸易终于正常化。综合来看朝鲜贩卖人参地以江西省为多,而且多不申请执照。江西省临江府樟树镇(今樟树市)号称"药都",有着"药不过樟树不齐"的民谚,人参在这里需求量十分之大,而且有很多药材商人懂行,价钱也能买上去,所以朝鲜商民卖人参首选江西省。另外,江西距离北京路途遥远,如果按章获取执照,沿路的厘金非常多,这也是造成许多朝鲜商人铤而走险而不去申请执照的原因。况且前面江西巡抚处理都十分和善,只是遣送朝鲜商民回国而已,这对朝鲜人来讲,无疑是一个好事情,不用担心没收货物与扣押人员。

---

① 总理衙门档:《朝鲜卖参商人在乐安县属病故请转行该国驻津大员查复》,光绪十三年十一月二十八日,馆藏号:01-25-024-01-017。

② 总理衙门档:《江西乐安县有朝鲜朴姓卖参人身故遗物及棺木应如何给还搬取请饬该国驻津大员议覆江省办理》,光绪十三年十二月十四日,馆藏号:01-25-024-01-023。

③ 总理衙门档:《请豁免红参厘金》,光绪十四年九月二十七日,馆藏号:01-25-025-01-031。

④ 总理衙门档:《礼部据咨转奏请豁免红参厘金一摺已奉旨全行宽免》,光绪十四年十月二十二日,馆藏号:01-25-025-01-036。

⑤ 总理衙门档:《江海关所扣朝鲜红参仍应照章补税以符关章》,光绪十六年一月六日,馆藏号:01-25-027-01-015;《红参案已饬江海关税务司遵办》,光绪十七年一月十七日,馆藏号:01-25-027-01-016。

⑥ 袁世凯著,骆宝善、刘路生编:《袁世凯全集》卷二《致北洋大臣李鸿章电·光绪十六年正月十一日》,开封:河南大学出版社,2013年,第226页。

⑦ 高丽大学编:《旧韩国外交文书》,第447页。

⑧ 《申报》,《卖参成例》,1880年4月2日第3版。

四、光绪时期朝鲜商民在中国贩卖人参叙论

传统朝贡贸易上,朝鲜进贡人参是必选特产。光绪后期朝鲜商民渐渐开始大批量向中国贩卖人参。朝鲜商人至中国贩卖人参,以从海上坐船为首选。北京、上海渐渐也出现了中国人代售的高丽参店。

同治十三年(1874),苏州阊门外南濠就开了一家朝鲜人参专卖店,还售卖各种人参的加工产品。①光绪十一年(1885年)北京崇文门大街甚至有数十家店铺一齐出售高丽参,税课司巡役发现很多都是走私来的,当即予以重罚。②这些人参的走私肯定不是朝鲜单方面所为,既然贩卖高丽参有利可图,是绝对不会被嗅觉灵敏商人所忽视的。中国内地商人也有在朝鲜专门从事朝鲜人参走私的,甚至收买北洋海军军舰走私,被驻朝商务代表袁世凯发现,立马斩首示众,但是此类事件还是不时发生。③

汉城作为当时朝鲜人参最大的集散地,甚至有日本人专门去朝鲜乡间贩卖人参,专门售卖给中国人与日本人,一时间朝鲜人参大买,参价大涨。④于是日本出台禁令,对于进口高丽参要加税,如果要大批量进口,需要高官签字才可以放行,日本政府对于人参进口规定比清政府还要烦琐。⑤中朝方面在光绪九年(1883)开始签订《轮船往来上海朝鲜合约章程续约》,规定轮船招商局派出专门的船只从事上海—朝鲜之间的运输。⑥这对当时朝鲜与上海之间的贸易流通有着极大的作用。

光绪二年(1877)上海更首次出现高丽参拍卖会,以一箱大批量起拍,可见竞争十分激烈。⑦光绪三年(1878)驻防天津淮军盛军发生小规模兵变,作乱的士兵竟然抢了几家药铺的人参准备去换现银。⑧光绪八年(1882)《申报》更出现"新开茂昌参号"的广告:

> 发兑高丽人参、东西洋参、毛角、鹿茸、官燕、肉桂、承蒙贵客赐顾者,请至三茅阁桥大街,须认本号招牌可也。⑨

上海当时市面售卖高丽参发展得非常迅速,高丽参市场鱼龙混杂,于是有店家打出来"正宗高丽参"的旗号来吸引顾客。

---

① 《申报》,《丹出售》,1874年11月12日第6版。
② 《申报》,1885年2月6日第3版。
③ 《申报》,《杂译日本新闻》,1888年10月28日第2版。
④ 《申报》,1893年8月26日第12版。
⑤ 《申报》,《日高税则》,1883年10月20日第4版。
⑥ 权赫秀编:《近代中韩关系史料选编》,《轮船往来上海朝鲜合约章程续约》,北京:世界知识出版社,2008年,第22页。
⑦ 《申报》,1877年4月5日第5版。
⑧ 《申报》,《兵溃善后事宜》,1878年5月13日第3版。
⑨ 《申报》,1882年9月22日第9版。

本号自运真正高丽参寄售,其价照市减小八折,货真道地,且无鼎混充,试服立见功效。欲购者至英大马路德兴里内大鑫里肇康朝鲜号。①

请买丽参

本号的确在边门,运来高丽参,已蒙士商赐顾。均称煎过三次,参片仍不腐烂。可知寔系正路,且价照大市,减去八折,如买成斤者,尚可公道焉,大马路德兴里内肇康启。②

肇庆号大肆在《申报》做广告,一时间成了上海贩卖朝鲜人参的焦点,许多人慕名前来购买,许多朝鲜人带来人参也愿意寄售在肇康号。浙江杭州天益参号也在《申报》做广告,表明其专卖正宗高丽参。③此后各家参号在申报做广告的非常多,可以看出当时上海、江浙一带人参生意竞争十分激烈。各商号之间也会恶性竞争,雇佣人偷窃对方好的人参存货,最后官司一直打到了上海道台。④当时上海对于人参销售的争夺可见一斑。

朝鲜客商在上海贩卖人参也被盗贼盯上。光绪四年(1879)上海法租界包探长抓获惯盗杨秀秀一名,搜出一包高丽参 24 支,但是找不到失主,杨秀秀也说不知道失主的情况,一时间上海滩传为奇事。⑤过了一年,终于得知杨秀秀伙同王兆祥、章四兴专门在旅店偷盗过往旅客的人参,他们假装是参客,收购人参,然后骗取客商的人参,用以贩卖。最后他们全部被租界抓起来监禁。⑥光绪十一年(1885)崖姓朝鲜客商失窃人参十余两报案后,英租界巡捕发现是客栈旅店茶房伙计俞海泉所偷,当即把俞海泉监禁两月。⑦光绪十四年(1888),朝鲜人张汝享偕仆两人在福建福州贩卖人参,由于人多所以携带量比较大,最后发现失窃了三十多斤。⑧闽浙总督杨昌浚得知后非常重视,责成福州地方官破案,虽怀疑是湖南人所为,却一直没有线索,也没有破案,最后杨昌浚以总督府养廉银赔偿了张汝享的损失,了结了此案。⑨台湾于光绪十四年(1887)建省,清政府加大台湾开放步伐,兴建台北为省城。光绪十七年(1890)台北府城北门外发现有朝鲜商民前往兜售人参,购买者络绎不绝⑩,引起了清政府的注意。根据清朝《实学报》翻译英国报纸《伦敦东方报》,1897 年中朝之间公开人参贸易超过15000 公斤,走私的不在其数。⑪

光绪二十年(1894),中日甲午战争爆发,当时日本间谍潜入中国之说盛行,中国朝野上下对满大街贩卖高丽参朝鲜商民也保持着警惕,上海江海关道与道台非常紧张,经常传讯朝鲜商人去问话。

---

① 《申报》,《高丽参减价》,1884 年 2 月 27 日第 5 版。
② 《申报》,《阜昌参号启》,1884 年 9 月 9 日第 8 版。
③ 《申报》,《新开参号》,1885 年 9 月 29 日第 4 版。
④ 《申报》,《县案汇录》,1892 年 7 月 21 日第 12 版。
⑤ 《申报》,《有赃无主》,1879 年 6 月 5 日第 3 版。
⑥ 《申报》,《窃参得赃》,1880 年 7 月 25 日第 5 版。
⑦ 《申报》,《英界公堂琐案》,1885 年 8 月 16 日第 5 版。
⑧ 《申报》,《榕城记事》,1888 年 4 月 1 日第 3 版。
⑨ 《申报》,《闽中杂记》,1889 年 4 月 23 日第 2 版。
⑩ 《申报》,《台北琐谈》,1890 年 7 月 11 日第 7 版。
⑪ 《实学报》,1897 年第八期,《英译报卷一·高丽人参》,页 226。

中倭启衅以来，时有朝鲜人在各内地贩卖人参，颇觉行踪诡秘。屡经地方官护送来沪，请黄大令妥为安插，或资遗言，旋大令查有朝鲜董李君承凤常寓天宝栈中。是以凡有各处解到之朝鲜人，即转送李君收管。迩者朝鲜人之持人参，求售者依旧如前，大令因于昨日，函请李君至署，商议一切，所商何事，非外人所得知也。①

虽然这是甲午战争的非常时期，也反映当时中国内地，特别是上海朝鲜商民贩卖人参之活跃。当时商家推销各种补品同人参竞争，可以说是不择手段。上海一家大药房为了推销美国进口牛肉汁，打出广告称：

牛肉十磅，提精一瓶，称为大补之品。托本药房，经售三载以来，金称见效，弱者皆变为强壮，实超出参着百倍。前经北洋傅相试验极佳，近来常服有人用，送官礼较官燕、人参珍重。②

尽管商家抬出来北洋大臣、文华殿大学士李鸿章来做广告，上海牛肉精罐头的销量还是不可与人参同日而语。我们可以看出，光绪年间的上海甚至全中国，吃朝鲜人参保健已经成了一种风尚，而且人参的消费也越来越大，甚至于人参都成了某种形式的贵重物品，被盗贼所觊觎。这都是中朝人参贸易需要注意的问题。晚清人参消费量之大，甚至于还要专门从美国进口，还为数不少。③晚清时期，唐秉钧还曾专门撰《人参考》一文，讨论历史上朝鲜人参产地与来华贸易量。④可见中朝人参贸易在当时引起了学者的注意，开始进行学术讨论。

五、余论：光绪朝中朝人参贸易的发展与困难

清代中朝贸易是一个十分庞大复杂的问题，本文对一个小的剖面进行讨论，尝试分析中朝朝贡贸易到条约贸易的转变过程。光绪朝是中朝关系发生剧烈变化的时候，这一时期中朝贸易从原来的朝贡贸易变成了带有近代性质的商约贸易。人参作为中朝贸易的特殊商品，有着特别的意义。

贸易之所以能够达成，是因为符合"双赢原则"才能持续。但是，"朝贡贸易"的逻辑却与"双赢原则"有本质冲突。它重视的只是霸权条件下的"面子"，为此，甚至会执行"厚往薄来"的方针，将中国商品用"赏赐"的名义，换取各朝贡使团的土产"贡品"，或以高价收购海外番货，低价出售中国商品。民间贸易的权利被剥夺，商品的价值不在于其自身的功效，而在于外裹的"臣服"的标志。这种对"双赢原则"的违背，导致这种"交易"难以持续。或者为了维持

---

① 《申报》，《慎防间谍》，1894年11月15日第4版。
② 《申报》，《上海中西大药房补身牛肉汁》，1892年12月29日第9版。
③ 《湘报》，《各国新闻·美产人参》，1898年，第177期，第707页。
④ 唐秉钧：《人参考》，收入《农学报》1899年第71期，第40—44页。

而付出巨大的监管成本。

光绪八年(1882),金弘集对李鸿章表达了朝鲜人参贸易的担忧,他说:"近年潜参,多于官参,日人卖于广东福建上海等地,北京参价为之顿低……许多漏税之弊实为可惜。"[①]李鸿章于是上疏清政府允许朝鲜商民至清朝各地执照贸易。朝鲜使节趁机请求去中国海关进行考察,但是清政府否决了朝鲜使节去烟台考察清朝海关的请求[②],一切都在天津进行谈判。

人参出口利润高,朝鲜海关也把出口人参当作巨大的税源,袁世凯上奏清政府也认为"朝鲜土产税课,半赖红参"[③],官方途径出口红参到烟台,先是一斤抽税八十两,后来降为一斤五十两,最高时候出口一万五千斤。[④]这样使得正常普通商民贩卖人参利润甚薄。《申报》社评人甚至根据当时上海江海关的观察以及数据,撰文描写朝鲜人为了偷运人参进入中国海关无所不用其极的情形[⑤],上海江海关以及普通药局对此极其厌恶。

尽管《中朝商民水陆贸易章程》特别规定两国商民不能到不被准许的地方随便贩卖货物,但是朝鲜商民日益涌入中国内地走私人参使得李鸿章决心联合总理衙门上书,要求清政府修改这个条款,让两国贸易得到更大的自由度。其后朝鲜日益要求清政府降低人参的税率,但被清政府以各种理由拒绝,直到中日《马关条约》规定清政府明确放弃对朝鲜的属国要求,清朝进口朝鲜人参税率才变为中国进口的通行税率5%。[⑥]此后朝鲜走私人参现象大为减少。由于此前清政府对于人参征收类似于反倾销税30%的重税,又在朝俄条约草案的修改中要求朝鲜出口俄国的人参不能超过清朝[⑦],使得1884—1895年中朝人参贸易处于正常贸易受挫,而走私非常活跃的境地。清政府对于朝鲜特色商品进口的规定一向比较严,光绪十八年(1892)签订的《朝鲜商民各样纸货应完税厘拟定章程》对朝鲜进口各种纸张如大不剪纸、壮纸、红心纸等详细规定应该缴纳的厘税金[⑧],朝鲜商民对此颇为头痛,中朝双方计划修改《中朝商民水陆贸易章程》,但是袁世凯报批李鸿章红参(人参)还是要坚持10%税率,区别于普通商品。[⑨]

清政府实际上对于朝鲜商民走私颇为照顾,一般都不按严格规章办理没收货物,只是仿效甘肃处理朝鲜商民闻肖云例,驱逐出境罢了。对于朝鲜商人流落中国或者病故中国,清政府一般都予以抚恤,助其返回朝鲜或者把棺木运回朝鲜原籍。《马关条约》签订后,朝鲜商民至中国境内走私人参,就成了外交事件。总理衙门与外务部需要照会朝鲜进行外交交涉,

---

① 近代韩国外交文书编纂委员会编:《近代韩国外交文书》第四册,《北洋大臣衙门笔谈事情及海关谈略》,第362页。
② 总理衙门档:《朝鲜副使闵种默请由海道回国考察天津烟台税务与定制不合碍难准行》,光绪九年二月十六日,馆藏号:01-25-012-01-002。
③ 高丽大学编:《旧韩国外交文书》,第503页。
④ 金泽荣:《韶濩堂文集》卷八,《红参志》,收入《韩国历代文集丛刊》第347册,汉城:景仁文化社,1992年,第329页。
⑤ 《申报》:《东国采风》,1891年9月4日第2版。
⑥ 总理衙门档:《朝鲜红参酌照值百抽五征税已奉旨准行》,光绪二十二年三月二十日,馆藏号:01-25-047-02-012。
⑦ 袁世凯著,骆宝善、刘路生编:《袁世凯全集》卷一《与金允植等朝鲜重臣合议拟改朝俄陆路通商条约各款》,第344页。
⑧ 权赫秀编:《近代中韩关系史料选编》,《朝鲜商民各样纸货应完税厘拟定章程》,第46—47页;朝鲜海关的管理一向也以清朝海关的规章作为模板,见乔万尼·阿里吉、滨下武志、马克·塞尔登主编:《东亚的复兴:以500年、150年和50年为视角》,北京:社科文献出版社,2006年,第55页。
⑨ 袁世凯著,骆宝善、刘路生编:《袁世凯全集》卷一《致北洋大臣李鸿章电·光绪十二年十月二十三日》,第255页。

而不是像起初一样,直接驱逐了事。光绪二十九年(1903),朝鲜商民张阶平在江西走私人参被抓,朝鲜方面(此时改名为大韩帝国,本文为统一,一律称朝鲜)对此屡屡交涉清外务部,要求江西巡抚释放张阶平。①最后由于档案的缺失,我们不知道这个朝鲜商民的结局,但是根据惯例应是驱逐了事。

中朝人参贸易以上海与江西为中心,江西由于其长期以来临江府樟树镇(今樟树市)作为南方药业的中心,声名渊博中外,成为南方药材交易的中心,成为部分朝鲜商民贩卖人参的目的地。上海由于其独特的区位优势,华洋杂处和国际化的背景,加上作为远东的一个经济中心,成为大宗商品交易的重地,对于人参需求量十分旺盛,故而上海中朝人参贸易也十分发达。我们从前文叙述也可以看出,朝鲜商民为了贩卖人参,行至甘肃、四川、江西、湖广、北京、福建、上海、南京、台北等地,基本上中国大部分开放地区都有他们的身影。1890年袁世凯上书李鸿章筹划烟台与朝鲜的海路贸易路线②,到了1894年,中国烟台等地的海关开始大量进口朝鲜的高丽参,1895年《日韩通商协会报告》称当年走私到中国的朝鲜人参到达5万斤,其中大部分又通过中国上海分散到中国各地。③

朝鲜王朝最大宗出口商品就是人参,为了躲避清政府海关的征税,朝鲜高宗甚至于亲自派员来华走私,数量之大骇人听闻,税金的问题甚至导致一段时间中朝关系的紧张。人参问题牵涉了19世纪晚期中朝贸易的最敏感的部分,值得进一步探析。朝鲜王室一向把人参贸易收入看作重要的收入来源,从高丽时代开始,朝鲜与东亚各国就已经开展了人参贸易,而且王室以及两班贵族拥有人参的特卖权力,形成了垄断买卖,获得巨大的财富。④因此清朝对朝鲜人参海外贸易的控制,也威胁了朝鲜权贵阶层的利益。

清朝驻日参赞黄遵宪与金弘集谈及清朝海关收税事情便说:"税之多寡,于国关系不重。"⑤驻日公使何如璋则对金弘集说:"凡进口税,则已值百抽三十位率。更有所谓保护税,则不欲此货进,令便加重税以阻之。"⑥这反映清朝官方并不把中朝贸易税当作稳定的税源,于是面对朝鲜优势输入商品人参征收30%的高额保护性关税。

光绪时期清朝与朝鲜的关系由东亚传统宗藩关系,进而转变成朝鲜积极谋求属国转向独立自主之间,这样条件下《贸易章程》与贸易往来无疑都受到两国政治、外交等以一系列的影响。⑦我们以人参贸易的税率修改、走私可以看出那个时代的缩影。脱离了清朝控制的朝鲜王朝(此时已经改名为大韩帝国),在1908年之后公布的《人参税法施行细则》①,对于

---

① 总理衙门档:《张阶平案既经璞科第一再禀恳已电江西巡抚释放》,光绪二十九年二月二十八日,02-19-002-01-018。
② 总理衙门档:《据袁世凯禀称烟台众商吁开平壤之铁岛通商已咨朝鲜国王查酌办理》,光绪十六年十一月十六日,馆藏号:01-25-028-02-018。
③ 刘畅:《〈中国旧海关史料〉中的近代中朝海上贸易》,收入复旦大学历史地理研究中心、韩国仁荷大学韩国学研究中心编《19世纪以来东亚交通与社会变迁》,上海:上海人民出版社,2014年,第31—35页。
④ 今村鞆:《人参史》第三卷,《人参经济篇》,第51—246页。
⑤ 刘雨珍编校:《清代首届驻日公使馆员笔谈资料汇编》下册,天津:天津人民出版社,2010年,第709页。
⑥ 刘雨珍编校:《清代首届驻日公使馆员笔谈资料汇编》下册,第706页。
⑦ 朝鲜开港后谋求关税自主,参见酒井裕美:《开港期朝鲜の関税「自主」をめぐる一考察》,《东洋学报》,第91卷第4号,第439—467页。

朝鲜国内人参生产以及外贸做了朝鲜王朝最后之详细规定,不久之后的 1910 年,朝鲜被日本吞并,朝鲜王朝自主掌握本国人参贸易时代终结了。

作者简介:余辉,首都师范大学历史学院博士研究生。

---

① 《内阁法制局官报课》第四千百卅一号,《人参税法施行细则》隆熙二年七月廿一日火曜,韩国首尔大学奎章阁藏,馆藏号:GK16042_00I0001。

【日本的中国社会研究】

谷川共同体论与家庭、宗族*

[日]小林义广著　胡伟译

【摘　要】谷川道雄先生是战后日本中国史研究的代表性学者,其一生研究的轨迹主要可分为三期:第一期是在群众斗争史观指导下对唐中后期的民众叛乱的研究;第二期从"共同体"的视角考察了隋唐帝国的国家结构,揭示了豪族共同体在这一时期呈现的运动机制,并在宇都宫清吉先生的影响下逐步确立了"人间学"的志向;第三期用家庭(宗族)共同体与国家共同体的概念勾勒出中国古代社会的结构特点及演变过程,并对这一特点在现代社会的意义进行了探讨。理解谷川史学,对当今的中国史研究,具有重要的借鉴意义。

【关键词】谷川道雄;共同体论;人;家庭;宗族

一、引　言

2013年6月7日,谷川道雄先生逝世,走完了87年的一生。那天我手边正放着一本刚出版的《内藤湖南与亚洲的认识——从日本近代思想史出发》(勉诚出版),为作者所赠。作为答礼,正准备写封感谢信的我翻开此书时,编著者之一的黑川みどり氏在卷首论文第三页写的一句话映入眼帘:"打着'沿着心情阅读'的标签但没有研究价值的作品有很多。"这句令人震惊,而且具有挑战性的批判言辞,针对的是谷川先生所撰《战后关于内藤湖南的批判》一文。谷川先生晚年花费巨大心力,致力于内藤湖南研究会的发展,最初问世的论文集是《内藤湖南的世界——亚洲再生的思想》[①]一书,而《战后关于内藤湖南的批判》一文就收录其中。黑川氏从其"近代日本思想史"的立场出发,以谷川先生此文作为典型,对当今内藤湖南研究的现状作了严厉批判。

谷川先生在该书的另一处指出,面对战后关于内藤湖南的否定性论调,重要的是阐明内藤湖南史学思想的总体框架,为此"无论如何有必要抛开先入为主的观点,实事求是地理

---

* 本文原标题为《谷川共同体論と家族·宗族》,原载《研究论集》第14集(特集 国际学术讨论会《东アジア世界の历史と现代——グローバル化の中で》),京都:河合文化教育研究所,2019年,第65—81页。摘要、关键词为译者后加。

① 内藤湖南研究会:《内藤湖南的世界——亚洲再生的思想》,京都:河合文化教育研究所,2001年。(中译本:日本内藤湖南研究会编著,马彪、胡宝华、张学锋、李济沧译:《内藤湖南的世界——亚洲再生的思想》,西安:三秦出版社,2005年。——译者注)

解内藤湖南中国论的真正含义"①。这与上面黑川氏所引并加以批判的内容大致相同。显然，谷川先生强调不能以先入为主的观点来理解研究对象，对于研究者而言，这是极为正确的姿态。由此可见，无论引用还是批判，黑川氏的言说都给读者一种误读甚至曲解的印象。当时读到这里，我便产生了一种"冥冥之中似有天意"的感觉。虽然已过数年，当时那种稍嫌苦涩的记忆仍是恍若昨日，清晰依然。②

谷川先生的理论，在他生前便众议纷纷，特别是20世纪60年代提出"豪族共同体论"之后，70年代就不断遭受批判。这些批判的指向值得注意，也就是认为谷川先生曾立足于历史唯物论，但经过一番曲折之后，试图超越历史唯物史观而展开研究是一种"背叛行为"，因而进行了激烈攻击。

除了上述"异端审判"式的批判之外，对谷川理论进行的评述中，管见所及，谷川先生在世时的研究有以下几种。奥崎裕司《从中国史到世界史：谷川道雄论》(该书至今仍是研究谷川理论的唯一一部专著)③，奥崎氏指出，撰写这部著作是因为自己对谷川先生经历艰辛探索之后"所达到，或正在达到的境界产生了强烈的共鸣"④之故。数年之后，谷川先生龙谷大学时期的门下弟子李济沧氏发表了题为《论谷川道雄的中国史研究》的专论，详细介绍了谷川共同体论和《隋唐帝国形成史论》的内容，在此基础上对谷川中国史研究在战后日本中国史研究中的位置进行了界定。⑤如果再稍往前追溯，同样的研究姿态在乔治亚·福格尔氏(Joshua A. Fogel，或译作傅佛果)翻译谷川先生《中世社会与共同体》第一章《中国中世社会论序说》时所撰写的解说中也隐然可见。⑥

谷川先生逝世后，葭森健介氏缅怀谷川、沟口雄三两位授业恩师的学问和学术姿态，撰

---

① 内藤湖南研究会：《内藤湖南的世界——亚洲再生的思想》，第7页。(可与同书中译部分参看对照：日本内藤湖南研究会编著，马彪、胡宝华、张学锋、李济沧译：《内藤湖南的世界——亚洲再生的思想》，第4页。——译者注)

② 黑川等人显示了否定"沿着心情阅读"的态度，反而是在错误理解内藤湖南著述的基础上立论，其结果自然是不攻自破，如山田伸吾所撰《内藤湖南与亚洲认识》书评对此做了详细批判。此文载《中国研究月报》68，2014年。此外，后述冈本隆司《近代日本的中国观——从石桥湛山·内藤湖南到谷川道雄》一书，援引橘朴的书评，做了如下评述："欣赏者与批判者往往是一身兼顾，不一定是互相矛盾的存在。毋宁说，如果不能把批判对象的文章读到欣赏的程度，想要进行有效的批判，那是根本做不到的。粉丝有时候也是最尖锐的批判者，橘朴之于内藤湖南，恐怕正是如此。"这一论述是相当合理的。参见冈本隆司：《近代日本的中国观——从石桥湛山、内藤湖南到谷川道雄》，东京：讲谈社メチエ，讲谈社，2018年，第118页。

③ 奥崎裕司：《从中国史到世界史：谷川道雄论》，东京：汲古书院，1999年。

④ 奥崎裕司：《从中国史到世界史：谷川道雄论》，第3页。

⑤ 李济沧：《论谷川道雄的中国史研究》，《中国史研究》2005年第2期。李济沧氏为谷川道雄《隋唐帝国形成史论》(筑摩书房，1971年)一书的译者(中文版同题，上海：上海古籍出版社，2004年)。其专著《东晋贵族政治史论》的后记《代跋语 从龙谷到随园》一文，对自己的研究轨迹做了回顾，其中一段深情回忆了谷川先生当年拄着拐杖，前往作者在京都住所的情景。正如这段记述所象征的那样，《东晋贵族政治史论》富有独创性的叙述中，历历可见谷川史学的影响痕迹。另外，《论谷川道雄的中国史研究》与《中日学术交流的新动向》这两篇论文作为附编收入此著中。参见李济沧：《东晋贵族政治史论》，南京：江苏人民出版社，2016年。

⑥ Tanigawa Michio: *Medieval Chinese Society and the Local "Community"*, translated, with an Introduction by Joshua A. Fogel, California U.P., 1985.

述了一篇回忆与比较的论文。①两年之后,汲古书院出版《谷川道雄中国史论集》(以下简称《谷川论集》)。②文集主要收录了谷川先生生前自己整理出版的三册研究论著以外的学术论文(报纸、商业杂志、全集月报等刊登的文章除外),卷首所载,是由森正夫先生执笔,题为"代序"的一篇雄文。森正夫先生是谷川先生任教于京都洛北高中时的学生,后来在名古屋大学与谷川先生成为同事。正如副标题"读《谷川道雄中国史论集》上下"所示,这篇序文结合论集中每篇论文发表的时代背景,对全部论文都做了详细介绍,使读者能够方便地了解各篇论文的大致内容。2018 年,冈本隆司氏出版了一本专著,探讨日本在战前和战后的中国认识,该书主要围绕中国史研究者的观点展开,其中对谷川先生的理论做了详细的分析。作者指出,日本人的中国观从本质上可以追溯至明治以后,并对二战以后的日本中国史研究做了回顾,同时以豪族共同体论为中心介绍了谷川中国论的特质。不过,作者在最后吐露了对谷川理论的某些不满。在他看来,谷川理论在与社会现实的对峙之中焕发出极为灿烂的思想性,引发了学术界广泛的共鸣,但在构建"中世共同体"的理论之后却戛然而止,因而无法从中国史的整体结构中去解析正在面对的、极为鲜活的中国社会的实际状态。③从该书的叙述脉络而言,作者的这种不满可以理解(并非赞同之义),然而,此书面向大众读者,有些论述不免给人论据不足或结论草率之感,甚或对一些众所周知的事实也出现了理解上的失误。所谓结论草率以及理解失误,我们将在后面的论述中予以指出。

以上简单介绍了学术界有关谷川研究的大致状况,这些研究从某些角度而言,对谷川中国论做了相当细致的探讨和归纳。本文的目的在于,从笔者个人的问题意识出发,对上述研究稍做补充并尝试提供不同的观察视角。下面,我们先回顾一下谷川先生的学术生涯,以此为基础展开本文的叙述。

二、学问的轨迹

首先,谷川先生的学术生涯可大致勾勒如下。中国社会文化学会主办的学术杂志《中国——社会与文化》于 2007 年刊载了题为《自述踌跚 60 年——阶级、共同体、国家》的论文,几位学者围绕"人与学问"的问题,对谷川先生做了一次深入访谈。④根据论文最后的"附记"所载,访谈时间为 2007 年 3 月 18 日,地点在谷川先生家中。主持人是伊东贵之氏,森正夫先生与葭森健介氏负责提问。在"参考文献"一栏中,将谷川先生的学术生涯分成四个阶段做了介绍。(本文结尾部分也列举了谷川先生的生平历程和主要著作,请参看)这几个阶

---

① 葭森健介:《"共同体论"与"儒教社会主义论"——以谷川道雄与沟口雄三的"公""私"概念为中心》,《名古屋大学东洋史研究报告》39,2015 年。(该文中译可参看葭森健介著,徐芃译:《"共同体论"与"儒教社会主义论"——以谷川道雄、沟口雄三的"公""私"言说为中心》,《江海学刊》2015 年第 6 期,《人大复印资料》2016 年第 1 期转载。——译者注)

② 谷川道雄:《谷川道雄中国史论集》(上下),东京:汲古书院,2017 年。

③ 冈本隆司《近代日本的中国观——从石桥湛山、内藤湖南到谷川道雄》一书中相当多的篇幅介绍了近代日本东洋史学的创始人内藤湖南的学说。需要指出的是,冈本氏引用的内藤著作,乍看容易引起误会,似应引《内藤湖南全集》或《全集》所载书名为佳。

④ 谷川道雄:《自述踌跚六十年——阶级、共同体、国家》,《中国——社会与文化》22 号,2007 年。

段的划分除了代表谷川先生学问巨大转变的"共同体论"以外,还将工作地点的变化也作为参考要素。如果单纯以学术生涯作为划分基准的话,似可分为两期或三期,其中最大的转折点即是上述"共同体论"的提出。谷川先生自身,也在前引《中国中世社会与共同体》的序言中有这样一番叙述:

> 这一时期(1960 年左右——引用者),正是我国战后史研究的一大转折期,就我个人微不足道的研究史而言,也是如此。关于这一点,在本书第二部分第一章收录的《一位东洋史研究者的现实与学问》一文中有着直截了当的表述。①

引文中的《一位东洋史研究者的现实与学问》(以下简称《现实与学问》)是 1961 年民主主义科学家协会(简称民科)京都支部历史部的机关杂志《新历史学》第 68 号刊登的论文。谷川先生出生于 1925 年 12 月,在 30 岁中旬左右迎来了巨大的转机。虽然相关论文的发表时期有些交错,以"共同体论"的提出为界大致可以分为第一期和第二期。第一期始于 1952 年发表的处女作《论唐代藩镇——浙西的个案》。②这篇论文从唐末浙西节度使李锜叛乱谈起,探讨了支持钱镠建立吴越国的地方武装势力的发展。此后,谷川先生从安史之乱开始,以唐代中后期的叛乱为中心连续发表了几篇论文。为第一期画上句号的,是 1956 年发表的《武后末年至玄宗初年的政争——唐代贵族制研究的一个视角》一文。此文将唐朝内部的朝廷斗争与新兴地主阶层的崛起联系起来做了考察。③关于这一时期的研究,谷川先生在晚年进行了总结,即从"民众对国家的抵抗运动、反权力斗争"这一视角展开探讨。④当然,对唐末叛乱及节度使的研究并未就此中断,后来又发表了《河朔三镇节度使权力的性质》《河朔三镇藩帅的继承问题》等论文。⑤令人遗憾的是,这些研究最终未能结集成为一部专著。

第二期始于《北魏末期的内乱与城民(上、下)》一文,此文也堪称这一阶段的代表之作。⑥从发表时间而言,尽管要稍早于前面提到的《现实与学问》一文,但正如谷川先生本人所言,这是告别机械的民众斗争史观的首篇论文。从这一意义上看,与《现实与学问》一文有着相通的问题意识(《现实与学问》详见下一节)。⑦其内容可概括如下:北魏在北方边境布防的六

---

① 谷川道雄:《中国中世社会与共同体》,东京:国书刊行会,1976 年。(关于引文翻译,可与同书马彪先生中译部分对照参看:谷川道雄著,马彪译:《中国中世社会与共同体》(增订本),上海:上海古籍出版社,2013 年,《日文版前言》第 3 页。——译者注)
② 谷川道雄:《论唐代藩镇——浙西的个案》,《史林》,35—3,1952 年。同年另有《如何看待隋唐帝国》一篇,属于综述性论文。参见谷川道雄:《如何看待隋唐帝国》,《东洋史研究》14—4,1952 年。
③ 谷川道雄:《武后末年至玄宗初年的政治斗争——唐代贵族制研究的一个视角》,《东洋史研究》14—4,1956 年。
④ 相关成果有《一位东洋史研究者的现实与学问》,《新历史学》68,1961 年;《从战后日本到现代中国——中国史研究能讲述世界的未来吗》,《河合ブックレット》34,京都:河合文化教育研究所,2006 年,第 36 页;前引《自述蹒跚六十年——阶级、共同体、国家》,第 311 页;《战后的历史学与国民》,《历史评论》723,2010 年,等等。
⑤ 谷川道雄:《河朔三镇节度使权力的性质》,《名古屋大学文学部研究论集》74,1978 年;《河朔三镇藩帅的继承问题》,《中国古代的法律与社会——栗原益男先生古稀纪念论集》,东京:汲古书院,1988 年。
⑥ 谷川道雄:《北魏末期的内乱与城民》(上下),《史林》41—3、5,1958 年。
⑦ 参见前引《从战后日本到现代中国——中国史研究能讲述世界的未来吗》,第 36—38 页;《自述蹒跚六十年——阶级、共同体、国家》,第 313—314 页。

镇士兵（即城民），是北魏王朝统一华北的核心力量，有着光荣的历史。随着北魏汉化政策的推进，城民逐渐遭到朝廷冷遇，仕途不通，地位随之下降。这次叛乱即是对地位降低的不满与抵抗，西魏和东魏顺应了镇民们的渴求，借此建立了政权。如果考虑到西魏、东魏以及后来的隋、唐建立这一历史潮流，即可认为隋唐帝国形成的渊源正在于北魏末期城民的叛乱。以此为发端，谷川先生就城民之乱前后的历史，上溯五胡十六国时代，下至北周、隋交替期，以民众和国家的关系为中心探讨了各个历史阶段的政治潮流。1971年出版的《隋唐帝国形成史论》一书，正是上述实证性研究的结晶。① 另一方面，1976年出版的《中国中世社会共同体》一书则从理论层面探索了这一时期历史意义。此外，作为上述实证以及理论探索的派生成果，1977年出版了《世界帝国的形成》一书，将叙述时段从三国延伸至唐代，面向一般大众做了通俗性解读。② 值得一提的是，1987年出版的《中国中世的探求——历史与人间》，可以视作《中国中世社会与共同体》一书的续编或者补论。③

第二期或可以1997年为界，由此进入第三阶段。这一年，谷川先生从龙谷大学退休，结束了大学教师的生涯。与此同时，承继第二期的志向，开始了新的研究活动。从龙谷大学退休的前一年，即1996年10月18日主持召开了第一届内藤湖南研究会④，同时对现代中国的农民问题显示了极大兴趣。在笔者看来，通过重读内藤湖南的著作，谷川先生逐渐形成一种观念，即只有将历史与现如今联系起来进行综合性探讨，才能看清中国社会的未来。就谷川先生的整个学术生涯而言，以内藤湖南作为学术指针的志向，早在处女作《论唐代藩镇——浙西的个案》就已经显出端倪，之后无论哪一时期的论文都可看到这种倾向。尤其重要的是，并非仅将其作为前人研究加以介绍，而是在论文内容上也紧密相连。谷川先生在调任京都大学之前，曾在名古屋大学专门讲授内藤湖南的著作达数年之久。⑤ 内藤湖南研究会最初的成果，是2001年问世的《内藤湖南的世界——亚洲再生的思想》一书，然而在此前一年的2000年，谷川先生便已经发表了一篇题为《内藤湖南与中国基层社会》的论文，从内藤史学的角度关注中国基层社会的发展过程。⑥ 纵观谷川先生的整个学术生涯，可以说与内藤

---

① 谷川道雄：《隋唐帝国形成史论》，东京：筑摩书房，1971年。
② 谷川道雄：《世界帝国的形成》，东京：讲谈社·现代新书，1977年，后改名为《隋唐世界帝国的形成》，东京：讲谈社学术文库，2008年。
③ 《中国中世的探求——历史与人》一书的后记中，谷川先生写道："我将五十年代末期至七十年代初的相关研究结ว为《隋唐帝国形成史论》（筑摩书房，1971年）和《中国中世社会与共同体》（国书刊行会，1976年）两本书出版。（中略）现在这里付样的，是承接上一个时期，即对七十年代中期到最近陆续写成的文章以及未刊稿加以编集而成的。总而言之，可以算是《中国中世社会与共同体》的续编或补论。"参见谷川道雄：《中国中世的探求——历史与人》，东京：日本エディタースクール出版部，1987年，第309页。
④ 有关内藤湖南研究创立之初的状况，《内藤湖南的世界——亚洲再生的思想》所收山田伸吾氏撰写的后记做了详细记载。
⑤ 从《东洋史研究》31-1，1972年；《东洋史研究》32-1，1973年；《东洋史研究》33-1，1974年三期的《汇报栏》来看，谷川先生这三年间在名古屋大学东洋史研究室开设了"内藤湖南的中国史论"这门教学课。上课中所读内藤湖南的著作和内容，《名古屋大学东洋史研究报告》第1期，1972年；《名古屋大学东洋史研究报告》第2期，1973年；《名古屋大学东洋史研究报告》第3期，1975年三期的《汇报栏》做了记录。
⑥ 谷川道雄：《内藤湖南与中国基层社会》，《史林》83-2，2000年。

湖南形成了一种同呼吸共命运的紧密关系。①

针对当代的中国农民，谷川先生密切关注他们的"维权运动"，也就是以法律为依据保护自身的权利。2010年，在河合文化教育研究所发行的《研究论集》第8集上，发表了《中国现代农民维权活动备忘录》一文，接着在《研究论集》第9集中，又与中田和宏、田村俊郎二氏联名发表《现代中国农民维权运动——围绕中国学界的讨论》一文。去世前一年，即2012年夏季主持召开"现代中国农民运动的意义"学术研讨会，旨在从历史发展中为当代中国农民运动进行定位。研讨会的成果收录于当年12月份出版的《研究论集》第10集。除此以外，还撰写了《于建嵘教授简介》（《研究论集》第9集），专门介绍了从学术上支持维权运动的于建嵘先生。尤其值得一提的是，经谷川先生亲自策划和参与翻译，河合文化教育研究所于2010年出版了王国林的《失地农民调查》一书。谷川先生特意撰写了一篇题为《解读〈失地农民调查〉——现代中国农民的命运》的文章，对这本详尽记载维权农民状况的著作进行了极为周到的解说。

三、"（豪族）共同体论"与"人间学"的历史理解

如上节所示，谷川学术生涯第二期的起点是1961年发表的《现实与学问》一文。根据行文需要，首先将该论文的内容与论点整理如下（页码据《中国中世社会共同体》一书所收论文标出）。

这篇论文坦率地承认了第一期研究中存在的种种问题，并对此做了自我反省。例如在回顾自己一系列有关唐代叛乱的论文时，谷川先生总结说："总而言之，这仅仅是关于民众作为主体，与权力阶层进行斗争，进而改变历史这一命题的实证研究罢了，并未能脱离机械的阶级论与阶级斗争史观。"②据谷川先生所说，在其研究初始阶段，学术界有关隋唐帝国的研究几乎都是依照国家与贵族相互对立、互相排斥这一图式进行的，而原本与国家、贵族做斗争的民众及其相关研究则近乎缺失。有鉴于此，谷川先生积极探讨唐代的民众叛乱问题，并取得了相应的成果。然而，一方面立足于国家与民众相对抗的阶级斗争视角，一方面从唐末徐州叛乱"父遣其子，妻勉其夫，皆断锄首而锐之，执以应募"的史料中感受到了一种充满历史动感的张力，投身起义的这些民众仅仅只是与国家相对抗的存在吗？史论与史料之间

---

① 为什么要如此花费篇幅来叙述谷川与内藤湖南的关系呢？据前引冈本隆司《近代日本的中国观——从石桥湛山、内藤湖南到谷川道雄》所述，谷川先生的"共同体论"作为一种理论概念，并非与战前的"停滞论""亚细亚主义"毫无关联，谷川先生自己也不是没有意识到这一点。晚年从事内藤湖南研究，除了对不再涉及时代区分论的"思想状况"提出"忠告"以外，似乎与上述关联性也有密切关系。冈本的这一段论述看上去有其道理，但谷川先生对内藤湖南的兴趣并非始于最近，所以冈本的观点过于片面。参见冈本隆司：《近代日本的中国观——从石桥湛山·内藤湖南到谷川道雄》，第204页。

② 谷川道雄：《中国中世社会与共同体》，第122页。（谷川道雄著，马彪译：《中国中世社会与共同体》（增订本），第91页。——译者注）

产生的错位逐渐扩大，导致谷川先生在某个阶段的研究无法继续进行。①谷川史学的一大特点，就是极其注重从史料中获得的感觉，并且将这种感觉贯彻始终。②而这篇论文，无疑正是这一特点的极好体现。要言之，谷川先生在对自己以及学术界进行深刻反省的基础上，对西嶋定生、增渊龙夫和堀敏一的秦汉六朝隋唐研究做了梳理和分析，尤其针对西嶋氏对历史上的共同体的消极评价进行了批判：

> 西嶋氏认为家长制家内奴隶制及其外延的佃作制是汉代豪族的物质基础，这是以生产力发展不平衡的共同体遗制为前提的。在此仅一味将共同体看作落后的因素而把握，(中略)结果仍不外乎陷入了"亚细亚变种"的旧说。③

而谷川先生自己则对共同体采取了一种积极审视的态度，在上述引文之后，有这样的表述：

> 西嶋氏认为共同体遗制阻碍了奴隶制的全面贯彻，然而通过共同体遗制则难以对远及后世广泛存在的自立小农展开解释。(中略)我这里所说的共同体，并非是指共同体遗制，而是经过再编之后的村落共同体。④

总而言之，通观中国历史，虽然一方面存在着大土地所有者，但也始终存在着广大的自耕农，由此来看，自耕农的存在绝不能仅用古老的共同体遗制来看待。进而言之，中国历史上的共同体乃是在大土地所有者和自耕农并存状态下形成的一种秩序结构。那么，这样一种纵贯中国历史而存在的共同体，又是因何而形成的呢？谷川先生做了如下判断：

> 如此，我认为父家长制、上下关系和阶级关系的缔结，都是包括在集团成员所共有的现实课题之中的。⑤

其实在本篇论文中，谷川先生并没有积极阐明"现实的课题"所包含的具体内容，但《中国中世社会与共同体》第一部第二章《中国的中世纪》以及后来的论著，尤其是《中国中世的

---

① 谷川道雄：《中国中世社会与共同体》，第123页。(谷川道雄著，马彪译：《中国中世社会与共同体》(增订本)，第92页。本条译文中谷川先生所举史料引自《资治通鉴》卷第二百五十一《唐纪》六十七，咸通九年，北京：中华书局，1956年，第8130页。——译者注)
② 谷川先生去世十年前出版的《中国史对我们来说是什么——与历史的对话记录》一书中，对于家境贫寒，却自费参与灭陈战役的历史人物张定和表示了理解与同情："对于这位张定和，我非常喜欢，在论文里经常引用。"参见谷川道雄：《中国史对我们来说是什么——与历史的对话记录》，京都：河合文化教育研究所，第52—53页。
③ 谷川道雄：《中国中世社会与共同体》，第127页。(谷川道雄著，马彪译：《中国中世社会与共同体》(增订本)，第95页。——译者注)
④ 谷川道雄：《中国中世社会与共同体》，第129页。(谷川道雄著，马彪译：《中国中世社会与共同体》(增订本)，第96页。——译者注)
⑤ 谷川道雄：《中国中世社会与共同体》，第130页。(谷川道雄著，马彪译：《中国中世社会与共同体》(增订本)，第97页。——译者注)

探求》一书,对此做了大量的实证研究,指出当时有很多集团据守在被称作"坞"的山间防御设施之中。据此可知,谷川先生所说的"现实的课题",指的是民众饱受饥饿之苦,以及北族入侵成为常态这样一种极限的生存状况。①

那么,共同体论与阶级之间究竟有着怎样的关系呢?正如上面引文所示,共同体超越了时代,与历史的发展如影相随。谷川先生指出,这是因为共同体中包含了阶级制的成分,即"若按以上构想来看,中国的村落共同体是私人土地所有者的结合,其结合的牢固性本身就来自于私人土地所有者的支撑"②。后来在与川胜义雄氏联名撰写的《中国中世史研究的立场与方法》③一文中,谷川先生对二者的关系有着更加鲜明的表达:"阶级存在于共同体中,由于其内部矛盾而产生,所以共同体比阶级更有历史性和逻辑性,是更加根源性的存在。"④

《现实与学问》一文,立足于对第一期研究的反省之上,在提倡共同体论的同时,产生了将历史学作为"人间学"来把握的迹象。论文的最后,作者指出通过研究"去开创自己的人生",显示了从"人生"的维度出发去把握历史的志向。正因为如此,我们可以从论文中找到诸如"自己是生活于现实中的研究者","作为活着的自我及其存在","作为人间的普遍性","具有普遍性的人的存在方式"等等表述⑤,这种志向逐渐成为谷川史学的骨骼。按照谷川先生的回顾,"人生""人间学"的思考方式实际上可以追溯至自己的青年时代。晚年在回忆自己的学生时代时,谷川先生这样说道:"就这样度过了大学三年,总算熬到快毕业,不知为什么,内心总有一种惆怅郁闷之感,不停地追问自己一句话:'究竟什么才是鲜活的人的历史?'这句话是我自己创造的。从京都大学的后门到寄宿公寓,或者在今出川大街上漫步,这句话始终萦绕在心中。我的学生时代大致如此。"⑥

不过,将历史学作为"人间学"来看待的思绪,要等到1952年成为名古屋大学文学部东洋史专业的助教,与宇都宫清吉先生的日常联系"恢复"之后,才成为一种明确的志向或者说思想。所谓"恢复",是因为宇都宫先生到名古屋大学任教之前,曾在京都大学担任副教授,在课堂上结识了学生时代的谷川先生。⑦对于在名古屋大学与宇都宫先生的相遇,谷川

---

① 谷川道雄:《中国中世社会与共同体》,第97—101页。另外,《中国中世的探求——历史与人间》所收《六朝名望家的理念构造》一文也从相同主旨出发,对"坞"这一集团进行了探讨,第93—101页。
② 谷川道雄:《中国中世社会与共同体》,第131页。(谷川道雄著,马彪译:《中国中世社会与共同体》(增订本),第98页。——译者注)
③ 川胜义雄、谷川道雄:《中国中世史研究的立场与方法》,《中国中世史研究》,东京:东海大学出版会,1970年。
④ 《现实与学问》的结尾,对共同体与阶级制的关系做了如下稍许激昂的文学性表述:"所谓反体制运动,是被古代以来的阶级制度所羞辱的共同体的复仇,以共同体的全面兴盛为目标。尽管如此,这样的命题如果无法得到现实世界的验证,仅停留在自己思考的范围内,那终究不过是一个空想而已。或者不是那样,如果不能在现实世界进行验证,就只能将证明留给过去,从那里开拓自己的人生。我开始认为这就是历史学与现实的接连之处。"
⑤ 谷川道雄:《中国中世社会与共同体》,第119页、第120页、第121页、第133—134页。(谷川道雄著,马彪译:《中国中世社会与共同体》(增订本),第89页、第90页、第90页、第99页。——译者注)
⑥ 前引《中国史对我们来说意味着什么——与历史进行对话的记录》,第17页。
⑦ 谷川先生《生年纪》一文,回忆了自己在京都大学读书时,与宇都宫氏的相遇,以及宇都宫氏调任到名古屋大学之后,自己作为助教跟随身边的种种情景,同时也坦率承认,两人的相遇给自己的思想意识带来了巨大的变化。应该说,在分析谷川史学中的"人间学"色彩时,这是一篇重要的参考文章。此文收入《三豕渡河录——宇都宫先生退休纪念文集》,名古屋大学文学部东洋史学研究室,1969年。

先生做了以下回忆：

> 当时，名古屋大学东洋史研究室的负责教授是宇都宫清吉先生。先生是汉魏六朝史研究的大家。即使是面对像我这样有些自负的助教，也给予了非常亲切的指导。①

另一方面，宇都宫先生在谷川先生离开名古屋大学，调任京都大学的时候，撰写了一篇题为《给谷川道雄君的赠言》的文章，回顾了二人在名古屋大学共事的情景：

> 你以历史唯物论作为武器，在隋唐史领域锐意进取，对于正值壮年，坚持文化史观的我来说，既是论敌，更是无与伦比的理解者。尽管如此，我们彼此仍是处于摸索、徘徊阶段的同行者，而且也都非常不成熟。那时的我们，都急于通过观点的碰撞，来确定自己的立场。所以，无论是在教室、研究室，还是咖啡厅、运动场，我们二人的话题总是围绕中国历史的问题，而无暇顾及其他。即便开头聊了几句闲话，话题也往往在不知不觉中转到历史如何把握的问题上，接着就更为具体地探讨中国历史的理论结构。②

这里之所以大段引用宇都宫先生的原文，是为了真实地描述当时名古屋大学东洋史研究室的氛围。谷川先生在接替宇都宫先生，成为主任教授之后，这种研究氛围仍然是名古屋大学东洋史研究室的标志性存在。这一点从上文所引《缘溪原道录——谷川教室在金城记》所收录的各篇文章，或者当时就读于名古屋大学，后来成为学者并出版的各类学术著作的《后记》中都可以看到，大家可以说是异口同声，念念不忘。

对宇都宫先生与谷川先生的关系，奥崎裕司氏在前引《从中国史到世界史：谷川道雄论》中指出："我不知道宇都宫氏是否被认作是内藤湖南的最佳继承者，但至少在精神层面，可以说是内藤的最佳继承者。而宇都宫氏自己的最佳继承者便是谷川氏。"③这一评价是中肯的。谷川先生通过与宇都宫先生的日常相处，成为宇都宫史学最好的理解者。在纪念宇都宫先生古稀之年而发行的《名古屋大学东洋史研究报告》4《特集 宇都宫史学》中，谷川先生特意撰写了一篇论文，题为《中国古代中世史与人——宇都宫史学的世界》，刊载于这一期的卷首。④文中使用了"人间（学）""人间主义"这两个反映宇都宫史学的关键词语，详细介绍了宇都宫史学的特点。这篇论文后来被收录于谷川先生的论文集《中国中世的探求——历史与人间》之中。此书的副标题中选取"人间"作为关键词，足证宇都宫先生的影响之深。可以说，同宇都宫先生的日常相处，对谷川先生的历史理解起到了巨大的催化作用。

以宇都宫先生作为媒介，逐步形成的"人间学"的觉醒在谷川先生的研究中是如何得到发挥的呢？这是一个重要问题，不过笔者目前尚无能力回答这一问题，只能就此割爱。

---

① 谷川道雄：《自述蹒跚六十年——阶级、共同体、国家》，第313页。
② 宇都宫清吉：《给谷川道雄君的赠言》，《缘溪原道录——谷川教室在金城记》，名古屋大学东洋史学研究室编，1979年。
③ 奥崎裕司：《从中国史到世界史：谷川道雄论》，第61页。
④ 谷川道雄：《中国古代中世史与人——宇都宫史学的世界》，《名古屋大学东洋史研究报告》4《特集 宇都宫史学》，1976年。顺便一提的是，《名古屋大学东洋史研究报告》从这一期开始，由从前的手抄改为铅字排版。

四、谷川共同体论与家庭、宗族

对谷川先生的历史观产生巨大影响的宇都宫先生,是研究秦汉隋唐史的大家,提倡用"首领制"与"家庭制"这两种原理来把握秦汉帝国。秦汉帝国的建立,并不只是依据以皇帝为核心的统治原理,即"首领制",还应关注从春秋战国以前就显著存在的自律性民众世界,即"家庭制"。到六朝时期,可以发现这种自律性世界正在逐渐超越政治性世界。显然,在宇都宫先生看来,民众的世界中原本存在着自立于国家统治之外的,具有自律性秩序的特质,这就是"家庭制"。在这种自律性世界中,贯穿着"孝"这样一种伦理观,"孝"并不是依靠"父亲"的权力来支配子辈,而是依靠"基于人的自觉赡养父母"这种自我控制的自律性。①

笔者认为,宇都宫先生构建的这种以"家庭制"为中心的民众的自律性世界,在某种程度上为谷川先生所继承。共同体是构成中国古代专制国家基础,对此谷川先生指出:"在中国,共同体的基础源于家庭,这一点不言自明。家庭扩大后的父系亲属集团便是宗族。"②例如魏晋南北朝时期的豪族共同体,就是以特定的强大家庭为中心,将宗族与乡党结合在了一起。家庭扩大后的宗族,不仅为中国社会赋予了特色,而且也是催生出各种历史现象的中国社会的根源所在。换言之,中国社会的独特性在于,让家庭这种自然结合的组织充分发挥作用,在此基础上建立社会组织,将人们结合起来。就谷川史学而言,经过深入分析上述中国社会的特质,逐渐形成"产生历史事件和现象的人的原因何在"这一根本命题。③在这里,我们是否能够看到谷川先生对宇都宫史学的继承和发扬呢?

众所周知的由中国中世史研究会编辑出版的《中国中世史研究》一书,积极主张从共同体发展的视角解释中国社会。谷川先生在此书中撰写了《北朝贵族的伦理生活》④这篇论文,此文后被重新收入前引《中国中世社会与共同体》一书中。谷川先生以《魏书》卷58《杨播传》所载杨椿(杨播为杨椿胞兄)的训诫为素材,指出在中国中世的豪族共同体中,作为领导者的贵族,其形象与人格渊源于其家庭、宗族所应有的理想境界。⑤通过大量例子对这一观

---

① 宇都宫清吉:《把握中国古代中世史的一个视角》,载于前引《中国中世史》,后收入其著《中国古代中世史研究》,东京:创文社,东洋学丛书,1977年。另外,关于宇都宫史学,还可参见前引谷川道雄:《中国古代中世史与人类——宇都宫学的世界》,《名古屋大学东洋史研究报告》4《特集 宇都宫学》,1976年,以及安田二郎对宇都宫清吉《中国古代中世史研究》一书所撰书评,载《名古屋大学东洋史研究报告》5,1978年。

② 前引《从战后日本到现代中国——中国史研究能否讲述世界的未来》,第58—59页。另外,前引《中国史对我们来说是什么——与历史的对话记录》第三编《中国中世社会》一文叙述了共同体问题面面观,紧接着在结尾部分的第四编《对二十一世纪的启发》中,指出宗族制度是为中国的历史社会赋予特色的根源性存在,并对此做了全面探讨。另外,与这两本书有关家庭、宗族的分析大致相同的内容,还有《共同体与历史认识——中国理解和中国外交史》(《情况》1997年8-9号)一文。不过,笔者手边来自著者所赠的这本杂志,题目改为《中国理解与中国社会史》。确实,杂志原来题目并没有反映出作者的意图。

③ 前引《中国史对我们来说是什么——与历史的对话记录》第四编《对二十一世纪的启发》。

④ 谷川道雄:《北朝贵族的伦理生活》,《中国中世史研究》,东京:东海大学出版会,1970年。

⑤ 相同的主张还可见谷川道雄:《六朝贵族的学问的意义》,《名古屋大学东洋史研究报告》1,1972年;《试论中国前近代社会的基本构造》,《名古屋大学东洋史研究报告》26,2002年。这两篇论文都收录于《谷川论集》上卷中。

点进行实证并予以理论化的,是前引《中国中世的探求——历史与人间》所收《六朝名望家社会的理论构造》一文。主要内容如下:东汉末年,为了重整陷入混乱之中的社会秩序,在地方上形成了以名望家为领导的各个集团(共同体),为六朝之后地方基层社会的形成打下了基础。在这种集团生活中,名望家积极发挥领袖作用,并且涉及共同体的各个层面。尤为重要的是,这种领袖作用以名望家所具有的无私的人格作媒介,这也说明名望家及其家庭面对社会具有某种开放性。稍作理论化的阐释,即在名望家的家庭中,众多家庭(夫妇及其子女)生活在一起。这些作为个体的家庭,具有"私"这种个人生活的属性,因而存在着破坏家庭整体性的可能。此时,名望家的家庭往往通过家庭整体的"公"这一意识,去克服有可能导致家庭陷入分裂危机的"私"。在这里,家庭面向地域社会亦即乡党的开放性也就得以体现。当"私"保障个人的生活时,应受到维护,如超出限度,就应受到限制,此时必须考虑如何与他者共存,即进入"公"的世界。以"私"与"私"共存关系之上的"公"的世界作为目标,进而在法律上予以规定并使之体制化的,便是均田制。

进入21世纪,谷川先生撰写了《六朝时代的宗族——与近世宗族的比较》一文,通过与近世宗族制的比较,探寻中世家庭、宗族的特色。在论文中特意举出井上彻氏《中国的宗族与国家的礼制》一书,可见20世纪80年代以后成为学术热点的近世宗族研究受到了谷川先生的关注。①不仅如此,从前引《六朝名望家支配的理论构造》等相关研究也可以看到,谷川先生自身对于六朝家庭、宗族等问题的研究也在不断深化。这两个原因相互交织,为本文的最终结论做了铺垫。谷川先生在结论中指出,六朝的宗族,是由家庭中具有家长地位的人物基于道义之心进行领导的,"也就是说,以家作为背景的个人品格,成为凝聚宗族的结点"。与此不同,宋代以后的近世宗族,虽然也是通过道德将宗族结合起来,但是道德作为每个人都应予以遵守的规范见于各种文章之中,超越了特定的个人,具有普遍化倾向。②由此来看,将这篇论文收入《中国中世社会共同体》的中文版中,十分妥当。

那么,谷川史学中的家庭论具有什么样的特点呢?最为代表性的论文便是前引《六朝名望家社会的理论构造》(收入《中国中世的探求》)。按谷川先生自己的话来说:"家庭本身就是一种带有公共性的社会,通过进一步向宗族、乡党扩展延伸,于是站在了第二重公共性之上。"③总之,在地域社会亦即"乡党"中,作为个体单位的"家"受到了保护,但要维持整个地域社会的连带关系,也就是为了实现地域社会的共存亦即"公"这一目标,个体单位的"家"所具有的"私"的属性必须受到限制。在这里,"家"与地域社会亦即"乡党"的关系,同样适用于"家"及其成员之间的关系。谷川先生指出:

"私"是"生"的直接表现,如果没有"私",人是无法生存的。没有夫妇之间的爱,也就不可能有人的生命。(中略)但另一方面,"私"又必须受到限制,因为在"私"的外侧,

---

① 井上彻:《中国的宗族与国家的礼制》,东京:研文出版,2000年。(中译本可见井上彻著,钱杭译,钱圣音校:《中国的宗族与国家礼制》,上海:上海书店出版社,2008年。——译者注)

② 谷川道雄:《六朝时代的宗族——与近世宗族的比较》,《名古屋大学东洋史研究报告》25,2001年,后收入《谷川论集》上卷,第409—410页。

③ 谷川道雄:《中国中世的探求——历史与人间》,第116页。

存在着无法成为自我的"私"。横亘于自我与他我(他者)之间的深渊,有时会引发家庭、宗族间的不和。(中略)灾荒之际的赈济行为,能够发挥缓和人心并防止社会陷入地狱般状态的效果。无论是施救者还是被救者,都是一种超越自我的界限,与他我走向共存的行为。①

由此可知,谷川先生始终认为,从个人出发,面向"家"以及地域社会("乡党"),在人们相结合的组织范围逐渐扩大的每个阶段,都是"公"对"私"的超越与扬弃的过程。"公"是超越个体之"私"的存在,对此命题,谷川先生主要以地域社会的领导阶层亦即名望家或其家庭作为研究的对象,并没有设想地域社会中的每个人都是如此。还有一点,谷川先生的思考背景是以六朝民众饱受饥饿以致"人相食"等等极为特殊的状况作为前提的。尽管如此,笔者对上述谷川先生的观点多少还是有一些抵触的。在对《中国中世的探求》一书所写的书评中,有段喃喃自语般的感想,至今萦绕在脑海中:"谷川先生的研究给我的印象是,个人抑或家庭就像中世纪欧洲的修道院一样,与依靠信仰生活的修士和修女别无二致,甚至可以说生活在禁欲的环境之中。"②

如果将这种印象,与书评中提到的宇都宫先生的家庭观相比较的话,或许更加清晰。这里简介一下拙评的大致内容。宇都宫先生从六十岁左右开始,对六朝贵族的典型人物颜之推(约531—591)展开积极的研究,完成了《颜氏家训》译注(平凡社,中国古典文学大系,1969年)以及前引《中国古代中世史研究》所收相关论文等研究成果。颜之推生活于梁末至隋初,在南北朝政权的相继兴亡中度过了坎坷一生。宇都宫先生指出,颜之推晚年回顾自己多舛的命运,针对"人生应如何度过"这一现实的问题,结合自己一生的经历做了周到细致的思考,这就是大名鼎鼎的《观我生赋》与《颜氏家训》。③透过《颜氏家训》,可以看到颜之推对子孙们的教诲,宇都宫先生说道:"他留下这部书,殷切期望子孙们以继承颜氏血脉的形象生活在这个世上。在颜之推的心中,子孙们以这样一种颜氏子孙的面貌示人,实际上也就体现了真正的人生价值。"④宇都宫先生当然不会忽略当时严苛的时代环境,毋宁说正因为如此,才极其重视颜之推将家庭生活视作人间生活的根本这一主张,并对此寄予了无限的共鸣。需要指出的是,家庭之间的对立和纠纷并非其研究的中心课题,而且也没有涉及如何超越家庭成员之间的矛盾等问题。在宇都宫先生的视野中,"家"的维持需要家庭成员之间的相互关怀,也就是通过人情、人性的自然流露而形成的道德。宇都宫史学中的这种家庭观或家庭秩序论,在其分析《诗经·国风》的农民诗中有着极为形象的阐述:"恋爱是否自由,属于形式上的问题,但在很大程度上却可以反映出那个社会是否是维护自由精神的人类生活的地方。"⑤

宇都宫先生认为,"家"从根源上决定了中国社会的特质,这一观点为谷川先生所继承。

---

① 谷川道雄:《中国中世的探求——历史与人间》,第118—119页。
② 小林义广:评《中国中世的探求——历史与人间》,《文明》53,东海大学文明研究所,1988年,70页下半部分。
③ 宇都宫清吉:《中国古代中世史研究》,第453页。
④ 宇都宫清吉:《中国古代中世史研究》,第522页。
⑤ 宇都宫清吉:《〈诗经·国风〉的农民诗》,见《中国古代中世史研究》,第86页。

但是，两人在如何把握"家"的问题上，存在着分歧，这也反映在两人对被统治者的认识上。我曾在前引《中国中世的探求》的书评中指出过二人的分歧，不过与本文所讨论的家庭、宗族问题没有直接的关联，所以在此从略，有兴趣的读者，希请参看那篇拙评。

谷川先生与宇都宫先生围绕家庭、宗族的问题存在着不同理解，其因何在呢？虽难以遽然断定，但两人所度过的青春时代，或许是一个参考要素。出生于1905年的宇都宫先生，在大正民主化余音尚存的时代中度过了青春，而谷川先生经历了战败，在如火如荼的日本民主化建设过程中形成了自己的思想。与自己研究的六朝时代一样，谷川先生也见证了饥荒以及政治、社会秩序的瓦解，置身于摸索理想政治与社会的时代环境之中，全身心地投入到中国史的研究中。面对现实，始终怀着一种克服、超越的紧张感，这一点在前引《战后日本到现代中国——中国史研究能否谈论世界的未来？》的前半部分，尤其是第二章《"新生日本"的挫折》中有着栩栩如生的描述。

五、结　语

本文主要是从笔者个人的问题意识出发，对谷川先生的学术生涯做了些许回顾。晚年的谷川先生，从豪族共同体的理论构造以及共同体与国家的关系出发，逐渐将视线转向支撑豪族共同体的家庭、宗族及其作用等问题。本文在阐明上述过程的同时，将谷川先生研究家庭、宗族的特点与宇都宫先生的理论做了比较。

那么，从笔者自身的研究领域而言，我们应该如何批判性地继承谷川先生的研究呢？在此，有必要再次回顾谷川先生针对宗族问题而撰写的《六朝时代的宗族——与近世宗族的比较》一文。正如论文题目所示，此文试图比较六朝宗族与宋以后的近世宗族，由此探寻前者的特色。20世纪90年代以后，主要由冯尔康等中国学者提出了近世宗族的三大特征，即族谱、祠堂、族产（族田）。①谷川先生的研究，则是分析这三种特征是否在六朝时期存在过，或者是否有类似的特征，意在通过这种比较凸显出六朝宗族的特色。从论文的主旨来看，通过比较研究，基本上揭示出六朝宗族的特色所在。那么，宋朝以后宗族特征，是六朝隋唐时期的人们在什么样的窘迫环境以及社会变动下的结果呢？之所以提出这个问题，是因为谷川先生曾有如下一段表述：

> 假设秦汉时期为古代社会，那么与接下来的魏晋南北朝是如何联系在一起的呢？生活在古代社会的人们，渐渐步入到某种困境之中，最终陷入无可挽回的地步。在经过各种尝试以后，人们终于走出困境，从而迎来新的时代。在我看来，所谓困境或者闭塞状况，就是在这样的情况下被打破的。那么，困境是如何产生的呢？就是顺理成章的按照自己耳熟能详的社会原理去行动时，突然发现陷入到走投无路的境地之中。于是就从那里寻求转变。对中国历史进行时代区分，其原因即在于此。②

---

① 参见拙著：《欧阳修 其生涯与宗族》第十章《北宋中期宗族的再认识·序》，东京：创文社，2000年。
② 谷川道雄：《中国史对我们来说是什么？——与历史的对话》，第128页。

这段文字可以说是字斟句酌,十分平易,不过从中也可以看到,直到晚年,谷川先生在思考历史的发展时,仍然遵循着历史唯物论的原则。然而,正如上文"顺理成章的按照自己耳熟能详的社会原理去行动时,突然发现陷入走投无路的境地之中"这句所显示的那样,晚年的谷川先生也并非单纯站在历史唯物论的立场上,而是主张从"人间学"的视角来看待时代的变革,明确指出当人们的生存方式以及思维意识陷入困境时,就有必要予以突破。在这里,经过第二阶段的学术发展,谷川先生的研究思路清晰可见,这就是站在"人间学"的立场去认识和理解历史。

众所周知,谷川史学的核心是共同体理论。该理论详细勾勒了古代"里"共同体向中世豪族共同体的转变,这也是为了论证如何从时代困境中实现突破的过程。代表这一理论的著作,即是前引《中国中世社会与共同体》一书。现在的问题是,在政治、社会与文化发生巨变的宋以后,中国的家庭、宗族究竟是从"怎样的困境"之中诞生并发展而来的呢?当然,这种困境是包含人类存在方式在内的问题。近世宗族的研究,尽管成果颇丰,但对这一问题是否进行了认真探讨呢?有关宗族的特质、结构等等,相关研究已经取得了进展,但为什么历史的发展会产生这样的特质和构造呢?对于这样的问题,我们有充分的答案吗?举例而言,一般认为宋代的宗族是以士大夫为中心的。[1]果真如此,宋代以士大夫为中心的宗族于逐步组织化之际,究竟对唐末、五代家庭与宗族怎样的存在方式以及其中所包含的生存"困境"进行了突破?如果要设定一个课题,不正需要从这样质朴的问题出发吗?这个问题本身,当然也是对笔者自己所设的一个挑战。

附记: 本文曾在2014年8月5日京都大原山庄举行的"宋代史研究会"的夏季合宿上发表(发表题目与本文相同),之后又以相同题目于2018年7月21日在京都河合文化教育研究所发表,并做了若干补充。2014年的发表,是受大阪市立大学平田茂树氏所邀。记得是在2013年静冈县伊东温泉的"宋代史研究会"夏季合宿后,平田氏希望回顾一下当年6月7日刚逝世的谷川先生的学术成就,同时向年轻的研究者介绍先生学问的特色,以及其中应加以继承的内容。谷川先生是我就读名古屋大学时的恩师,后来当我也成了大学教师后,仍继续得到先生的关爱。老实说,我恐怕属于谷川先生名古屋大学执教时期表现最不好的一类学生,所以对平田氏的邀请多少有些犹豫,但因为当时参加"宋代史研究会"夏季合宿的学者中,没有一位是谷川先生直接教过的学生,对我来说这也是一个机会,于是下定决心,结合我自己的研究,对谷川共同体论做了一个介绍。从发表的结果来看,会场上不但没有什么特别的回应,反而有一种冷淡之感。或许是我的发表本身存在问题,这一点需要好好反省,但即便如此,参会者毫无反应的态度,令人震惊,更让我感到消沉。或许,参加研讨会的青年学者们在想"都什么时代了,现在还谈什么谷川共同体论",于是用沉默来表示抗议。我当初想以这次发表为基础而撰写论文的考量,在这种情况下刹那间荡然无存,回家后默默将这份稿子放进了抽屉。2017年12月,《谷川道雄中国史论集》(上、下)出版,森正夫先

---

[1] 冯尔康等:《中国宗族社会》,杭州:浙江人民出版社,1994年,第14—15页;冯尔康:《中国古代的宗族和祠堂》,上海:商务印书馆,2013年,第51—60页,另可参看此书日文版:冯尔康著,小林义广译:《中国的宗族与祖先祭祀》,东京:风响社,2018年,第62—70页。

生亲自为此书撰写《代序——读〈谷川道雄中国史论集〉上下卷所录四十篇论文》一文。紧接着 2018 年，冈本隆司《近代日本的中国观——从石桥湛山·内藤湖南到谷川道雄》一书出版。读完这些最新的研究，我感到自己的研究也有一二可取之处，于是重新拿出了那份稿子。写完之后，感觉整篇论文除了意气洋洋以外乏善可陈，人在天国的谷川先生看后，或许只能苦笑了，而我除了低头认错，"写了一篇拙劣的读书报告，实在对不起"，恳求先生宽恕以外，别无他法。最后，在这篇拙文撰写过程中，山口大学高木智见氏提出了许多宝贵的意见，尽管无法全部反映在论文中，但也想借此机会表达深深的感谢与衷心的歉意！

作者：小林义广，日本东海大学文学院教授。

谷川道雄先生履历

1925 年 12 月 2 日	出生于熊本县水俣市。父亲是私人医生，长兄为民俗学者谷川健一，次兄为诗人、思想家谷川雁，小弟是日本编辑学校创始人吉田公彦。
1943 年 3 月	从熊本县立熊本中学毕业（现为熊本县立济黉高校）
1945 年 3 月	从大阪府立（旧制）浪速高级中学文科乙类（现为大阪府立大学、大阪大学）毕业。此时负责东洋史教学的，是冈崎文夫的学生，《北宋全盛期的历史》（弘文堂，1941 年）一书的作者吉田清治。
1945 年 4 月 1 日	考入京都帝国大学文学部史学科。
1945 年 7 月 15 日	在福冈应征入伍，编入高射炮队 113 连队。
1945 年 9 月 16 日	战争结束，退伍，大学复学。
1948 年 9 月	从京都帝国大学史学科毕业（毕业论文为《府兵制及其基础条件》，同期的毕业生有川胜义雄、伊藤道治和林巳奈夫等）
1949 年 3 月 31 日	担任龟冈高级中学助教
1949 年 4 月 1 日	考入京都大学研究生院（旧制，于 1954 年退学）
1949 年 5 月 30 日	担任龟冈高级中学社会科讲师
1951 年 1 月 31 日	担任龟冈高级中学教员
1951 年 4 月 1 日	担任洛北高级中学专职讲师
1951 年 8 月 1 日	担任洛北高级中学正教员
1952 年 10 月 31 日	从洛北高级中学退职（后来成为名古屋大学教授，研究明清史的森正夫，是这一时期的学生之一）
1952 年 11 月 1 日	担任名古屋大学文学部助教（东洋史），当时的教授为宇都宫清吉，副教授为波多野善大。
1961 年 12 月 16 日	担任名古屋大学专职讲师
1967 年 2 月 1 日	担任名古屋大学文学部副教授
1972 年 4 月 16 日	担任名古屋大学文学部教授
1973 年 11 月 24 日	以《隋唐帝国形成史论》（筑摩书房，1971 年 10 月）获得文学博士学位（京都大学）。

1978 年 11 月 1 日	调任京都大学文学部教授(截止到翌年 3 月 31 日同时担任名古屋大学教授)。
1989 年 4 月 1 日	从京都大学退休。
1989 年 4 月 1 日	担任龙谷大学文学部教授(东洋史)。
1993 年 4 月 1 日	担任河合文化教育研究所主任研究员(至 2013 年 6 月)。
1997 年 3 月 31 日	从龙谷大学退休。
2013 年 6 月 7 日	因肾功能衰竭于京都大学附属医院逝世(享年 87 岁),法名"普贤院释道教"

著 书

《唐の太宗》(人物往来社,中国人物丛书 2,1967 年)
《隋唐帝国形成史論》(筑摩书房,1971 年;增补版,1998 年)
《中国中世社会と共同体》(国书刊行会,1976 年)
《世界帝国の形成》(讲谈社·现代新书,1977 年;讲谈社学术文库,2008 年)
《中国中世の探求——歴史と人間》(日本エディタースクール出版部、1987 年)
《中国史とは私たちにとって何か——歴史との対話の記録》(河合文化教育研究所,2003 年)
《戦後日本から現代中国へ——中国史研究は世界の未来を語り得るか》(河合文化教育研究所,2003 年)

编 著

《中国中世史研究——六朝隋唐の社会と文化》(东海大学出版会,与川胜义雄合编,1970 年)
《交感する中世——日本と中国》(与網野善彦合编,ユニテ,1998 年;洋泉社 MC 新书,2010 年)
《戦後日本の中国史論争》(河合文化教育研究所,1993 年)
《魏晋南北朝隋唐时代の基本問題》(汲古书院,1997 年)
《内藤湖南の世界》(河合文化教育研究所,2001 年)

编译著

《中国民衆叛乱史》Ⅰ~Ⅳ(平凡社,与森正夫合编,1978 年)
王国林《土地を奪われゆく農民たち——中国農村における官民の戦い》(河合文化教育研究所,2010 年)

译介至国外的著作

Medieval Chinese Society and the Local "Community," translated, with an Introductoin, Joshua A. Fogel, California U.P., 1985.(《中国中世社会と共同体》第一编译文)
《隋唐帝国形成史论》(李济沧译,上海古籍出版社,1998 年)

《世界帝国的形成：后汉——隋唐》（耿立群译，稻乡出版社，1998年）
《中国中世社会与共同体》（马彪译，中华书局，2002年）

以上所撰谷川先生的履历，参考了以下材料：
《中国——社会と文化》22（2007年6月）上的《人と学問》一文；2013年10月6日（周日）在京都花园宫酒店举行的"谷川道雄先生追忆会"上配发的小册子；森正夫《谷川道雄先生を偲んで》（《东方学》，127辑，2013年）；《缘溪原道录》（名古屋大学东洋史学研究室编，1979年3月）；德岛大学葭森健介介绍的京都大学《人事记录（甲）》等。另，有关谷川先生的研究著述，泽田晃治氏制作了详细的目录，本文所列部分成果参考了这份目录。

"礼教"的渗透、泛化及其展开
——以中国为中心的近世东亚的事例

[日]伊东贵之著,王海燕、宋兆译

【摘　要】这篇报告中,从"礼教"在基本社会中的进一步渗透发展的角度,重新审视了近世儒教从朱子学到阳明学的发展,并同时考察明清变革之后,它对朝鲜王朝和日本产生了怎样的影响,特别是从小型中华主义兴起的角度来看,这应该被称为一种原始民族主义。

【关键词】礼教;《文公家礼》;礼学;礼治社会;明清交替;小中华主义

在前近代的中国,大凡儒教的理念都与古圣人的创作有关。例如,朱熹(朱子)所定义的"天理之节文,人事之仪则"①的"礼",作为自然界美好的道德秩序"天理"于人类世界的具体的、客观的显现,无疑是规制政治社会的"秩序"的核心,同时也是"中华"文明的标志。

近年的研究中,也有观点认为近世中国,尤其是明清时代(其中特别是17—18世纪)的以儒教为根本的基层社会是"礼教社会""礼治体系"。②在明清时代儒教的教说理论中,可以看到朱子学、阳明学、考证学等各种学说的展开,同时,在其实践性、社会性的层面上,"礼教"对更为广泛范围的人们的渗透过程,也是某种"文明化"的进展。

为了与西欧、日本、韩国、朝鲜等相比较,本文首先对儒教的、中华的"礼"或"礼教"的复杂性及其相关研究加以梳理,并在此基础上,拟就近世李氏朝鲜王朝和日本的事例进行若干比较,并关注在李氏朝鲜、日本接受儒教祭祀的历史背景中,除了各自的政治社会、习俗的差异以外,还存在明清交替(思想文化方面的所谓的"华夷变态")时东亚国际环境剧烈变化的影响。

"明清交替"不单是中国,也是当时整个东亚世界的历史性转折的一大事件。从王权论

---

① [宋]朱熹:《四书章句集注·论语集注》卷一《学而第一》,北京:中华书局,1983年,第53页。"礼之用,和为贵"章。抽象存在的"天理"一词,其含义是在作为节文显现的同时,作为所有人类行为必须遵循的正确准则,以肉眼可见的形式显现。

② 参照沟口雄三、伊東貴之、村田雄二郎:《中国という視座》,《これからの世界史》,東京:平凡社,1995年。该书将从近世(前近代)的宋学成立期经朱子学、阳明学直至近代的中国思想与社会的特性规定为:以"天理"为轴展开的中国的思想世界;随着朱子学、阳明学的民众化而成立的"礼教社会",并尝试以"礼治体系"为关键词,再次提示二者相互交织的历史社会动态,同时认为这样的"礼教"带着功罪两面性,逐渐向中国基层社会渗透的过程正是在近世(前近代)。

的观点来看,作为征服王朝的清朝也是更为多重复合结构的多民族国家,存在种种问题。例如,宣扬清朝正统性思想的雍正帝撰《大义觉迷录》等,也悖论性地利用中华思想(华夷思想)的普遍主义性。在东亚的周边诸国,"明清交替"的思想文化属性被认为是"华夷变态",给朝鲜王朝、日本等东亚诸国的世界观或国家意识、民族意识等带来了深刻的动摇。对此,本文通过韩国、日本的具体事例加以考察,并论证其中的原型民族主义(Proto-nationalism)与清朝的自我正当化理论具有相通之处。

一、中国近世的"礼"之位相

在俯瞰中国近世思想史之际,首先,之所以有宋代道学乃至朱子学的特质及其后的势力伸展,其最大的原因在于连动"气质变化"论的同时,显示出通过"修养"而自我陶冶理论的极大魅力,逐渐地获得了广泛的社会阶层的支持。①其次,正如土田健次郎所指出的那样,需要留意的是,道学作为反王学(王安石的学问)的希望,在对抗王安石(1021—1086)等的"新学"的过程中,其地位得到巩固。②由此,关于"礼",将《周礼》《仪礼》《礼记》三礼中的哪一礼放在重要的位置上或是作为正经,就是一个必须关注的论点。即,王安石与朱熹(朱子)(1130—1200)二人对于礼学的见解,可以说基本上是对立的,这一点对于思考二者思想的盛衰来说,富有极大的启发性。

众所周知,王安石凭依神宗皇帝(1067—1085在位)的笃信,推行了被称之为"新法"的涉及政治制度、经济财政等方面的大幅度改革;其时,被视为祖述周代官制的《周礼(周官)》尤其被重视。王安石意图从《周礼》书写的秩序性、体系性之中寻求其政治理念的根据,以使确立官僚制中央集权国家的构想具体化。此外,《周礼(周官)新义》作为《三经新义》的一环节上梓。由此如同吾妻重二也指出的一样,王安石是将《周礼》作为"政事""理财"书籍来阅读的。相反,《仪礼》主要是士大夫的冠婚丧祭(古时,中国不使用"葬"字,而是以"丧"字将"葬"作为礼仪的一环节包含其中)礼仪具体细则的集成,很难说是理论性书籍,而且也有烦琐的印象,或许正是如此,王安石没有将《仪礼》纳入科举及太学学官范围之内。③

与明显偏倾制度论、体系论的王安石学问相比较,毋庸赘言,朱子学对礼学的关心及焦

---

① 以下的叙述与拙稿《"気質変化"論から"礼教"へ——中国近世儒教社会における〈秩序〉形成の視点》(《岩波講座·世界歴史13 東アジア·東南アジア伝統社会の形成:16—18世紀》,東京:岩波書店,1998年)及《思想としての中国近世》(東京:東京大学出版会,2005年)第三章"近世儒教の変容"内容上有重复之处,详细内容参看上述两文。

② 参照土田健次郎《晚年の程頤》,沼尻正隆先生古稀記念事業会編:《沼尻博士退休記念中国学論集》,東京:汲古書院,1990年);《王安石における学の構造》,《宋代の知識人—思想·制度·地域社会—》,《宋代史研究会·研究報告第四集》,東京:汲古書院,1993年。此二篇论文后又一并收入土田健次郎:《道学の形成》,東京:創文社,2002年。

③ 参照吾妻重二:《王安石〈周官新義〉の考察》,《中国古代礼制研究》,京都:京都大学人文科学研究所,1995年(后收入《宋代思想の研究——儒教·道教·仏教をめぐる考察》,《関西大学東西学術研究所研究叢刊》31,大阪:関西大学出版部,2009年);刘丰:《北宋礼学研究》,北京:中国社会科学出版社,2016年;夏微:《宋代〈周礼〉学史》,北京:中国人民大学出版社,2018年。另外,吾妻重二认为"王安石思想将《仪礼》排除在外的原因,除了始终记述礼的细则而不说教理论以外,在'义理'方面也认为不是很有意义的书籍"。吾妻重二的结论对于王安石的学问观的一斑,可以说是一语中的。

点皆有不同,是更为明确地以己"心"的可塑性为介的道德实践学问,尤其认为不可欠缺日常或谓卑近事象的个别的具体的行为规范,由此关注被王安石束之高阁的《仪礼》。总之,王安石思想的立论与当时的"气质变化"论大潮流基本上无关,但朱熹(朱子)礼学的意义则也体现在许多后人推慕的朱子"修养"论上。由此,二者的思想泛用性的差异可见一斑,即朱子学具有极高的融通性。①

朱熹(朱子)重视基于《仪礼》的更为具体的冠婚丧祭及日常生活上的规范,综合性地勘考、吸收以《仪礼》理念为基轴的、包含更日常性行为及冠婚丧祭细目的司马光(1019—1086)《书仪(司马氏书仪)》,以及张载(1020—1077)、程颐(1033—1107)等的礼说,编纂了注释书《仪礼经传通解》。朱熹自身在其著述中,也将《仪礼经传通解》与《四书集注》相提并论,认为是最为枢要的书籍。全书由(1)家礼(2)乡礼(3)学礼(4)邦国礼(5)王朝礼(6)丧礼(7)祭礼组成。朱熹(朱子)生前只完成至邦国礼,其逝世后,他的女婿黄榦(1152—1221)等依循朱子之意,补缀了其余部分,完成了该书。此外,还值得注意的是,《仪礼经传通解》的结构与《大学》的修身、齐家、治国、平天下的递进,几乎是密切对应的,二者所内含的理念也相互作用。

朱熹的"礼",原本是自然的、本然的秩序"天理之节文"的现象,是自然界美好道德秩序"天理"在人类社会的具体的客观的显现,也是制约政治社会秩序的核心;是由日常浅近的经验性"洒扫、应对、进退"的行仪规则,即精微"事"的礼,与探究事物缘由的、以《大学》的格物穷理为前提的形而上学的"理"的礼共同组成的。《仪礼经传通解》将礼的两个侧面即"事"的礼与"理"的礼相抑扬、统合为一体。②

其后,朱熹著述、编纂的教本化《家礼》,亦称《文公家礼》(文公,毋庸赘言是朱熹的谥号),很快流行于世。众所周知,《文公家礼》与《仪礼经传通解》同样,以冠婚丧祭仪式次第的规则为中核,加入了更为日常性仪式的细目。然而,朱熹殁后十年,《文公家礼》依然不是定本,仅以稿本的形式问世,因此自古以来即有"伪书说""假托说"等说法,但无论如何,作为朱熹亲笔之作而被信赖、接受具有至大的意义。又,由于日常的且卑近的具体性,故《文公家礼》能够给广泛地区、广泛阶层的人们的生活实践赋予准则。即,《家礼》虽也本是基于士大夫的家而构想出的作品,但在宗族组织、宗族的结合扩展至庶民阶层的明代,其受众的范围

---

① 参照土田健次郎的研究,道学乃至朱子学之所以在中央及在野都能构筑地盘,其原因就是向众人"提示同型的自我陶冶之道",既能作为帝王学宣传,同时也能将受众扩大至在野的地方士人。这意味着道学乃至朱子学具有极高的灵活性,而此点在巩固集权性志向的王安石学问等中是看不到的。参照前揭土田健次郎:《王安石における学の構造》,《道学の形成》。又,王安石主张性无善恶说,即"性"本身无问善恶,但生乎于"性"的"情"阶段,则开始显现善恶。这与以"性善"为绝对大前提的道学恰是对跖的,佐证了王安石学问与以道学为首的"气质变化"论观点基本无缘。

② 参照上山春平:《朱子の礼学——〈儀礼経伝通解〉研究序説》,《人文学報》第四十一冊,1976年;《朱子の〈家礼〉と〈儀礼経伝通解〉》,《東方学報》第五十四冊,1982年(后收入《上山春平著作集・第七卷—仏教と儒教》,京都:法藏館,1995年);戶川芳郎:《解題》,長澤規矩也、戶川芳郎:《和刻本儀礼経伝通解》第1—3輯,東京:汲古書院,1980年;山根三芳:《宋代礼説研究》,広島:溪水社,1996年;王志阳:《〈仪礼经传通解〉研究》,北京:社会科学文献出版社,2018年。总之,朱熹以《仪礼》为正经,而非王安石宣扬的《周礼》,典型地反映出二者的学问观、统治理念的相异。此外,以《礼记》及其他礼学关联的古典作为解释《仪礼》的"传"(参照《朱子语类》卷八十五《礼二·仪礼》),也显现朱熹的一贯立场。即,《礼记》自古以来,某种意义上被评价为给人以杂然印象的书籍,但是将其中的原理论性的《大学》《中庸》二篇单立为经书,构成四书的重要部分,反映出朱熹学风不仅着眼于具体的琐碎的礼的细则,同时也执着于理念的志向性。

逐渐扩大。①

值得注意的是,其后的朱子学向阳明学的发展,尤其是如沟口雄三所指出的,明代中叶阳明学的登场,具有"朱子学即道德之学民众化"的特性。阳明学是强调朱子学的某一侧面的学说,换言之,是担负着弥缝作用而登上历史舞台的。②沟口还在关注以往中国哲学、思想史研究状况时,对于以往研究的前提,提出根本性的疑义,特别注目近世儒教的社会机能及其存在状态,指出"以朱子学、阳明学为研究对象的人们,习惯于把近世儒教称为'道学''理学''宋明学''程朱、陆王学'等等,但不习惯称呼为'礼教'","前者是把儒教思想作为哲学思想,即作为理气论、心性论等哲学理论而加以研究的方法。这一方法论是从内侧解析理论,基于软性观点(形而上)的方法。与此相对,后者是从社会的存在状态或机能研究儒教的方法,可以说是立足于硬性观点(形而下)的方法"等,并再三提示"阳明学所见的道学大众化,不如说可以更为总括性地理解为是礼教的浸透化"。由此,在正视以往的分析视角方面,也是富有启发性的。③

在带有克服"亚细亚停滞论""近代"主义等时代烙印的先行研究中,潜藏着某种目的论的"发展"图式,如将析出"个人"、扩充"自由""欲望"等视为走向"近代"的有意义的标志。对于中国近世思想史研究中的某种先入为主或偏向,现在逐渐提倡有必要再考察,并且也渐渐酿成再探讨的趋势。实际上,正如沟口雄三所指出的那样,如何理解"礼教"的渗透、泛化现象,是一大关键点。④

总之,需要注意的是,所谓的朱子学向阳明学的发展,即以往认为"儒教民众化"的思路在硬性层面(形而下)上,不如说是伴随着"礼教"化而促进的。有关这一问题,笔者等人曾从"礼治体系"贯彻的视角加以探究。⑤

具体而言,井上徹等人早前的精致研究揭示,通过"乡约"的实践,不单是王朝权力,更是官民双方共同推动了民间伦理,即宗族、乡村的社会性结合伦理,同时也出于民众教化等实践上的要求,推进了以乡绅层为中心的地方有力者(地方精英)担当旗手的民间自主性运

---

① 关于《文公家礼》,存在着复杂的情况。除了清代的王懋竑(1668—1741)《家礼考》等主张伪书说、假托说以外,《文公家礼》被广泛的社会阶层接受、通行的契机,实际上是附载了更为实用且具体性细则的明代丘濬(1419—1495)《家礼仪节》。此外,相关的研究参照牧野巽:《近世中国宗族研究》,《牧野巽著作集·第三卷》,东京:御茶の水書房,1980年。特别是其中的第二章"司馬氏書儀の大家族主義と文公家礼の宗法主義",第三章"東洋の族制と朱子家礼"。又,该书的英译本:Ebrey, Patricia Buckley, *Confucianism and Family Rituals in Imperial China: A Social History of Writing about Rites*, Lawrenceville: Princeton University Press, 1991.

② 参照沟口雄三、伊東貴之、村田雄二郎:《中国という視座》第一章"中国近世の思想世界",《これからの世界史④》。与此相关,例如,清代中叶的焦循(1763—1802)论及的"余谓紫阳(朱子)之学,所以教天下之君子。阳明之学,所以教天下之小人。"(《雕菰集》卷八)等也是明确地传达出相同的趣旨。

③ 参照前引沟口雄三、伊東貴之、村田雄二郎:《中国という視座》第一章"中国近世の思想世界",《これからの世界史④》。

④ 参照Wm. Theodor de Bary:《(セオドア·ドバリー)「人の徒とともに」》,林文孝訳:《中国—社会と文化》第6号、1991年;拙稿《"気質変化"論から"礼教"へ——中国近世儒教社会における秩序形成の視点》;拙著《思想としての中国近世》,特别是第三章"近世儒教の変容"、第四章"秩序化の位相"等。

⑤ 前引沟口雄三、伊東貴之、村田雄二郎:《中国という視座》,及前引注(2)。此外,同样观点的最近研究成果有王汎森:《清初"礼治社会"思想的形成》,陈弱水主编:《中国史新论·思想史分册》,台北:联经出版公司,2012年。

动。在这样的发展过程中,阳明学也确立了地位。例如,朱熹(朱子)写给被称为保甲的乡村自治组织的父老层(指导层)的劝诫文,与明太祖(1368—1398在位)的"六谕"(下达给地方行政单位末端的里甲的指导层的乡民教化的劝诫文《教民榜文》的一部分),及王守仁(1472—1528)撰写的乡约(在江西省南安、赣州发布的《南赣乡约》),相比较,可以发现三者具有惊人的相似性。其中,"六谕"也被清代盛世期的顺治帝(1643—1661)、康熙帝(1661—1722)、雍正帝(1722—1735)继承,尤其是康熙帝"圣谕十六条"、雍正帝"圣谕广训"等的颁布,对清代的影响也是巨大的。①

明代中叶的嘉靖十五年(1536)实施的礼制改革,依据礼部尚书夏言(1482—1548)的上奏,推行了允许所有的宗族集团祭祀宗族始祖的改制。以往,祭祀始祖只是皇帝的特权,家庙也仅限于官僚士大夫阶层,庶民只被允许祭祀祖父母、父母,而嘉靖十五年的礼制改革将"不下庶人"(《礼记·曲礼上》)的礼扩大至庶民阶层,使之一般化、广域化,具有彻底的飞跃性变化。此外,小岛毅指出,当时的排斥淫祀等的礼制改革,既是遵循朱子学的"仪礼原理主义"的产物,同时也如同"盾的表里"两面,是"在深层与阳明学处在同一轨道上的运动"。②拙见认为,前述的原理主义的志向性以各种外在形态呈现,至少直至清朝初期始终持续存在。

此外,也应注意到,这一时期恰是立志将显著流动化的社会秩序重组或再统合的过程,亦是"礼教"重新被追求,被标榜的历史背景。正如小岛毅指出,"礼教"被认为是阳明学的脱逸倾向的反题。又如周启荣(Kai-wing Chou)在其划时代的著作中所描述,通过与清初期各种"秩序"意向密切结合,"礼教"被再认识,重新被显扬。③

总之,上述的"礼教"渗透及泛化,一方面作为某种伦理观的洗练化,可以说是"中国"特色的一定的"近代"化或"文明"化;同时另一方面,对于"个人"的析出或者"自由""欲望"的扩充及其多样化,也产生了消极的因素,存在泛社会性的划一化、均质化的倾向,这点是不

---

① "孝顺父母,恭敬长上,和睦宗姻,周恤邻里,各依本分,各修本业,莫作奸盗"(朱熹:《晦庵先生朱文公文集》卷第一百《劝谕榜》);"孝顺父母,尊敬长上,和睦乡里,教训子孙,各安生理,毋作非为"(明太祖:《太祖六谕》,原为《教民榜文》第十九条);"孝尔父母,敬尔兄长,教训尔子孙,和顺尔乡里,死丧相助,患难相恤……息讼罢争,讲信修睦"。(王守仁:《南赣乡约》,《王阳明全书》卷二《公移》)。又,参照蔡尚思:《中国礼教思想史》,香港:香港中华书局,1991年;徐扬杰:《宋明家族制度史论》,北京:中华书局,1995年;井上徹:《"中国の宗族と国家の礼制——宗法主義の視点からの分析"》,東京:研文出版,2000年;《清朝と宗法主義》,《史学雑誌》第106卷第8号,1997年;溝口雄三:《清代儒教へのアプローチ》,《江戸の思想3·儒教とは何か》,東京:ぺりかん社,1996年。此外,有关宋代以后的民间社会的宗族形成及宗族祭祀,也参照了冯尔康著,小林義廣訳:《中国の宗族と祖先祭祀》,東京:風響社·あじあブックス,2017年。再有,2018年参加浙江大学历史系江南史研究工作坊"宇宙、礼教、学术"时,从浙江工商大学宫云维教授《〈南赣乡约〉与阳明精神》的发表中得到很大启发。

② 参照小岛毅:《嘉靖の礼制改革について》,《東洋文化研究所紀要》第117册,1992年;井上徹:《夏言の提案》,《中国における歴史認識と歴史意識の展開についての総合的研究》,科学研究費総合研究報告書,1994年。此外,有关明清时期国家的正统性仪礼实态,请参照 Kwang-Ching Liu, *Orthodoxy in Late Imperial China*, Berkeley: University of California Press, 1990. 等文。

③ 参照小岛毅《中国近世における礼の言説》(東京:東京大学出版会,1996年)、Kai-wing Chou, *The Rise of Confucian Ritualism in Late Imperial China* (Stanford: Stanford University Press, California, 1994.中译本为毛立坤译:《清代儒家礼教主义的兴起:以伦理道德、儒学经典和宗族为切入的考察》,天津:天津人民出版社,2017年)、前揭拙著《思想としての中国近世》(特别是其第四章"〈秩序〉化の位相")、王汎森《清初"礼治社会"思想的形成》等。

容忽视的。

二、"礼教"化的诸相——明清时代的礼教与礼学

对于"礼教"在基层社会的渗透及泛化,于理论层面即软层面(形而上)应该如何思考才能给出合理性的解释呢?拙见认为,以更为广阔的视角俯瞰中国近世思想史全貌时,以宋学(道学)或朱子学以来的个人的、内在的"人性"变革,即"修养"乃至"气质变化"为重点的一己的、主观的自我陶冶("心得""自得"),渐渐地遭遇理论上的瓶颈,于是运用更为社会性开放的,他者证明或模仿、反复的可能途径,即"可视的"方法,走向更加客观的、相互主观的"礼教"规制及伦理观的演变轨迹。换而言之,宋代至清代,新儒教(近世儒教)的整体趋势是自"修养"或"气质变化"论向"礼教"的演变。

所谓"气质变化"论的方法论的瓶颈或破绽,拙见认为,也是与朱子学本身内含的问题性及其发展时出现的"隘路"有着密不可分的关系的。吸引了极其广泛人群的朱子学,作为自我变革的思想、道德性实践学问,一方面因被体制化、制度化而直接关联"功利";另一方面,特别引导笃实真挚的朱子学徒极度沉潜于具有游离现实社会倾向的"修养"。与之相反,阳明学等的自身性(自在性)地肯定作为"本来性"显现之场的活人的志向,轻视"修养"自体,也带有无规范化的倾向。如此从朱子学展开的两极结果,可以看出"气质变化"论自身的自相矛盾。①

宋学、朱子学以来的"气质变化"论,加之"本来圣人"说衰退等同时代潮流的相互作用,在被一元化了的"气质之性"框架内,出现后天陶冶(习)的课题。其时,由"礼"统御被视作解题的捷径。例如颜元(1635—1704)等人,既肯定"欲望",亦重视"古礼",乍看似是自相矛盾,但"礼"原本就是包括欲望的同时,亦具有统御自身"心身/身心"的独自性(自为性),且相互主观性的、社会性的机制,因此"欲望"与"古礼"二者绝不是相斥、矛盾的事态。

从短时段的视点来看,尤其是近世思想史集大成时期的清代中叶的概观,如张寿安早前指出,亦可以发现从"理"走向"礼"的思想潮流。②这首先也是随着考证学等培育的"复古"(主义)志向而出现的倾向,如前述的周启荣指出的,是与亦称为原理主义的"礼教"主义的兴起为表里一体密不可分的。③

向考证学倾斜也是这一时代朱子学的特征要素之一。因此,徐乾学(1631—1694)的《读礼通考》,以及补朱熹(朱子)《仪礼经传通解》的江永(1681—1762)著《礼书(礼经)纲目》、《乡党图考》,秦蕙田(1702—1764)等的《五礼通考》等是有关礼学的大成就。此外,从清初至

---

① 关于围绕着极度内在化的朱子学的"修养"的逻辑上隘路及破绽,参照 T.A.Metzger, *Escape from Predicament: Neo-Confucianism and China's Evolving Political Culture*, (New York: Columbia University Press, 1997);吉田公平《中国近世の心学思想》(東京:研文出版,2012 年)等。

② 请参照张寿安:《以礼代理——凌廷堪与清中叶儒学思想之转变》,台北:"中研院"近代史研究所,1994 年(后由河北教育出版社于 2001 年再版);邓克铭:《宋代理概念之开展》,台北:文津出版社,1993 年。

③ 参照前引 Kai-wing Chou, *The Rise of Confucian Ritualism in Late Imperial China*.

清末,张尔崎(1612—1678)撰《仪礼郑注句读》,王夫之(1619—1692)撰《礼记章句》,陆陇其(1630—1678)撰《读礼志疑》,万斯大(1659—1683)撰《学礼质疑》,李光坡(1651—1723)撰《三礼述注》,李塨(1659—1733)撰《学礼》,孙希旦(1736—1784)撰《礼记集解》,孔广森(1752—1786)撰《大戴礼记补注》《礼学卮言》,朱彬(1753—1843)撰《礼记训纂》,凌廷堪(1755—1809)撰《礼经释例》《校礼堂文集》,胡培翚(1782—1849)撰《仪礼正义》,林昌彝(1803—1876)撰《三礼通释》,郭嵩焘(1818—1891)撰《礼记质疑》,黄以周(1828—1899)撰《礼书通故》《礼说》孙诒让(1848—1908)撰《周礼正义》等诸多著述硕果累累,不胜枚举,体现出清代关注礼学的热潮以及考证学、文献学研究的兴盛。①

马渊昌也曾一语中的地指出,"清代以后的士大夫主流派转向关心考证学,即是从人性、修养论领域转向经书及其相关诸现象的实证研究领域"的存在或抬头,"这一转换的背后,是明代后期的各人追求自我主体性地把握、修得内在之道的知识思考体系难以在士大夫之间形成同调,为此就隐含着冀求更为客观的能够形成同调的他者共有、他者确认的思考体系"②。

从更深层面来看,关注考证学的现象是与"理"观自身的演变密不可分的。即当时,一方面如戴震(1723—1777)(《戴震原集》《孟子字义疏证》)及焦循(1763—1820)(《雕菰集》《孟子正义》)等人,反对不近人情的严格主义的"理"观,依据"情"或"礼",同时扩大"理"的柔软性、融通性。其时,围绕着各种"理"的纠葛与斗争不断,常常可以比喻为"诉讼"。这点在思考清代的裁判或日常性的"理"观念时也是值得注目的。③另一方面,也存在如凌廷堪(1755—1809)(《校礼堂文集》《礼经释例》)的新思潮,同样标榜"礼"之重要性的同时,为了克服"条理"的"理"自身带有的暧昧性,强调具体的、客观的"礼"的统御。④尤为值得注意的一点是,无论哪一思潮都关注"礼"。在辐辏思想潮流的相交地点,戴震、程瑶田(1725—1814)(《通艺录》《论学小记》)、汪中(1744—1794)(《述学》)、凌廷堪、焦循、阮元(1764—1894)(《揅经室集》)等思想家各自立于自己的位置。前述的导出相似结论的两种思想潮流,既有相应的重

---

① 参照前引 Kai-wing Chou, *The Rise of Confucian Ritualism in Late Imperial China*、林存阳《清初三礼学》(北京:社会科学文献出版社,2002年)等。

② 参照馬淵昌也:《明代後期儒学の道教摂取の一樣相——王畿の思想における道教内丹実践論の位置づけをめぐって》,道教文化研究会編:《道教文化への展望》,東京:平河出版社,1994年。

③ 参照滋賀秀三:《清代中国の法と裁判》(東京:創文社,1984年)、《続・清代中国の法と裁判》(東京:創文社,2009年);寺田浩明:《清代司法制度研究における〈法〉の位置づけについて》(《思想》第792号《特集:儒教とアジア社会》,1990年)、《明清法秩序における"約"の性格》(溝口雄三、浜下武志、平石直昭、宮嶋博史編:《社会と国家 アジアから考える(4)》,東京:東京大学出版会,1994年)、《近代法秩序と清代民事法秩序——もう一つの近代法史論》(《石井三紀、寺田浩明、西川洋一、水林彪編:《近代法の再定位》,東京:創文社,2001年)等。此外,依据上述滋賀秀三著书可知,依据"法、情、理"的清代裁判的调停性质,其法源是"礼"的机能等。这对于探究当时人们日常的"理"观念及正义、秩序、公平等感觉,也是具有相应的启发的。

④ 参照前引张寿安:《以礼代理——凌廷堪与清中叶儒学思想之转变》。

叠,也存在交错。①

在以比较史与比较思想史的视点来考察思潮演变的过程时,英国政治思想史家约翰·波考克描述18世纪英国社会思想的从德(Virtue)走向仪式(作法,Manners)的范式,在一定程度上,可以比拟日本近世思想史的从朱子学的世界像转向徂徕学、水户学等的展开。②

三、朝鲜(王朝时代)与日本(江户德川时代)的事例

1664年明王朝灭亡及其后清王朝鼎革的一系列"明清交替",不仅是东亚范围内的历史性地壳变动,而且在思想文化方面,被认为是所谓的"华夷变态",除了造成对于中华文化或文明存否的认识动摇与摇摆以外,尤其在朝鲜王朝与日本等周边诸国,也是助长"中华"的相对化以及某种前近代的国家意识或民族意识的萌芽生成的原因之一。

如若更为概括性地归纳朝鲜王朝与日本的诸般复杂状况,则朝鲜王朝具有较强的自我定位为中华文明或儒教思想的正统继承者的倾向;相反,日本侧重于唤起对日本独立性或固有性的自觉。由此可以看出二者不同方向性的原型民族主义的表现形态。前者将"中华"化视为某种"文明"化,被称为小中华主义(思想)等,后者则是试图脱离天下的世界观或中华的世界秩序的意识,二者实际上是如一枚硬币正反面的表里关系。以传统的中华思想(华夷思想)为同一前提,并对此尝试反论性的抵抗,这一点意外地也与《大义觉迷录》等阐述的清朝自我正当化理论具有相通的一面。

例如,著名的文字狱案的吕留良(1629—1683)、曾静(1679—1735)事件(1728)之时,雍正帝编纂《大义觉迷录》,其中宣扬"华夷之别"不是地域或种族之别,而是基于中华文明存否的概念,以朱子学的普遍主义为媒介,意图否定华夷思想本身。换言之,在彻底排斥偏狭的、排他性的华夷思想的同时,以朱子学具有的某种普遍主义等为媒介,展开自我正当化的理论。由此反映出中华思想(华夷思想)自身存在两个相异的方向性,即本来带有以种族主义差别观为基调的特质,同时以汉民族为主体的中华特征富有强调文化主义普遍要素的开放的包容性质。

首先关注日本的事例,引人注目的是山鹿素行(1622—1685)、伊藤仁斋(1627—1705)

---

① 更为详细的内容,请参看拙稿《"理"から"礼"へ——中国近世思想史の変遷・推移に関する一試論》(《比較思想研究》第26号・別冊,1999年)、《欲望・合意・共生一中国近世思想の文脈から一》(《山根幸夫教授追悼記念論叢明代中国の歴史的位相》下卷,東京:汲古書院、2007年)、《"心"の軌跡 ——"理""情""欲""礼"などの問題と関説させて》(《アジア遊学》第110号《特集:アジアの心と身体》,東京:勉誠出版、2008年。中译文《中国近世思想脉络中所见的欲望:调和与共生》,载中国社会科学院历史研究所中国思想史研究室主办:《中国哲学》第二十六辑,北京:中国社会科学出版社、2013年)、《中国近世思想史における個と共同性・公共性》(《中国哲学研究》第24号,東京:東京大学中国哲学研究会、2009年)等。

② 参照 J.G.A. Pocock, *Virtue, Commerce, and History: Essays on Political Thought and History, Chiefly in the Eighteenth Century*, Cambridge University Press, 1985.(日译版为田中秀夫译:《徳・商業・歴史》,東京:みすず書房、1993年)。又,表现比较史观点的近年论著,参照木村俊道:《文明の作法——初期近代イングランドにおける政治と外交》,京都:ミネルヴァ書房、2010。

等的古学派及山崎闇斋(1618—1682)的崎门学派等展开的"华夷之辨",多强调中华思想(华夷思想)的文化的、文明论的侧面,也就是说选择了稀薄化华夷辨别本身的方针,从这个意义上来看,与《大义觉迷录》的理论结构有着极为类似的一面。山鹿素行在其著作《中朝事实》中,直接称呼日本为"中华""中国",阐述"本朝之为中华,由此礼也。夷狄亦人而其国亦治。禽兽亦物而其群亦类。然所以为其夷狄也,为其禽兽也,不由礼而行之也。人而无礼则不异于禽兽,中华而无礼则不异于夷狄"(《皇统下·礼义章》),将华夷之别归于礼仪之有无。此外,伊藤仁斋就《论语》八佾篇的"子曰夷狄之有君"章,注释道:"诸侯用夷礼则夷之,夷而进于中国则中国之。盖圣人之心即天地之心,遍覆包涵,无所不容,善其善而恶其恶。何有于华夷之辨。后之说春秋者,甚严华夷之辨,大失圣人之旨矣。"(《论语古义》卷二)这一注释可以说是极普遍解释。

此外,以南明政权及郑成功(1624—1662)的抗清活动为首的抵抗清王朝运动,在日本也引起了种种波漾。其中一例就是受反清运动触发,著名的近松门左卫门(1652—1724)的《国姓爷合战》以郑成功为原型,塑造和藤内的形象等,明显地折射出日本的一种原始民族主义。①

其次朝鲜王朝事例。朝鲜王朝的两班知识分子,实现正统儒学即朱子学彻底内在化的同时,在具体的社会生活空间,也有志于严格履行中华仪礼或风俗。他们对朱子学的笃信与遵奉,进一步推进《家礼》于朝鲜王朝的接受与普及、扎根,而《家礼》的实践也社会性地成为他们威信的源泉。对此,泽井启一指出是由"习惯的实践"而"本土化",但是与后述的同时代日本的情况存在很大不同,朝鲜王朝的朱子学盛行是与礼学兴隆、正统意识竞争及党争激化等历史背景密不可分的。②

小中华主义或小中华意识的抬头,极易产生偏狭的自尊意识,如老论派代表人物宋时烈(1607—1689)的事例就是显著的佐证。又,遵奉"小中华主义(思想)"的两班知识分子,其共通的特征性意识或者理论,就是原本"东夷"的朝鲜超过原本"中华"之地,成为理想的唯一的"中华"。这点与前述的《大义觉迷录》理论也存在一脉相通之处,亦可以说是非常类似的精神意识。与此相对,著名的洪大容(1731—1783)、朴齐家(1750—1804)等思想家,作为"实学"者,反而表现出强烈的慕华意识,提倡向北方中国学习的"北学",故被称为"北学派"。上述两种思想的方向性,乍看似是对跖的志向,但是,二者即使在如何认识华夷辨别及

---

① 参照拙文《明清交替と王権論——東アジアの視角から—》,《武蔵大学人文学会雑誌》第39卷第3号《比較文化特集号》,2008年(中译文《明清交替与王权论——在东亚视野中考察—》,徐洪兴、小岛毅、陶德民、吴震主编:《东亚的王权与政治思想——儒学文化研究的回顾与展望》,上海:复旦大学出版社,2009年)。又,关于吕留良、曾静事件的经过及吕留良生平与思想,请参看前揭拙著《思想としての中国近世》第五章"近世儒教の政治論"。

② 参照澤井啓一:《〈記号〉としての儒学》,光芒社,2000年。

文明存否问题上有所相异,实际上也是如同硬币正反面的表里关系。①

与前述的朝鲜王朝情势相比较,当时日本的社会、习俗及思想文化状况基本上呈对跖的现象。关于外来思想的宋学、朱子学被近世日本接受,本土化时的反对与矛盾以及冲突诸相等,尾藤正英、渡边浩等早前进行了分析、考证,并论述了宋学、朱子学在传播过程中的变貌,即儒教或朱子学的"日本化"。②

近年,黑住真论证了儒教在政治社会中的地位及其与儒教、朱子学"日本化"的根基,即当时的思想、宗教复合的关联。黑住认为德川时期儒教的灵活的、非原理主义性的特点,不仅与欠缺儒教祭祀及科举官僚制的制度性方面有关,而且也与当时思想、宗教的复合方式密切相关,即重视与佛教或神道对仪礼重组及战国时代遗习残存等相互结合的传统神佛习合(思想)及佛教对基层社会的巨大影响力。③此外,最终进入传统神佛习合领域的儒教,与神道习合,形成以山崎闇斋(1618—1682)的垂加神道等为代表的儒教神道④。

由于政治社会领域本质性地欠缺儒教仪礼,因此如新井白石、荻生徂徕等思想家也关注"礼乐"及"制作礼乐"的必要性。然而,"礼乐"的整备也与日本型华夷秩序及朝鲜通信使问题相关,是比较棘手、复杂的问题。⑤

---

① 参照金泰俊:《虚学から実学へ——十八世紀朝鮮知識人洪大容の北京旅行》,東京:東京大学出版会、1988年;小川晴久:《朝鮮実学と日本》,東京:花伝社,1994年;山内弘一:《朝鮮から見た華夷思想》,《世界史リブレット67》,東京:山川出版社,2003年;《李朝初期に於ける対明自尊の意識》,《朝鮮学報》第92号,1979年;《洪大容の華夷観について》,《朝鮮学報》第159号,1996年;《朴齊家に於ける「北學」と慕華意識》,《上智史学》43号,東京:上智大学史学会、1998年;《朝鮮儒教研究の手引き——中国学・日本学の研究者にむけて》,《漢文学—解釈與研究—》第4号,東京:上智大学,2001年;《儒教文化圏における士大夫層——宋時烈と小中華》,小谷汪之編:《歴史における知の伝統と継承》,東京:山川出版社,2005年;孙卫国:《大明旗号与小中华意识——朝鲜王朝尊周思明问题研究(1637—1800)》,北京:商务印书馆,2007年。

② 参照尾藤正英:《日本封建思想史研究》,東京:青木書店,1961年;渡辺浩:《近世日本社会と宋学》,東京:東京大学出版会,1985年,2010年于東京大学出版会新版;《日本政治思想史(十七~十九世紀)》,東京:東京大学出版会,2010年。

③ 参照黒住真:《近世日本社会と儒教》,東京:ぺりかん社,2003年;《複数性の日本思想》,東京:ぺりかん社,2006年。此外,著名的野中兼山(1615—1633)曾因主张儒式葬仪而被误认是被禁的天主教徒等事例也反映了当时思想、宗教的状况。又,值得留意是,德川政权的意识形态是朱子学、天道思想、神君思想、佛教等的复合体,这一直以来是批判朱子学中心主义观点的有力材料。关于这一点,请参看石田一良《前期幕藩体制のイデオロギーと朱子学の思想》(石田一良、金谷治校注:《藤原惺窩・林羅山》,《日本思想大系第28巻》,東京:岩波書店,1975年)、平石直昭《徳川思想史における天と鬼神——前半期儒学を中心に》(溝口雄三、平石直昭、濱下武志、宮嶋博史編:《世界像の形成》,《アジアから考える(7)》,東京:東京大学出版会,1994年)等。再评价近世佛教作用的佛教思想史研究成果,请参看末木文美士:《近世の仏教——華ひらく思想と文化》(東京:吉川弘文館、歴史文化ライブラリー,2010年);大桑斉:《民衆仏教思想史論》(東京:ぺりかん社,2013年)、《近世の王権と仏教》(京都:思文閣出版,2015年);西村玲:《近世仏教論》(京都:法藏館,2018年)等。

④ 有关近年研究山崎闇斋的成果,参照田尻祐一郎:《山崎闇斎の世界》(東京:ぺりかん社,2006年);澤井啓一:《山崎闇斎——天人唯一の妙、神明不思議の道》(京都;ミネルヴァ日本評伝選、ミネルヴァ書房,2014年)等。

⑤ 有关日本型华夷秩序及朝鲜通信使等问题,请参看荒野泰典:《近世日本と東アジア》(東京:東京大学出版会,1988年);Ronald Toby著,速水融、永積洋子、川勝平太訳:《近世日本の国家形成と外交》(東京:創文社,1990年);紙屋敦之:《大君外交と東アジア》(東京:吉川弘文館,1997年);池内敏:《大君外交と"武威"——近世日本の国際秩序と朝鮮観》(名古屋:名古屋大学出版会,2006年)等。又,关于荻生徂徕等的"礼乐"说,参照近年备受注目的高山大毅:《近世日本の"礼楽"と"修辞"——荻生徂徕以後の"接人"の制度構想》,東京:東京大学出版会,2016年。

关于江户德川时期的思想特色,源了圆在对比同时代的朝鲜王朝的同时,以"'心学'的实学"观点论证,指出之所以"近世日本吸收儒教文化时,从最初就除去'科举制'和'礼'两大儒教社会生活现实化的支柱",是因为面对"关注'心'的普遍性与'礼'之'形'的相对性的思想,接纳'礼'并不具有绝对性意义",由于"重视'心'的状态而视'形'为次要的思想,具有与日本人的国民性深深相通的一面,因此如地下流水一般,与禅、神道相结合,在近世思想史之中涌动。江户后期,形成以朱子学为核心的思想性结晶"等,由此也可以说,是以"心"为基轴的儒教思想的展开。这一见解对于考察当时思想史的实际,从一个侧面给人以很大的启示。①

在与当时的思想、宗教结合的同时,《家礼》实践化的尝试,即使是间断性地进行,但其追求却是持续的,尤其是根据吾妻重二、田世民等人近年的研究可知,在江户时期,有关《家礼》书志学、文献学的研究也是相当盛行的。②日本现行的神葬祭(神道式的葬仪),在其成立之初,也受到来自《家礼》的直接的或间接的极大影响。③

最后,作为今后的研究课题,需要更深入地探讨、考察前述的白石、徂徕等人"制礼作乐"尝试的最终失败,以及昔日人们的内心思想及付诸实践的意欲等。

作者简介:伊东贵之,国际日本文化研究中心暨综合研究大学院大学教授。

---

① 参照源了圆:《近世初期实学思想の研究》终章"'心学'的实学",东京:创文社,1980年,第532—533页。此外,田尻祐一郎《こころはどう捉えられてきたか——江户思想史散策》(东京:平凡社,2016年)持有几乎同样的观点,认为江户时期的儒教思想史是以"心"为基轴展开的。又,前揭的大桑斉《民衆仏教思想史論》探究佛教及民众宗教中的同样倾向。

② 参照吾妻重二:《家礼文献集成·日本篇》(1-6)(大阪:关西大学,2010—2016年);吾妻重二、朴元在编《〈朱子家礼〉と東アジアの文化交涉》(东京:汲古书院,2012年)、《〈家礼〉の和刻本について》(《東アジア文化交涉研究》第9号,关西大学大学院东亚文化研究科,2016年);田世民:《近世日本における儒礼受容の研究》(东京:ぺりかん社,2012年)、《近世日本儒礼实践的研究——以儒家知识人对知〈朱子家礼〉的思想实践为中心》(台北:台湾大学出版中心,2012年)等。

③ 现行的神葬祭,是受复古思想及排佛的国学影响而成立的对抗佛教式葬仪的神道葬仪。在神葬祭的成立过程中,除了祖先信仰等固有信仰以外,《家礼》也对神葬祭产生了直接的或间接的巨大影响或者说打上了烙印。当时,神职要求实施神道式葬仪,即所谓的离檀运动。明治时代以后,作为神祇政策的一部分,政府也积极推行神道式葬仪。参照近藤启吾《儒葬と神葬》(东京:国书刊行会,1990年)、《四禮の研究——冠婚葬祭儀礼の沿革と意義》(京都:临川书店,2010年)等。

【社会心态】

瘟疫、谣言与近代东北民众心态 *
——1911年春"日人水井撒毒"谣言事件研究

管书合

【内容摘要】1911年春，在东三省曾盛传日本人水井撒毒以制造瘟疫毒害中国人的谣言，并引起各方的高度关注与重视。这一事件虽由鼠疫流行造成的社会性恐慌所引发，但关键在于日本在该地区的存在和持续扩张，造成当地中国社会普遍的焦虑、恐惧与仇视心态，并形成以日本为心腹之患的集体认知。在此意义上，这一谣言应该被视为大众话语的形式和社会心理的载体，其传播和社会应对过程，实际上也是中国社会中下层民众和政治、文化精英之间对日本复杂的认知关系的动态写照，反映了民族主义在该地区兴起过程中的混杂与多歧。

【关键词】谣言 近代东北 日本 社会心态 民族主义

1911年春，在东三省发生鼠疫大流行之际，一则日本人在水井撒毒制造瘟疫毒害中国人的谣言也在各处盛传，因信之者众多，不少地方出现社会性恐慌，一些地方甚至酿成暴力冲突。这一事件虽已引起研究者的注意，但对于其基本的情况，包括谣言产生的源头、流传的区域及过程、各方如何应对等方面，我们仍不十分清楚，需要进一步的专门考察，这也是本文要探讨的基本问题。[①]

自1905年战胜俄国后，日本在中国东北占据旅大和南满铁路，并以此为中心攫取本应属于中国的行政、驻军、司法、警察、教育等各项主权，且不断寻机扩张，亟欲吞并东北并称霸东亚。对这一历史过程，学界研究成果丰富，但以往关注比较多的是日本侵略和中国疲于应付的各项政治、外交、军事及活动，而在日本的步步紧逼之下，当地中国社会的认知与心态如何？这不但是当时重要的历史面相，也是影响这一地区历史进程的重要因素，相关的研究尚付阙如。已有研究表明，近代中国大规模的谣言传播事件，对于反映当时的社会心态有

---

* 基金项目：国家社会科学基金项目"传染病流行与近代东北社会变迁研究(1861—1931)"(19BZS063)。
① 梅爽在《鼠疫与谣言——1910—1911年东北鼠疫社会心理史分析》(东北师范大学硕士学位论文2008年)一文中，对这一谣言做了考证，并分析了产生的原因。由于该文只是利用了《盛京时报》的相关报道，没有进一步搜寻报道更为翔实的《吉长日报》等报刊及档案史料，故相关史实的梳理尚不够清晰，且一些论述推测成分较多。

着特殊重要的意义。① 此次谣言事件虽由瘟疫流行所引发,但也和东北社会长期以来对日本在该地区的存在和持续扩张的认知和心态密切相关,而且在其传播和社会应对的过程中,如何看待日本在该地区的存在,也是各方经常讨论的话题,本文也希望通过对这些方面的考察,以呈现清末东北社会各层面对于日本在该地区存在的集体认知和看法。

一、"日本人水井撒毒"谣言的产生和传播

1910年秋冬之交,满洲里发生肺鼠疫,疫情沿铁路等交通线路快速蔓延,数月之间已传染至黑龙江、吉林、奉天三省大部分地区,并波及关内的京津、河北、山东等省区,短短数月内,夺去数万人口。1911年春,就在各地忙于组织防疫之际,东三省一些地方官员和报纸舆论都观察到:一个"日本人水井撒毒"的谣言正在东三省各地盛传。其内容大致如下:东三省流行的瘟疫是由日本私下雇佣内地莠民,洒布疫种于水中,以制造瘟疫毒害中国人。在奉天省城出版、由日本人所办的《盛京时报》评论称:"此种谣言已传遍城乡,人心惶恐。"② 在吉林省城出版的《吉长日报》也总结称:"在今日东省有疫之地,几即有此谣传。"③

这一谣言于何时何地开始出现,已难以考证,不过按照东三省总督锡良和吉林巡抚陈昭常的说法,在奉天、吉林两省至少从1911年1月份起已开始流传。④《吉长日报》也认为在长春地区"自去腊疫症渐剧之间,即有奸民投药种毒之说"⑤。以此推断,其流传大致与疫情的蔓延同步。再从东三省当地各报纸刊载情况来看,1911年1—3月间,相关报道明显增多,并且接连刊载了多起所谓"撒药"事件的实例(参见表1)。

表1　1911年1—3月东北报纸所载"水井撒药"谣言被抓获新闻实例

新闻内容	新闻来源
本月二十四日准承德县移送镇乡警务局拿获形迹可疑之焦天保一名,并供认日人雇使挨井撒药。焦天保向在小北门卖糖人周福成家雇工,于本月二十一日骗去周福成家芝麻四斗,不知去向。根究该犯,始供在小北门万太泉变卖得银花用,跑之城北被警盘获,恐被讯出骗卖情事,遂捏造撒药等词,希图隐匿骗卖芝麻之事,以免办罪等语。	《来函照录》,《盛京时报》1911年1月28日,第5版。
镇安县乡镇局等所之撒药人犯,当即经化验后,其所撒药品,并无毒质,实系防疫之药,现在均已释放。	《民政司示禁谣言》,《盛京时报》1911年1月28日,第11版。

---

① 参见李文海、刘仰东:《义和团运动时期社会心理分析》,《近代史研究》1986年第5期;黄珍德:《论清末新政时期的谣言》,《华南师范大学学报》2004年第1期;罗福惠、郭辉:《谣言对清王朝统治的挑战》,《近代史学刊》(第7辑),武汉:华中师范大学出版社2010年;[美]柯文著,杜继东译:《历史三调:作为事件、经历和神话的义和团》,第5章,南京:江苏人民出版社2000年;董丛林:《晚清社会传闻研究》,北京:人民出版社2007年版。
② 《谣言宜禁》,《盛京时报》1911年2月23日,第4版。
③ 《戴青海供状书后》,《吉长日报》1911年3月2日,第3版。
④ 《通致吉、江两省电》(正月初三日)、《陈简帅来电》(正月初七日),中国社会科学院近代史所藏锡良档案,档号:甲375-15-21。
⑤ 《东省疫症警告》,《吉长日报》1911年2月21日,第一张第4版。

续表

新闻内容	新闻来源
（长春）商埠岭屯后身一人行走张皇，向居民汲水之泉眼中投一物，被村民警见，并捞出蒲包一个，当即擒获，报知商埠马巡队。据自称为霍兰亭，山县人。现在某洋行充差，所投系属香灰。其主人某为南人。据南方风俗，以香灰当元宝灰，可践踏，故遣之投掷水中。	《是药非药却拿住了个》，《长春公报》1911年2月16日，附张，第5版。
奸民投药种疫之谣言久为识者所鄙笑，不图榆树县近来亦有此讹言，且已禀报谓厅属巡警近曾拿获在井洒毒人犯颜珍一名，会同监查员廉守预审该犯，直认不讳，迫追求主使之人及所撒药品，则又言词恍惚，并无确切证据，已将该犯交警局暂羁，俟疫消灭后再行开释。	《东省疫症警告》，《吉长日报》1911年2月23日，第4版；《拿获井中撒药人犯》，《盛京时报》1911年3月5日，第5版。
奸民投药井毒水害人民等谣传本城亦有此说，其实捉影戏风，尽属虚妄。日前乡屯先后拘获樊世坤、王好、戴青海三人。现经省宪派员迭次审讯，樊、王二姓已俱供为疑系胡匪之故被警逮捕，逼令承认撒药，惟戴青海始终坚认撒药，历供不改。	《东省疫症警告》，《吉长日报》，1911年2月26日，第5版。
长邑（长寿县）自防疫事起，四乡人民惑于谣言，争将食水之井按日淘视，有云得红丸药数粒者，有云得白药粉数碗者，纷纷传播，无故自惊。	《东省疫症警告》，《吉长日报》1911年3月15日，第4、5版。
（乌拉街）全林等组织预备巡警尚未成立，初十晚六点钟时，该发起人等忽然捉一不认识姓氏之人，谓彼撒药放毒，众口一辞。于是拳脚相加，群殴无算，后复扭送巡警一区，要求警长从重惩办。区官富余三当即研讯情由，一面考察证据，则尽属子虚，毫无确据，是以未便干预，拒而不纳。乃该组织预备巡警之一般绅董未遂厥愿，恨犹未息，将被捉之人拥至诊所空房中锁禁看守，不以人类对待，竟欲置之死地而后快心。	《东省疫症警告》，《吉长日报》1911年3月17日，第4版。

一般来说，报纸刊载这些事例主要是为了印证传言的荒唐、民众的无知和缺乏理性，不过也有部分报纸将信将疑，态度保留。如1911年1月24日在奉天省城出版的《东三省日报》及《大中公报》要闻栏内载有"拿获撒药害人要犯纪闻""大连湾防疫所之纪闻"，内称日本人使华工撒药井内，毒毙人命，以致引起日方不满，称其"所言则荒谬尤极""损伤中日感情"。①在哈尔滨出版、俄国人主办的《远东报》也称：有吉林报纸登载"某国人多雇工人在各村井中散放毒药、以种疫祸"，指责其"录之存疑可也，何竟加以评论，一若亲见其状，耸愚民之听闻乎"。②

而对一般民众的观念来说，这些事例可能是火上浇油。如表1所列长春抓获霍兰亭一案，虽经署理吉林西南路道孟宪彝亲自询问后，认为不过是"人之迷信，竟成洒药之谣言"，当场下令取保释放，并贴出告示禁止谣言。③但案发附近村民却声称，所捞之药烫手如烙铁，投水中像石炭酸一样白沫上沸，饮之当能杀人。所以疑犯虽经释放，"民间异常惊惶，故近真伪莫辨，只好盖塞井口，资防范而已"。④无独有偶，奉天承德县拿获焦天保后，尽管很快审明真相，并公布于众，但街谈巷议反而动辄以此为证，坚信确有撒毒之事，以致"流言愈盛"。⑤

---

① 《某员对于东省报载之一夕谈》，《盛京时报》，1911年1月25日，第5版。
② 《敬告中西同业者》，《远东报》1911年2月18日，第1版。
③ 孟宪彝：《孟宪彝日记（上）》，凤凰出版社2016年9月，第8页。
④ 《是药非药却拿住了个》，《长春公报》1911年2月16日，附张，第5版。
⑤ 《东省疫症警告》，《吉长日报》1911年2月28日，第1张第5版。

在谣言流传最盛之时，当地报纸无不惊叹："骇人听闻之警告无地蔑有，缺乏普通知识者鲜不为之煽动。"①"现在妖言惑众者日甚一日，总之人心动摇，不外受奸人煽惑反对政府，或起排外之风潮耳！"②

实际上，谣言的流传范围并不仅限于东三省，在京畿一带，也有报道称："自防疫以来，谣传纷起，且多有涉及国际范围者"，民政部也以此种舆论"最足激动群情，惹起交涉"，数次要求京城内外两厅从严禁止，可以推测谣言在当地已有相当的影响。③当时在京城的御史胡思敬记述："闻德太子来游……日人恐中、德合交，乃造鼠疫以阻之。"④可见信之者并不限于中下层民众。

在东三省官场，像胡思敬这样相信传言者也不在少数，如报纸披露吉林省长寿县第四区巡长李凤舞就因为深信谣传，且在当地造成一定影响，被该县县令大加申斥。⑤在表1所列所谓"撒药"事件中，不少都与地方巡警相信传言有关，如吉林府拿获的樊世坤，靠行医为生，因在城西一个小店内歇息时遇见当地巡警，被认为是假冒医生扭送到四乡巡警总局，审讯时被硬逼说成是"撒药的"，他一开始不肯承认，巡警就开始用刑，"遂拉小的跪在铁链子上，用木棍压在膝弯，两头用人踹下，并将小的两大手指拇用绳子吊起，又将小的头发往后扭紧，小的实在受苦不堪，只好认了是撒药的"。后来该案经吉林省提法司派专员审讯，认定实为屈打成招，但樊氏当时已两腿溃烂，脚趾脱落，很快不治身亡。⑥再如该府以撒药犯拿获的王好，原为本地人，因外出黑龙江寻父不成，在返家途中先是被巡警马队怀疑是土匪眼线捉住拷打，但无确证又被放掉。由于时届年关着急回家，晚上赶路时又被巡警拿住，随即开始遭遇一系列的逼供：

> 初一晚间行至大荒地地方，遇着巡警盘诘，说小的是撒药的，小的不肯招供，巡警又要吊起来拷打，因实在怕打，只好说是放药的。因从前听说牛马行有一外国人，遂捏造称药是外国人给的，并说能毒死人外国人就给我的钱。巡警问了供，遂将小的送往桦皮厂巡警区，问官又说小的是放药的，小的依然不认，问官又要拷打，小的一样招了。十八日将小的送到总局，问官又一样问的，小的因前伤尚未好，实在怕打，只好招了。⑦

此类冤案屡屡发生，固然有巡警制度存在严重缺陷，基层可以任意构陷和滥用刑讯的原因，但关键还是因为巡警也深信水井撒药之说，为抓获嫌犯不遗余力，以致层层刑讯逼供，屈打成招。

在谣言四起的氛围中，不少地方陷入恐慌，一些市镇和村屯为求自保纷纷给水井加盖，

---

① 《东省疫症警告》，《吉长日报》1911年3月17日，第1张第3、4版。
② 《满洲之最近观》，《远东报》1911年3月30日，第1版。
③ 《民政部严禁谣传》，《盛京时报》，1911年2月21日，第2版。
④ 胡思敬：《国闻备乘》，上海：上海书店出版社，1997年版，第80页。
⑤ 《东省疫症警告》，《吉长日报》1911年3月4日，第1张第5版。
⑥ 《时评》，《吉长日报》1911年2月12日，第1张第4版；《东省疫症警告》，《吉长日报》1911年2月26日，第1张第5、6版。
⑦ 《东省疫症警告》，《吉长日报》1911年2月26日，第1张第5、6版。

或者直接派人看守。吉林省城西有一个叫榆树岗子的屯子,由于地处吉长交通孔道,疫情在1910年底就已传入,但当地人却认为"尽由撒药者作祟",在大小井口均行雇人看守,同时还雇有村民一二十名四处侦查,以为可保无虞,却不注重防疫。结果疫情扩散,该屯"死亡相继",还在旬日之间传染附近大小二十余村屯,"几至无地无疫,无屯不死"。更有甚者,地方巡警接到报告后,赶来帮助掩埋疫尸,同时还不忘饬令村民要严拿撒药之人。① 当然,保护水源的行为并非仅限于民间,地方政府也开始采取措施,吉林巡抚鉴于"谣言蜂起,商民率多疑惧",就专门训令巡警局:"凡城厢、乡镇各处所有井泉,均用木盖遮掩,并派警兵轮流看守,取水之人须先赴该局领取小牌携带身中,以备警兵查验,有牌者方准取水,否则不得近前。"② 营口地区虽无疫情,官方也封禁居民日常取水之官塘,一律改用自来水,无力购水者,则由政府发票领水。③

在一些地方社会恐慌已开始演化成暴力冲突事件,距离吉林省城正北七十里的一个小镇叫乌拉街,约有居民三千余人。因鼠疫传入,该镇地方自治会议长等士绅为防疫拟筹办诊疫、隔离所等机构。不料在2月22日,有地方豪绅全林等纠合地方民众三四百人到自治会"任意喧嚣、指名谩骂","咸谓该会议长等私与某国人串通一气,欲害同胞,将会中玻璃、门窗尽行打坏,其他物件损坏不计其数"。地方巡警赶到后将全林暂行拘留,余众驱散。但其余党第二天又纠集"亡命百余人,各持刀矛",前往警署劫人,警务长担心酿成民变,只得将全林交保释放。④

更让地方官员们担心的是,此时东三省正当防疫吃紧之际,此种传言在民间不胫而走,深入人心,直接影响到政府主导的各项防疫活动的推行。吉林巡抚陈昭常就此总结称:"以讹传讹,人心惶惑,遂令无知民众轻信其言。无病之家不愿受公家检验,有病之家不愿用公家医药,互相隐瞒,各怀疑惧。驯至一人染疫,殃及全家,一家染疫,殃及邻近,决防溃堤,不可收拾,言之深堪痛恨!"⑤ 吉林度支使徐鼎康也忧心忡忡评论道:"设或暴动,奸人乘机蜂起,外人借以干预,大局何堪设想?"⑥

对地方政府而言,由此引发的外交问题同样棘手。作为传言矛头所指的对象,日本方面在1911年2月初,即在北京向清政府直接施压要求对此严加禁止,以免误会。⑦ 因吉林谣传最盛,日本驻吉林领事特地面见该省交涉司,声称"民间谣传甚多,庚子之祸竟以谣言成患,诚恐民人日久有仇视之心,应设法防止"。⑧ 各国驻奉天领事团也出面致函东三省总督锡良,表示如查获撒药人犯,可押送英、法领事馆,以便公开审讯,以安人心。⑨

---

① 《东省疫症警告》,《吉长日报》1911年3月8日,第1张第5版。
② 《防疫之缜密》,《盛京时报》1911年2月22日,第5版。
③ 《东省疫症警告》,《吉长日报》1911年3月6日,第1张第6版。
④ 《榆树直隶厅为报北一区等处疫毙人口清册的呈文》,吉林省档案馆藏,档号:J001-37-4934;《东省疫症警告》,《吉长日报》1911年3月1日,第1张第5版。
⑤ 《吉林行省为晓谕各色人等勿信谣言遵防疫禁令听凭救治札》,吉林省档案馆藏,档号:J001-37-1637。
⑥ 《吉林度支使徐鼎康为防疫事宜条陈吉林行省》,吉林省档案馆藏,档号:J001-37-4582。
⑦ 《外务部来电》(正月初三日),中国社会科学院近代史所藏锡良档案,档号:甲375-15-21。
⑧ 《东省疫症警告》,《吉长日报》1911年2月22日,第1张第3版。
⑨ 《奉天领事团之愤言》,《远东报》1911年2月28日,第2版。

二、谣言因何而来？

在"日本人水井撒毒"之说四处流传期间，东三省曾有地方官员和媒体舆论认为是有人蓄意为之，目的在于制造混乱，以惑众生事。在传言初起时，东三省总督锡良就表示："难保无奸徒从中煽惑。"①据此，奉、吉两省皆命令巡警局秘密访拿。在奉天方面，先后在承德、镇安等县拿获撒药嫌犯数起，但经过严讯，均毫无确证，民政使张元奇由此认为各嫌犯均为冒充外国人撒药，并断定："必系匪徒趁机煽惑，借图扰乱。"②不过究竟是什么人幕后指使？目的何在？除表1所列承德焦天宝一案审明纯系案犯捏造，希图掩盖偷盗事实外，其他各案也没审出什么结果，大都不了了之。

相比之下，吉林省拿获嫌犯较奉天稍多，其中有榆树县抓获的颜珍、吉林府抓获的戴青海二人供认不讳，且"历供不改"。在颜珍一案中，当官方进一步追讯主使之人以及所撒药品时，"（案犯）则又言词恍惚，并无确切证据"，地方官员们见难以深究，遂将该犯暂时收押，待疫情消灭后开释。③戴青海一案则历经多次审讯，在当时引起广泛关注，《吉长日报》还记录下了案犯审讯的经过和供词：

> 戴青海供：年四十岁，系吉林府江东喇嘛沟人，向在省城牛马行给人卸炭。本年正月初九午后在头道码头遇见素识人李长会，说现有一事可以赚钱，叫小的同他上牛马行世兴当路南外国人门首。李长会进屋说了一会，拿出微绿色、红黄色药面各一包，约二两重，实系毒人药。并给小的木牌一根，钱帖二吊，叫小的到屯中各井撒药，每日工钱四□，五日回头领钱。并嘱咐白日千万要严密，必得晚间再撒。强行允从，遂将药藏好。就是那日二更时分，走到东关昌邑屯撒了两个井，每井约有药面半两。连夜到嘎呀河，又撒井两个，还有几钱正想到别井去撒，不料被该屯警撞遇。小的害怕，将药扔地丢了。巡警将小的获住送区，问出真情，又将小的带到昌邑屯，验过小的撒药那两个井，又转送乡间巡总局，堂讯二次，亦供撒药。今蒙审讯，小的贪利，听从李长会指使，用药偷撒井内这二次。余无别事，李长会现住何处，小的不知道，所供是实。④

该案中，尽管戴某经多次审讯均供认不讳，但官方称其"异常刁狡，所言全不近理"。首先，该犯明知撒药犯法，被巡警指其放药捉获时，不待严讯就直接招认；其次，放药目的是为了毒人，但该犯自称初九在昌邑屯两个水井下药，十四日巡警带其前往指认，其间当地居民并不知情，继续饮用，并未发现中毒者；第三，二十一日，民政司派专人再次押送该犯至其所称下药水井，分别取水烧开令其各饮三碗，均"面无难色"，而且数天后也无中毒迹象。官方

---

① 《致外部电》（正月初三日），中国社会科学院近代史所藏锡良档案，档号：甲374-46-15；《吉林行省为晓谕各色人等勿信谣言遵防疫禁令听凭救治札》，吉林省档案馆藏，档号：J001-37-1637。
② 《东省疫症警告》，《吉长日报》1911年2月28日，第1张第5版。
③ 《东省疫症警告》，《吉长日报》1911年2月23日，第1张第4版。
④ 《东省疫症警告》，《吉长日报》1911年2月26日，第1张第5、6版。

由此断言："全系造谣惑众,非毒药已不待辨。"对于该犯,官府最终的判令是:"实属造谣滋事,愍不畏法,应候分别核办。"①官方虽然就此定谳,但社会对此案仍是市虎杯蛇、议论纷纷,话题之一就是戴某制造谣言目的究竟何在?《吉长日报》分析:戴青海的真正身份应该是胡匪的探子,企图捏造受雇于外国人在水井撒药的谣言,造成社会混乱,以便胡匪借机生事。而他之所以"历供不改",是因为深知如果招认为匪,则必死无疑,如果承认撒药,或能免掉一死。②这一看法在当时颇具代表性,三省其他地方的一些官员和媒体舆论也认为本地的这些谣言和胡匪有关。

《远东报》则提出了另一种观点:盛行于三省的"水井撒毒"谣言是由当地的一个秘密民间宗教黄天道教捏造出来的,其目的在于吸收信徒入教,并制造混乱,煽惑排外。按照该报的说法,这一教派原系华北的在理教之变相,义和团事件后开始进入东北,虽屡经官府镇压,但其势绵延不断,至1910年时,活动范围已至内蒙古、奉天、黑龙江交界一带。此次鼠疫爆发,该教乘机活跃起来,一方面,"明遣党羽,在长春、洮南、滨江一带私相煽惑,谓入其党可以免疫,虽疫不致病死,多有神力以为之保护,不入其教,则必为洋人所毒毙"。另一方面,"恒遣其党,四处散布谣言,谓满洲本无疫症,其疫症皆出自洋人,又雇人撒药井中,以证其实,又虑为人窥破,则谓为洋人所雇用云"③。

把谣言归因于胡匪或黄天道教捏造并非毫无根据,清末民初,东三省胡匪猖獗,其为患地方种切,民间饱受其苦,官方疲于奔命。此次鼠疫爆发后,各地胡匪并未因之收敛,反有趁机骚扰之势,"各属疫祸剧烈之地,辄有胡匪发难之谣"④。即使在疫情最重之哈尔滨,"胡匪又蠢蠢欲动,外间谣传甚剧,谓胡匪将借防疫乘势劫掠",街头巷尾因此草木皆兵。⑤相形之下,黄天道教也是异常活跃,据报纸报道,该教声称入教能避灾祸、兵灾、匪乱,故一时信之者众。在长春一带,"信之者日众","东乡已有千余家,是项教徒举动诡异,夫妇辄多离异,惟教主之言是听"⑥。在铁岭,该教往各村镇卖药售符,声称鼠疫"系外人所撒之灾,毒尽华人,然后夺取土地"⑦。不过总体来看,土匪人数虽众,却成股分散,各听号令;黄天道教虽然一时鹊起,但规模还很有限,活动范围仅限于长春等部分地区。⑧而此次"日本人水井撒毒"之说遍及东三省,甚至远及京畿,若仅归于二者之力,显然不能令人信服。

已有丰富的相关研究表明,大规模谣言产生的必要条件是社会的恐慌和危机,虽然可能有少数人别有用意,蓄意制造和传播,但如果没有社会的恐慌和危机,谣言是无法在更大范围扩散的。此次"日本人水井撒毒"之说能够盛传,首先也是和鼠疫流行造成了东三省社

---

① 《东省疫症警告》,《吉长日报》1911年2月26日,第1张第6版。
② 《戴青海供状书后》,《吉长日报》1911年3月2日,第1张第3版。
③ 《论黄巾教之可虑》,《远东报》1911年3月5日,第1版。
④ 《戴青海供状书后》,《吉长日报》1911年3月2日,第1张第3版。
⑤ 《东省疫症警告》,《吉长日报》1911年2月28日,第1张第5版。
⑥ 《严密查拿黄天声》,《盛京时报》,1911年2月16日,第5版;《祆教志》,《吉长日报》1911年1月15日,第1张第5版。
⑦ 《北方防疫汇记》《申报》,1911年2月19日,第1张第6版。
⑧ 黄天道教的整体活动情况可参阅曲晓范:《清末民初时期中国东北地区黄天教活动考略》,《北华大学学报》2005年第4期。

会的整体性恐慌和危机密切相关。具体来说,作为20世纪以来中国规模最大的一场鼠疫流行,此次疫情传播迅速,死亡人口众多,时人描述称:"双城、宾州、新城、阿城、榆树等处地无完土,人死如麻,生民未有之浩劫,未有甚于此者。"①由于疫死人口太多,在哈尔滨至博克图沿途,"棺木多不及备,相率以柜箱装殓,或以芦席卷埋"②。在哈尔滨、长春等地疫情最重的时候,"道途相望,几于无人收敛,虽有医院、病院之设,而杯水车薪,无济于事"③。从乡村到都市,从贩夫走卒到达官贵人,人人谈"疫"色变,笼罩在恐慌之中,正如锡良总督所总结:"实缘疫气所至,朝发夕毙,前仆后继,官绅商民,无中外贵贱,日惴惴焉如临大敌。"④

再者,当时社会各界还普遍缺乏与传染病相关的卫生知识,不但对于疫情的快速传播无法理解,对于政府推出的各种防疫措施也难于完全接受,加重了恐慌情绪。鼠疫流行之初,社会各界既不知鼠疫是何物,更不知其能传染,"始则官绅医士不信疫之可以传染,一切防卫疗治之法俱按中国治瘟成方从事"⑤。有一定知识水平的官员及士绅阶层如此,更遑论中下层社会。⑥后来,政府被迫于压力开始仿照西法组织防疫,采取隔离、消毒、断绝交通等强制措施,但绝大多数民众以前对此闻所未闻,日常生活秩序的也因此受到严重冲击,"而怨谤繁兴,讹言四出,至有乡民纠众仇视防疫所之说"⑦。因此,由各阶层广泛参与的不服从、不合作乃至群体性的反抗事件时有发生。

在广大社会成员面临重大危险还无法理解,惯常的生活方式和社会秩序又被完全打破的情况下,可能发生的事情之一是,"判断真相的标准"会有所变化,人们比平时更易受到感染,更易接受他们心态平和时定会提出质疑的种种传言。⑧用当时地方官员的话说,就是:"以为此非太平景象,遂以至愚之心理凭空想象,发为毫无根据之谣言。"⑨所以,从疫情蔓延开始,当时许多人就注意到了东三省"谣诼四起"的情况。在奉天省城,地方官员们总结称:"奉省疫病流行,谣言因之骤起。"⑩在哈尔滨,署理吉林交涉使郭宗熙也观察到:"谣言极多,报纸传闻,往往失实。"⑪在吉林省城,主持防疫的吉林民政使邓邦述慨叹:"绅民痼蔽,听信谣言……谤毁日滋,是非混淆。"⑫《吉长日报》也报道称:"疫症流行以来,

---

① 张元奇等编:《东三省疫事报告书》上册,第1编第1章,1912年,第13页。
② 《人生到此天道宁谕》,《长春公报》1911年1月25日,第3版。
③ 《呜呼,鼠疫之惨状!》,《长春公报》1911年1月28日,第3版。
④ 《疫气蔓延人心危惧请俟事竣保奖出力人员折》,《锡良遗稿·奏稿》第二册,第1266页。
⑤ 张元奇等编:《东三省疫事报告书·绪言》,第3页。
⑥ 《盛京时报》的一篇报道就比较生动地再现了街头下层群众对鼠疫的反应:一名俄国游客曾吃惊地在哈尔滨的闹市区观察到:一旦街头有人染疫倒地不起,往往会招来大批人群围观,甚至三四十人之多。更令人不可思议的是,当大街上一个卖瓜子的人染疫倒地后,周围的人竟然争先恐后围上去抢食他的瓜子。(《俄人调查傅家甸之悲观》,《盛京时报》1911年1月19日,第3版。)
⑦ 《吉林度支使徐鼎康为防疫事宜条陈吉林行省》,吉林省档案馆藏,档号:J001-37-4582。
⑧ [美]柯文著,杜继东译:《历史三调:作为事件、经历和神话的义和团》,第136页。
⑨ 《一件详为禁止各色人等因防疫造谣生事请签核》,吉林省档案馆藏,档号:J023-02-1232。
⑩ 《东省疫症警告》,《吉长日报》1911年2月28日,第1张第5版。
⑪ 《哈尔滨郭司使来电》(正月十六日),中国社会科学院近代史所藏锡良档案,档号:甲375-15-21。
⑫ 《吉林邓司使来电》(正月十七日),中国社会科学院近代史所藏锡良档案,档号:甲375-15-22。

民间谣言日广,有谓因洒药致死者,又有谓死于防疫局医员之手者。乡愚无知,色同谈虎,近且愈说愈离奇矣!"①

正如学者们的研究所发现,在林林总总的谣言中,"集体中毒的谣言更能体现人们对诸如战争、自然灾害和瘟疫等威胁社会上所有人的重大危机的忧惧情绪"②。罗马帝国时代,人们曾指控基督徒在井中投毒。在1896—1900年印度鼠疫大流行期间,关于英国人在食物、水源中投毒的说法普遍流传。③以及中国近代义和团运动、五四运动等重大事件中水井等食用水源投毒的谣言也广为流传。因此,此次东三省"日本人水井撒毒"谣言盛行,根本原因在于鼠疫大规模流行以及政府防疫的医疗干预所产生的社会性恐慌和危机。

三、为什么是日本?

根据社会学家的研究,谣言"是夹杂了个人对世界的主观臆测的公众信息",一般包含着带有传谣者与信谣者强烈感情色彩的主题。④所以在中外大量集体中毒谣言事件中,一方面传递了人们当下的危机感和恐慌情绪,另一方面也夹杂了公众对谣言矛头所指者——那些被指控试图毁灭正在流传谣言的那个社会的外来者(或他们在内部奸细)长期以来的主观情绪,往往是一种强烈的忧惧、焦虑情绪。无疑,此次盛传于东三省的"水井撒毒"谣言之所以将矛头对准日本人,从根本上看,与长期以来社会各阶层对日本在当地存在和持续扩张的认知和心态密切相关。

日本觊觎中国东北地区由来已久,在日俄战争后即迫不及待按照"经营满洲"之政策,开始在旅大地区和"满铁"及其所属沿线"附属地"的广大地区,以军事为后盾,形成了超脱中国主权范围和管辖之外的政权,强推行政、警察、司法、税收、教育等各项制度。并以此为据点,不断地攫取路权、扩张"附属地"、开采资源及大批输入移民,渐次成为中国在该地区的心腹大患。1906年,受命前往东北考查的巡警部尚书徐世昌、农工部尚书载振向清政府密报:"东三省比岁以来,迭遭变故,创巨痛深,为二百余年所未有。"在奉天,日本政、商、军、学各界之往来者络绎不绝,且人数日增。"商埠旅馆、车站皆高悬日本国旗,俨有反客为主之势。计通省日兵有二万数千人,他如报社、工师、茶肆、妓寮,凡能名一艺执一技者,亦胥出全力以谋我。盖自一抵新民,而境界气象迥然,有中外之殊。此尤臣等目击心伤者。"⑤

为应对东北的主权危机,1907年清廷以徐世昌为首任东三省总督,启动东三省改制与新政改革,虽然气象为之一新,但仍不足以从根本上扭转局势,尤其是后来居上之日本势

---

① 《东省疫症警告》,《吉长日报》1911年3月2日,第1张第4版。
② [美]柯文著,杜继东译:《历史三调:作为事件、经历和神话的义和团》,第145页。
③ 戴维·阿诺德著、张云等译:《论及身体:在1896—1990年间形成的关于印度瘟疫的看法》,载刘健芝、许兆麟(编):《庶民研究》,北京:中央编译出版社2005年,第210页。
④ [美]拉尔夫·L.罗斯诺:《谣言的内幕:个人的一次经历》,转引自[美]柯文著,杜继东译:《历史三调:作为事件、经历和神话的义和团》,第124—125页。
⑤ 《农工商部尚书载振等为陈考察东三省情形事奏折》,谢晓华等编选:《日俄战争后东三省考察史料(上)》,《历史档案》2008年第3期。

力,在奉、吉两省步步紧逼,吞并之心昭然若揭。继徐世昌后出任东三省总督的锡良曾忧心忡忡地感叹:"日、俄之视我东三省为殖民地,环球皆知。今自协议告成,继以日、韩合并,吞噬之心亦炽,沿安奉、南满路线所至,其铁路警察及车站人员多系陆军军队,安东、辽阳、海城、铁岭、长春且均有联队驻扎,吉林则延吉一带,亦骎骎逼处焉。……以危机四伏之东省,一旦祸发,以待朝鲜者待满洲,试问此万里之版图,千百万之人民,将委而去之耶?以何所恃以抵御之使不得逞耶?"①锡良本人虽素有政声,调任东北时为各界寄予厚望,然而任东三省总督时间不长,就多次请求离去,最后以病开缺,其中一重要原因是自感对日交涉中疲于应付,心力交瘁。②

作为前后两任东三省总督,徐世昌、锡良的说法绝非危言耸听,而是代表了东北官场和社会的普遍看法。1908年,为阻日本控制吉长筑路权,吉林省各界组织"吉林公民保路会",坚决主张收回自建,仅数月间筹集股银210多万两,并宣称:"故宁为死,争做中国之鬼魂;亦不愿意苟活,供外人之奴隶。"③1909年,因抗议日本将安奉铁路改为宽轨及强夺吉会铁路经营管理权,奉天、铁岭、辽阳等地有人散发传单,倡议抵制日货,"遂致此唱彼和,传播几遍"④。1910年12月6日,奉天全省各界人士一万余人到总督署请愿,表示东三省危在旦夕,要求代奏请愿立即召开国会以救危亡。在东三省总督及各司道面前,为首代表叩头抢地,血流满面,大声疾呼:"至死不当奴隶!"在场者无不受其感染而潸然泪下。⑤

同样,作为社会舆论的重要载体,东三省各地由华人主办的报纸大多也经常刊载大量日俄在东北活动的报道,并佐以各类的"感言""社说",观点鲜明、感情强烈,"以为抵制之计"。⑥如笔者仅统计《吉长日报》从1911年1月9日至13日关于日方活动的报道即有:《日商得寸进尺》《本溪煤矿近闻》《日人凭空圈我村地》《日人遍布侦探于东省》《东要评语》《报评一般》《外人干预言论权》《日人囤积粳米》《日领要求禁演国会血》等报道,涉及日人强占商股、土地、矿产,以及侦查、干预反日宣传、在延边制造事端等内容,大多从标题即可看出激烈的批判态度。⑦也正是如此,大多数华人报纸被日方视为具有"反日"或"排外"倾向。⑧

不难看出,长期以来,日本势力已被东北的中国社会及舆论界视为心腹大患和主要的威胁,而日方在鼠疫爆发前后的一些活动,又加深了人们的这一认知,最为突出是其在东三

---

① 《密陈东省阽危恐奉全局亟宜练兵准备借以图存折》(宣统二年九月十四日)中国科学院历史研究所第三所主编,《锡良遗稿·奏稿》第2册,北京:中华书局1959年,第1233—1234页。
② 曹汝霖:《曹汝霖一生之回忆》,北京:中国大百科全书出版社2016年,第84页。
③ 参见吉林省档案馆、吉林省社科院历史所编:《清代吉林档案史料选编·辛亥革命》,1981年,第78—86页。
④ 辽宁省档案馆编:《辛亥革命在辽宁》,1981年,第4页。
⑤ 《奉天全省人民为请明年即开国会齐赴总督公署呈请代表之实纪》《叩头流血泣请代奏详述》,《盛京时报》1910年12月8日,第5版。
⑥ 《滨江厅同知章绍洙转详滨江日报社请拨款接济事》,吉林省档案馆、吉林省社科院历史所编:《清代吉林档案史料选编·辛亥革命》,1981年,第98页。
⑦ 分别登载于《吉长日报》1911年1月9日第2张第11版、12版;1月10日第2张第12版;1月11日第1张第3版;1月12日第2张第11版、12版;1月13日第1张第4版。
⑧ 根据日本方面的内部报告,1910年时东三省民办或官民合办的华人报纸有6家,其中5家具有排日或排外的倾向;1911年有民办或官民合办报纸13家,其中7家具有排日或排外倾向,其他无明显倾向者主要是商业类报纸。参见李少军编、李少军等译:《晚清日本驻华领事馆报告编译》(第五卷),北京:社会科学文献出版社,2016年,第50—53页。

省各地进行调查和测绘。日本向来重视对中国的情报工作,日俄战后更加重视,分别在关东都督府和南满铁路株式会社下设调查机构专司此事,并且在长春等地秘密设立派出机构,对东三省及蒙古一带进行调查和测绘。这一情况在1909年被中国政府发现,以测绘违反条约,发出照会要求停止。此后日方稍有收敛,但到了1910年夏秋又开始活跃,且毫无顾忌,范围更广,"穷乡僻邑无地蔑有,此间民人固惯见不奇,特踪迹愈变愈诡秘"①。据各地居民的反映,日本人的调查范围广泛,涵盖地理、风土人情、户口、物产等方面,尤其对于各处的水井特别留意,"井之位置、大小及水量浅深、水味甘苦,记录更详"②。在当地社会舆论看来,日本的此类调查显然别有所图,"绝非良善",而普通人民不明就里,自然容易引发议论。③

其次,此次鼠疫爆发后,日本方面表现格外"积极",又加深了中国社会各界的疑虑。1911年1月初,长春、奉天等东三省南部地区陆续发现疫情,向来视这一地区为自己禁脔的日本人迅速行动,在长春、奉天、大连等地南满铁路沿线各处进行强制性检疫、防疫,在南满铁路各站,无论中国乘客还是普通人民过境,均须接受严格检验,"彼视之如其国境"④。至宣统二年年底,日本方面投入防疫检疫的专职人员有69名医生、29名助手、414名警察和2000名士兵。⑤尽管日本方面对外宣称组织防疫意在保护本国侨民,但让中国方面忧心不已的是,其行动并未局限在铁路区内,驻奉日本领事小池赴奉天交涉司署,要求派出日本医生、警察在日人居住之地及附近之华人挨户实地查验。遭到婉拒后,小池又会同驻奉各国领事,公同照会中国政府称,若中国无防疫之人,各领事拟自由遴员严防。在吉林省城、长春等地,日领事出面组织防疫会,并以华人饮食不知讲求卫生,需日医检验为借口,自由派兵监视中国之屠兽场,以致引起市面恐慌。⑥此外,1910年10月以前,南满铁路护兵仅有两师团,此后不断增兵,至年底已增至八师团,驻扎辽阳、铁岭、长春等处,"军队互相调遣,往来络绎不绝,附近居民异常恐慌,谣诼纷起,在奉日兵三五成群,游弋街市",中国舆论称"其用意之叵测已为有目共睹"。⑦就连美国在华的外交官们也感觉到,日本人很可能会利用鼠疫来和俄国人一起激起一场骚扰。⑧

总之,通过考察清末东北社会特殊的历史情境可以发现,"日本人水井撒毒致疫"传言的内容虽然荒谬,但绝非空穴来风,而是大众社会心理的投射。在当时瘟疫流行、日本步步紧逼的情势下,人们普遍缺乏安全感,必然会格外感到焦虑、恐惧、无助,急切需要一个对当前处境的"合理"说明和解释,谣言因此应运而生,并在短期内迅速而广泛的传播。

---

① 《外部来电》(十二月十四日),中国社会科学院近代史所藏锡良档案,档号:甲374-46-14;《志日侦诡异》,《吉长日报》1911年1月16日第1张第1版。

② 《日人遍布侦探于东省》,《吉长日报》1911年1月11日第1张第3版。

③ 《日人究欲胡为者》,《长春公报》,1911年2月14日,第2、3版。

④ 韩国钧:《永忆录》,沈云龙主编:《近代中国史料丛刊》第一辑,台北:文海出版社1966年,第49页。

⑤ Carl F. Nathan, Plague Prevention and Politics in Manchuria 1910—1931, Harvard University Press Cambridge Mass, 1967, pp.26-27.

⑥ 《东省防疫与主权之关系》,《申报》,1911年1月26日,第1张第2版。

⑦ 《东三省通信》,《申报》1911年1月8日,第1张第2版。

⑧ [美]李约翰著,孙瑞芹等译:《清帝逊位与列强(1910—1912)——第一次世界大战前的一段外交插曲》,北京:中华书局1982年,第211页。

四、中国社会平息谣言的努力

对任何社会来说,谣言往往会携带着破坏性能量,"是诱发无政府状态及骚乱的极其危险的因素"①。如前文所述,此次"日本人水井撒毒"谣言在东三省盛传,已影响了正常的社会秩序和政府组织的防疫活动,且极有可能引发外交纠纷,故一开始在中国方面就引起官方、部分华人报纸和士绅的重视,纷纷努力采取行动平息谣言。而作为谣言矛头所指对象的日本,其在东北的存在该如何看待,也是各方在辟谣时经常讨论的话题。

在政府方面,采取的主要措施是发布各类晓谕和布告。最早采取行动的是奉天省,还在1911年1月谣言刚开始流传时,该省官场就高度重视,先后由东三省总督锡良、民政司、交涉司、防疫总局多次出示告示予以禁止。②此后,因谣言愈传愈烈,清政府也直接出面干预,除由民政部多次要求京城内外两厅从严禁止外,外务部还为此特地于1911年2月1日致电锡良总督称:

> 闻奉天尊处谣传:此次疫气系有人投毒井中,遂至传染。此种谰言本属无稽,但恐乡愚无知,辗转流布,致生误会。希密饬各属,随时切实开导禁止,并转吉、黑两抚。③

接外部电后,吉林方面也开始采取措施,先是由民政司饬令各属查禁。④1911年2月17日,吉林巡抚陈昭常向全省各界出示长篇晓谕,详细解释了鼠疫的来源、政府组织防疫的用意及施行的各种措施,认为日本人撒毒的说法,"其为宵小臆造,希图滋生事端,不问可知"。并特别指出:外人对于疫病防卫最严,所以朝鲜与俄界因与东三省接壤也设局认真防疫,"当此交通便利时代,此国疫症可以传染彼国,乌有令人散布疫种于他国,致波及自国牵连受害之理"⑤。与之同时,陈昭常还鉴于学堂为"造舆论之机关",担心少年学生不知轻重,轻信谣言并四处传播,特别饬令约束学生,如果有学生听到谣言,务宜详细解释;万一有轻信谣言并传播者,"即行严加惩戒,以靖浮言"⑥。2月14日,再由吉林民政、交涉二司联合发布辟谣告示,专门就中日关系做出说明,称邦交稳固,彼此均遵守条约行事,"近日交情尤形亲密,今忽无端造谣,实属诬蔑友邦,有伤睦谊"⑦。而在此前,奉天民政、交涉二使也联合发布过类似的告示,声称日本为文明之国,"素敦友邦,岂有为此不义之事"⑧。作为官方公开的

---

① [德]汉斯-约阿希姆·诺伊鲍尔,顾牧译:《谣言女神》,中信出版社2004年,第175页。
② 《致外部电》(正月初三日),中国社会科学院近代史所藏锡良档案,档号:甲374-46-15;《二司使示禁谣言》,《盛京时报》,1911年1月27日,第5版。
③ 《外部来电》(正月初三日),中国社会科学院近代史所藏锡良档案,档号:甲374-46-15。
④ 《陈简帅来电》(正月初七日),中国社会科学院近代史所藏锡良档案,档号:甲375-15-21。
⑤ 《吉林行省为晓谕各色人等勿信谣言遵防疫令听凭救治札》,吉林省档案馆藏,档号:J001-37-1637。
⑥ 《吉林省为转饬各学堂约束学生勿信谣言、有碍防疫札饬提学司》,吉林省档案馆藏,档号:J001-37-4575。
⑦ 《一件详为禁止各色人等因防疫造谣生事请签核》,吉林省档案馆藏,档号:J023-02-1232。
⑧ 《二司使禁谣言》,《盛京时报》,1911年1月27日,第5版。

声明,其目的重在安抚人心,不能完全视为对中日关系的真实看法。而在实际上,在此次鼠疫流行过程中,中国各级政府对日方始终抱有高度戒备、防范之心。①

在实际行动中,各省较为重视查明各撒药案的真相,并尽快公之于众。奉天省先后在承德、镇安等县拿获撒药嫌犯数起后,专门押解到省城严讯,并化验其所带药水、药末,再由总督锡良和民政使张元奇分别晓谕各界,以释群疑。②吉林省发生戴青海、樊世坤、王好等案后,吉林民政司也"深恐愚民以讹传讹,互相传说",特地派人专人多次审讯,判定樊、王二人是"苦打成招"。对于"历供不改"的戴青海,则带其指认现场,并当场喝下井水验证。③此外,对于撒药嫌疑人,省一级官员大都主张从宽处理。如对于榆树拿获颜珍一案吉林民政使批示:"遇有此等情事,务宜开解,不得任意张皇。"④即使戴青海这样的案犯,该民政使也批示:"此等人犯务须切实开导,以免因任意张皇,致民心愈生疑畏。"⑤

至于当地官方出版的报纸的态度,前文所揭《东三省日报》《大中公报》等部分报纸在传言初起时将信将疑,曾招致日、俄报纸的激烈批评。因这些报纸今天已难查阅,具体情况很难进一步考察,但笔者从可查到的《吉长日报》《长春公报》来看,这些报纸均从一开始即明确认定其为谣言,《长春公报》断定"未可信为文明国人之施舍"⑥;《吉长日报》也申明"记者敬告同胞曰:必无是事,幸无自扰"⑦。对于政府的辟谣措施,这些报纸均能积极配合,在及时刊载各类政府发布的各类晓谕、告示之外,积极探究各地撒药案的真相、分析谣言的来源。《吉长日报》建议政府派出医生,将疫死者解剖化验,绘图标明什么部位如何染疫、因何致死以及疫菌形态,并张贴公示,"谣言或当稍息"⑧。

一些地方的士绅也自发以演讲等方式协助政府辟谣。如前文所提及的吉林省城附近的乌拉街,曾因当地人民深信撒药传言而引起激烈风潮,当地自治会正副议长等归因于地方民智未开,特别邀请省城宣讲所巡行讲员前去演说,"启迪民智以保公安"⑨。另外,省城名绅松毓、李芳也受当地防疫会之邀前去演说开导,在场听众二百余人,无不被其折服。⑩据报纸记者的现场观察,听众大多为此前风潮的积极参与者,听完演讲都纷纷表示认同,竟无一人起而辩难,出人意料。记者也由此感慨:官方发布的大量辟谣的布告、晓谕,"竟不抵一场论说之克孚众望"⑪。

不过,在地方士绅和官方报纸辟谣同时,他们也对日本始终充满戒心。上述吉林省城名绅李芳在乌拉街演讲至最后强调:"此种谣言乡愚无知信之尤笃,今不遑细论,仆独敢保其

---

① 参见胡成:《东北地区肺鼠疫蔓延期间的主权之争(1910.11—1911.4)》,《中国社会历史评论》(第9卷),天津:天津古籍出版社2008年。
② 《东省疫症警告》,《吉长日报》1911年2月28日,第1张第5版。
③ 《东省疫症警告》,《吉长日报》1911年2月26日,第1张第5、6版。
④ 《东省疫症警告》,《吉长日报》1911年2月23日,第1张第4版。
⑤ 《拿获井中撒药人犯》,《盛京时报》1911年3月5日,第5版。
⑥ 《日人究欲胡为者》,《长春公报》1911年2月14日,第2、3版。
⑦ 《防疫笔谈》,《吉长日报》1911年2月11日,第1张第6版。
⑧ 《东省疫症警告》,《吉长日报》1911年3月2日,第1张第4版。
⑨ 《东省疫症警告》,《吉长日报》1911年3月17日,第1张第3、4版。
⑩ 《东省疫症近闻》,《吉长日报》1911年3月24日,第1张第4、5版。
⑪ 《东省防疫近闻》,《吉长日报》1911年3月27日,第1张第5版。

必无。近代灭人国之新法甚多,我三省久已入其范围,何必再用此残酷抽劣之手段!"至此,演讲言者"神色惨淡",听者也无不沉痛动容。①《长春公报》也认为日方虽不至于在水井撒毒,"但其窥测我土地,绘及平陂险易,并管人家水井之咸淡,是不可以不查,不可以不禁。主权所在,此事我人民与有责焉"②。1911年2月,日方为表善意,由满铁向中国政府赞助15万元用于防疫,该报就此发表评论,称其别有用心,"欲取姑与,诡谋也"③;"此种关系,明眼人自能道破"④。《吉长日报》于1月27、28两日,连续刊载《日人必吞满洲之放言》,记述早前日本法学博士高田早苗在早稻田大学关于侵略满洲方针及步骤的演讲,认为日本国内对于东三省政策虽分两派,但吞并之心实则一致,"皆日本全国心理所同然者,特为此君一泄无余耳,录此以警告三省同胞,俾知满洲现象如是"。⑤该报还于1911年3月22日刊载《提前战事之风说》,称根据东京消息,日本原计划在1919年与中国摊牌,以武力解决东北问题,现在召开秘密会议以中国政府软弱不堪、民气尚在萌芽,决定将战争提前三年进行。⑥

从中外各报纸的报道来看,1911年3月下旬后,日人水井撒毒谣言在东三省各处已渐次平息。究其原因,固然与各方辟谣的努力有关,但关键还在于此前迅速蔓延的鼠疫疫情已日趋平息,除少数地方尚有零星病例外,完全扑灭已指日可待。⑦大规模社会性恐慌既已不复存在,其所催生的各类传言自然不攻自破。

五、结　语

从流传范围和社会各层面参与的广度来看,1911年春在东三省盛传的日本人水井撒毒致疫的谣言基本可以认定为一个大规模的社会集体行动。尽管这一事件由瘟疫的迅猛流行所造成的社会性恐慌所诱发,但无疑和广大社会成员长期以来对日本在本地区持续扩张而普遍产生的焦虑、恐慌和仇视情绪直接相关。在谣言流传之时,虽然社会各界态度各异,但对于日本的认知和态度仍保持高度的一致。这一事件表明,日本人在该地区的存在和持续扩张在普通民众中引发了广泛的关注、讨论和反应,而且基本态度一致。从这个意义上讲,这一谣言可以看成大众话语的一种形式,反映了大多数东北社会民众的普遍的认知和心态。

甲午战争后,中国被瓜分的危机日益加剧,而东三省情况尤甚,社会的反应也更强烈。特别是在日俄战后,后来居上的日本步步紧逼,危亡之祸迫在眉睫。"虎狼交逐,逼迩堂室,钩心枯血,争欲染指宰割之惨,愈处愈迫,锦绣河山,归人附属,若此内外之现象,真遍数全国无如此危迫者也。"①在此特殊的环境下,东北社会各界民众身历其间,或深受其苦,或

---

① 《东省防疫近闻》,《吉长日报》1911年3月27日,第1张第5版。
② 《日人究欲胡为者》,《长春公报》1911年2月11日,第2、3版。
③ 《敬谢十五万元之厚贶》,《长春公报》1911年2月11日第2版。
④ 《日人助我防疫费纪闻》,《长春公报》1911年2月11日附张。
⑤ 《日人必吞满洲之放言》,《吉长日报》1911年1月27日第1张第3版、1月28日第1张第3版。
⑥ 《提前战事之风说》,《吉长日报》1911年3月20日第2张第12版。
⑦ 张元奇等编:《东三省疫事报告书》第一编第3章2—7页。

耳闻目睹。"仰天椎心,俯地流血,所以仇视外人,恨不与之俱尽焉!"②因此排外之意识较诸全国更甚。不过,与传统不同的是,这种排外心理不再是纯粹地排斥外人,而是加入了"国家""主权"意识等元素,与国内方兴未艾的民族主义思潮遥相呼应,应可视为民族主义在地方的兴起。正如锡良曾就1910年东三省各界强烈要求请开国会的举动所总结:"(东三省人民)受强邻之刺激,生国家之思想,人民知身家性命非合群不能自保;复目睹朝鲜亡国惨状,甚恐东三省版图首沦异域,即万劫不能自拔,其切肤之痛,较之各省有特别之危险,不能不有特别之要求。"③然而,这种民族主义又是混杂、多歧的,正如该次谣言传播过程中显示那样,精英人物和社会的中下层之间既有对日本的认知和态度一致的方面,又就谣言内容存在着明显的分歧或者误解,前者认为后者愚昧无知,后者则视前者为日方的同谋。民族主义在地方兴起的这些特点,不但是其时重要的社会面相,也深刻影响了本地区的历史进程,应该是解读近代东北历史进程的重要线索。

作者简介:管书合,吉林大学文学院副教授。

---

① 《吉林地方团体联合会宣言书》,《长春公报》(号外),1911年2月11日,第2版。
② 《分省试用通判张镇芳、东洋法政大学学员金鼎勋等禀公民股本不能附入外款》,吉林省档案馆、吉林省社科院历史所编:《清代吉林档案史料选编·辛亥革命》,1981年,第82页。
③ 《奉天全省各界绅民因时局迫不及待呈请代奏明年即开国会以救危亡折》(宣统二年十月初六日)中国科学院历史研究所第三所主编,《锡良遗稿·奏稿》第2册,北京:中华书局1959年,第1249页。

【学术综述】

纪念郑天挺先生诞辰 120 周年暨第五届明清史国际学术讨论会综述

郭志慧　张传勇

明清史研究作为南开大学历史学科的特色之一,得益于南开史学奠基人之一郑天挺先生的规划和建设。为纪念南开校庆百年和郑天挺先生诞辰 120 周年,由南开大学历史学院主办的"纪念郑天挺先生诞辰 120 周年暨第五届明清史国际学术讨论会",于 2019 年 9 月 9 日至 11 日在天津召开。会议收到 115 篇论文与论文摘要。

本次会议设组织委员会,由郑克晟、陈生玺、冯尔康、南炳文四位教授担任顾问,常建华教授任主任,何孝荣、孙卫国、余新忠三位教授任副主任,卞利、常建华、何孝荣、姜胜利、李小林、庞乃明、山本英史、孙卫国、汪荣祖、徐泓、余新忠十一位教授任委员(以姓氏拼音为序);设秘书处,余新忠教授兼任秘书长,朱洪斌副教授、张传勇副教授任副秘书长。

大会分开幕式、专题演讲、分组报告、闭幕式四个环节进行。开幕式由南开大学历史学院院长江沛教授主持,南开大学副校长王新生教授、国家清史编委会副主任朱诚如教授、中国社科院历史所原所长陈祖武教授分别致辞,南开大学荣誉教授冯尔康先生、美国哈佛大学东亚系欧立德教授做主题演讲。大会特设"纪念郑天挺先生专题演讲""明清史专题演讲"。大会分四组报告,围绕明清时代的政治与军事、民族问题与中外交流、社会生活、思想文化、社会经济等问题展开讨论。闭幕式由余新忠教授主持,各小组代表总结本组讨论情况,常建华教授致闭幕词。现将讨论会的情况综述如下。

一、郑天挺先生的学行与生活

王新生教授的致辞,回顾了郑天挺先生的生平经历,高度评价了郑先生对南开史学的贡献,详细阐明郑先生同明清史国际学术讨论会的渊源,寄希望于南开历史学科发挥优势学科的带动作用。陈祖武教授在致辞中缅怀郑先生毕生对中国历史学尤其明清历史学的开拓、建设和发展做出的历史性贡献,并通过对一段往事的追忆,感念郑先生的培养教育之恩。江沛教授也在主持词中感念郑天挺先生对南开明清史领域的开创之功及对南开史学的奠基之功。

多位学者紧扣郑天挺先生的学术论著探讨其学术成就和教研事业。《清史简述》是郑天挺先生的经典之作。朱诚如教授《引领中国现代清史研究的经典之作——重读郑天挺先生〈清史简述〉》,回顾了自己 36 年前为《清史简述》撰写书评的经历,分享了重读该书的心得体会，认为《清史简述》学术价值不仅在于填补中华人民共和国成立后清朝断代史的空白，而且开拓了我国清史研究的新路，为大部头的清代断代史史书的问世奠定了一定基础。郑先生对现代清史研究的开拓和奠基之功值得永远铭记。李治亭（国家清史编纂委员会）《解读郑天挺先生〈清史简述〉》给予郑先生更为明确的学术定位——马克思主义清史学的开创人与奠基人，认为最能系统反映郑先生的"清史观"且对后世影响最为深远而持久的著作莫过于《清史简述》一书；该书创立了马克思主义清史研究的学术体系，闪烁着唯物史观的光辉。

1923年，郑先生以法权讨论委员会的名义撰写的《列国在华领事裁判权志要》正式出版。张仁善（南京大学）阐述了郑先生与该书的渊源，立足近代法律史、外交史重新评介学术遗产。

《探微集》是郑先生的另一部经典著作。欧立德以《郑天挺谈八旗制度》为题分享了早年阅读《探微集》的心得体会，他从其中有关八旗机构、满洲人的习俗、满洲社会性质等的论述中得到启发，找到了研究兴趣相近的"伙伴"。欧立德教授对郑先生重视满文资料使用的印象尤其深刻，并表示我们在治学中都应当学习郑老的求真精神。

1956年油印的郑天挺先生"明清史讲义"，系20世纪50年代由南开大学历史系教师编写的课程讲义之一。乔治忠（南开大学）《郑天挺之明清史讲义及相关的学科建设》详细分析了这份重要的文献资料的形式、内容与价值，称这是一部按照马克思主义观点构就的明清史资料性讲义，具有很高的文献意义与学术价值，对于史学史和历史教育史研究都是不可多得的宝贵资料。

2018年《郑天挺西南联大日记》出版，日记包含丰富细致的社会生活资料。冯尔康教授《西南联大教授的日常生活——以郑天挺教授为例并以他的〈西南联大日记〉为资料》，考察郑先生等西南联大学人的生活史，从细微中探寻抗战时期教授们的日常生活，了解郑先生及其同事立志、立功、立言、求友的生活，折射出一个特定时代的风貌。陈生玺（南开大学）《郑天挺与西南联大——读〈郑天挺西南联大日记〉》认为《西南联大日记》反映了郑天挺先生真实的心路历程，是他的学术思想史、家国情怀的感情史。张伟然（复旦大学）同样从《郑天挺西南联大日记》中取材，以郑先生的书法爱好为出发点考察知识群体对书法的态度，以及书法作为一种中国传统艺术的生存土壤和社会状况，即所谓的"学术生态"问题。值得注意的是，郑先生始终将书法看作文人余事，不可因此荒废正业、玩物丧志。段晓亮（石家庄铁道大学）以《郑天挺与罗常培的交谊》为题，论述郑先生和罗先生之间深厚的交谊，由学人的交游活动折射近现代学术史和教育史点面。

郑先生与中华书局渊源颇深，多种重要著述均由中华书局出版。俞国林（中华书局）代表中华书局致辞，梳理了郑先生学术著作的整理出版情况。他希望未来能在纪念郑天挺先生诞辰130周年时，将郑先生的著作化零为整，推出一套郑先生著作大合集，使郑先生的学术文章与道德事功得以广为流传。

郑天挺先生哲嗣郑克晟教授代表家属致辞，向主办此次纪念活动的历史学院、与会的各位学者、整理出版郑先生著作的中华书局表示衷心的感谢。郑克晟分享了任继愈先生为纪念郑天挺先生百年诞辰所作的文章，任先生文中深切缅怀了郑先生对西南联大鲜为人知的贡献及为此做出的牺牲，郑先生的功绩理应得到铭记。

二、明清时代的政治与军事

政治事件与政治人物是传统政治史研究的重点内容。关于明朝国号的由来,学界争论已久。徐泓(南开大学、台湾暨南国际大学)《明朝国号"大明"的缘由及意义》在考辨各种有关明朝国号——"大明"由来看法的基础上,对来源于经典文义《易经·乾卦》"大明终始"一说作了有力补证,指出此与彰显"大明"承续华夏正统心态有关。晚明政治史和张居正人物评价有着深厚的学术积淀。田澍(西北师范大学)《防范第二个张居正的出现:万历朝的政治特点——"明亡于万历"新解》一文,认为需要客观认识张居正对万历政治的负面影响,尤其是防范第二个张居正的出现,严重消耗各方势力;应跳出单纯从张居正改革理解万历政治乃至晚明政治史的思维模式。彭勇(中央民族大学)同样关注明中期社会改革问题,《明代中期社会改革的再探讨——兼以王国光的事迹为观察视角》将以"张居正改革"为标志的社会改革,视为统治阶层自上而下的自救运动,并通过观察直接参与改革的王国光,审视张居正及其时代的变革。

明清时代制度史问题得到热议,多涉及职官沿革和制度兴废。吴大昕(东北师范大学)《因事繁简,以供其职——明初杂职衙门设置情况》,通过考述各类杂职衙门的设置情况,反映明代地方行政和财政发展的面貌,有助于增进对明代地方运作的理解。张金奎(中国社会科学院)《明中叶锦衣卫"新增"职能略论》关注明中叶社会变动中锦衣卫职能的变化,从中窥探明朝决策层对社会变化的态度与因应。指出锦衣卫有意无意地亲近士大夫,削弱了锦衣卫本应具有的独立性。为了处理海洋事务,明朝政府在沿海地区设置巡海副使等海防官员。赵树国(山东师范大学)《文、武之间:明代巡海副使沿革考论》一文,从明代地方行政制度变革及沿海形势变迁的角度入手,讨论明代巡海副使的设置时间、制度建设与变迁、沿海各地区设置变化等,指出巡海副使沿革与明代海疆形势变迁及地方行政制度演变紧密相关,折射明代海防体制的变迁情况。两篇论文涉及清代军机处。刘文鹏(中国人民大学)《雍正时期的西北战争与军机处议覆制度的形成》一文,依据中国第一历史档案馆现存雍正时期的军机处满文议覆档,考察军机议覆制度的形成及其与西北战事的关系,指出雍正时期长期紧张的西北战争推动军机处职能制度化,影响清代制度变革和国家构建。刘洋(辽宁师范大学)《阁臣差使:清代内阁大学士入值军机探析》纵向梳理清代大学士入值军机体制的确立和变迁情况。指出自雍正乾隆时期以来,大学士入值军机渐成传统;阁臣大学士原本的阁臣职能使职化突出,而入值军机、管理部院、留任总督等差使事务成为职能重心。揭示出差使体制成为清中后期阁臣国家治理的主要运作方式。

多篇论文涉及明清时代的用人机制。邹长清(广西师范大学)《明代庶吉士再探》探讨明代翰林院庶吉士选拔时间、方式、类型、人数等问题,厘清了一些认识上的问题,如主张庶吉士之选始于洪武十八年(1385)等。明代文官考核制度除却考满、考察,另包含散官、诰敕、荫叙等制度。黄阿明(华东师范大学)《明初文官考核制度建立新论》指出明初的文官考核制度仅是初步确立,尚未达到制度的完善和健全,建立过程较为复杂,展现出明初制度史研究的复杂面貌。薛刚(长春师范大学)同样关注文官考核制度,《清代文官考核积弊探源》一文注意观察清代中央与地方权力体制、官场吏治等问题,揭示出文官考核积弊根植于官僚体制内主管官员负责制。翟爱玲(洛阳理工学院)《明代朝廷用人机制与南人北人之争》考察明代朝廷政治中的用人机制,关注南人北人之争与科举取士、铨选官员、用人策略的关联,整体上梳理了明代用人"抑南扶北"策略和南人北人之争的影响。陈宝良(西南大学)《明清幕府人事制度新探——以"幕宾""幕友""师爷"为例》一文,以称谓为考察核心,考辨"幕宾""幕友"与"师爷"称谓的起源及其含义。指出称谓反映主幕关系:幕主与幕宾既相互依凭,又存在隔膜。另对"绍兴师爷"的起源问题提出新解。

国家治理方面。14世纪后期以来中国政治实践方式发生变化,一种新的家产制体系开始形成,偏离了汉代以来的儒家官僚传统。段维聪(南开大学)《明代家产制与儒家官僚体系的论争》(Confucianism and the Patrimonial/Bureaucratic Contest in Ming China)着眼于这些变革对于现代早期(early modern)国家与帝国构建的普遍性理论的挑战,进行简要的分析。倪玉平(清华大学)《"文书治国"还是"书吏治国"?——清嘉庆朝王丽南私雕官印案研究》,考察清代国家治理模式,认为王丽南私雕官印案虽得到清政府严厉处罚,但未能起到应有的警示效果。进而揭示文书与书吏共同组成行政体制运行的基本逻辑,中央依托文书与书吏共同治理国家。

基层行政区域治理方面。衣长春(河北大学)《雍乾嘉时期直隶总督与辖区治理》探析雍乾嘉时期直隶总督治理的具体过程。揭示雍乾嘉时期直隶总督的职权不断强化,对辖区治理取得突出成效;督权与皇权在政治上达到了平衡。进而指出,直隶总督是皇权的一种外在表现。顺天府在清代京畿治理中占有特有地位,清政府特设四路同知,协调京畿治理中京师、顺天府与直隶之间的关系。王洪兵(中国海洋大学)《清代京畿协同治理模式初探——以顺天府四路同知为例》一文,从四路同知的设置、历史沿革、行政职能及其与直隶总督、顺天府关系演变等角度,考察清代京畿协同治理模式。揭示四路同知是清代京畿协同治理模式探索的产物之一,折射京畿地区治理的复杂性。周喜峰(黑龙江大学)《论清朝政府对黑龙江地区的行政管理》一文,指出清朝政府对黑龙江地区的行政管理,主要以将军、副都统构成的驻防八旗制为主,同时辅以盟旗制和边民姓长制等方式;因俗而治有利于巩固清朝对黑龙江地区的统治,发展当地各民族社会经济。

明清时代的军事问题成为本次讨论会的一大热点,不同学者从统治者的军事认识、战争、制度、区域等角度入手,为传统政治军事史研究注入活力。金暻绿(韩国军史编纂研究所)《明初朱元璋的军事认知与统治体系的整备》梳理了明初洪武帝的军事认识以及军事政策,认为洪武帝的军事认识和军事政策成为日后明代军事政策的根本,并深刻影响东北亚各国。肖立军(天津师范大学)《明代蓟镇参将及路协增设沿革考略——兼谈明代九边等军镇设置标志》,考订了蓟镇在镇守武将或总兵之下所设参将的变化以及路区演变问题,进而对明代边镇的内涵做了综合讨论。吴滔(中山大学)《军事资源的再配置:明代永州南境的卫所体制及其转变》关注卫所体制变迁下的地方社会。认为在永州府永明、江华等县,营兵主要由卫所旗军和外地雇募的杀手组成,在职能上补充卫所,致使卫所范畴扩张,引发地方社会机制等变动。进而指出,研究明代卫所还应站在民间的立场,从社会生活、地方文化等层面理解军事制度。沈一民(黑龙江大学)《1634年后金对代北地区的侵扰》挖掘档案资料,统和明朝和后金(清)不同视角,指出1634年后金屠掠代北地区对当地造成巨大损失;此次军事行动也是后金(清)进攻明朝策略的转折点,后金(清)从中归纳出军事策略和方法,在后续的侵扰攻掠中动摇明朝根基。康熙二十二年(1683),八旗汉军火器营设立。张建(中国社会科学院)《八旗汉军火器营制度考》依据官私史料,梳理汉军火器营官兵制度的演变历程,否认康熙二十八年后火器营衙门下辖"汉军骁骑火器营"和"汉军鸟枪营"一说;指出至康熙三十六年(1697),汉军始有鸟枪营和炮营的建制。

三、明清时代的民族问题与中外交流

"新清史"学说强调内亚视角和满洲特性,重视非汉文资料的解读,常常引起国内学界的讨论和回应,已然成为近年来不容忽视的学术热点问题。该学说的代表人物欧立德承续其学术理念,《大清论大明:〈大明太祖高皇帝宝训〉满译考察》一文关注满文本的《洪武宝训》,考察清初统治者对明太祖的态度,指出清初统治者一面赞扬明太祖,学习汉族治国理政经验,另一面也存在潜在的矛盾心理,构成了满洲历史想象的不同意涵。甘德星(台湾中正大学)《满汉文康熙遗诏中的中国观综论:中国皇帝和大清帝国》一文,利用不同版本的康熙遗诏,从清代满洲人的观点出发,论述"中国""大清""帝国"的意涵和性质,与新清史对话商榷,反驳族群对立或族群主权的观点。杨念群(中国人民大学)《清朝"二元理政"模式论纲——超越"汉化论""内亚论"的新视角》一文,认为"汉化论"和"内亚论"的深层误区在于混淆统治和治理的观念,提出清朝建立起"二元正统性"以回应新清史,即清朝既沿袭宋明以来的儒教正统观,又在蒙藏地区包容推崇藏传佛教,树立边疆正统性,应对不同族群构建新的"大一统",并从思想观念角度诠释二元性。鱼宏亮(中国社会科学院)《跨越地理环境之路——以明清时期"长城带"为中心的考察》,利用档案、契约、中外考察记等资料,揭示明清时期内地与蒙古地区人民跨越地理界限,进行农业和贸易的双向交流,双方并未因地理环境限制阻断人口、技术和文化的互动联系。进而指出,"族群""内亚""长城带"等西方史学理论在解释具体的中国史研究问题时存在缺陷,应回到历史时空中去认识人类的活动。2014年,欧立德《乾隆帝》一书的简体中文本刊行,颇受关注。崔岩(南开大学)《读欧立德〈乾隆帝〉》比对《乾隆帝》一书的英文本和中译本,从乾隆帝是不是中国的皇帝、有没有汉化、对满洲身份与汉化问题是否有两难等方面对该书进行评介,亦指明书中部分史实理解存在瑕疵,进而引申到学术思想的独立性和学术话语权问题。

讨论明清时代的民族问题需要辅以满文资料和内亚视角。赵志强(北京社会科学院、中国人民大学)《满洲族称源自部落名称——基于〈满文原档〉考察》通过爬梳满文档案记载,考察"满洲"作为部落名称和族称的情况,认为所谓"国号满洲"不足为信,以族称、部名指代国号,可能与女真、蒙古人习惯有关。赵令志(中央民族大学)《乾隆初次平准军需满文档案评述》挖掘《清代新疆满文档案汇编》,以乾隆二十年(1755)清朝与准噶尔汗国之战为切入点,从18份档案出发考察清朝办理此战军需的全貌,进而探讨清朝内外一体及统一民族国家的执政能力等问题。多篇论文涉及不同族群身份的互动联系。杨海英(中国社会科学院)《辽东佟氏家族由明入清考》一文,以明末清初辽东战事与明清政权关系为背景考察辽东佟氏家族,揭示出佟氏家族从明代女真军卫家族被编入清代八旗体制的历程,以佟氏家族为窗口窥探明清易代。张玉兴(辽宁社会科学院)《满洲汉姓与八旗汉军辨识》关注满洲共同体形成过程中的满洲汉姓和八旗汉军。文章指出,满洲汉姓和八旗汉军起初在族属、性质、身份上存在不同,后因清朝统治者的决策,两者界限混淆甚至趋同。揭示了时间概念和历史原则对于历史研究的重要性。16世纪右翼蒙古势力进入西番,冲击明朝羁縻统治体系。杜常顺(青海师范大学)《十六世纪至十七世纪前期蒙藏民族互动关系与明朝》探析蒙藏民族及区域互动关系对明朝的影响。指出为化解蒙古地区政治军事威胁,明朝积极推助蒙古皈信藏传佛教,藏传佛教传入蒙古地区,增强了蒙藏两族宗教互动关系。

边疆问题与治理是明清时代民族问题的一个侧面,多位学者讨论了西北、西南、东南边境的民族问题与基层社会。林延清(南开大学)《阿桂与伊犁屯田》讨论清乾隆年间阿桂驻守伊犁期间兴办屯田的历史贡献:增加粮食产量,补充军需,促进伊犁与哈萨克族经贸联系,修建城池公署,巩固清朝对伊犁地区的统治。张振国(渤海大学)《清代边缺久任与苗疆政治:多重视角的分析——以贵州省文官为中心的探讨》一文,立足皇帝、吏部官员、督抚布按、府县官员、文人士绅不同身份立场,考察其对苗疆政治和久任制的看法,尤其注意不同身份记录者的叙事倾向和视角,为利用多元类型资料研究制度史提供思路。李仁渊(台湾"中研院")《畲民之间:清代东南山区的族群界线与国家治理》,考述畲民族群名称的历史演变。揭示国家与地方、地方上原住民与外来民之间的张力塑造了畲民的族群。进而指出,除却血缘、文化等形态,族群的分别还融汇了国家治理、地方人群对官方资源的运用等。清康熙年间,蓝鼎元为台湾治理提出诸多意见策略,被誉为"筹台之宗匠"。王日根(厦门大学)《蓝鼎元治台思想与实践略论》以丁曰健《治台必告录》和地方志为资料,从平乱稳心、施教立规、训民型俗三方面论述蓝鼎元的治台思想及实践,指出蓝鼎元治台注意因地制宜,在实践中取得良好效果。

中国与西方的交流互动是明清中外交流研究的熟耕地。明清时期,葡萄牙、西班牙和法兰西三个西方国家被中国人称为佛郎机国。庞乃明(南开大学)《明清中国负面西方印象的初步生成——以明清之际汉语语境中的三个佛郎机国为中心》,分析晚明以来三个佛郎机国给中国人留下的负面印象及其形成过程。文章指出,负面佛朗机印象逐步扩散为负面西方整体印象,根源于西方世界威胁明清中国国家安全,冲击华夷秩序。法国耶稣会士李明以书信形式撰写《中国近事报道(1687—1692)》一书,李晟文(加拿大拉瓦尔大学)《从〈中国近事报道〉看清代法国来华耶稣会士李明对儒家思想与文化的认知》一文,考察书中有关儒家思想与文化方面的内容,认为虽然有理想化的成分,却表露了李明对儒家思想文化的认可态度,李明因此书也受到来自教廷的诸多质疑谴责。马骊(法国滨海大学)《晚清外交与列强入侵:从不平等条约到清朝灭亡》辨析晚清七十年外交和列强瓜分中国的前因后果,宏观勾勒出清朝崩溃衰亡的历程,揭示从马戛尔尼使华到鸦片战争爆发,礼仪的冲突根源来自文化思想的封闭性。

由万历朝鲜战争探讨东亚世界内部关系,是万历朝鲜战争研究的热点。刁书仁(东北师范大学)《壬辰战争日本"假道入明"与朝鲜的应对》从战前讯息传播与应对入手,揭示朝鲜在战前已知晓日本"假道入明"的内情,却向明朝隐瞒实情,避重就轻,朝鲜在战争中遭受打击与消极轻敌的应对策略不无关联。明朝与日本关系的演变是万历朝鲜战争后东亚局势变迁的核心。刘晓东(东北师范大学)《万历朝鲜战争后东亚局势与明日关系的互映演变》从不同角度分析战后明日关系未能恢复甚至外交断绝的原因。指出,在明朝希求搁置争议问题下渐进缓和,而日本要求立即恢复传统外交,明日关系断绝一定程度上归因于日本缺乏耐心;明日关系的演变也影响到日朝关系的变动和琉球问题。孙卫国(南开大学)《万历朝鲜之役明军将士群体与指挥体制》挖掘中朝史料,系统考察参与万历朝鲜战争的明朝将士群体的人数与来源,以及由此所见东征军事指挥体制,呈现七年战争时期的时间变化,讨论了以往研究较少的壬辰(1592)援朝时期明军内部结构,增进了学界对参战明军群体的认识。

借由书籍流动和历史书写,东亚世界内存在着文化联络和抵牾。日本江户时代,通过长崎贸易输入中国汉籍。章宏伟(故宫博物院)《长崎贸易与中日书籍之路》一文,考察了中日书籍之路出现的背景因素,尤其注意运载书籍进入日本的唐船出帆情况和中日两国的书籍政策,为已有研究增补了汉籍流入日本的大致数量和种类等细节。文章还介绍了编纂《长崎贸易输入日本汉籍汇考》的思路和资料来源。刘建辉(国际日本文化研究中心)《从广州、上海到日本长崎——清末西学是如何逐步东渐的?》一文,以知识传播为中心,考察近代知识的传播路线与明治维新的关联,揭示明治维新的知识储备来自清朝后期,清朝后期与西方世界的知识交流(汉文西学)被日本吸收,中国成为知识传播的中介地;汉文西学、兰学与洋学共同影响日本。发生于明永乐年间的"鱼吕之乱"即朝鲜贡女在永乐后宫引起的宫廷虐杀事件,仅载于《朝鲜王朝实录》而不见于中国史籍。吴德义、陈昊(天津师范大学)《在直书与"臆想"之间:朝鲜实录对明初鱼吕之乱的历史书写》,考辨《朝鲜王朝实录》相关记载细节,认为朝鲜史官有意夸大永乐帝昏庸暴虐一面。指出,朝鲜对鱼吕之乱的历史书写是中朝两国关系的侧面反映,借助修史传达中朝外交摩擦与朝鲜文化自我意识的增强。秦丽(南开大学)《明末将领张春事迹的传播与书写》考察明末将领张春事迹及其在清初和朝鲜王朝的传播情况,进而透过历史书写的差异与书写者的观念理解政治文化史。

东亚世界的经济联系方面。王元周(北京大学)《朝鲜的清钱通用与革罢——传统时代东亚的整体性及其局限》从铜及铜钱的角度观察近代以前及近代早期东亚各国之间的经济关系。指出在18—19世纪的朝鲜,白银主要用于国际贸易,铜钱适用于国内赋税征收和市场贸易;为解决国内常出现铜钱钱荒现象,是否从中国输入铜钱引发争议。揭示出东北亚国家间复杂的经济关系。

四、明清时代的社会生活

日常生活日渐成为社会史研究的路径之一,多位学者从不同侧面关注社会群体的日常生活。以个人日常生活为中心展开讨论的,有冯贤亮(复旦大学)《晚明乡村士人的科举生活与社会交往——以魏大中的坐馆与举业为中心》一文,从晚明士人魏大中《藏密斋集》入手进入其生活世界。指出,魏大中的坐馆和举业有助于拓展社会交往和跻身主流社会,为诠释士人权力关系与文化网络提供翔实的士人生活史个案。范金民(南京大学)《晚清江南士大夫的致仕生涯——以顾文彬为中心》则利用顾文彬《过云楼日记》,将顾文彬的致仕生活置于光绪初年苏州的社会空间。描绘出顾文彬等乡绅除了倾心文人娱乐消遣,也热衷地方公益事务,注意与地方官员的互动,展现出同光中兴背景下江南士大夫规矩惬意的乡居生活。

以往对士人阶层的研究多集中于文化精英的正面形象,赵毅、武霞(辽宁师范大学)《明代基层士人中的蓝袍大王——传统士人精神的背叛者》则考察基层士人中的负面人物,即蓝袍大王。揭示蓝袍大王与豪强、无赖、盗贼等相互勾结,种种劣行危害地方社会管理,进而指出士风衰落反映社会变迁。为进一步认识基层士人群体面貌增添新的研究内容。较之以汉人为主体的民人,以满洲人为主体的旗人在法律领域拥有更高特权,已成为学界共识。刘小萌(中国社会科学院)《清代旗人民人法律地位的异同——以命案量刑为中心的考察》考察嘉庆朝刑科题本中的旗民命案,认为旗人与民人在重大命案审理方面基本享有平等法律地位,增进了对清代旗民法律关系的认识。自清康熙年间起,江南地区大规模的无赖活动相对萎缩,吴金成(韩国首尔大学)《盛清时期江南无赖的动态》丰富了对无赖这一群体的认识。文章指出,盛清时期无赖的小规模活动居多,无赖借助政治经济手段混入其他社会阶层,共享标志身份的同类意识,对社会底层起支配作用。在此基础上提出,清代社会实由绅士和无赖两大集团主导。

生活方式与习俗是日常生活的重要组成部分,多篇论文从婚姻家庭、风俗、社会问题入手探讨社会生活。王跃生(中国社会科学院)《清代中期不同生命阶段夫妇居住方式分析——以乾隆朝刑科题本档案为基础》一文,挖掘刑科题本婚姻家庭档案资料,借鉴西方家庭生命周期理论分析夫妇的生命历程,尤其注意人口和劳动力谋生方式等因素影响中下层民众的居住方式。增进了对清代中期不同生命阶段民众居住方式和特征的认识。刘仲华(北京社会科学院)《骑马抑或坐轿:清代国家制度下的官员出行方式》考察清代国家统治策略下的制度与社会生活的互动关系。骑马是清朝统治者维护"满洲旧制"和立国之本的重要内容,满洲文武官员违例乘轿、疏于骑马之风禁而不绝,折射出清代国家治理能力未能应对时代变化而合理变革。有关溺婴习俗,山本英史(南开大学、日本庆应义塾大学)《溺女与教诲——以中日两国的杀婴对策为中心》,从禁令、救济和教诲等针对杀婴的对策方式出发,比较了中日两国的杀婴问题、对策和实际解决情况。认为与中国相比,日本面临更为棘手的人口危机,应对杀婴问题更加积极,采取的措施更为彻底见效。援引中国善书和日本教谕书史料是该文的一个特色。陈秀芬(台湾政治大学)《医疗、法术与性别——试论明代"信巫不信医"现象》关注明代巫者医疗问题。指出官绅和医者对巫者医疗多持批评态度,构建医道正统以驳斥巫者在医疗市场的地位;妇女求医问病多求助女巫或师婆,巫医并用背后隐含儒家思想和传统性别观念。文章认为,站在病人的角度,选择巫者医疗具有相当复杂的缘由。

地方社会治理方面。薛侃曾从学于王阳明,对早期王门壮大有重要贡献。朱鸿林(香港理工大学)《明儒薛侃拟议的揭阳乡约》一文,关注嘉靖七年(1528)薛侃协助揭阳主簿季本推行揭阳乡约之事,讨论了薛侃拟议乡约的背景、目的、内容、成效、揭阳乡约与南赣乡约的联系区别等,为理解明代士大夫的乡治思想提供个案。在基层社会中,官方与民间的权力关系向来是学界注意的重点。臼井佐知子(日本东京外国语大学)《透过地方行政相关文书来看清代地方社会》通过整理清代太湖厅(理民府)档案、徽州文书、碑刻等行政相关文书的内容和性质,考察了地方政府与民间社会的互动联系。赵克生(海南师范大学)《优出常典:明代乡贤专祠的礼仪逻辑与实践样貌》,考察明代乡贤祠的礼仪逻辑、主要类型、运转模式。指出明代乡贤祠除体现政治教化意义,也承载地方士绅、乡贤后裔的地方诉求和家族策略,具有多元的社会意义。揭示明代乡贤祠祀系统由乡贤祠与乡贤专祠组成的双轨制构成。关于家族或宗族问题,朱亚非(山东师范大学)《明清时期仕宦家族与基层社会关系探讨——以山东地区为例》一文,将明清山东仕宦大家族纳入地方史分析。指出大家族间通婚形成联合力量,在地方政治、经济、文化教育、公益事业活动中均有强大的影响力。进而概述山东仕宦家族的地域特点,即教育子孙重视读书、政治上趋于保守、以和为贵的处事原则等。

不同学者注意到地方文化的塑造与建构。卞利(南开大学)《明代中叶以来徽州总结性文献的编纂与地域文化认同的强化》,考察徽州籍精英致力编纂地方总结性文献。指出,地方总结性文献的编纂以实现血缘身份认同、地域文化认同与国家认同相统一为目的,同样也出现诸多弊病,反而使地域文化认同与历史真实难以统一。刘祥学(广西师范大学)《明清时期地方官绅对南方乡土形象的重塑》,讨论明清时期以岭南地区为主的南方官绅重塑南方乡土形象。揭示南方地区地方士绅有意塑造百岁坊等长寿文化,方志设"耆寿"等目专记长寿人口,努力转变内地文人所载"南方瘴乡"恶劣环境的固有印象。指出医疗技术水平的提高有助于重塑南方乡土形象。余新忠、惠清楼(南开大学)《昌化石兴起历史考辨——兼论历史书写中的个人情结问题》一文,考辨昌化石历史诸说,从文献出发,基本否定了清初以前有关昌化石的例证。进而指出,昌化石研究者容易先入为主,个人情结影响历史书写的客观性。周正庆(暨南大学)《素馨花与粤人风情》关注在广东地区颇受喜爱的素馨花。文章指出,清中期以后,素馨花被普遍用于日常生活和岁时社交民俗中,也被文人视为气节情操的载体,一定程度上影响了岭南民间风情。钞晓鸿(厦门大学)《景观的迷失与错位——基于明清地方志的分析》一文,将明清时期地方志资料视为环境史研究范式与中国学术传统的交汇点,从日常景观入手考辨地方志隐藏的史料问题。指出,面对地方志记载的舛误,理应挖掘背后的缘由,并加以分析利用。揭示利用地方史资料讨论景观问题的复杂性。罗晓翔(南京大学)《乡土情结与都市依恋:论晚明以降的中国城乡观》以人为中心分析明清时期城乡观的发展变化。揭示城乡观与古今观念、社会流动、情感认同的关联。进而指出,不应过分夸大传统社会乡土情结;明清时期城乡观的演变,有助审视传统与近代社会之间的关系。

物质文化方面。常建华(南开大学)《礼物:康熙珐琅器与皇权》利用康熙朝满汉朱批奏折及珐琅实物等资料,对珐琅器进行物质文化与政治文化的解读。揭示出康熙朝珐琅器的制造是中西科技文化交流的产物;作为一种礼物,珐琅器双向流动在皇帝与宗室、大臣之间,承载君臣、父子、满汉多元关系,成为高贵神圣的皇权象征。李理(沈阳故宫博物院)《武功开基 崇文治国——论清沈阳故宫皇家建筑与清朝国策》,以沈阳故宫不同时期的宫殿建筑为研究对象,考察不同建筑格局和形式所代表的政治含义。指出东路建筑与八旗军事民主制契合,中路建筑展现封建制雏形,西路及中路附属建筑营造于乾隆时期,体现文化治理天下的理念。

多篇论文涉及信仰、宗教与社会生活。李庆新(广东社会科学院)《明清时期航海针路、更路簿中之海洋信仰》一文,利用明清时期沿海地区流传的航海针路、更路簿等民间文献,揭示涉海人群的海洋知识、宗教信仰活动、历史记忆及文本书写等问题,依据民间海洋文献展现海洋文化的多样性和复杂性。妈祖是海洋信仰中最重要的神灵之一,学界已有丰硕的研究成果。陈支平(厦门大学)《明代关于"天妃"封号的论辩》着眼于"天妃"封号的狭义和广义理解。重新审视明代围绕"天妃"这一封号产生的争议和辩解,揭示出国家祀典理论与现实实施的差异性。张传勇（南开大学）《明清城隍神的等级性及其表达》一文，考察城隍庙建置与各级城隍庙祔祀情况体现的等级性，以及城隍信仰中超等级的"自大"心态，并由此探讨明代以降江南地区下层聚落城隍问题。王荣湟（暨南大学）《论明清丛林禅堂修行生活制度》综合考察明清禅堂修行生活制度，指出禁欲主义和禅定苦修是这些制度的基本特征，神圣性的减弱则构成禅宗衰微的重要表征。石野一晴（日本庆应义塾大学）《瓶钵飘然随处去——"朝圣导游书"所阐明的清代僧侣参学与全国圣地》一文，利用晚清杭州高僧为僧侣所编《参学知津》考察僧人参学。关注诸如"挂单""勤问""请印"等关键词映射出的僧侣参学旅游情况。另指出，《参学知津》涉及丰富的社会经济史资料，可视为晚清佛教界旅游信息百科全书。汤开建（澳门大学）、赵殿红（澳门科技大学）《清顺康时期江南省天主教的发展与繁荣——以江南省天主教教堂、教友数量发展为中心展开》，将教堂和教友数量视为衡量天主教教务发展情况的标准，通过爬梳中西文献所载教堂和教友数据，系统考察天主教在江南省各地发展情况，进而揭示出清朝初年江南地区的天主教务最为发达繁荣。

城市史将社会生活置于空间范围。井上彻（日本大阪市立大学）《围绕传统都市的讨论》回顾罗威廉等对中国都市"自治"问题的讨论，以明清时期传统都市为研究对象，引出三个问题，即"如何与西欧都市历史构建比较史视角""都市与乡村的关系""移民前线和都市化的关系"，以问题为线索启发对传统都市的后续研究。

五、明清时代的社会经济及其他

地域经济的研究，可具体呈现经济史在不同区域的面貌差异。建于明初的明代南京八大寺作为国家寺院受皇权庇护，占有大量公田。何孝荣（南开大学）《明代寺院经济研究——以南京八大寺公田租税纠纷与诉讼为中心的考察》，聚焦八大寺经济盛衰过程与涉及公田的纠纷诉讼。描绘八大寺国家寺院经济特色，由此窥见南京寺院经济乃至佛教寺院经济式微图景。禹州是清代华北三大药市之一，许檀（兰州大学）《清代河南的禹州商业——兼论禹州药市的发展脉络》考察晋商在禹州的经营活动。揭示禹州药市的发展脉络同地方政府、士绅、商帮等不同力量的关联，指出晋商开创的市场基础是禹州得以在清代后期迅速发展的最重要因素之一。实征册是明中后期以降各地州县征税工作常用册籍，杨国安（武汉大学）《清代两湖地区赋役实征册籍类别述要》考订清代两湖地区实际征收赋役过程中使用的册籍类别。揭示实征册反映两湖地区赋役征收实态，有地方性特征，也体现国家控制地方社会的能力。

财政方面。陈锋（武汉大学）《清代盐务与造办处经费、物料来源》一文，以造办处为中心，依据档案资料考察清代皇室财政与盐务的关系。指出在造办处的经费来源中存在来自盐务的款项，部分造办处的物料和活计依赖盐务承办，揭示盐务、皇室财政、国家财政三者间存在复杂关联。刘凤云（中国人民大学）《蠲免、捐纳与康熙朝的地方钱粮亏空》一文。从政策设计与制度建设角度入手分析清代国家政治问题。指出蠲免、捐纳与钱粮亏空反映清代国家制度乃至体制的问题，清朝财政体制各项制度间缺乏相互联系的链条，故而在制度的实际运行中缺乏相互联系的能力。明中叶后，形成白银和铜钱两大货币流通体制。清乾隆初期后,始出现白银被驱离而铜钱独占地方市场的构造,罗冬阳(东北师范大学)称之为"银钱两重构造"。其《清朝盛世的银钱两重构造世界》一文,围绕乾隆时期地方市场铜钱排斥白银展开论述。指出银钱两重构造过程展现国家财政和地方财政体制的弹性和张力。周健(华东师范大学)《贡赋与市场:清代的漕粮市场化问题》聚焦十九世纪中期以降漕运制度的变革,揭示漕运事务的主导逻辑逐渐由贡赋转向市场。

多篇论文聚焦交通格局、商业与产业等问题。清代京杭大运河以淮安为水陆交通的交会点,是为"南船北马"交通格局。李泉、吴欣(聊城大学)《南船北马:清代的大运河交通格局》一文认为,北方水运交通日益衰落、运河水驿接待功能随之退化的格局形成于清中期,原因在于水源缺乏和河道淤浅。与商人相关的讨论日益丰富多元。张海英(复旦大学)《明清商书中的商业伦理与商人意识》以最能体现商人意识的商业书为着眼点,关注商书中有关商人角色形象、经营环境、商业伦理的内容。揭示商书现象体现明清商人有意构建有浓厚儒家文化色彩的商业文化。已有会馆研究多将会馆视为异籍同乡在客地所建,封越健(中国社会科学院)《清代本地会馆举隅》侧重清代非异籍人士在客地建立的会馆,尤其注意本地人在本地设立的会馆,即本地会馆。描绘出本地会馆在地域上的分布,指出本地会馆在功能上与异籍人士在客地建立的会馆基本相同,一定程度丰富了对商人会馆的认知。关于资源、产业与市场问题。熊远报(日本早稻田大学)《传统城市的基本生活用品供应市场——以清代北京居民的用水买卖为中心》以清代至民国时期北京的生活用水买卖为中心,考察传统城市的市场及其特性。尝试引入市场与供应、水源所有权和经营权等问题,分析北京市民日常生活用水的需求和困境,讨论传统城市的基础设施与基本供应问题。唐立宗(台湾暨南国际大学)《严立盗掘之禁:明代颁行矿法条例的历程观察》从历时性探讨明正德初年至万历年间朝廷推行的矿法禁令。指出官方严厉打击非法采冶活动,以免对官矿和矿课征收造成负面影响;调整演变矿法是应对明中后期社会风气变迁的一种举措。清代铜钱铸造原料主要来自云南和日本,日本铜也被称为洋铜。松浦章(日本关西大学)《乾隆时期长芦盐商王世荣的日本铜贸易》聚焦乾隆年间负责采购洋铜的王世荣家族,梳理王世荣家族的经营活动及规模。指出王世荣受政府命令直接参与洋铜的采购和运输业务,其洋铜采办事业仅从乾隆四十八年(1783)开始,短暂维系至乾隆五十三年(1788)。

产业教育方面。直隶水产讲习所是清末新政时期借鉴日本经验成立的第一所培养水产人才的学校。杨峻懿(日本京都大学)《清末水产知识的传来与直隶水产讲习所的创立》以直隶水产讲习所为中心,考察学校教员、水产教育课程、水产人才培育及毕业后去向、学校教育改革等问题,由个案探讨中日水产交流史,以及中国国内水产学校教育的发展情况。

六、明清时代的思想文化及其他

梳理解读学术思想是明清时代思想文化研究的传统重点内容。王豪(北京师范大学)、林存阳(中国社会科学院)《道与民:戴震学术思想的清学特性》指出,戴震讲求实事求是,注意学问之道,同样也关心人伦日用实事,即以"道"为中心、以"民"为基本。揭示清初以来的经世思潮隐藏在考据学的话语中,并未断绝。"知行合一"是王阳明心学的核心议题之一,方志远(江西师范大学)《"知行合一"的阳明解读》聚焦王阳明自身的实践如何诠释"知行合一"。揭示王阳明既是"学者"也是"行者","知行合一"之所以为人们接受,是因为王阳明以自己的行动事功为范例展示"知行合一"。侧重于人的行动和实践,拓展思想史研究的路径。黄铮(日本立命馆大学)《浅议明末清初文人思想中的"末世"语论及其表述》一文,以明末清初为历史语境,列举士人"末世"语论个案,讨论士人思想中"末世"语论的产生及表达问题,进行群体与个体士人思想的交互研究,为思想史研究提供新视角。

思想与社会的联动问题引发与会学者的讨论。科举考试被视为观察一个时代政治、社会与思想的特殊窗口。张献忠(天津师范大学)《晚明科举与思想、时政的关系考察——以袁黄科举经历为中心》聚焦科举考试鼎盛的晚明时期。透过袁黄多次坎坷的科举考试经历,揭示晚明思想文化对科举考试的影响,分析科举与意识形态以及国家政治间复杂的互动关系。黎志刚、张沐(澳大利亚昆士兰大学)《张之洞的经世思想和实业政策》,以张之洞为例探析经世思想和实业救国的契合情况。通过梳理张之洞的生平履历,揭示张之洞的经世思想始终围绕着经济军事问题、人才需求、知行合一,核心即中国的利权问题。指出虽然兴办汉阳铁厂未能成功,却为中国保存利权,展现出实业救国的愿景。多篇论文从文献入手,将思想置于历史时空脉络。明人钟化民在万历年间编纂《圣谕图解》,辅以图像逐条注解明太祖的"圣谕六条"。陈时龙(中国社会科学院)《钟化民与〈圣谕图解〉》结合文献与碑刻资料,指出钟化民编纂《圣谕图解》与朝廷倡行向民众宣传明太祖的六谕有关。将《圣谕图解》与其他诠释六谕的诗歌进行对比,指出《圣谕图解》具有注重教化、图像叙事性强、精致细微等特点。《贞观政要》被视为明代帝学必用书籍之一。解扬(中国社会科学院)《〈贞观政要〉与明代经筵》以明代经筵讲学与君臣相处状态为背景考察《贞观政要》。文章考订了明初、明中叶、晚明不同历史阶段《贞观政要》的政治形象及其在经筵中的地位。北宋张载所撰《西铭》被视为宋明理学的经典文本,历代学者提出不同的诠释途径。吕妙芬(台湾"中研院")《〈西铭〉诠释的现代转折》一文,讨论《西铭》在清代与民国时期诠释的变化问题。指出《西铭》诠释变化与时代变迁紧密相关:清儒除沿袭前人见解外,另融汇天主教与民间宗教等内容;至民国时期,政客或新儒家利用《西铭》宣扬寓于世界范围内的中国文化,鼓舞民族精神,流露出全球和宇宙视野。

学术风潮与史学方面。吴建华(苏州大学)《明代苏州的学术与学风演变》利用《四库全书总目》,以学人为中心,整体梳理明代苏州学术学风演变情况。揭示社会环境变迁对学风的影响,指出苏州学风问题可延伸至宗教、科技、收藏等领域综合考虑。周文玖(北京师范大学)《实学思潮与明清之际的史学》以顾炎武、黄宗羲、王夫之三大思想家为例,讨论明清之际实学与史学的关联。认为明清之际的中国史学是实学思潮下的史学,也是实学的组成部分。指出明清之际史学家的史学特点可概括为"博学于文"和"行己有耻",明清之际的史学因倡导求真致用而受到后世的推崇。两篇论文涉及历史书写的真实性问题。吴兆丰(武汉大学)《明正德年间镇守中官模范塑造与挫折——以镇守太监刘璟为中心》,关注《明武宗实录》与《萃美录》《两广去思录》有关明正德年间镇守太监刘璟的不同书写差异。文章指出,对赞美刘璟的记录不能单纯理解为地方官员和士人谄媚屈服太监,刘璟有意谋求德政,以贤宦自任;地方塑造贤良镇守中官的文化意象,实际受到彰善显恶的循吏文化传统影响。毛佩琦(中国人民大学)《〈明实录〉,编纂者的自我书写》从《明武宗实录》入手关注历史书写的主观性。认为《明武宗实录》中有关明武宗嬉戏玩乐的记载与实录编纂者杨廷和、杨慎有关,杨廷和借《明武宗实录》贬抑明武宗怠政。揭示出实录编纂者借助前朝国史、实录的历史书写凸显自己的功绩的现象。明实录的版本、抄写和流传等问题十分复杂。南炳文(南开大学)《辽宁省图书馆藏〈大明光宗贞皇帝实录〉考论》一文提出,较之国内所藏的红格本和广方言馆本,辽宁省图书馆所藏《明光宗实录》版本更优,认为此本对于了解《明光宗实录》和明光宗时期史事,具有不容忽视的价值。文献校勘对于史学研究有重要意义。李小林(南开大学)《〈明史·河渠志〉及其"黄河"篇辨误》一文,参照明实录、志书、政书、笔记、诏令奏议等史籍,对1974年中华书局点校本《明史·河渠志·黄河》存在的问题作了细致校勘。何朝晖(山东大学)《明代政书的编刻与流通》考察明代政书编刻的目的、编刻方式、流通与作用。认为,明代政书保存一代典章制度,为政府和官员行政行事提供准则,一定程度上防范官员舞弊。文章指出,较之宋代,明代政书得以相对自由流通,受益于明中后期繁荣的民间出版业和相对松弛的政书流通管理方式。

其他方面。关于清史研究的回顾与反思。夏明方(中国人民大学)《清史研究向何处去?——从四百年的叙事脉络看当前清史研究的若干问题》一文,主张将清朝自撰之史与后人对清朝历史的追溯结合起来,从长时段回顾清史研究的学术史发展理路,以彰显不同时代清史研究的特色,为今后清史研究提供借鉴。

结　语

综上,纪念缅怀郑天挺先生在明清史领域的教研是本次讨论会的主题之一,会议回顾了郑天挺先生的学术贡献和治学精神,与会论文也多体现郑天挺先生治史的诸多原则,如全面占有、深入挖掘材料;注意运用原始文献,重视利用档案和满文资料;贯通明清断代史等。

本次明清史国际学术研讨会,亦从多个侧面推进对明清时代中国社会多元面貌的研究。常建华教授在大会闭幕词中指出,明清史研究应当加强对于明清时代整体的新认识,并将本次会议的特色归纳为四个方面。作为本文的结语,摘录如下:

其一,时间观的考察。改革开放以来,明史、清史研究分别取得了突飞猛进的成绩,亦存在各自为营的局限,有必要加强明史与清史学者间的对话。郑天挺先生创办的南开版的明清史国际学术研讨会,强调明史与清史的整体性,像孟森先生、郑天挺先生那样的学者对明史、清史的研究都有很深的造诣,值得我们学习。深入探讨明清时代历史的延续与断裂,应避免以偏概全、顾此失彼,既要看到历史的延续性,又要把握好时代的变革。

其二,地域观的考察。地域研究无疑具有重要性。关于明清时代国家内部的地域空间,会议论文涉及东北、西北、华北、江南、东南、两湖等地区,讨论地域文化认同、城市问题等。此外,东亚乃至全球的视野十分重要。本次会议有多篇关于东亚地区中韩、中日关系的论文,反映出东亚的思考;还涉及中西关系的讨论,如中国人对佛郎机国的印象、传教士问题等,反映出学者学术视野的开阔性。

其三,多元深入的具体研究。与会论文主题鲜明,包含诸多历史面向。会议有关明清时代政治、军事、经济等各项制度的讨论,不仅有对于制度的梳理和考订,如明代锦衣卫职能、衙门杂役的构成、清代的满汉量刑、军机处问题等;还进一步探讨国家体制和社会形态,关注幕府人事制度、乡贤礼仪、官员出行等问题;考察边疆民族地区国家与社会的关系,利用文书讨论地方行政,沟通政治史与社会史,阐发国家与社会关系的新认识。多篇论文同新清史展开学术交流,涉及清代帝国问题、北方民族与汉族关系等,有助于共同提升学术水平,完善历史认识。在资料使用方面,有的学者或利用满汉文档案,研究清廷的制度运作和社会生活;或结合官方政书和民间文献,聚焦财政、赋役、商业、市场等问题。讨论思想文化,不同学者注意连接国家意识形态与民间社会,纠正误说,提出新见,如宣讲圣谕、宫廷经筵、朝廷封神等。再者本次会议有关社会生活的讨论,以认识社会为立意,展现"人"的身影,如医疗与性别、士人日常生活、负面士人形象与社会问题等。

其四,求真求新的学术精神。学术研究是在积累和传承的基础上进行创新,应当敬畏学术。本次会议有不少论文对传统问题提出新论和再探,如明朝国号、满洲族称、辽东佟氏家族、满洲汉姓与八旗汉军等,均是针对已有相关研究的明清史问题,或进行补证,或厘清认识,提出新看法。

作者简介:郭志慧,南开大学中国社会史研究中心暨历史学院硕士研究生;张传勇,南开大学中国社会史研究中心暨历史学院副教授。

【书评】

法律社会史范式下的中国法律文明书写
——读张仁善教授《中国法律文明》

李相森

2019年8月,由中国新闻出版研究院等机构评选的"新中国70年百种译介图书推荐目录",南京大学法学院张仁善教授《中国法律文明》(南京大学出版社,2018年)一书入选;2018年《中国法律文明》被列入"国家社科基金中华学术外译学术丛书项目"(英文);2019年《中国法律文明》再次被列入"国家社科基金中华学术外译学术丛书项目"(意大利文)。该书甫一面世,即荣列有关项目,足见其颇高的学术价值及较强的社会影响力。

中国法律文明历史悠久,灿烂辉煌,是中华文明的重要组成部分,在世界法律文明史上占有一席之地。近代以降,随着西方法律文明的涌入,中国法律文明开始了艰难而痛苦的转型。出于坚守和传承本土法律文明的使命感以及对中国法律现代化的深切期待,部分学者不遗余力地展开对中国法律文明的研究,诞生了诸如《中国法律发达史》(杨鸿烈,中国政法大学出版社,2009年)、《中华法制文明的演进》(张晋藩,法律出版社,2010年)等优秀的研究成果。在全球化时代不同法律文明不断对话交融、中国法治建设日益深入的背景下,探讨传统中国法律文明的优长、不足及现代性转化具有其必要性和特殊之意义。《中国法律文明》一书,以法律社会史为研究范式对传统中国法律文明进行了书写和阐释,向读者展示了中国法律文明的另一番面貌,为当下我国的法治国家建设如何合理对待祖辈创造的法律文明提供了采择取舍的方向性指引。

一、本书的研究范式:法律社会史

本书作者张仁善教授是目前国内法学院当中明确以"法律社会史"为主要研究方向的极少数学者之一。[①]他的《礼·法·社会——清代法律转型与社会变迁》(天津古籍出版社,2001年;商务印书馆,2013年修订再版)、《司法腐败与社会失控:1928—1949》(社会科学文献出

---

① 尤陈俊:《中国法律社会史研究的"复兴"及其反思——基于明清诉讼与社会研究领域的分析》,《法制与社会发展》2019年第3期。

版社,2005年)、《近代中国的主权、法权与社会》(法律出版社,2013年)等多部著作都贯彻了法律社会史研究范式。①《中国法律文明》一书也不例外,具有浓厚的法律社会史色彩,从社会的角度考察法律、理解法制,关注法律的实态和实效,注重中国法律文明的社会学阐释,并怀着温情和敬意去理解特定时代、特定社会的法律文明,最终严格依据史实审慎做出论断。张仁善教授所主张和贯彻的法律社会史研究范式有其理论渊源和特定内涵。

在中国,法律社会史研究的肇端可追溯至20世纪40年代瞿同祖先生的《中国法律与中国社会》。②在该书中,瞿同祖先生兼跨社会学、历史、法律三个学科领域,开创了把法律史与社会史结合起来的研究,由此形成了一种新的学术研究体系,后世学者称之为"法律社会史"③,或者"瞿同祖范式"④。用瞿同祖先生的话来说,他的治学方法是"用社会学的方法和观点去研究中国传统社会"⑤。据此,所谓的法律社会史研究即是用社会学的方法和观点去研究中国传统社会的法律。法律社会史作为一种研究范式有其独特的理论主张和研究方法。

在有关法律的认识上,法律社会史研究者认为"法律是社会产物,是社会制度之一,是社会规范之一。它与风俗习惯有密切的关系,它维护现存的制度和道德、伦理等价值观念,它反映某一时期、某一社会的社会结构,法律与社会的关系极为密切"⑥。在认识法律时,不能仅将其视为孤立的、与社会无关的存在,而应当在充分了解产生此种法律的社会背景的前提下,了解这些法律的意义和作用。研究法律应当注意法律在社会上的实际施行状况,即法律的实效问题。"条文的规定是一回事,法律的实施又是一回事……社会现实与法律条文之间,往往存在着一定的差距"⑦,强调对法律进行活动的、功能的研究。这种主张是与实证分析法学派相对的。瞿同祖先生在《中国法律与中国社会》一书的导论中即指出:"我们不能

---

① 《礼·法·社会——清代法律转型与社会变迁》一书以清代法律转型与社会变迁为研究对象,较为成功地把社会史等学科的方法运用于法制史研究,分析了社会结构、社会阶层、社会生活、社会形态等因素对清代法律转型的影响,被法律史学者徐永康称为"研究中国法律社会史的新作"。参见徐永康:《一部研究中国法律社会史的新作——评〈礼·法·社会——清代法律转型与社会变迁〉》,《江海学刊》2002年第2期。《司法腐败与社会失控:1928—1949》与《近代中国的主权、法权与社会》则是作者有关法律转型与社会变迁研究推进至近代中国的成果,都贯穿着作者"社会变迁是法律变革的根本动因""法律变革必须与社会的发展相适应"等主张。

② 瞿同祖先生于1939年至1944年在云南大学讲授中国法制史、中国社会史。1944年,瞿同祖先生又在西南联合大学讲授社会史。《中国法律与中国社会》即是瞿同祖先生根据他的中国法制史和社会史讲稿改写而成的。1947年,该书被列入吴文藻主编的"社会学丛刊"甲集第五种,由商务印书馆出版。1961年,补充了《宋刑统》和其他材料并修正之后的英译本出版。1981年,《中国法律与中国社会》中文版由中华书局重印出版。

③ 王健:《社会学视野中的法律——瞿同祖访谈》,载瞿同祖:《中国法律与中国社会》,北京:商务印书馆,2010年,第409页。

④ 苏力称:"自1980年代以来,他(瞿同祖——笔者注)的著作和研究进路主要通过学术市场潜移默化地影响了一代不限于法律史的学人,获得了相当广泛的自发的社会影响,出现了一批或多或少地追求瞿同祖范式的研究著作。"(苏力:《在学术史中重读瞿同祖先生》,《法学》2008年第12期。)尤陈俊则明确将瞿同祖在《中国法律与中国社会》一书中所开创的"法律社会史"研究称为"瞿同祖范式"。(尤陈俊:《中国法律社会史研究的"复兴"及其反思——基于明清诉讼与社会研究领域的分析》,《法制与社会发展》2019年第3期。)

⑤ 王健:《社会学视野中的法律——瞿同祖访谈》,载瞿同祖:《中国法律与中国社会》,第413页。

⑥ 瞿同祖:《中国法律与中国社会》,导论。

⑦ 瞿同祖:《中国法律与中国社会》,导论。

像分析学派那样将法律看成一种孤立的存在,而忽略其与社会的关系。"①

由于政权更迭、社会变迁、学术研究的转向,瞿同祖先生所开创的法律社会史研究一度中断,直到20世纪80年代末之后才得以赓续发展。②张仁善教授深受瞿同祖先生治学风格之影响③,同时又得冯尔康、蔡少卿等"社会史"大家之亲炙④,接受了系统的以社会史学为主的知识训练,自觉地遵循法律社会史范式展开学术研究。面对20世纪80年代初敲响的"史学危机"警钟及法律史研究在研究理念、研究视野及研究手段等方面的危机与挑战,张仁善教授提出了应对之策——开展中国法律社会史研究,并对法律社会史进行了明确的定义,推动了法律社会史研究的发展。

张仁善教授认为:"中国法律史,不仅仅是法律制度、法律思想的历史,而且还是法律与社会结构、社会生活等互动的历史,即法律社会史。中国法律社会史的定义是:研究中国法律与中国社会结构、社会阶层、社会生活及社会心态关系的历史,目的是揭示中国法律发展与中国社会变迁之间的内在联系,探求中国法律演变的历史规律。"⑤开展中国法律社会史的研究,可以拓宽法律史的研究视野、丰富研究内容、促进研究方法的更新,一定程度上有利于法律史研究的"新生"。

相较于瞿同祖先生的法律社会史研究源于社会学、人类学、历史法学派的影响⑥,张仁善教授所主张的法律社会史研究则受历史法学派、社会法学派、年鉴学派以及社会史学的综合影响,具有了与"瞿同祖范式"不同的内涵。张仁善教授在继承瞿同祖先生关于法律与社会关系的认识,注重对法律实际功能、实践效果考察的同时,明确提出法律社会史研究的对象是法律与社会结构、社会阶层、社会生活、社会心态的关系,研究对象的范围大大扩展

---

① 瞿同祖:《中国法律与中国社会》,导论。
② 有学者认为当下学界的多数中国法律社会史研究成果实际上并非直接赓续"瞿同祖范式",而是另有其他的学术渊源,是20世纪80年代中后期以来在国内历史学界复兴的"社会史"之研究方法向中国古代法律议题的延伸和扩展,是研究中国社会史出身的学者针对中国古代法律议题所做的示范性研究影响的结果。参见尤陈俊:《中国法律社会史研究的"复兴"及其反思——基于明清诉讼与社会研究领域的分析》,《法制与社会发展》2019年第3期。
③ 张仁善教授自陈,瞿同祖先生的《中国法律与中国社会》是给予他启发最深的两本书之一,并曾下决心考瞿先生的研究生,后因瞿先生身体原因已不带学生而作罢。参见张仁善:《礼·法·社会——清代法律转型与社会变迁》,北京:商务印书馆,2013年,第367页。
④ 冯尔康,江苏仪征人,在改革开放初期明确倡导进行社会史研究,对社会史学科的研究对象、方法、研究价值、资料及相关理论问题进行了系统探讨,开设社会史课程,组织社会史学术研讨会(冯尔康先生本人为中国社会史学会创会会长),推动了中国社会史研究的复兴,著有《中国社会史概论》等。参见冯尔康:《学无止境,是我治学的座右铭》,载冯尔康:《冯尔康文集》,天津:天津人民出版社,2019年,自序。蔡少卿,江苏张家港人,被裴宜理(Elizabeth J. Perry)称为中国顶尖的社会史家之一,在南京大学建立社会史研究室,开设社会史课程,主编社会史理论著作《再现过去:社会史的理论视野》,参与筹建江苏省社会史学会并担任会长(这是国内最早成立的省级社会史研究会),主编《中国社会史丛书》等。参见蔡少卿:《社会史家的学术春秋》,南京:南京大学出版社,2016年。张仁善教授于1985年至1988年在南开大学历史系师从冯尔康先生攻读硕士研究生;1993年至1996年在南京大学历史系师从蔡少卿先生攻读博士研究生。
⑤ 张仁善:《中国法律社会史的理论视野》,《南京大学法律评论》2001年春季号。
⑥ 瞿同祖先生对撰写中国法律史著作的缘起做了说明:"少时读H.Maine之Ancient Law及Early Law and Custom等书,辄叹其渊博精深,颇有效颦之志,而力有未逮也。及读Malinowski, Hartland诸人类学家初民法律之作,益叹西方诸哲为学之精进,其说日新月异也,因窃不自量,益有撰述中国法律史之意。"(瞿同祖:《中国法律与中国社会》,序。)梅因是英国历史法学派的代表人物,马林诺夫斯基则为人类学家,可见瞿同祖先生受历史法学以及人类学之影响。

且更加明晰;在分析文本上的法律与实践中的法律之间关系的基础上,还应分析法律文本与实践效果之间差距产生的原因,"注意法律条文产生的动因是什么,实际功能有多大,实践的效果如何,哪些因素影响法律的功能的发挥"[1];在研究方法上,以法学理论为基础,以社会演变为线索,综合运用法学、社会学及历史学等学科的多种方法,强调将法律(规范与制度)置于社会大背景之下考察,从历史的"长时段"考察法律与社会的变迁;在研究目的上,揭示中国法律与社会发展的内在关系,探寻法律发展的历史轨迹,为当下法律与社会发展的协同共进提供指引。

二、本书的内容:中国法律文明的整体多维书写

法律社会史研究范式之下的中国法律文明书写,将中国法律文明视为一个纵向连贯、横向相通的整体进行考察,关注中国法律文明的实际样态,阐释各种法律制度、理念、文化在整个传统社会中的功能作用,从历史的"长时段"探讨法律发展演变与社会变迁之间的内在关系,并在立足于中国本土社会理解、评价既有法律文明的基础上,从古今中外的广阔视野对比不同时代、不同区域的法律文明,既彰显本土法律文明的特征,又试图寻求中西方法律文明的沟通融合。具体而言,本书以法律社会史为研究范式,从以下方面对中国法律文明进行了整体性的多维度考察:

第一,采用整体主义的视角,将"中国法律文明"作为一整个的系统进行研究。"文明"是指称一切人类物质及精神创造的大词,中国法律文明内涵宏丰,包括了法律规范、法律制度、法律思想、法律设施、法律群体等丰富的内容。本书以"内容"主线,从礼制文明、刑制文明、法理念文明、法体系文明、契约文明、调解文明以及司法文明七个方面探讨中国法律文明,基本上囊括了中国法律文明的主要内容,既论述了规模宏大的法典体系,又介绍了复杂精密的法律制度,还分析了深邃多元的法律思想和理念;既关照官方的正式典章制度,又兼顾民间的礼俗习惯、家法行规;既涉及应然层面的制度理想,又描绘了实然的法制运行样态。而且整体性的系统考察并不是粗线条的"大写意",而是建立在对史实细节的"工笔"描绘之上的通观综览。在具体论述时,作者又将七个方面的内容有逻辑地进行了细化。例如,在论述司法文明时,作者从司法群体、司法原则、司法理想、司法失序四个方面展开,运用了大量的法典、政书、判牍、实录、笔记、小说等史料,广征博引,详细而生动地描述了传统中国司法制度及其运行样态。这种研究对象的构建和论述突破了传统中国法律史书写的编年史框架或"部门法史"式的编著体例,对中国法律文明作了全方位的立体考察,既描绘了中国法律文明的整体面貌,又鲜明地突出了中国法律文明的特色。

第二,目光向下,从社会实际层面考察中国法律文明的实态真貌,并分析"文本上的法律"与"行动中的法"之间的差距及其原因。以往的法律史研究侧重于国家正式典章制度、正统法律思想的静态描摹和叙述,较少关注制度的实际运行状态以及普通民众的法律意识、观念和心态。法律社会史研究范式则目光向下,主张关注法律在社会运行中的实际样态,考

---

[1] 张仁善:《中国法律社会史的理论视野》,《南京大学法律评论》2001年春季号。

察其实效,并分析导致法律应然与实然之间差距的原因。在本书中,作者注重从底层视角考察传统社会法律的实态真貌。在一般人眼中,中国古代礼法森严,名教盛行,人性欲望遭受严重禁锢,守旧官员是"封建卫道士",严守礼法。但作者却指出:"历史上的许多礼法制度在文本上虽然极为严密,但在实际社会生活中,其作用往往会大打折扣。各个历史时段,礼法制度所发挥的功能效应并不一样。而且也并不是所有官员都板着'卫道士'面孔审理感情案子,相反,他们经常会摆脱礼法教条,自由发挥,做出合乎情理、顺应人性的判决。"[①]"天理、国法、人情"的兼顾与和谐是传统司法的理想,"天理"不是虚无缥缈的,而是实在的为大多数民众所认知遵守的伦常关系、生活习惯和准则。古人与今人一样,都是活生生的人,也有情感、喜好、欲望。礼法也不过是"因人之情而为之节文"(《礼记·坊记》),人情是先于礼法,礼法是以人情为基础的。这是对中国传统礼法的解构,却更真实地还原了当时的实际法制状态。而"行动中的法"并不等于"文本上的法",实际的法制样态和法制理想或期待之间可能存在差距。法律文本在转化为具体的法律行动时,要受到文化观念、社会组织和社会心态的影响和限制,会变形、走样,甚至是异化。这也是传统中国司法非理性、司法弊端、公信力缺失等失序状态出现的原因。挖掘、分析这些影响法律运行效果的因素,正是法律社会史研究的目的,也是法律社会史研究有益于当下法治建设的价值所在。

第三,从功能主义的角度,探讨传统中国法律文明的内在逻辑。所谓功能主义"即把社会生活的各个方面,如风俗、制度或信仰等视为一个相互之间有着密切联系的统一体,通过考察各个部分在社区整体中所占的地位,来探求对社会生活的认识和理解"[②]。法律社会史研究中的功能主义是强调法律的产生是由于社会之需要,法律的存在是因其具有满足社会需要的功能,"法律规则源于社会生活方式,法律体系因维系社会结构稳定或社会秩序的需要而制定"[③]。中国传统社会存在着一些在今天看来不可思议的法律规范、制度和理念,如果从社会功能的角度观察,就很容易理解其背后的原因和逻辑。在本书中,作者从功能主义的角度对传统中国为什么存在与"罪有应得"观念相反的赦免制度进行了阐释。"法律是文明社会的产物,在文明社会里对于犯罪惩治的目的已经不是原始社会中简单的报复,它是具有多种社会功能的实现社会有效控制的一种惩戒机制。统治者逐渐懂得惩治犯罪不是为惩治而惩治,因此就有了与惩治相反的赦免。"[④]"从社会角度看,赦免不仅有利于减少死刑、处理特殊矛盾、节约司法资源,而且更为重要的是,它能够抚慰人民的心灵,从而彰显国家(地区)恩德。"[⑤]再比如,关于传统中国法律文明是否仅是"刑法"文明而无民事规范和契约传统这一问题,作者认为中国文明延续数千年之久,不可能没有妥善处理相互纠纷的规则,并用大量的中国古代契约文书、民间规约以及民事案件的解决证明"中国古代虽没有西方市民法意义上的民法,但却存在着功能上的民法典,有一整套调处民事纠纷的规则或机制"[⑥],

---

① 张仁善:《中国法律文明》,南京:南京大学出版社,2018年,第369页。
② 王健:《社会学视野中的法律——瞿同祖访谈》,载瞿同祖:《中国法律与中国社会》,第414页。
③ 张仁善:《中国法律文明》,第95页。
④ 张仁善:《中国法律文明》,第71页。
⑤ 张仁善:《中国法律文明》,第72页。
⑥ 张仁善:《中国法律文明》,第168—169页。

"契约充当了调整、维系民事法律关系的主要角色。它既是民事关系准则,也是民事纠纷解决依据"[1]。

第四,采用内部视角,立足中国本土社会书写中国法律文明。当前,我国的法学理论基本上来自西方,法律制度亦多学习、模仿欧美。传统中国法律文明因年代久远,不行于当世,且在话语体系上与现代西方法律文明方凿圆枘,结果,不仅一般国人对于本土法律文明不了解,学术界也存在一些有关传统法律文明的似是而非的论断。对此,本书作者认为:"每种法律文明的产生和发展,都有其自身的经济、社会和文化背景,离开了这些背景,选择几个先定的格式条框,勉强套用,难以解释人类法律文明的多样性。"[2]在理解中国法律文明时,不能脱离中国本土社会和文化传统,单纯套用西方的概念、理论,或者用现代的标准评价中国古代的法律制度。本书综合运用官方史书、判牍、档案、公牍、尺牍、方志、碑刻、族谱、笔记、小说等多种史料,尽量用传统中国的法律语词描述法制史实,力图从中国本土社会来理解中国法律,所以将一些非经典意义上的法律制度、现象也纳入考察范围,比如"风俗习惯""家规族训""刑名幕友""讼师"等,并且从中国社会的架构逻辑、文化传统去解释、评价传统法律。在法律起源问题上,一般通说认为,礼源于祭祀神明祖先,而作者则提出"礼的起源应该先从早期人际活动中去探寻"[3],认为礼最初是在早期农业社会的人们庆祝丰收、举行宴会的活动中发展起来的,后来才与事神致福相关,升华到国家层面的礼仪和礼制而与法律相关。此种主张将对礼的起源解释从"神"拉回到"人",而归于饮食宴会,是从中国社会发展视角出发的合逻辑推演,也有文字学、考古学上的依据,令人信服。再比如,作者认为中国古代法律多元,公法发达,私法隐晦,与专制主义和宗法家族制度密不可分;在评价传统中国的息讼宣教时,认为"基于传统中国社会结构、社会生活基础上的善良风俗教育、忍让宽容感化等,很大程度上发挥了平息纷争、减少诉讼的作用,既降低了当事人的成本开销,又节约了国家有限的司法资源,无论是对国家、政府,还是对社会、民众,都传递了较多的正能量"[4]。当然,采用内部视角、立足中国本土并非排斥外部观照,一概摒弃西方的理论学说。恰恰相反,没有外部的对比、观照,内部视角要么是"坐井观天"的狭隘,要么是"自卖自夸"的盲目,或者是狭隘加盲目的"民粹主义"。本书在探讨中国法律文明时,亦不忘古今中外的对比,并大量引用西方社会学家涂尔干、福柯、马克斯·韦伯,法学家贝卡利亚、梅因、波斯纳等的论述和观点。在考察死刑制度时,作者将中国死刑置于世界刑法文明中做比较考察,发现中西方都存在酷刑现象,这是世界刑法文明发展中存在的普遍现象,受慎刑恤刑思想影响,中国历朝历代对死刑多持审慎态度,不轻易判处死刑,反而是相对文明和进步的。[5]在考察中国的宗教息讼宣教时,亦观照了天主教、基督新教的息讼宣教内容,指出了中西文化在息讼宣教上的暗合与相通。[6]这种外部视角的观照一定程度上保证了对传统中国法律文明评价的客观公允,也为中国法律文明与世界其他法律文明的沟通、融合提供了可能。

---

[1] 张仁善:《中国法律文明》,第239页。
[2] 张仁善:《中国法律文明》,第44页。
[3] 张仁善:《中国法律文明》,第3页。
[4] 张仁善:《中国法律文明》,第274—275页。
[5] 张仁善:《中国法律文明》,第82页。
[6] 张仁善:《中国法律文明》,第272页。

第五，从历史的"长时段"，探究中国法律文明与社会发展演变的内在联系和规律。法国年鉴学派大师布罗代尔提出，研究历史的主要途径就是将它视为一个长时段（La longue duree）。①长时段的历史在时间上一举包容了所有的世纪，具有长期稳定性。长时段历史研究是透过转瞬即逝、变幻无常的历史表象，探究稳定的社会结构和价值观念。张仁善教授将长时段的概念引入中国法律史研究，提出："研究中国法律史，不能只聚焦于短期、突发的事件上，要放宽时间段，着力寻找法律演变根源及规律。"②在本书中，作者将自初民社会至近代社会近五千年的中国法律文明一起纳入考察研究的视野，如同在万米高空俯瞰大地，描绘出了中国法律文明曲折蜿蜒的发展源流及其与中国社会变迁的密切联系。作者不仅从历史的长时段出发总结中国法律文明的整体特征，还探究这种特征形成背后的社会原因。例如，在详细梳理自夏至民国法律体系的基础上，作者总结了传统中国法律体系以刑法为主的特征，并进一步分析："相对于西方法律而言，传统中国法律以刑事法律为主的过程要长得多，这是集权政治强大和社会结构相对封闭及发展滞缓造成的。"③在探讨传统法理念及其变迁时，作者考察了两千年来儒家与法家法理念的交锋、调和，指出了支撑礼法理念长期存在的宗法社会结构及以权力为中心的政治体制，礼法分离背后则是中国社会的变迁，进而提出法律变革应当与社会变革、政治变革协同进行，方可实现法制后进国家的现代化。④正是具有宏阔的长时段的历史视野，作者才可能纵览数千年中国法律及社会发展演变的整体性规律，提出如此发人深省之论。

三、未竟的话题：中国法律文明的走向

历史上，中华民族创造了灿烂辉煌的法律文明，正如作者所言："以中国法系为核心的中华法系曾经引领东亚法律文明，塑造了东亚法圈，也为世界法律文明贡献出了智慧，世界法律文明的华章因此更加璀璨。"⑤但随着时代发展、社会变迁以及外来文化的引入，传统中国法律文明在近代走向衰落，几近于亡。在进化史观的影响下，近代中国出现了全盘否定中国法律文明的论调。时至今日，大多数中国人对本土的法律文明茫然无知或者不屑一顾。与此相对，近代以至当下，也有部分政治人士、学者提出要重建中华法系，赓续和发展传统中国法律文明。⑥诞生于中国本土、延续千年，体现着中华民族性格，并与中国社会紧密结合的传统法律文明随着中国社会的现代化该何去何从？身处21世纪，建设社会主义法治国家的

---

① ［法］费尔南·布罗代尔著，刘北成、周立红译：《论历史》，北京：北京大学出版社，2008年，"前言"。
② 张仁善：《礼·法·社会：清代法律转型与社会变迁》，天津：天津古籍出版社，2001年，第9页。
③ 张仁善：《中国法律文明》，第165页。
④ 张仁善：《中国法律文明》，第140—147页。
⑤ 张仁善：《中国法律文明》，"序言"第2页。
⑥ 民国时期，梁启超、杨鸿烈、程树德、陈顾远、居正等曾对中华法系的界定、形成、特点、重建等相关问题有所关注。居正作为当时的法政要员明确提出建立中国本位新法系。当前学界的相关研究大多集中于中华法系的实体内容，如中华法系的成因、流变、特质、精神等，以及对中华法系崩溃原因的讨论。其中，张晋藩、刘广安、郝铁川等学者的研究颇具代表性。

我们该如何对待祖辈所遗留的法律文明遗产？对于这些问题，本书也给予了我们许多很好的启发。

（一）温情敬意与反省割弃

对于当前应如何对待传统法律文明，作者认为："后人对待既往法律文明，既不能数典忘祖，全然否定祖制，亦不能妄自尊大，一切敝帚自珍；对祖辈创造的辉煌文明，当怀温情和敬意；对时过境迁、日显愚昧滞后之处，不时反省割弃。"[①]但如何做到对传统中国法律文明既"温情敬意"又"反省割弃"是一个难题。

对历史的"温情与敬意"即反对历史文化虚无主义态度、进化观以及似是而非的"文化自谴"。[②]对传统中国法律文明抱持温情敬意即应当承认其价值、优长及合理之处，不能将当下社会所存在的法制问题一概归因为传统法律文明的贻害。而对历史的"反省割弃"则是采取批判的态度，以特定之标准对过往历史做出或好或坏的评价，"好"的即是可以继承发扬的精华，"坏"的则是需要割弃的糟粕。温情敬意与反省割弃是两种截然不同的态度，一是立于古人之立场，一是立于今人之立场；一是要肯定，一是要否定。那么该如何调和这两种看似矛盾的立场或态度呢？

中国法律文明是中华民族数千年法制实践的结晶，闪耀着祖辈先人的智慧之光。但受限于特定的历史阶段和社会形态，传统中国法律文明也有着在今天看来"不文明"的一面。但无论如何，作为后人的我们首先要对传统法律文明有"真了解"[③]，明了传统法律文明之所以如是或不得不如是的因由，并能够体悟古人设规立制、经纶世务的苦心孤诣和聪明智慧。在此基础上，再批评其是非得失，反省割弃。而不能不问青红皂白地一味批评、一概否定，否则，我们将无法从历史中学习什么，也不可能有真正的进步。古今法制并非全然不可沟通，古人和今人也面临着一些相似的问题，分享着一些共同的价值理念。唯有对过往怀有温情与敬意，方可继承弘扬；只有同情之了解，才能真正地反省割弃。历史就是在这种不断的继承弘扬、反省割弃中发展进步。

在本书中，作者抱持着温情敬意的态度，同情地理解传统中国法律文明，并以理性的态度对传统法律文明做出了客观公允的评价，既阐扬了礼治教化、慎刑恤刑、契约精神、调解息讼、情理司法等优秀的传统法律文明内容，也不回避传统法制及实践中存在的等级特权、滥刑酷刑、司法腐败等问题。而且作者将中国传统法律文明与当下法制进行比照、对接和沟通，发掘可融汇至现代法律制度之中的传统法律文明的精华。例如，在谈古代恤刑制度时，作者认为当下的再审制度、死刑复核制度可以看作是传统恤刑制度的延续，一些传统法律

---

① 张仁善：《中国法律文明》，"序言"第 4 页。
② 这是钱穆先生在其《国史大纲》一书中提出的："所谓对其本国已往历史有一种温情与敬意者，至少不会对其本国历史抱一种偏激的虚无主义（即视本国已往历史为无一点有价值，亦无一处足以使彼满意），亦至少不会感到现在我们是站在已往历史最高之顶点（此乃一种浅薄狂妄的进化观），而将我们当身种种罪恶与弱点，一切诿卸于古人（此乃一种似是而非之文化自谴）。"钱穆：《国史大纲（修订本）》，北京：商务印书馆，1996 年，第 1 页。
③ "所谓真了解者，必须神游冥想，与立说之古人处于同一境界，而对于其持论所以不得不如是之苦心孤诣，表一种之同情，始能批评其学说之是非得失，而无隔阂肤廓之论。"陈寅恪：《冯友兰中国哲学史上册审查报告》，载陈寅恪：《金明馆丛稿二编》，北京：生活·读书·新知三联书店，2001 年，第 279 页。

文明的价值依然存在。①在谈调解制度时,作者既看到了调解制度有利于促进和谐司法的一面,也指出其可能导致的影响司法公正、抑制民众权利意识等负面作用。传统中国盛行调解是与封闭的小农经济基础和深厚的血缘地域关系相适应,与礼治伦理秩序相吻合,与乡村自治模式相协调的。当下社会调解制度所赖以存在的社会结构、民众心态都已经发生了变化,复制传统调解模式,既不可能,也没有必要。但调解制度倡导的忍耐谦让、宽容谅解及与人为善的理念,则可以融汇到现代司法理念和制度之中。②

(二)社会土壤改良和民族性格培育

法律社会史研究范式特别强调法律与社会的适应性以及法律的民族性。法律是特定社会的产物,"法律引导社会发展,社会发展则决定法律走向"③,"法律发展离不开社会,包括社会生活、社会习惯、社会结构以及社会心理"④。法律发展的根本动因在社会变迁,法律不可能在社会尚未发生根本变化的前提下发生实质上的变化,即使其在形式上发生了变化。法律有其所产生、存在的社会土壤,"一个民族的法律,无法凭空产生,它离不开本民族的历史、文化和性格的沉淀"⑤。民族特性没有根本改观,特定民族的法律也不会发生根本变化。

传统中国法律文明有其所立基的社会土壤,并体现着中华民族的历史、文化和性格。那么作为宗法等级社会产物的传统法律文明,在现代社会是否必然因其所依存的社会基础的崩塌而趋于消亡,或者中国当前的法治建设是否因其社会基础与传统社会迥异而必然排斥传统法律文明?强调法律的民族性是否意味着中华民族所创造的法律文明可以也应该继续在当下适用,或者当前的民族性格已经完全不同于过往而需要创造与传统法律文明迥异的全新法律文明?

从历史事实的角度而言,传统中国法律文明随着近代中国社会的转型已经整体性地退出历史舞台。但不可否认的是,近代以来中国的法律现代化仍然受到传统法律文明的影响。正如学者所言:"从历史实际的视野来看,中国今天的法律明显具有三大传统,即古代的、现代革命的和西方移植的三大传统。三者在中国近、现代史中是实际存在的、不可分割的现实;三者一起在中国现、当代历史中形成一个有机体,缺一便不可理解中国的现实。"⑥传统中国法律文明并不因社会的转型而彻底丧失其对当下社会的影响力和型塑力。这是因为:第一,社会转型是一个过程,社会转型过程中必然带有前一社会的某些遗存,既有法律文明因此具有了继续存在的可能;第二,即使"新"社会完成转型,在社会性质、社会结构等方面与"旧"社会存在根本性差异,但仍然与"旧"社会分享着共同的族群、历史和文化;第三,作为民族性格、历史和文化沉淀的法律具有一定的独立性,并不会因为社会变迁而从一个民族内心深处的记忆中消退。

传统中国法律文明对现代法制的影响既然是必然的,那么如何正确对待传统法律文明便成了一个必须要解决的问题。对那些不因社会发展而消失的法律传统需要我们仔细辨

---

① 张仁善:《中国法律文明》,第65页。
② 张仁善:《中国法律文明》,第311—312页。
③ 张仁善:《中国法律文明》,第142页。
④ 张仁善:《中国法律文明》,第95页。
⑤ 张仁善:《礼·法·社会——清代法律转型与社会变迁》,"修订版序言"。
⑥ [美]黄宗智:《过去和现在:中国民事法律实践的探索》,北京:法律出版社,2009年,"序"第5页。

分,到底是社会变革不够彻底而使既有法律传统顽固地存续,还是因为这些法律传统确实具有超乎社会形态的普遍性、永恒性。如果是因为社会变革不彻底,就需要继续改革社会,为新法提供社会基础;如果有些法律确有其超乎社会形态的普遍性和优越性,就毫不迟疑地予以发扬光大。对于那些体现民族固有性格的法律传统,需要判断这种民族性格是良善的还是"劣根性",如果是良善性格的产物,就予以保留;如果是"劣根性"的产物,就应坚决予以废弃,并以具有一定超前性的新法施行"法教",培育新的现代民族性格。

在社会转型时期,强调法律与社会的适应性以及法律的民族性,其实是强调法律的真正变革是一项社会系统工程,法律变革要与社会变革同步进行,不仅要进行形式意义上的法典和制度变革,在根本上还应进行社会变革,为法律运行提供适宜的社会土壤;法律变革不是对既有法律传统的全盘否定,应充分重视民族性格、历史和文化,以使法律与本民族的性格、文化心理、风俗习惯相和谐。当然,法律发展和社会发展不是单向度的,而是双向互动促进的,法律可以一定程度上"超前"为社会发展提供引导,法律也应随社会发展而不断调整改进。总之,法律与社会应相互协调,密切结合。

(三)立足本土和放眼世界

本书在立足于中国本土经验书写中国法律文明的同时又具有国际视野,将本土法律文明置于世界法律文明体系下考察。在探讨中国本土法律文明焕发新貌的方式和路径时,作者特别强调本土法律文明与世界法律文明的沟通、融汇。"在学习外来先进法律文化的同时,应注意本土优秀法律文化遗产的继承……唯有凭借对民族传统菁华的自信,对世界先进文明的海纳,自我扬弃,不断升华,保持与各法律文明之间的包容与互补,本土法律文明才能融入世界文明大潮,持久保持旺盛活力。"①

近代以来的中国法制建设经历了一个循环往复的过程。清末变法修律,模仿德国、日本等帝国列强,移植西方先进国家的法律制度。所谓的法律现代化其实是法律的"西化"。国民政府时期,在不断的法制改革挫败后,开始反对大陆法系的法律形式化,而向中国固有的传统法制寻求支撑,试图回归中国固有的文化本位。但传统法制能够为近代社会提供的资源非常有限,不可能复兴旧的法律体制、道德伦理。在经历了本国化、党化之后,国民政府的司法改革转而向英美法系寻找出路,重回国际视角。②1949年后的法制建设由最初的学习苏联到全面废弃,再到中国特色社会主义法治建设的逐步推进,走过了一段曲折的历程。在全球化时代,中国是世界大家庭的重要一员,中国特色社会主义法治建设不会也不能与世界法治潮流完全区隔。我们应当在立足本土的基础上放眼世界,与世界法治潮流相向而行,重建中国法律文明。

立足本土重建中国法律文明主要是指重视本土法律传统的扬弃,从本土社会的实际情况出发建设与本土社会相适应的新法制;放眼世界则需要我们了解世界法治文明的发展潮流,采择世界先进的法律制度,学习先进的法学理论,与世界法律文明相融合。立足本土与放眼世界是对立统一的,本土法律文明具有区域性、特殊性,世界法律文明则具有整体性、普遍性,但本土法律文明又是世界法律文明的组成部分。无视本土社会的法律移植或模仿

---

① 张仁善:《中国法律文明》,"序言"第4页。
② 参见江照信:《中国法律"看不见中国"——居正司法时期(1932—1948)研究》,北京:清华大学出版社,2010年。

终将因缺少社会根基而形同虚设,而忽视世界法治文明发展潮流的法制建设则往往会因缺少外部参照而故步自封。因此,既要从世界法律文明的角度审视本土法律文明,剔除本土法律传统中狭隘、落后的糟粕,以使本土法律文明不与世界法律文明相悖;同时,又要从本土社会的角度审视世界法律文明,对移植的法律制度和理论进行调整,以使世界法律文明与本土社会相适应。

"民族的,未必是世界的。唯有民族中的精华,才有可能成为世界文明的元素。"[1]我们应当发展良善的本土法律文明,为世界文明增光添彩。而良善的本土法律文明应当是能够为本土社会民众的幸福生活提供强有力保障的法律制度、理论和文化。构建良善的本土法律文明需要立足于本土社会的实际情况,呼应民众对美好生活的期待和需求进行法律制度的设计,以是否对社会发展有利为标准对本土传统法律文明进行取舍;同时,要有开阔的胸襟、通达的视野,对世界法律文明抱一种宽容、接纳的心态,一切有利于本土社会民众生活幸福的法律文明成果都是我们要学习和借鉴的。如此一来,本土法律文明在适应本土社会的同时,又能吸纳世界法律文明的精华,既有利于推动本土社会的发展进步,又能够为世界法律文明贡献自己的方案和智慧。

四、结　语

《中国法律文明》一书运用法律社会史研究范式对传统中国法律文明进行了整体性多维度的书写,全面展现了中国法律文明的真实面貌,并启发读者思考如何传承中国本土法律文明,为当下的法治建设提供借鉴。作为一本学术著作,本书体大思精,对相关问题的阐发细致入微,但本书并不晦涩难懂,作者援引了大量的古代案例故事,以通俗、简练、生动的语言描述传统中国法律文明,兼具学术性与趣味性,具有很强的可读性。另外,本书装帧精美,纸张厚重,版面清爽,开卷览读,墨香扑鼻,令人不忍释手。

著作一旦完成便与作者相分离,作品意义的建构和价值的实现就交给了读者。"横看成岭侧成峰,远近高低各不同",同一文本从不同的视角、立场审视就有不同的面貌。读者的既有知识储备、价值观念也会影响着对作品的理解和评价。受学力所限,笔者对《中国法律文明》一书的理解难免浅显、片面,甚至不准确。相信各位读者在阅读本书时,一定会有不一样的体悟。但笔者相信,大家会与我一样在作者所描绘的传统法律文明画卷中,反思中国法律文明衰微的原因,思考本土法律文明如何在西方法律文明发达盛行的情势下存立,如何融入世界法律文明大潮而焕发新的生机活力,进而为人类社会的发展进步贡献智慧。"任何文明最珍贵的繁荣期是会完结的。它们会如火如荼,然后归于灭寂,以后再以其他形式兴盛起来。"[2]我们毫不怀疑中国法律文明会重新兴盛起来,但中国法律文明将以什么形式兴盛起来是我们中国人,至少是中国法律人,需要深思的问题。

作者简介:李相森,南京审计大学法学院教师。

---

[1] 张仁善:《中国法律文明》,"序言"第3页。
[2] [法]费尔南·布罗代尔著,刘北成、周立红译:《论历史》,第13页。

弱势区域的强势研究

——评吴金成《矛与盾的共存：明清时期江西社会研究》

邢书航

近年来，越来越多的学者注意到社会史研究中的区域失衡现象，指出区域社会史研究中存在固有的"优势区域"与"弱势区域"。① 韩国首尔大学明清社会经济史研究专家吴金成教授对此问题亦早有思考，他认为"明清时代的地域史或社会经济史是形成现代中国的直接历史背景"，目前有关该领域的研究主要集中于苏州和上海所处的江南地区，其次是引领中国经济的东南沿海地区（广东、福建等）。② 江西区域社会史研究的弱势同江西的历史地位极不相称，却与江西目前"中部欠发达省份"的地位相合，明清时代经济文化发达的江西地区如何走向衰落，如今江西研究为何长期处于"弱势区域"，这不得不引起人们的思考。

目前关于江西区域社会研究影响较大的海外学者著作，涉及宋代研究的著作有韩明士（Robert Hymes）《政治家与士大夫：两宋江西抚州的精英》（剑桥大学出版社，1987年），涉及明代的著作有约翰·达第斯（John W. Dardess）《明代社会：14—17世纪的江西泰和》（加利福尼亚大学出版社，1997年），明清时期则当推吴金成《矛与盾的共存：明清时期江西社会研究》。前两部著作因为出版较早在中国学界引起了较大反响，但至今未被译作中文；吴金成教授关于江西的区域社会研究成果早年多以论文形式发表，直至2007年才结集成书在韩国出版，虽较少为普通读者了解，但同样具有相当分量。在这样的情况下，2018年《矛与盾的共存：明清时期江西社会研究》一书的移译，可以称得上第一部被译作中文的海外江西区域社会研究成果，对明清时期江西社会研究具有重大影响。

吴金成教授是海外研究明清江西社会的第一人。他在本书的第一版序中自述：

> 笔者着眼江西地方研究不知不觉已有二十五年。最初是为了便于进一步认识湖广（湖南、湖北）地区而进入该领域。皆因窃以为如不能深知398000平方公里之广的湖广地区，就不可能深知164800平方公里之阔的江西。笔者因从事社会经济史研究，最初

---

① 吴琦：《社会史研究中的区域失衡现象》，《江西师范大学学报》（哲学社会科学版）2010年第5期。
② [韩]吴金成著，崔荣根译，薛戈校译：《矛与盾的共存：明清时期江西社会研究》，南京：江苏人民出版社，2018年，第82页。该部分作于2003年，现在看来华北、西南近些年亦出现了大量丰富成果，而江西相比之下还只能归于"弱势区域"。

着手的,是与"明代湖广地方的水利开发与绅士"相对应的"明代江西地方的水利开发与绅士",以此开启了对明代江西历史的观察。①

吴金成1977年发表《明末洞庭湖周边垸堤的发达》(《历史教育》21),1978年发表《明末洞庭湖周边的水利开发与农村社会》(《历史学报》77),继而为了深入认识湖广而进入江西研究,于1984年发表《海瑞新论——明末江西南部的社会及其治绩》(《历史与人间的对应》,汉城,1984),并于此后发表多篇涉及明清江西区域社会的论文,如《明代鄱阳湖周边农村的社会变动》(《东洋史学研究》22,1985)、《明代鄱阳湖周边的水利开发与绅士》(《边太燮博士华甲纪念史学论丛》,汉城,1985),《明代江西农村的社会变化与绅士》(《"中研院"第二届国际汉学会议论集(明清与近代史组)》上册,"中研院史语所",1989)等。

吴金成《矛与盾的共存:明清时期江西社会研究》韩文版由知识产业社2007年出版,同年还出版了其《明清时期社会经济史》《国法与社会惯行:明清时代社会经济史研究》二书②,这三书在许多地方都有可以互见之处。《矛与盾的共存:明清时期江西社会研究》全书分为三篇,共十章,各章主体为作者发表的论文,时间跨度为1990—2008年,凝聚了作者对明清江西区域社会多年来的研究思考。吴金成师从闵斗基、田中正俊、山根幸夫等韩日中国史研究名家,1983年提议组建了韩国的"明清史研究会",早在20世纪80年代即以绅衿、社会惯行方面的研究闻名学界。吴金成熟悉明清人文集和地方志,早年编纂了多种公藏文集、方志的目录,其中影响较大的有《韩国重要图书馆所藏明清人文集目录》(与金学主共编,学古房,1991)、《韩国图书馆所藏中国地方志目录》(汉城大学校东洋史学研究室,1998)。得益于作者的文献学素养,本书运用了超过三百种江西各个时期不同版本的方志,使用了大量明清人的笔记小说和诗文集,也从其他文章转引了一些家谱,在当时已属不易,称得上材料丰富。

本书主旨是分析江西自19世纪中叶经济开始大幅下滑,今天已成为中国本土相对落后的地区,这一变化的原因及意义。从具体事件着手,以小见大,讨论了几对矛盾。第一篇《矛盾的社会》研究15世纪中叶起,江西的耕地得到大规模开垦,但由于财富分配不公平和人口骤增,江西出现了粮食和人口共同被输出的矛盾;分析"矛与盾共存"的明中叶江西正是阳明学产生的摇篮,主张"亲民""四民异业而同道"的王阳明与赣南民众蜂起的矛盾。第二篇《江西的绅士》深入探讨明代传教士与绅衿的矛盾,明清改朝换代之际清军与赣南绅士的矛盾,清末太平军与江西社会和绅士间的矛盾。第三篇《都市、居民、商人》,同《国法与社会惯行》第三篇的《都市和无赖》相对应③,包括明清时期景德镇的"民变",即"械斗"性质的纷争和万历年间反"矿监税使"的民变;江西商人的两面性等矛盾。总体上说,虽以"矛与盾

---

① [韩]吴金成:《矛与盾的共存:明清时期江西社会研究》,第一版序,第1页。此处翻译疑有误,似应作"如不能深知164800平方公里之阔的江西,就不可能深知398000平方公里之广的湖广地区"。另,本书存在大量别字及翻译错误之处,应由编辑及校译者负责。

② [韩]吴金成著,崔荣根译,薛戈校《国法与社会惯行:明清时代社会经济史研究》一书已于2020年1月作为《社会经济史译丛》中的一种由浙江大学出版社出版。

③ 参看[韩]吴金成著,崔荣根译,薛戈校《国法与社会惯行:明清时代社会经济史研究》,2020年,杭州:浙江大学出版社,第221—369页。

的共存"为题,但探讨的问题又不仅仅局限于"矛盾",而是深入矛盾内部,分析矛盾的成因;又跳出矛盾,以江西为例进而讨论中国普遍情况。

作者擅长社会经济史研究,常以数据分析,并绘制图表等方式说明问题,在第一篇《矛盾的社会》第一章《江西社会的动荡与重构》中,为了说明鄱阳湖地区的开发和赣南山区的开发扩散,有表 1-1-1"明代江西的登录田地统计"、表 1-1-2"明代南昌府的登录人口、田地统计"、表 1-1-3"明代赣州府的誊录户口、田土统计",这些图表能让读者直观精准地了解作者讨论的问题,有助于读者厘清复杂的社会历史脉络。在讨论"乡村定期市的丛生时",作者绘制了表 1-3-1"明清时代江西省的定期集市变化表"①,有助于读者了解明清时期江西各地定期市的发展趋势,进而透视出解各地经济社会发展状况。该表参考了方志远《明清湘鄂赣地区的人口流动与城乡商品经济》第六章《明清湘赣鄂地区的城乡市场及其分布》中的"明清江西墟市数量变化统计表"②,并纠正了方表的一些错误,但并未明确指出两表差异所在。检九江府瑞昌县明中期(方表对应时段为明嘉靖年间)的集市数量,方表统计的数量是七个,而吴表为五个。嘉靖《九江府志》卷之二《方舆志·坊乡》,瑞昌县有"罗市、崩岸市、乌石街市、清溢街市、太湖古市"五市③,隆庆《瑞昌县志》卷之一《舆地·坊乡》作"螺市、崩岸市、乌石街、清溢街、大湖古市"五市④,当以吴表为是。

但"明清时代江西省的定期集市变化表"还有可以改进之处,也存在着一些问题。作者因材料限制未能参考雍正《瑞昌县志》,而雍正《瑞昌县志》卷二《公署》附《坊市》除上文所列五个集市外,又多出了马头街一处,可以大致判断这一时期的集市数量增加到了六个。⑤方表没有提供关于德安县的集市数量的数据,而本表则标明乾隆年间(1736—1795)和 19 世纪后半叶德安县集市数量均为十三个,又根据作者表末的参考文献,这个数据只可能来自同治《德安县志》或同治《九江府志》,检同治《德安县志》第一卷《地理志·疆域》附有《旧志疆域》,以距离县治由近到远的顺序列有乌石镇、阳居铺、高塘阪街、卢家滩街、阳家铺、黄甬铺、米岭铺、黄登铺、聂桥镇、晏家铺、杨坊镇、坳上铺、白水街这十三个地点。⑥这是乾隆《德安县志》卷五《建置志·镇市》中的内容⑦,而同治《德安县志》删去了"镇市"的标题。作者敏锐地察觉到这些就是定期集市,但其实这十三处已经看不出所谓的"定期",只能说具有集市的性质,这些镇、街、铺可能有些已是常年开放的贸易场所,而不仅是举行定期集市的地方。

第一篇第二章《江西社会:阳明学的摇篮》分析主张"亲民""四民异业而同道"的王阳明与赣南民众蜂起的矛盾。这部分的核心材料是《王阳明全集》,作者按时间顺序具体分析了王阳明在赣南地区的事功,将这些事功与王阳明本人的思想转化、变动联系在一起,借王阳明在江西的活动与经验,理解阳明思想体系的真正意义。不同于以往哲学史、思想史的王学研究,作者不单就思想谈思想,而是将王阳明的思想与他的事功联系起来,很有新意。王阳

---

① [韩]吴金成:《矛与盾的共存:明清时期江西社会研究》,第 98 页。
② 方志远:《明清湘鄂赣地区的人口流动与城乡商品经济》,北京:人民出版社,2001 年,第 476—480 页。
③ 嘉靖《九江府志》卷之二《方舆志·坊乡》,明嘉靖六年刻本,第 24 页 a。
④ 隆庆《瑞昌县志》卷之一《舆地·坊乡》,明隆庆四年刻本,第 11 页 b。
⑤ 雍正《瑞昌县志》卷二《公署》附《坊市》,清雍正四年刻本,第 28 页 b。
⑥ 同治《德安县志》卷一《地理志·疆域》附《旧志疆域》,清同治十年刻本,第 5 页。
⑦ 乾隆《德安县志》卷第五《建置志·镇市》,清乾隆二十一年刻本,第 14 页 b-15 页 a。

明在赣南实行十家牌法、组织民兵,组织当地民众抵抗暴乱,在平定暴乱后采用安插新民、重编行政区域等善后策,在农村实施保甲法,施行了著名的《南赣乡约》,还大力减轻了农村的赋役。"动荡的江西社会"成了"阳明思想的摇篮"。王阳明在平定和剿抚寇贼势力,继而实施种种善后策的过程中,确行了庶民的"良善"和"良知"的能力,形成了"致良知"之说。作者以人物为中心,将《南赣乡约》与王阳明的个人经历结合在进行一起讨论。常建华在《明代宗族研究》中则以时间为线索,从乡约的历史讨论乡约推行与明朝基层社会治理的情况,首先探讨《教民榜文》与明初的教化政策,然后以王阳明的《南赣乡约》为中心分析明中叶乡约教化的实践,最后分析嘉靖以后乡约的发展。①读者若能互相参看,就更能在时空的脉络里理解王阳明推行《南赣乡约》背景和深刻影响。

　　第二篇《江西的绅士》第一章介绍了 1607 年发生的南昌教案,作者认为这是中国最早发生的反基督教运动。一般所说的"南昌教案",指的是鸦片战争后发生的两次较大规模的教案。第一次南昌教案发生于同治元年(1862),主要内容是"毁教堂、抢教产、驱教士"(赵树贵《江西教案史》);第二次南昌教案发生于光绪三十二年(1906),起因是南昌知县江召棠于教堂内受伤并于数日后身亡,激起民愤,此次教案规模更大,被认为是"义和团运动后最具影响力的一次教案"(杨雄威《杯酒之间:清末南昌教案研究》)。目前研究江西地区教案的专著有赵树贵《江西教案史》(江西人民出版社,2005 年)、史维东(Alan Richard Sweeten)《中国乡村的基督教:1860—1900 年江西省的冲突和适应》(江苏人民出版社,2013 年)、杨雄威《杯酒之间:清末南昌教案研究》(社会科学文献出版社,2018 年)等,关注的时段都主要是近代。吴薇《明清时期江西天主教的传播》(江西师范大学硕士学位论文,2003 年),虽然涉及明清天主教,但关注的主要是天主教传播问题。本书第二篇第一章《南昌教案:最早的反基督教运动》,讨论的是发生在明万历三十五年(1607)的南昌生员、士绅等同基督教传教士的冲突,主要运用了《利玛窦中国札记》(何高济等译,中华书局,1983 年)、《中国基督教布教史》(川名公平等译,岩波书店,1982 年)、《利玛窦书信集》(罗渔译,光启出版社、辅仁大学出版社,1986 年)等材料,并结合地方志做了进一步分析。这次"南昌教案"相比于近代史上的两次教案虽较少为人们了解,但作为最早的反基督教运动具有重大意义,可以反映天主教较早传入地区人民(绅士)对教会的态度。江西作为基督教较早传入的地区,早在万历二十三年至二十六年间(1595—1598)利玛窦就曾在南昌停留并进行早期宣教,作者认为"在中国史上,生员们有组织、有计划地主导的'南昌教案'是绅士们展开反天主教运动的开端",并通过研究此次教案进一步剖析了当时的社会环境与士人心态,提出"生员们的这种集体行为是基于其'同类意识'的'士人公议'的表露,是在全国各地均能看到的现象",认为当时生员的情绪(爆发)应基于国家的自尊和祚命、破坏中国传统风俗的问题、中国人传统的优越意识和排外心理的表现,以及生员们感受到社会影响力萎缩四种类型。②但我们也应注意《利玛窦中国札记》中的一些书写颇值得玩味,如在散发说明事件情况的小册子后,在生员中发挥核心作用的两人暴亡;表面同传教士们交往,背地煽动和唆使生员非难传教士的两名南昌重要绅士也相继死去;对传教士进行骚扰、破坏其住宅的人们,"日后均为神父

---

① 常建华:《明代宗族研究》,上海:上海人民出版社,2005 年,第 185—257 页。
② [韩]吴金成:《矛与盾的共存:明清时期江西社会研究》,第 144—146 页。

的品行所感化,成为了朋友"。只根据一方的记叙,能否窥见当时的绅衿的真实心理,又或者说这两者间是否有必然联系,值得进一步思考。

吴金成教授对1607年发生的南昌教案的研究具有重要价值(完成于2002年),作者在本章开篇回顾相关学术史,"对于'南昌教案',仅有两三篇文章,做了'出现过'的介绍而已"①。时间过去十余年,就我所见,只有汤开建、周孝雷《"后利玛窦时代"江西地区天主教的传播、发展与衰亡(1610—1649)》(《北京行政学院学报》2018年第3期)一篇论文涉及这一问题,由于该论文使用了葡萄牙阿儒达档案馆所藏耶稣会年信、葡萄牙传教士何大化的《远方亚洲》以及《圣保禄学院年报》等西文资料,对这一时段的江西天主教发展情况有进一步的细致描述,可以与本部分参看。

本书第二篇第二章为《阳明学派的书院讲学运动》,主体部分来源于2004年作者发表的论文《阳明学与明末江西吉安府绅士——书院讲学为中心》(《明清史研究》21),作者由王阳明在江西的活动而讨论阳明学,再由阳明学而研究阳明学派,敏锐地察觉到在阳明门人最多的江西吉安府,士绅们继承阳明遗业开展形式多样的实践性社会参与活动,建立社学和书院,组织讲会,开展各类文会和文社活动,形成了"绅士公议",促进了阳明学的传播和当地文化的发展。吴金成关于阳明学与明末江西吉安府绅士的研究颇有首创之功,几乎同时,吕妙芬也关注到了这一现象,出版了《阳明学士人社群——历史、思想与实践》("中央研究院"近代史研究所,2003年)。在此之后,张艺曦《社群、家族与王学的乡里实践——以明中晚期江西吉水、安福两县两县为例》(台湾大学出版中心,2006年)又在吴金成的研究基础上,将思想史与社会史相结合,进一步讨论了吉水、安福二县的家族与地方工作。②

本书的第三篇为《都市、居民、商人》,论述了位于赣东北地区的景德镇与河口镇明清时期的社会变化及居民生存状况。作者将明清时代中国城市分为"葡萄串"和"泰山"两种类型,"葡萄串"类型的城市由发达的水陆交通连接,所以定期市并不发达,多集中于水网密布的传统江南特大城市周边;"泰山"类型,则指在一定的地域孤立发展的城市,周边定期市发达。景德镇与河口镇都属于后者,作者更是将河口镇称作"自我完结的泰山型城市"。③

景德镇自唐时起即以瓷业闻名,到明中叶成为中国第一的陶瓷业城市;河口镇则得益于明嘉靖初年铅山河与信江合流地点的改变,幸运地成为水陆交通的要地,逐渐成为造纸和茶叶加工的中心。景德镇与河口镇的居民结构、行为方式、思维方式和城市社会内部社会现象等方面均有相似之处,两地发达工商业背后有着大量的外来人口为支撑,居民结构十分复杂。景德镇的人口构成包括官吏,绅士,胥吏,衙役,窑户、佣工等陶瓷器生产者,客商,牙行,坐贾,搬运工(脚夫),其他技工,各种服务业者以及无赖。河口镇的居民则大多为槽户、槽工(纸工)、茶工,纸庄和茶庄雇用的佣工、店员和脚夫,这些下层工人的生活十分悲

---

① [韩]吴金成:《矛与盾的共存:明清时期江西社会研究》,第124页。
② 张艺曦的研究主要参考了吴金成《再论明·清朝的绅士层研究》(《民国以来国史研究的回顾与展望研讨会论文集》,台北:台湾大学,1992年)、《明代江西农村的社会变化与绅士》(《"中研院"第二届国际汉学会议论文集:明清与近代史组》,台北:"中研院",1989年)、《明末·清初江西南部的社会与绅士》(《山根幸夫教授退休纪念明代史论丛》,东京:汲古书院,1990年)和《明代社会经济史研究:绅士层的形成及其社会经济作用》(渡昌弘译,东京:汲古书院,1990年)。本书2013年由北京师范大学出版社以《阳明学的乡里实践:以明中晚期江西吉水、安福两县为例》为题出版。
③ 指没有大城市的支援,独立发展起来的城市。

惨,有"纸厂为亡命渊薮"之说。景德镇窑户、佣工辛苦生产瓷器所得的利润,也大部分被徽州商人等外来客商所垄断。作者对景德镇与河口的分析尤为精彩,通过分析这两个重要工商业城镇的兴衰与居民的生活,折射出明清江西的社会状况,又能与同时期的江南城市相互比照,可谓全书的精粹所在。

书中亦有少量表述稍失严谨,如在第一篇第三章《"广东体制"的光与影》中,作者说:"早在明嘉靖年间,吴城镇便有水次(水边的望楼),但自明末才开始繁荣。"①此处作者引用了明代王在晋《通漕类编》卷三《征兑运纳》及江西学者梁洪生《吴城城镇及早期商会》一文。王在晋《通漕类编》卷三《征兑运纳》云:"(嘉靖)十六年题 准江西吴城水次原兑粮改进贤水次交兑。"②而梁洪生原文为"从明弘治朝开始,官府还在吴城设置兑粮水次,有专仓屯运宁州、武宁、奉新、靖安四县的漕粮,加强了吴城与这些地区的经济联系",并引"道光二十九年《新建县志》卷六十八,雍正张坦麟《请查吴城水次废基疏》"为证。③检康熙《南昌郡乘》载《请查吴城水次废基疏》云:"乃知吴城水次地属新建,滨处鄱湖,始于明之弘治,设有仓廒,所兑者宁州、武宁、奉新、靖安四州县之漕米也,至嘉靖间以军民相角逐,议改于南昌之进贤门外,盖藉省会之官足以约束旗丁耳。"④此疏大体谈的是对吴城改兑后被百姓占据为"市廛庐舍"的"官基",重新明确产权,从商民处收取地租等款项以贴补国用之事。很明显,吴城的兑粮水次始于弘治,嘉靖十六年已经转移到省会南昌的进贤门外,说"早在明嘉靖年间,吴城镇便有水次"不免显得有些怪异。"次"虽然确有"古代都市里供瞭望的小楼"的意思,但"水次"并非作者所理解的"水边的望楼",而是码头、船只泊岸之处,这里具体指兑运漕粮的码头。

作者在本书的序言和导论中多次感慨:"选择江西作为地域史研究对象亦多有其难处。其中最大的困难,莫过于当时江西诸多重要的图书馆不对海外学者开放这一点。"⑤学术乃天下公器,近年来国内图书馆古籍逐渐数字化并向全社会公开,中国国家图书馆开放"中华古籍资源库",上海图书馆公布8000余种家谱,在江西省方志办和地名办官方网站也公布了一批方志和地名志。与此同时,曹树基、刘诗古等编《鄱阳湖区文书》(上海交通大学出版社,2016年)、王德保、黄志繁编《江西古村落档案丛书》(岳麓书社,2016年)、熊昌锟、徐雁宇主编《赣南文书》(广西师范大学出版社,2019年)、毛静主编《海外江西研究文献译丛》(江西高校出版社,即出)等越来越多关于江西的文献也在被整理出版,江西正逐渐由区域社会史研究"弱势区域"向"优势区域"奋起直追。而吴金成教授大著《矛与盾的共存:明清时期江西社会研究》作为针对成果相对较少的弱势地区的强势研究,必将进一步推动学者对明清江西区域社会的探索,产生更大影响。

作者简介: 邢书航,南开大学中国社会史研究中心暨历史学院硕士研究生。

---

① [韩]吴金成:《矛与盾的共存:明清时期江西社会研究》,第95页。
② [明]王在晋:《通漕类编》卷之三,《四库全书存目丛书》史部第275册,济南:齐鲁书社,第302页。
③ 梁洪生:《吴城城镇及早期商会》,《中国经济史研究》1995年第1期。张坦麟当作张坦璘,顺治十三年闰五月任江西巡抚,十八年升江西总督,康熙四年解任。据康熙《南昌郡乘》,该疏作于顺治十五年五月十一日,与"雍正"无涉。
④ 康熙《南昌郡乘》卷之四十四《艺文志三》,清康熙二年刻本,第27页b。
⑤ [韩]吴金成:《矛与盾的共存:明清时期江西社会研究》,第一版序,第1页。

社会生活视野中的艺术史*

——柯律格《蕴秀之域：中国明代园林文化》①读后

郭志慧

英国牛津大学东方研究院艺术史教授柯律格（Craig Clunas）对中国艺术史、物质文明史的研究常常另辟蹊径，将西方文化史、人类学和社会学的方法成果同中国传统典籍结合，十分注意社会生活视野中的艺术与物质文明。近年来相关研究的中译本付梓，诸如《雅债：文征明的社交性艺术》（三联书店 2012 年）、《长物：早期现代中国的物质文化与社会状况》（三联书店 2015 年）、《明代的图像与视觉性》（北京大学出版社 2011 年）等被收录在相关艺术史丛书中，均引起学界对其内容和研究路径的讨论。1996 年，由杜克大学出版社出版的《蕴秀之域：中国明代园林文化》（Fruitful Sites: Garden Culture in Ming Dynasty China，简称《蕴秀之域》）一书，柯律格延续在《长物：早期现代中国的物质文化与社会状况》中对"物"作为流动的奢侈品和消费品味的象征的讨论，试图将中国园林放入社会经济的历史脉络中考察，

---

* 拙文写作及修改得张传勇师、常建华先生、明清史研究课程诸位同学指点，谨致谢意。

① Craig Clunas: *Fruitful Sites: Garden Culture in Ming Dynasty China*, Durham: Duke University Press, 1996. 中译本见[英]柯律格著，孔涛译：《蕴秀之域：中国明代园林文化》，郑州：河南大学出版社，2019 年。1996 年英文版推出后，有诸篇英文书评可以对照参考，孟久丽（Julia K. Murray）、吴芳思（Frances Wood）、何重华（Judy Chungwa Ho）、葛兰佩（Anne de Coursey Clapp）、卜正民（Timothy Brook）、韩德林（Joanna F. Handlin Smith）、伊维德（Wilt L. Idema）、乔迅（Jonathan Hay）都写过介绍或书评。Julia K. Murray, Book Review, "Fruitful Sites: Garden Culture in Ming Dynasty China by Craig Clunas," *The Burlington Magazine*, vol.138, no.1125 (Dec., 1996), pp.829–830. Frances Wood, Book Review, "Fruitful Sites: Garden Culture in Ming Dynasty China by Craig Clunas," *Garden History*, vol.25, no.1 (Summer, 1997), pp.124–125. Judy Chungwa Ho, Book Review, "Fruitful Sites: Garden Culture in Ming Dynasty China by Craig Clunas," *The Journal of Asian Studies*, vol.57, no.1 (Feb., 1998), pp.183–185. Anne de Coursey Clapp, Book Review, "Fruitful Sites: Garden Culture in Ming Dynasty China by Craig Clunas," *Harvard Journal of Asiatic Studies*, vol.58, no.1 (Jun., 1998), pp.264–269. Timothy Brook, Book Review "Fruitful Sites: Garden Culture in Ming Dynasty China by CraigClunas," *The American Historical Review*, vol.103, no.3 (Jun., 1998), pp.941–942. Joanna F. Handlin Smith, Book Review, "Fruitful Sites: Garden Culture in Ming Dynasty China by Craig Clunas," *Journal of the Economic and Social History of the Orient*, vol.41, no.4 (1998), pp.524–526. Wilt L. Idema, Book Review, "Fruitful Sites: Garden Culture in Ming Dynasty China by Craig Clunas," *T'oung Pao*, Second Series, vol.85, Fasc.4/5 (1999), pp.510–515. Jonathan Hay, Book Review, "Fruitful Sites: Garden Culture in Ming Dynasty China by Craig Clunas," *The Art Bulletin*, vol.94, no.2 (June 2012), pp.308–309. 中文书评似仅见张文佩：《浅析柯律格〈Fruitful sites: Garden Culture in Ming Dynasty China〉》，《长江丛刊》2018 年第 2 期，第 34 页。

注重园林的经济属性和价值,园林是官绅富商炫富的手段,也是消费品味和身份的象征,以还原园林复杂多样的物质文化内涵。[1]

一

正如柯律格在引言所称,本书并非展现一部完整的中国园林的历史,"写作本书是为了记述公元 1450—1650 年之间中国江南地区社会上层的造园理念和无处不在的园林营建活动"(《蕴秀之域》第 3 页,以下文内注皆出自《蕴秀之域》,不再注明)。柯律格反对认为中国文化与西方文化截然相异的观点,反对将中国园林从中国社会环境中剥离出来,并将其视为中国文化和中国人性格特质的一个侧面,以及园林史固有的纯美学意义的解读模式,坚称中国社会和中国文化并非顽固匀质的,将园林看作"具有丰富的历史和社会内容的独特且富有争议的物质文化载体"(第 7 页),尝试综合园林学所涉及的不同学科,进行一种开放性的调查研究。书名中的"Fruitful Sites"被意译为"蕴秀之域",其实和柯律格有意分别美学意义与社会经济脉络下的园林解读相悖。张文佩书评对书名译文有三种解释,分别为"硕实之所""园之萃""丰饶园址",并赞同第三种"丰饶园址"的译文。本书亦有日译本,由中野美代子和中岛健翻译,译作《明代中国の庭園文化:みのりの場所/場所のみのり》[2],可译为《明代中国的庭园文化:硕果之所/所在丰饶》。

《蕴秀之域》一书除引言和结论外,凡分五节。第一节"The Fruitful Garden"被意译为"盈萃之庭",日译本作"果樹の庭園"。柯律格将目光聚焦于明代的苏州园林,以东庄和拙政园为例,挖掘早期的"园"具有农业生产场地的原始本义。作者认为文征明制作的拙政园画册和《王氏拙政园记》散文等艺术作品成就了拙政园,园林成为描绘其早期面貌的艺术作品的附属物。"之所以会这样,是因为这些艺术作品是文征明记录和描绘的。而在清朝钱泳那个时代,文征明可是不容置喙的学者文人的理想典范"(第 29 页),园林和艺术作品的这种关系和明清时期出版的书籍与其序、跋、署名、赠诗等有相近之处,后文也提到在地方志编纂者看来咏赞园林的文艺大家比园内具体景观更值得记录,华丽辞藻和有声望的士人托名具有强烈光环。柯律格对拙政园中植物的经济价值予以充分说明,反复强调园林是一个特殊类型的生产空间,具有生产潜力,园林所在位置(地价)、种植植物、内部装饰陈设都使其成为一种经济资源,直到 16 世纪园林农学观念和美学观念相互渗透,后者逐渐占据主要地

---

[1] 柯律格相关学术著作出版的时间顺序,请参见胡箫白:《柯律格〈诸王之屏:明代的皇家艺术与权力〉书评》,常建华主编:《中国社会历史评论》第十六卷(下),天津:天津古籍出版社,2015 年,第 196 页下注①。以下使用中译本译名,括号里为英文版第一次出版年份:《长物:早期现代中国的物质文化与社会状况》(1991)、《蕴秀之域:中国明代园林文化》(1996)、《明代的图像与视觉性》(1997)、《中国艺术》(1997)、《雅债:文征明的社交性艺术》(2004)、《大明:明代中国的视觉文化与物质文化》(2007)、《藩屏:明代中国的皇家艺术与权力》(2013)。胡箫白误将 Empire of Great Brightness: Visual and Material Cultures of Ming China 当作《明代的图像与视觉性》的英文版,其实不然,对应的是《大明:明代中国的视觉文化与物质文化》一书。

[2] クレイグ・クルナス著,中野美代子、中島健訳:《明代中国の庭園文化:みのりの場所/場所のみのり》,东京:青土社,2008 年。

位,与社会风气日益奢靡大致同步。

柯律格在第二节"观赏性园林"中继续分析美学观念如何进入园林文化中。作者独出心裁,认为 16 世纪中国园林文化的发展应从苏州开始,随即被江南模仿,逐渐传遍中国并推动了北京皇家园林的复兴,反过来皇家园林与江南园林间又存在审美或政治的互动联系。柯律格论述美学、奢侈品和品味借用了"过度文化"的定义(第 74 页),奢侈消费行为与园林美学相伴而生,园林经济被逐渐边缘化。园林美学亦催生出绘画、散文、盆栽植物等广义的观赏性艺术品的消费。

以明代苏州著名书画家文徵明家族为个案,柯律格讨论时人对园林文化和景观的态度变化。在第三节"文氏园林"中,作者利用文集、族谱和地方志分析园林在文氏宗族中的地位作用。如果说前两节作者注意到园林的经济属性,本节则侧重园林的社会属性,不仅作为宗族的财产,而且是人与人交往的权力场、生活空间。从园林拓展到宗族有关的其他建筑空间,如宅墓、祠堂、牌坊、桥梁等,体现地方宗族对当地"公共景观"场所的影响。

第四节"园林之象"集中讨论"园林文本"问题。园林并非既有概念,而是在文人创作的园记、园林绘画、园内景观命名的呈现过程中逐渐被创造出来的,在此类"园林文本"中,园林在一定程度被"山水"同化。作者延续了商品流动消费的思路,文本涉及的花木珍禽展现园林作为消费场所的一面。以《长物志》和《园冶》为例,园林文本所载内容的偏重也是知识商品化的一个缩影。

第五节"The Landscape of Number"被译为"园林与数",本节柯律格围绕园林与堪舆学继续丰富园林的物质文化内涵,风水是明代士大夫必备的知识,也必然潜移默化地影响着园林的营建,建筑堪舆学和美学的原则相互贯通,同样适用于坟茔园林等建筑。作者将视野从园林拓展到田园景观上,分析土地测绘、赋税制度等日常生活实践如何影响明人的数字观念,如土地边界意识和财产观念。园林的产权归家族集体所有,由此作者推测"营建园林可能是集中展现家族团结及其宗族势力的手段"(第 166 页),凸显了园林的"财产"定义。

二

综上,足见《蕴秀之域》主干内容涉猎丰富和柯律格对中国园林颇见新意的见解。结合其他学者的研究成果,笔者试归纳本书的贡献。

社会艺术史的研究路径。[①]早在《长物》一书中已展现柯律格的社会艺术史学方法。柯律格曾为《艺术史批评术语》(*Critical Terms for Art History*,芝加哥大学出版社,2003 年)作"艺术社会史(*Social History of Art*)"条目[②],年龄、性别、阶层、地点、民族、国家观念等因素对其

---

① 陈池瑜曾作专文探讨柯律格研究中国艺术史的方法论,请参见陈池瑜:《柯律格、方闻之中国艺术史研究方法论启示》,陈平主编:《美术史与世界性的构建:中国第四届高等院校美术史年会:论文·纪实》,上海:上海大学出版社,2011 年。

② 在《长物》的导读中,洪再新提到新版《艺术史批评术语》(*Critical Terms for Art History*,2003 年)一书中的"社会艺术史"条目出自柯律格之手。

定义十分重要,更加强调物质性和视觉性。具体在本书中,作者注意从社会经济角度探讨园林,如将园林视为可储存的、以备不时之需的生产性经济资源,园林是农艺活动的场所,单独从审美角度审视园林过于片面,作者为体现中国园林在园林经济观念的普遍性多次将中国园林同欧洲文艺复兴时期的园林进行对比,两者在农艺生产观念上有相近之处。在《长物》中,作者曾认为《富春山居图》几经交易辗转,背后凝聚着货币价值、文化尊崇、社交关系保障等,也同样适用于园林。作者似乎有意规避中国园林的文化蕴意,即便最后一节论及文化,重点还在园林与堪舆风水实用性强的侧面。关于绘画或者建筑设计中的风水因素研究较多,能从园林入手颇有新意,虽然作者未能找到足够的资料支撑,但可能如作者猜测也许风水观念太过潜移默化而不必赘言。另外,从《长物》开始至本书的"文氏园林",再至《雅债:文征明的社交性艺术》,以文征明为核心,柯律格对明代苏州文氏家族的研究亦遵循"社交性艺术"的思路,将书画、园林建筑纳入社会关系的分析中。值得注意的是,柯律格还对中国学界美学意义解读园林的方法进行反思,认为这种园林观反映的大致是太平天国运动后的园林发展史,中华人民共和国成立后以建筑学家刘敦桢为代表的学者受"左倾"政治环境的影响,有意排斥西方人对园林的评价,园林内涵的单薄化于是发生。将园林概念、人们的园林观念的演变视为一种动态过程,虽然稍显欠缺,但他仍试图对研究方法的单一做出合理的解释。此类想法还体现在柯律格《西方对中国园林描述中的自然与意识形态》一文,文中柯律格研究重点在于18世纪下半叶以来欧美出版物中的明清时期园林记述,声称"将关于中国园林的各种争论,置于帝国主义全盛时期以及之后的中华帝国与欧美意识形态交锋的大背景之中,具有重要意义"[①]。无论西方对自然与中国园林的关系是推崇还是转向否定,都需要用历史性眼光审视。

从园林学到文化景观的拓展,注重视觉文化研究。柯律格在引言中称园林营建活动"被表现于文本的视觉呈现中,以文献中的地图、绘画和插图等形式存在"(第3页),也提到了景观史的研究方法利于从美学和经济学角度观察研究园林。具体来说,作者在书中大量使用文人绘画或文集、类书、农书中的插图,试图使读者摆脱烦琐华丽的辞藻,更多注意到园内草木的荣枯景观。正是出于人们观赏的需求,一些和园林有关的观赏艺术品(如盆栽、书画等)成为消费时尚,作者始终紧扣观赏—感受—消费—品味线索发掘问题意识。在随后的《明代的图像与视觉性》一书中,视觉文化体现得更明显,作者在不同的论著中力图从视觉和景观等角度反驳将中国艺术与西方艺术相区别的观点,在柯律格看来,过于强调东方主义的异类性而炮制出的"中国绘画""中国园林"等概念十分片面。李泽、张天洁评介中国古典园林史研究方法的转变,逐步从单一的形态史学转向多元的文化景观研究,将文化景观视为一种跨学科和情景化的研究方法。[②]提到景观,第五节 The Landscape of Number 被译为"园林与数",日译本作"庭園の数字",似乎都没有展现出本节作者讨论重心从园林扩展到景观的蕴意,在社会生活视野中讨论,园林被纳入一个更广阔的视野:明人的产权和土地观念,虽然关于赋税的讨论不深,但有制度史进入地域的意味。

---

① 柯律格:《西方对中国园林描述中的自然与意识形态》,吴欣主编:《山水之境:中国文化中的风景园林》,北京:生活·读书·新知三联书店,2015年,第1—14页。
② 李泽、张天洁:《文化景观——浅析中国古典园林史之现代书写》,《建筑学报》2010年第6期,第13—14页。

值得一提的是本书对巫仁恕的影响。2008年,《江南园林与城市社会——明清苏州园林的社会史分析》一文发表在《"中研院"近代史研究所集刊》,系"明清的城市文化与生活"研究计划的成果。巫仁恕承续柯律格将园林放回社会经济生活的脉络中的思路,引入空间理论,将园林与城市生活结合,重在从城市史出发分析园林位置与城市空间的关联。①《蕴秀之域》已经提到精英阶层奢侈行为招致抱怨批评,巫仁恕在文中"社会的观感与批评"一节给予了更充分的史料支撑,并站在园主的立场,将提高社会声望与开放私人园林相联系,针对园主的身份与消费品味,进一步归纳出"文人化园林"的书写建构。巫仁恕还在城市公共空间方面对牟复礼、柯律格等学者的研究有所发展,城市私人园林的开放,时令游园渐成风俗,有助于培育公共休闲空间的新观念。正如柯律格在结论所称园林与寺庙等方向值得探究,巫仁恕进一步以园林与庙宇结合的公共休闲空间(如城隍庙,庙园合一)为突破口,讨论园林空间性质逐渐走向公共化。关于城市空间与园林关系的讨论还可见康格温的研究,注意到城市社交生活中的消费空间的"园林化",如勾阑妓院、茶馆、食肆有园林化的风格。②从空间和消费切入,拓宽了园林学的研究方向,使得作为山水画背景的园林愈加有生活色彩。

三

上文已汇总《蕴秀之域》现有英文书评,以此为基础,下文对本书的撰述提出浅见和思考。常建华曾认为明代日常生活史大致可以在时间、空间、群体三方面弥补薄弱环节。③该书虽不是日常生活史的专著,但着眼于社会生活脉络中的中国园林,问题也有相近之处。该书以江南地区(尤其苏州)为核心展开论述园林的经济属性,大多数研究园林的成果都集中在江南园林和北京皇家园林,在其他地区或受地理条件局限,可能无法形成人们想象的山环水绕的典型园林景观,除了江南和北京,其他地方的造园大致如何,是否处于介乎宅院和会馆的中间形态?在时间上依然以明中后期为主,虽然作者征引了一些史料以体现园林美学观念替代园林经济逐渐占据主导地位,似乎有顾此失彼之嫌。本书最突出的创见正是将园林视为生产性经济资源,作者论证园林所植经济果木不只为观赏,很多可以食用或作调味品,即"拙政园中的果树在苏州商品世界中所扮演的角色"(第30页)。也许是材料受限,书中没有直接记载买卖交易的证明,园林的各种产出怎么进入苏州的商品世界?游人进入私人园林前需要付园丁看花钱,是否证明存在像园丁这样的中介连接市场和园林?另外,谈到园林的内部装饰,以往研究集中在山石、水势、亭台楼榭上,作者不吝笔墨,展现了各类园内植物的经济价值,为园林消费填补了植物这一项。倘若关注点从园林转到园艺,或许也可以试论花草树木的买卖消费情况。该书观点确实别开生面,但论述过程时有空疏,与结论无法

---

① 巫仁恕:《江南园林与城市社会——明清苏州园林的社会史分析》,《"中研院"近代史研究所集刊》第61期,2008年9月。后收录于氏著《优游坊厢:明清江南城市的休闲消费与空间变迁》(台北:"中研院"近代史研究所,2013年;北京:中华书局,2017年)。

② 康格温:《园林竞秀,风雅争胜:明代江南城市筑园风气与消费文化》,复旦大学文史研究院编:《都市繁华:一千五百年来的东亚生活史》,北京:中华书局,2010年,第255—258页。

③ 常建华:《明代日常生活史研究的回顾与展望》,《史学集刊》2014年第3期,第109页。

合适对应,其实柯律格的许多观点为后学提供了继续提问的视角,无法面面俱到也是情理之中。

该书在西方学界的评价较高,多篇书评都提到了柯律格从社会经济角度探讨园林和广泛征引文献。除此之外,伊维德(Wilt L. Idema)也指出作者忽视了丰富的小说戏曲资料,他认为在小说戏曲中园林常激发着人们对身体和性的欲望,园林同样是夜间故事发生的场所;中西造园相似点不应遮蔽我们认识中国园林具有的美学传统,中国园林有其内在发展的动力。① 韩德林(Joanna F. Handlin Smith)也认为柯律格过度贬抑了园林文化传统的作用。② 卜正民(Timothy Brook)认为在中国的专著中与柯律格的研究最为接近的是王毅的《园林与中国文化》(上海人民出版社,1990 年),两书应一同阅读才能充分领会所谓"中国园林"的历史复杂性。③ 何重华(Judy Chungwa Ho)从绘画艺术的角度认为柯律格可能忽视了文征明等文士使用的绘画技巧,如笔触、轮廓、画面布局等,试图更深度挖掘园林的视觉材料。④

原书在具体史实细节表述时还有一些问题,如第 55 页,"诗人赵宧光(1559—1629)",原文也作 Zhao Huanguang⑤,应为赵宧光(宧音 yí)。第 62 页,"另一部流传甚广的著作《补农书》,成书于 1639 年,为江苏嘉兴的一个小地主沈氏所著",原文也作"a small landowner from Jiaxing in Jiangsu province"⑥,据日本学者天野元之助《中国古农书考》称,沈氏已失名,是浙江涟川(湖州归安)人⑦。

中译本和排版也存在一些可商榷的地方,笔者不揣冒昧,主要以第五节"园林与数"为例,也许略嫌求全责备。如第 1 页,"温芳(Wen Fong)",应为著名艺术史家方闻。第 33—37 页图 12 至图 15,"出自王圻所著的百科式图录类书《三才图绘》",应为《三才图会》。

第 150 页,"专门研究南京园林的顾起元在十七世纪早期曾将明初园林的稀缺昂贵归因为政府禁止挖池建塘,'以防损伤京城之地气'",原文为"Writing specifically of the gardens of Nanjing, Gu Qiyuan at the very beginning of the seventeenth century ascribes their rarity in the early Ming to government prohibitions on digging ponds, 'lest they damage the vital breath (qi) of the earth in the imperial capital'"⑧,顾起元《客座赘语》并非专门研究南京园林的作品,或可译为"顾起元在十七世纪初曾专门记载……"另外,"以防损伤京城之地气"这句基本是英文版的直译,而根据书后的注释引自《客座赘语》,原文是"又不得于宅内穿池养鱼,

---

① Wilt L. Idema, Book Review, "Fruitful Sites: Garden Culture in Ming Dynasty China by Craig Clunas," *T'oung Pao*, Second Series, vol.85, Fasc.4/5(1999), pp.514–515.

② Joanna F. Handlin Smith, Book Review, "Fruitful Sites: Garden Culture in Ming Dynasty China by Craig Clunas," *Journal of the Economic and Social History of the Orient*, vol.41, no.4(1998), p526.

③ Timothy Brook, Book Review "Fruitful Sites: Garden Culture in Ming Dynasty China by Craig Clunas," *The American Historical Review*, vol.103, no.3(Jun., 1998), pp.941-942. 卜正民错误认为《园林与中国文化》所属"中国文化史丛书"是朱维铮主编,其实是周谷城主编。

④ Judy Chungwa Ho, Book Review, "Fruitful Sites: Garden Culture in Ming Dynasty China by Craig Clunas," *The Journal of Asian Studies*, vol.57, no.1(Feb., 1998), p.184.

⑤ Craig Clunas: *Fruitful Sites: Garden Culture in Ming Dynasty China*, p.70. 赵宧光感谢邢书航同学提醒。

⑥ 同上,第 78 页。

⑦ [日]天野元之助著,彭世奖、林广信译:《中国古农书考》,北京:农业出版社,1992 年,第 250 页。

⑧ Craig Clunas: *Fruitful Sites: Garden Culture in Ming Dynasty China*, p.181.

伤泄地气"①；下面引用郎瑛的《七修类稿》也是同样的问题，中译本作严厉抨击"淫邪无耻的江湖术士和盲从偏信的无知百姓充斥整个国家"，也是从英文版直译而来。同样的问题还出现在第152页，米园（Sprouting Garden）、张士伟（音），据崇祯《吴县志》，应为泌园、张世伟。②再者如第97页，"文震孟题写的匾额有'真如小筑'，位于苏州城外的光福山，为王奇峰（音）所有"，实为汪起凤。③原书中引用《吴县志》的地方中译本有时标"（音）"，似未核对原书。

第163页，小标题"园主的美学"，原文为"The Aesthetics of Ownership"④，下文主要涉及明人的财产、产权观念，园林的真正的所有权问题，作者认为营建园林可能是集中展现家族团结及其宗族势力的手段，故Ownership译为"园主"可能不当，翻译为"所有权"似乎更合适。

第165页，"这种赤裸裸的夸阔斗富行为恰巧与明中期两座最著名的苏州园林的园主有关（指朱鸣虞和钱泳）。19世纪早期的苏州学者钱泳在其《履园丛话》的《斗富》一则中详细叙述了事件的经过"，原文为"An example of this kind of brutally obvious competitive behavior, which incidentally involved the owners of the sites of two of the most famous of mid-Ming Suzhou gardens, is recounted（叙述描述）by the early nineteenth-century chronicler（记录者）of anecdotes（轶事趣闻）about Suzhou, Qian Yong. In an entry headed 'A Wealth Competition', he tells the story of a certain Mr Zhu..."⑤据钱泳《履园丛话》，"康熙初，有阳山朱鸣虞者，富甲三吴，迁居申衙前，即文定公旧宅"，即原申时行的旧宅；"王居北街拙政园"。⑥"王"即吴三桂的女婿，王永康，园主中没有钱泳，而且这样翻译会令人误会朱鸣虞和钱泳是明中期人，实际上两人都生活在清代。笔者试着译为："朱鸣虞和王永康分别是明中期两座最著名苏州园林的时任园主——原属于明代的申时行和王献臣。"

第172页，"这种别具特色的普通人的审美性园林观念与精英阶层的不同，可我们尚不清楚这一观念的来历"，原文为"Here is a distinctive non-elite appropriation（私占、挪用）of the very idea of a garden as an aesthetic site, but one whose history is obscure"。⑦这段话前面柯律格引用波特（Jack M. Potter）对广州萨满教信仰的研究，在"天堂花园"每盆花都对应现实活着的人，原文的表述或可译为"普通人这种园林思想别具特色，实际挪用了审美性园林观念"。

---

① ［明］顾起元撰，谭棣华、陈稼禾点校：《客座赘语》卷五，北京：中华书局，1987年，第162页。
② 崇祯《吴县志》卷二十三《园林》，明崇祯十五年刻本，《中国地方志集成·善本方志辑》第一编，南京：凤凰出版社，2014年，第113页下栏，"泌园，即故绿水园也，乡贡进士张世伟改辟。"
③ 崇祯《吴县志》卷二十三《园林》，第111页上栏，"真如小筑在光福山内珍珠坞，踞景绝胜，布政汪起凤所筑。"
④ Craig Clunas: *Fruitful Sites: Garden Culture in Ming Dynasty China*, p.197.
⑤ 同上，第199页。
⑥ ［清］钱泳撰，张伟点校：《履园丛话》，北京：中华书局，1979年，第17页。
⑦ Craig Clunas: *Fruitful Sites: Garden Culture in Ming Dynasty China*, p.207.

四

《蕴秀之域》还涉及和园林有关的其他面向的研究，尚有继续挖掘的余地。虽然作者在第五节"园林与数"的论述更集中于寻找文献中直接体现堪舆的词汇，但也在书后注释提到"在明代文献中，茂林总是标志着在风水学上受喜爱的场址，这也许是有关园林的记述中值得探究的问题"（第199页）。关传友将风水林分为村落宅基风水林、坟园墓地风水林、寺院风水等基本类型①，园林所植果木应该也可以算作所谓的吉祥树种。事关园林、植物与风水信仰，植物与信仰的研究亦见于荷兰汉学家高延（J.J.M. deGroot）《中国的宗教系统：及其古代形式、变迁、历史及现状》（花城出版社，2018年）一书，即对植物精灵与植物鬼怪（万物皆妖）有所分析。但如何放入园林这个生活空间中，或者进入广义的植物、园艺与信仰，也许还值得思考。

再如书中"结论"提到园林同寺庙书院的关系，梦境中的园林、女性与园林，以及历史时期不同地域的园林思想差异。柯律格尤其称"植根于中国特定历史环境的园林思想也存在着一定的地区差异，这方面的研究空白更多"（第172页），随后援引波特《广东的萨满教信仰》一文，"天堂花园"（Heavenly Flower Gardens）中每一盆花都代表一个现实中活着的人。②柯律格认为值得做进一步的研究，称："本世纪流行于广东的这一观念是否也流行于文震亨③时期？它是否曾广泛分布于中国各地？"（第172页）其实拓宽了园林学的范畴，将植物学与民间信仰结合起来，植物的荣枯与人的精神状态有关。更早见于高延《中国的宗教系统》"泛灵信仰的神职人员"部分，高延引用了原载于《中国评论》（The China Review）的《地府的花园》（The Garden in Hades）④稿件内容，其实就是一场扶乩，"有亲有戚寻亲戚，无亲无戚说花文"，查看地府花园植物以预言未来。波特的研究则基于1961—1963年在屏山进行田野调查观察三位女萨满，屏山即香港新界一个由八个自然村组成的广东宗族村落，所见天堂花园之旅与19世纪末的民族志相近，与逝去的亲友沟通，"诊花"查看红花（代表女儿）和白花（代表儿子）数量，长出橘子寓意多生养，竹子则相反。高延和波特将"天堂花园"视为灵媒降神沟通逝者和生人的虚拟空间，问花诊花即一种扶乩形式，若将花象征生命、开花寓意子嗣、白花寓男红花代女、崇奉花公花婆等均视为民间信仰的要素，此类"花园"并非仅限于广东和萨满教。譬如闽南和台湾有注生娘娘信仰，据陈小冲《台湾民间信仰》介绍，花公花婆是注生娘娘的助手，台湾民间认为男人是树女人是花，红花生女白花生男，花的元神即花公、

---

① 关传友：《中国古代风水林探析》，《农业考古》2002年第3期。作者后又有专书讨论风水林的文化蕴意，参见关传友：《风水景观：风水林的文化解读》，南京：东南大学出版社，2012年。
② 参见[美]波特（Jack M. Potter）：《广东的萨满信仰》，[美]武雅士主编，彭泽安、邵铁峰译：《中国社会中的宗教与仪式》，南京：江苏人民出版社，2014年，第212—236页。
③ 文震亨（1585—1645），字启美，文征明曾孙，著有《长物志》十二卷。
④ W. Stanton, "The Garden in Hades," *The China Review: or Notes and Queries on the Far East, 1872-1901*, vol.15, no.2 (1886), pp.124-125. [英]但尼士（N. B. Dennys）、[德]欧德理（E. J. Eitel）等主编《中国评论》，北京：国家图书馆出版社，2010年，第14册，第524—525页。

花婆,俗称树公、花妈,妇女为求生儿子可以求得注生娘娘同意,可将红花换成白花("移花换斗");若不孕可祈求注生娘娘同意,以得身孕("栽花换斗")。[1]过伟通过讨论壮族创始神米洛甲变异为花婆的传说,提出了构成广西、湖南、贵州等地南方各民族的"花魂文化圈",简称"花文化圈"[2],均有花婆神话与民间信仰。"花园"除却扶乩占卜的空间,相关信仰如花婆花王也被视为妇女生育和儿童成长的保护神。若将视野放宽至民俗学和人类学,对柯律格提出的问题可以有初步的回答,虽然"园林"和"花园"皆译为garden,但后者的信仰概念与仪式等内容的复杂性实远超"园林思想"范畴。

作者简介:郭志慧,南开大学中国社会史研究中心暨历史学院硕士研究生。

---

[1] 陈小冲:《台湾民间信仰》,厦门:鹭江出版社,1993年,第155页。
[2] 过伟:《壮族创世大神米洛甲的主体性特征与南方民族"花文化圈"》,唐正柱主编:《红水河文化研究》,南宁:广西人民出版社,2001年,第528页。

从"旅游"到"行旅"

——《明清旅游活动研究：以长江三角洲为中心》读后

向亚军

《明清旅游活动研究：以长江三角洲为中心》①一书是陈建勤在南京大学攻读历史学博士学位时的学位论文。2005年，被列入国家社科基金后期资助项目，后作者又在原稿基础上做了进一步修改，2008年付梓。在写作过程中，作者结合其历史学和旅游学背景，对明清时期长江三角洲地区的旅游活动进行全景式的介绍和梳理。在当时的学术背景下，该书对旅游史和社会生活史的研究实有补益之功。

一、内容评述

作者开篇对"旅游"进行定义，并对其性质进行说明："旅游，即属于感官快乐的范畴。"②旅游活动，是社会生活中的重要方面。在当时社会史及社会生活史研究陆续开展的情况下，有关衣、食、住、行诸问题的研究取得了较大进展。作者认为包括明清在内的古代旅游活动，也应该纳入社会生活的研究中进行考虑。③

接下来，作者大致回顾了中国大陆20世纪30年代以来旅游活动的研究情况，他认为虽然学者在20世纪30年代对旅游活动产生兴趣，但是"均未涉及古代旅游活动的核心问题"。④80年代以后，伴随着现代旅游业的蓬勃发展，旅游学、旅游史研究渐趋繁荣。作者继而列举了1988—2007年出版的有关古代旅游史研究的著述。作者在没有梳理上述著述的研究脉络及学术贡献的情况下，匆忙地得出结论：上述研究多从历史或文化角度展开，"至多抓住了明清旅游的一个侧面……无法系统、全面地反映明清旅游情况"，因而需要"从旅游学角度全面审视明清旅游活动，弄清这个时期旅游活动的全部内容，包括旅游形式、旅游

---

① 陈建勤：《明清旅游活动研究：以长江三角洲为中心》，北京：中国社会科学出版社，2008年。
② 陈建勤：《明清旅游活动研究：以长江三角洲为中心》，第1页。
③ 陈建勤：《明清旅游活动研究：以长江三角洲为中心》，第1页。
④ 陈建勤：《明清旅游活动研究：以长江三角洲为中心》，第2页。

组织、旅游接待与消费、景观建设等问题"。①

第一章"旅游大观"全景式地展示长江三角洲地区的旅游活动。作者按旅游行为的主题,将长江三角洲地区的旅游活动分为:节令游、观光游、采风游、赏花游和狎妓游②,并对五种旅游活动分而述之。以旅游动机划分旅游活动,其潜在前提是:上述社会行为均是以旅游为目的而进行的活动,而且旅游客体对旅游者具有一定的吸引力,使得旅游者能够自主地进行旅游活动。在论及观光游时,作者认为除了罢官致仕的乡绅参与观光游外,官员乘公务之便、商人于经商途中、士人在游学途中观赏名胜古迹的"派生性观光旅游,在明清时期相当普遍"③。作者以旅游行为的目的划分旅游活动,并将不以旅游为目的但具有旅游性质的行旅活动称之为"派生性观光游",这样的处理方式虽然便于人们理解和认识历史时期旅游活动,但不容忽视的是历史时期的出行活动并不能与现代意义上的旅游相等同。时人出行并非仅仅是为了获得"感官快乐",其目的更为复杂。

在确立以旅游学概念分析明清旅游活动的研究思路后,作者在第二章"旅游组织、接待与交通"中主要介绍明清长江三角洲地区的旅游接待服务。旅游是户外项目,甚至是异地活动。明清文人士大夫旅游有随兴而游,但大部分文人都提前"商略游事"。在旅游中,旅游中介即旅游接待服务是旅游观光的重要保障。作者爬梳文献发现明清时期缺少为旅游者提供全程服务的中介机构,旅店、酒肆、商铺等经济组织为旅游者提供部分服务,舟子、轿夫、僧人、农夫等部分兼任导游工作,时人称为"导人""导僧"。除此之外,官府、寺观及许多家庭则承担了大量非商业性旅游接待工作。交通是实现人们外出旅游必不可少的基础条件,明清长江三角洲地区陆路、水路相通,为人们出游提供了必要的交通条件。作者在这一节中,较为全面地介绍了明清时期长江三角洲地区的旅游接待服务,涉及的方面较多,但缺少深入的专门探讨。

旅游者在享受各类接待服务时,需要进行消费。作者在第三章"旅游消费",转向对旅游消费的研究,展示出明清长江三角洲地区旅游消费的情形。作者将旅游消费定义为"旅游者为满足旅途游览生活,出资购买有形实物与无形劳务的消费"④,按照旅游者需求将其分为食宿、交通、赏景、娱乐、购物、祀神六类进行描述。较早涉及明清旅游消费的有许周鹣《清代吴地旅游消费与旅游业的勃兴》一文,对清代吴地旅游中的饮食、娱乐、交通、购物等消费进行了梳理,并将消费与生产进行整体考虑,认为旅游业勃兴及旅游消费带来了相关产业的发展。⑤作者基本延续许周鹣的研究思路,对明清时期长江三角洲地区的旅游消费进行了较为全面的叙述,尤其是对"旅游资费承担者"探讨较已有研究有所推进。但作者对旅游消费的讨论,似乎并未能与已有社会风俗或社会生活史的研究相互动,而仅是借用社会生活研究之视角。

---

① 陈建勤:《明清旅游活动研究:以长江三角洲为中心》,第4页。
② 陈建勤:《明清旅游活动研究:以长江三角洲为中心》,第1页。
③ 陈建勤:《明清旅游活动研究:以长江三角洲为中心》,第20页。
④ 陈建勤:《明清旅游活动研究:以长江三角洲为中心》,第57页。
⑤ 许周鹣:《清代吴地旅游消费与旅游业的勃兴》,《南京大学学报(哲学·人文·社会科学)》1995年第4期,第163—167页、第198页。

"旅游景观是旅游活动的客体,是旅游行为产生的主要诱因之一。"①第四章"景观变迁"概述了明清时期的旅游景观的分布及变迁。作者认为将传统景观定义为"历史时期形成并延续下来的自然或人文景观,也即明清时期尚存的山水古迹"②,并分述长江三角洲地区的传统景观。接下来,作者聚焦于长江三角洲地区的园林景观。在论及造园动机时,作者认为园林是文人"雅集"之所,建造园林的根本动机是园主人对生活享受的追求,而非商业营利。明清之际,具有商业化倾向而被号为某某园的,确有存在,但它不是传统意义上的园林。作者的观点基本承袭以往从文化角度对园林的研究,将园林诠释为士大夫隐居及建构生活品味的空间。柯律格(Craig Clunas)对以美学角度观察园林不以为然,主张将园林置于晚明以来商品经济的脉络中来分析,并强调造园的经济性意义和动机。③巫仁恕受到柯律格的影响,强调明清园林文化的兴盛不能孤立于社会经济脉络之外。并将城市史与园林研究相结合,考察园林与苏州城市发挥在空间上的关联性。④另外,作者还谈到了景观的损毁,及官绅、商人、寺僧等对景观的修葺。

作者在前四章中考察了明清时期的旅游活动,在第五章"旅游的社会经济与文化效应"中开始分析旅游活动对社会产生的经济及文化影响。在作者看来,明清长江三角洲地区旅游活动所产生的系列经济消费有着十分重要的社会意义,壮大了以餐饮、住宿为主的服务业,推动了生产旅游商品的手工业发展,给部分城乡"小民"提供了新的生存空间。作者对旅游活动影响的分析并未仅仅停留在社会经济层面,而是进一步关注旅游活动的文化效应。明清士人多"喜游",通过旅游异地"辨物宜,稽民俗,舒性情",并借机交结天下名士,撰写记游作品。在作者看来,旅游活动的文化意义即在于此。作者将定性与定量分析相结合,对467篇有关长江三角洲地区的游记作品进行统计分析,得出结论:游记的作者主要为在任官员、乡绅及未取得功名的文士。游记时间分布上,明朝万历朝游记作品最多,清朝则以康熙、嘉靖、乾隆、嘉庆朝为代表;地域分布上,涉及作品数量以苏州、江宁、常州、镇江、扬州、松江为序。游记记述内容广泛,涉及游览活动、当时社会经济及百姓生活、议论时局等内容。

旅游者是旅游活动的主体,在第六章"文士的旅游观"中,作者呈现出明清旅游主体——文士对旅游理论的探讨。明清时期,随着旅游活动的勃兴,文人对旅游者及旅游行为的讨论不断深入。湛若水、王士性等人旅游分为"天游""神游"和"形游"三种形式。在有关"形游"的讨论中,将其分为隐士式之游、大众式之游,大众式之游又被分为讲究感官享受的"俗游"及寄情山水的"清游",并对"形游"中对游地、游具、游时、游伴、游术均有讨论。在明清大众旅游勃兴的背景下,明清文人多反对大众旅游活动,一些地方政府也不时发出刹游风的政令、严禁妇女烧香令。而另一部分人则将旅游活动与社会安定综合考虑,认为旅游活动及其消费对增加部分"小民"收入起到了积极作用,反对"禁游"政策。作者在这一章中,展示了文士对旅游理论的讨论,并在一定程度上揭示出文人士大夫对大众旅游的排斥,但未进一步分析这些论述所反映的士大夫心态。

---

① 陈建勤:《明清旅游活动研究:以长江三角洲为中心》,第74页。
② 陈建勤:《明清旅游活动研究:以长江三角洲为中心》,第74页。
③ [英]柯律格著,孔涛译:《蕴秀之域:中国明代园林文化》,郑州:河南大学出版社,2018年,第3—4页。
④ 巫仁恕:《江南园林与城市社会——明清苏州园林的社会史分析》,《"中研院"近代史研究所集刊》2008年第51期,第2—3页。

在第七章"旅游炽盛原由"中,作者总结了明清长江三角洲地区旅游活动炽盛的社会经济及文化背景。作者认为一切社会现象无不根植于经济基础。明清时期,长江三角洲地区商品经济的繁荣,带来社会财富的膨胀,使得社会各个基层具备相对盈实的经济实力,不仅富户就是普通市镇居民也有了从事旅游消遣的物质条件。而相对稳定的社会局面、长江三角洲地区一流的旅游资源、士大夫的引领作用及本地区传统旅游风尚的影响,成为明清时期长江三角洲旅游炽盛的原因。作者在这一章中,系统地总结了明清时期长江三角洲地区游风炽盛的客观背景,但值得注意的是,即使具备客观条件也未必一定能推出旅游炽盛的结果。作者在此仅进行了简单的因果分析,未能将出游原因置于具体的旅游活动中,考察明清时人出游的原因及主观意识。

在"结语"部分,作者点出该课题研究的现实意义,即旅游活动是商品经济繁荣的产物。

二、本书的价值与意义

作者在开篇表明,希望从社会生活研究的脉络考察旅游活动,并在旅游学视角下全面审视明清旅游活动。但作者未对相关研究进行细致整理,在笔者看来如果作者能先从社会生活角度梳理已有的研究成果,在此基础上结合其旅游学的专业背景,阐述本书的研究思路和分析框架,或许更能凸显其价值。因而,笔者接下来将大致梳理相关研究,以便理解本书的学术贡献及价值。

王欣等学者已对旅游史研究进行了梳理。[1]在进行学术史回顾时,旅游史学者多将旅游史研究追溯至 20 世纪 30 年代江绍原的《中国古代旅行之研究:侧重其法术的和宗教的方面》一书。[2]本书虽名为"中国古代旅行之研究",但其目的在于"说明这旧解实在错误;二玉并非一为玉瑞,一为祭祀玉,而皆为古人旅行时身上所带的辟邪御凶之物——被信为具有法术功用之宝物"[3],似与旅游史学者所关心的问题相去甚远。20 世纪 80 年代,随着国内旅游业的发展,旅游学研究渐趋繁荣。在现实及学术要求下,旅游学下的旅游史研究逐渐受到重视。毕业于复旦大学历史系,后毕业留校,从事旅游经济学、旅游史研究的沈祖祥先生,在 1990 年发表《旅游史学科建设的若干设想》一文。文中以现代旅游学的概念类比历史时期的具有"旅""游""旅游"性质的社会活动,列出了旅游史的研究内容:社会制约旅游的历史;旅游主体进化的历史;旅游客体变迁的历史和生态环境制约旅游的历史;旅游物质设施、用具,包括旅游媒介演变的历史;旅游系统内部变革的历史;旅游实践的历史;旅游系统与其

---

[1] 王欣:《中国旅游史研究述评》,《三门峡职业技术学院学报》2015 年第 1 期;任唤麟:《中国古代旅游研究综述》,《旅游学刊》2014 年第 10 期;周海燕:《近二十年明清文人旅游研究述评》,《长春工程学院学报(社会科学版)》2013 年第 3 期;郑焱、杨庆武:《30 年来中国近代旅游史研究述评》,《长沙大学学报》2011 年第 1 期;张楠楠:《中国旅游史研究综述》,《天中学刊》2010 年第 4 期。

[2] 王欣:《中国旅游史研究述评》,《三门峡职业技术学院学报》2015 年第 1 期,第 92 页;张楠楠:《中国旅游史研究综述》,《天中学刊》2010 年第 4 期,第 105 页。

[3] 江绍原:《中国古代旅行之研究:侧重其法术的和宗教的方面》,第 1—2 页。

他系统之间交往的历史;游记著作产生、发展、积淀的历史;旅游认识的历史等十二项内容。①短短四页纸的内容,奠定了中国旅游史研究的基础。谢贵安、彭勇等学者在沈祖祥的基础上,对旅游史的概念、研究范围和内容均进行了概括。其对旅游史研究范围及内容的见解,似未超出沈氏之功。但是彭勇指出了现代意义上的"旅游"与历史时期的"旅行"之间的差异,前者以欢娱消闲为主,而后者则往往带有明显的功利性质,如商旅之求利、聘旅之功利、军旅之战等。但同时功利性出行的过程中,古人往往又能寄情山水、咏叹万物。"旅游"与"旅行"二者之间既有区别,又有联系。②谢贵安也在论述中说明了"旅游"的古今、中西差异,并概括出旅游史研究的内容。③之后,相关通史、断代史及区域研究著述逐渐增多。④

王欣等学者在梳理古代旅游活动时,大多以现代旅游学概念对应古人的活动,考察旅游者的思想、旅游景观、旅游接待服务组织等,忽视历史学者从社会生活及社会风俗角度对出行、行旅等的考察。20世纪80年代以来,以衣、食、住、行为代表的社会生活研究开始受到重视,一批社会生活史著作先后问世。⑤出行作为社会生活史的重要部分,在主要的著作中均有提及。90年代,冯尔康、常建华的《清人社会生活》第五章《衣食住行的习尚》中有"居住与交通"一节,涉及舆轿制度和交通方式。⑥专题性的生活史研究著述"中国古代社会生活丛书"中有王子今《中国古代行旅生活》一书,就笔者鄙见这是第一本专门研究古代行旅生活的著作。该书虽具普及性,但作者从史料出发展示出古人出行的方方面面,并引出了诸多值得进一步研究问题。⑦中国社会科学院历史研究所承担的国家社科项目"中国古代社会生活史"断代丛书,共有夏商、西周、春秋战国、秦汉、魏晋南北朝、隋唐、宋辽金、元、明、清十卷,其中《明代社会生活》第六章《行旅交通生活》,论述明代舆盖制度、交通工具、路程图、道路与旅馆。⑧另外,一些学者从文化与社会风俗角度,注意到明清时期的旅游风尚。陈宝良首先指出"明人好游"的风气⑨,对士大夫及大众旅游进行了全面的概述,实为"开风气之先"⑩之作。此后,有关旅游活动的研究多与明清社会风俗一起讨论,研究时段集中于晚明,并且

---

① 沈祖祥:《旅游史学科建设的若干构想》,《社会科学》1990年第7期,第76—79页。
② 彭勇主编:《中国旅游史》,郑州:郑州大学出版社,2006年,第1—15页。彭勇认为旅游史的研究应包括:历史时期的旅游活动(政治军事旅游、商贸旅游、士人阶层律、宗教旅游)、旅游资源的开发与利用(自然资源、以城市建筑和文化为内容的人文旅游资源的认知、利用与开发、园林建筑、宗教类旅游资源、民俗风情资源)、旅游服务体系的建立与发展(交通服务、食宿服务、旅游科技知识)、旅游典籍与思想文化(旅游典籍、旅游观念与旅游思想的产生与发展、旅游习俗)。
③ 谢贵安、谢盛:《中国旅游史》,武汉:武汉大学出版社,2012年,第1—26页。旅游史的主体内容:中国历代的旅游活动、中国主要旅行家的经历、中国历代的旅游观念、旅游文学作品的起源与发展。
④ 具体可参见王欣:《中国旅游史研究述评》,《三门峡职业技术学院学报》2015年第1期,第92页;谢贵安、谢盛:《中国旅游史》,第27—29页。
⑤ 常建华:《中国社会生活上生活的意义》,《历史教学》2012年第2期,第4页。
⑥ 冯尔康、常建华:《清人社会生活》,天津:天津人民出版社,1990年,第208—213页。
⑦ 王子今:《中国古代行旅生活》,北京:商务印书馆,1996年。该书涉及:行旅的心理准备、行装与旅费、送别礼俗、行旅方式、行程、行速、行旅的安危、行旅生活百味、旅人的精神寄寓。
⑧ 陈宝良:《明代社会生活史》,北京:中国社会科学出版社,2004年,第397—420页。
⑨ 陈宝良:《明代旅游文化初识》,《东南文化》1992年第2期,第258—262页。
⑩ 魏向东:《晚明旅游地理研究(1567—1644)——以江南地区为中心》,天津:天津古籍出版社,2011年,第23页。

开始呈现出历史学与旅游学的交融,如滕新才等人的研究成果。①《清代社会生活》第四章《行旅交通游驿风俗》,吸收了已有旅游史学者的研究成果,在论述中除出行礼仪及工具外,并论及清人的行旅风尚。②台湾地区的生活史研究中,以吴智和带领的明史研究小组对明代社会生活进行探讨,相关研究有张嘉昕《明人旅游生活》、詹怡娜《明代的旅馆事业》及林利隆《明人舟游生活》。③

21世纪以来,一些新的理论被引入到社会生活及社会风尚的研究中,激发了学者对旅游消费的关注。史学界较早对消费问题的研究大多从社会风俗及社会生活角度切入。王家范在《明清江南消费风气与消费结构描述——明清江南消费经济探测之一》中,列举了九类消费情况,涉及饮食、住宅园林、服饰、陈设用具、婚丧寿诞、文化娱乐、民俗信仰、科举官场、纳妾宿妓,并认为明清江南高消费与低消费现象并存,消费行为具有明显的等级性和政治色彩。④常建华则从社会生活角度讨论了明代消费风俗的变迁,涉及服饰、饮食、居用、舆马等方面,认为明代嘉靖以降衣食住行用消费风俗存在追求时髦、竞相奢侈和违礼逾制的特点。⑤但历史学界及旅游史学界较少有学者对旅游消费进行研究,就笔者所见当时的相关研究仅有王安庭《徐霞客西南旅游费杂考》及许周鹣《清代吴地旅游消费与旅游业勃兴》两文。⑥陈建勤对旅游消费问题的研究,基本延续许周鹣之作,尤其是对旅费来源的探讨较为深入。

直到21世纪初,随着巫仁恕将消费文化理论引入明清社会生活研究中,明清时期行旅过程中的旅游服务及出行工具开始受到专门关注。巫仁恕按照群体将旅游活动分为士大夫旅游和大众旅游。在《晚明的旅游风气与士大夫心态——以江南为讨论中心》一文中,通过士大夫有关旅游形式、游具等的讨论,反映出士大夫将旅游与身份地位相联系,以"游道"批评当时的旅游风气,区别"雅"与"俗",在旅游过程中,讲求舒适性和精致性,特意与大众旅游活动进行区隔的特点,进而揭示出士大夫在面临社会竞争时心理的焦虑感。⑦在《晚明的旅游活动与消费文化:以江南为讨论中心》中,巫仁恕不再局限于"士大夫"阶层,而是从商品化与市场化、普及性与娱乐性、消费观念、风尚形成与身份认同等方面,观察晚明大众旅游活动的普及。⑧巫仁恕《明代士大夫与轿子文化》一文,认为随着明中期后城市经济繁荣、

---

① 许周鹣:《清代吴地旅游消费与旅游业的勃兴》,《南京大学学报(哲学·人文·社会科学)》1995年第4期;滕新才:《明朝中后期旅游热初探》,《北方论丛》1997年第3期;滕新才《明朝中后期旅游文化论》,《旅游学刊》2001年第6期。

② 林永匡、王熹:《清代社会生活史》,北京:中国社会科学出版社,2016年,第149—185页。

③ 转引自常建华:《中国社会生活史上生活的意义》,《历史教学》2012年第2期,第6页,页下注②。

④ 王家范:《明清江南消费风气与消费结构描述——明清江南消费经济探测之一》,《华中师范大学学报》1988年第2期;王家范:《明清江南消费性质与消费效果解析——明清江南消费经济探测之二》,《上海社会科学院学术季刊》1988年第2期。

⑤ 常建华:《论明代社会生活性消费风俗的变迁》,《南开学报》1994年第4期。

⑥ 王安庭:《徐霞客西南旅游费杂考》,《山西师范大学学报(社会科学版)》,1995年第1期;许周鹣:《清代吴地旅游消费与旅游业勃兴》,《南京大学学报(哲学人文社会科学)》1995年第4期。

⑦ 巫仁恕:《晚明的旅游风气与士大夫心态——以江南为讨论中心》,熊月之,熊秉真主编:《明清以来江南社会与文化论集》,上海:上海社会科学院出版社,2004年,第225—249页。据《晚明的旅游活动与消费文化:以江南为讨论中心》一文第89页下注6,巫仁恕有关"晚明旅游风气与士大夫心态"一文在2002年10月"中国日常生活的论述与实践国际学术研讨会"上发表。

⑧ 巫仁恕:《晚明的旅游活动与消费文化:以江南为讨论中心》,《"中研院"近代史研究所集刊》2003年第41期。

旅游风气的兴盛及轿子技术的改造,轿子这一原本被纳入礼制的出行工具,在这一时期实现消费与使用的大众化。①巫仁恕文章中提到士大夫对游具的论述,魏向东曾另具文探讨。②詹怡娜的硕士学位论文《明代的旅馆事业》中,将明代旅者投宿的地点依属性分为三类:官方性质的住宿、宗教性质的住宿及民间性质的住宿,从明人游记与日记中梳理明代旅馆事业的发展情况。③大陆学者宋立中在"消费文化与消费服务"的研究中,对明清时期江南的游船与游船业、旅馆业进行了专门研究,并以上海为例探讨了晚清时期旅馆的客房价格、揽客手段及客房管理。④

由上述的梳理,可见完成于2005年的《明清旅游活动研究》作为第一本系统研究明清时期长江三角洲地区旅游活动的著作,主要依据旅游学概念构造分析框架,从旅游学的三要素——旅游主体、旅游中介及旅游客体切入,关注旅游者的思想及观念,食宿、交通、购物、娱乐等旅游服务,以及吸引旅游者的旅游资源。同时,作者吸收了社会生活史的研究成果,将明清长江三角洲的旅游活动置于具体的历史情境中,研究大众的节令出游活动,关注时人的旅游消费及旅费承担等问题。作者基于历史资料,分析了旅游活动及旅游消费的社会经济及文化效应,还对明清时人好游风气的社会背景进行了总结。本书内容丰富,结构清晰,在一定程度上达到了作者"弄清这个时期旅游活动的全部内容"⑤的预期。在当时,本书展现出明清时期长江三角洲地区旅游活动的方方面面,实为结合旅游史及社会生活史研究之作,对旅游史及社会生活史研究领域均有补益之功。

三、问题与思考

不管是在旅游史还是社会生活史的研究中,本书均有其价值。就笔者鄙见,该项研究或许可以从以下方面推进:

第一,资料搜集。作者翻阅明清文人文集、地志及《明文海》《古今游名山记》《天下名山诸胜一览记》《名山胜概记》《小方壶斋舆地丛钞》等文献,共搜索到明清时期有关长江三角洲地区游记作品467篇。经周振鹤等对《四库全书》《四库存目丛书》《四库禁毁书丛刊》等丛书中明人文集的普查⑥,尤其是魏向东对"四库系列"中晚明游记的整理,搜寻到929篇游记。⑦其次,游记多为文人所作,对文人情况反映较为全面,能够在一定程度上揭示明清文人旅游的结构与特征,但不能反映商人、市民及乡村居民的旅游活动。陈宝良、魏向东等人对商书、日用书及通俗小说的介绍及使用,在一定程度上能拓宽出行及旅游史研究的资料来

---

① 巫仁恕:《明代士大夫与轿子文化》,《"中研院"近代史研究所集刊》2002年第38期。
② 魏向东:《论晚明游具及其特征》,《走过历史:魏向东学术论文集》,苏州:苏州大学出版社,2014年,第188页。
③ 詹怡娜:《明代的旅馆事业》,中国文化大学硕士学位论文,2002年。
④ 宋立中:《闲雅与浮华:明清江南日常生活与消费文化》,北京:中国社会科学出版社,2010年,第247—275页。
⑤ 陈建勤:《明清旅游活动研究:以长江三角洲为中心》,第4页。
⑥ 周振鹤:《从明人文集看晚明旅游风气及其与地理学的关系》,《复旦学报(社会科学版)》2005年第1期,第72—73页。
⑦ 魏向东:《晚明旅游地理研究(1567—1644)——以江南地区为中心》,第479页,"附录一"。

源。①再者,16 世纪以来部分西方人来到中国,并留下大量有关中国的纪录。通过对类似资料的研究,或许能将中国社会置于世界历史脉络中进行考察。②

第二,明清游风勃兴下的妇女出游研究。在第一章中"节令游"下,作者提到明清时期"妇女甚至家庭主妇突破闺阁之限,出门旅游成为普遍特点"③。作者对明清时期妇女出游的讨论,仅限于"节令游"中,而且仅描绘出明清时期妇女在岁时节令时出游的现象,对于女性出游的具体情况、士大夫文人对女性出游的看法等问题未能进一步分析。宋立中的两篇文章填补了这一空缺,《明清江南妇女游风述论》中指出,明代中后期江南妇女旅游突破了单一的宗教朝圣旅游的格局,表现出多样化的旅游类型,包括游湖、游河、游园、游山、节日游、宗教朝圣游。参与旅游的主体也发生变化,打破了以往声色娱乐从业妇女的单一主体,表现出各阶层妇女共同参与的普遍性。④《明清江南妇女"冶游"与封建伦理冲突》一文,则呈现出妇女游风渐炽对男性士大夫的冲击。⑤陈建勤及宋立中对妇女出游的研究主要基于男性士大夫的记载,而方秀洁(Grace S. Fong)、曼素恩(Susan Mann)等性别史研究者则从女性游记或诗歌中,分析行旅过程对性别关系的建构,丰富了古代行旅研究的面向。⑥另外,铁爱花对宋人行旅中情色精魅故事、女性行旅风险等问题的讨论值得注意和借鉴。⑦

第三,研究方法更新。书中作者使用了定性及定量分析的方法,尤其是第五章中对搜集到的 467 篇文人游记进行统计得出结论,从统计学上看基本停留在描述性统计层面。但这在当时来看,已是不易的尝试。魏向东从旅游地理视角切入,对"四库系列"中的文集进行全面整理,辑出 929 篇游记。希望借此"复原晚明时期的旅游格局,绘出一副较为清晰的晚明旅游地图"。在资料支持下,魏向东将一篇晚明游记看成是一次旅游行为,并从中提炼各项旅游要素,由此建立一张包含各类信息的调查问卷。为进行旅游流分析,魏向东从 929 篇游记中选取有明确出发地和目的地记载的旅游活动 696 次,以此建立晚明时期国内历史旅游客流数据库,数据库总样本 696 份。魏向东利用 SPSS 软件对这些样本进行因子分析及类聚分析,从而得出晚明时期主要的旅游集聚场和扩散场,并进一步划分旅游目的地和客源地等级结构。⑧另外,近来随着数字人文研究的兴起,是否可以尝试在文人游记及日记、年谱等

---

① 魏向东:《晚明旅游地理研究(1567—1644)——以江南地区为中心》,第 34 页;陈宝良:《明代社会生活史》,第 397—420 页。
② 巫仁恕:《近代早期西方人对中国旅游设施的评价》,《上海师范大学学报(哲学社会科学版)》2007 年第 3 期。
③ 陈建勤:《明清旅游活动研究:以长江三角洲为中心》,第 11 页。
④ 宋立中:《明清江南妇女游风述论》,《福建师范大学学报(哲学社会科学版)》2009 年第 6 期,第 114—121 页。
⑤ 宋立中:《明清江南妇女"冶游"与封建伦理冲突》,《妇女研究论丛》2010 年第 1 期。
⑥ Grace Fong, Authoring Journeys: Women on the Road, chapter 5 of Herself an Author: Gender, Writing, and Agency in Late Imperial China, Honolulu: University of Hawaii Press, 2008, pp.85-121; Susan Mann, The Virtue of Travel for Women in the Late Empire, edited by Bryna Goodman and Wendy Larson, Gender in Motion: Divisions of Labor and Cultural Change in Late Imperial and Modern China, Washington: Rowman& Littlefield Publishers, Inc., 2005, pp.55-71.
⑦ 铁爱花:《旅者与精魅:宋人行旅中情色精魅故事论析——以〈夷坚志〉为中心的考察》,《中国史研究》2012 年第 1 期;《宋代女性行旅风险问题探析——以女性行旅遇劫为中心》,《浙江学刊》2015 年第 1 期;《生计流动:一种宋代女性行旅活动的历史考察》,《苏州大学学报(哲学社会科学版)》2018 年第 3 期。
⑧ 魏向东:《晚明旅游地理研究(1567—1644)——以江南地区为中心》,第 32 页、第 423—428 页。SPSS 分析结果大致为:南直隶和浙江,尤其是江南地区,是晚明旅游的重心区,晚明最大的旅游客源地与旅游目的地重叠于此。北京与湖广的强度稍弱,处于第二层次,其他省份的客流强度随其与江南地区的地理距离远近而渐次消减。

资料基础上,借助已有数据库(如 CBDB、CHGIS)及软件(如 QGIS、Gephi),对文字资料进行量化分析,并以可视化的形式呈现出时人行旅的足迹及社会网络。②

第四,概念界定:从"旅游"到"行旅"。有关"旅游"概念的界定,有学者总结为两种:一种是从词源发生学的角度追溯旅游的源与流,二是用当前流行的旅游内涵来关照和处理史料,主张在讨论历史时期的旅游活动时,应以旅游动机和词源发生学综合起来考察,而不能仅从客观效果上把旅游活动扩大化。③虽然旅游史学者对以旅游学概念对应历史时期社会活动的研究有一定反思,但其本质上仍是以现代概念关照传统时期。旅游史学者一方面反对"旅游"概念的泛化④,另一方面又迫于传统与现代的差异⑤,不得不在传统时期寻找带有"旅游"性质的活动。在这样的情况下,旅游史或许需要与历史学进行深入地合作,这样才能进入具体的历史情境,在时人的生活中理解其出行的动机及出行过程中的具体活动。

在已有社会生活史研究中,历史学者多从出行的角度关注出行礼仪、交通工具等,或从社会风俗角度说明明清时期的旅游风尚,对于历史时期行旅活动的具体研究相对不足。有关旅游活动的历史学著作中,大多受到现代旅游学概念的影响,对"旅行"与"旅游"进行区分,并主要关注带有休闲娱乐性质的"旅游活动"。⑥陈宝良的开风气之作,区分士大夫出游与民众出游,分别概括两类群体的出游活动。陈氏在文章中强调时人出行复杂,如宦游是政治与旅游的结合体、游学把旅游与学术研究结合在一起等。⑦但以"旅游"概括带有现代旅游性质的行旅活动,大概是受到改革开放以来旅游业发展之影响。⑧这篇文章一方面开启了历史学界对历史时期旅游活动的研究,将行旅活动概括为"旅游"的做法是否又在一定程度上限制了学者对历史时期出行活动的研究。虽然明清时期存在纯粹以观赏景物的旅游活动,但是时人多因公务、经商、游学等出行。这些行旅活动虽兼具旅游的性质,但是在研究中除注重这些活动的旅游学意义外,其本身的性质不容忽视。另外,以现代旅游学概念对应出行活动,关注所谓的旅游中介服务及旅游消费时,容易忽视历史时期人们出行过程中的社会文化因素,如择日出行、送别仪式等。故而笔者认为,从社会生活史研究的角度出发,以"行旅"概括古人的各类出行活动或许更为合适。

---

① 梁晨、董浩、李中清:《量化数据库与历史研究》,《历史研究》2015 年第 2 期;王涛:《数字人文框架下〈德意志人物志〉的群像描绘与类型分析》,《历史研究》2018 年第 5 期。
② 方白寿:《中国旅游史研究之我见》,《旅游学刊》2000 年第 2 期,第 71 页。
③ 方白寿:《中国旅游史研究之我见》,《旅游学刊》2000 年第 2 期,第 72 页。
④ 任唤麟:《中国古代旅游研究综述》,《旅游学刊》2014 年第 10 期,第 123—124 页。
⑤ 巫仁恕引用郑焱《中国旅游发展史》,说明"旅游"与"旅行"一词最大的差异是后者重点在"行"字,游览并不是它的主要目的,而旅游的重点在游字,游览是它的主要目的。巫仁恕则主要关注晚明旅游风气的形成。(巫仁恕:《晚明的旅游风气与士大夫心态——以江南为讨论中心》)林利隆在绪论部分区分"旅游"和"旅行"两个概念,认为其差异在于旅游活动中不可或缺的娱乐和以追求愉悦作为首要目的的特性。参见林利隆:《明人的舟游生活:南方文人水上生活文化的开展》,明史研究小组,2005 年,第 1 页。
⑥ 陈宝良:《明代旅游文化初识》,《东南文化》1992 年第 2 期,第 258—262 页。
⑦ 陈宝良:《明代旅游文化初识》,《东南文化》1992 年第 2 期,第 258—262 页。
⑧

四、结　语

从"旅游"到"行旅"不仅是概念界定的变化，还意味着研究内容和范围的拓展。旅游史学者以现代旅游学概念关照过去，往往注意带有"旅游"性质的出行活动，历史学者或许是受现代旅游学影响，大多专门关注具有休闲娱乐性质的"旅游"活动。历史时期虽存在以"旅游观光"为目的的出行，但人们出行的动机往往较为复杂。以"行旅"概括古人的出行活动，将其因各种动机出行活动均纳入研究之中，或许能够关注更为日常和多样的出行活动。

除了界定概念，拓展研究范围外，或许还需要在具体的研究脉络中对已有研究有所推进。笔者认为，在行旅的考察中加强对"人"的关注或许不失为一条可行的路径。旅游者，是旅游系统中最核心的要素，是旅游活动中的直接参与者和策划者。[①]已有有关旅游者的研究中，学者多关心旅行家的经历或旅游理论思想，较少从"人"的角度关注旅游者。在社会生活史有关出行活动的研究中，历史学者多注意出行礼仪、乘舆制度、社会风俗等内容。近来，两岸史学界共同提倡从社会生活史研究转到日常生活史，力图呈现出"有血有肉"的历史。[②]从日常生活史的角度考虑行旅，关注古人日常出行、行旅过程中的时人心理及观念的变化、出行者的风险及医疗救护[③]、知识传承[④]等问题，或许可以呈现出行旅过程中更为丰富的内容。

作者简介：向亚军，南开大学中国社会史研究中心暨历史学院硕士研究生。

---

① 沈祖祥:《旅游史学科建设的若干构想》,《社会科学》1990年第7期,第77页。

② 具体论述参见常建华:《中国社会生活上生活的意义》,《历史教学》2012年第2期,第3—19页;王鸿泰:《社会图像的建构》,胡晓真、王鸿泰主编:《日常生活的论述与实践》,台北:允晨文化,2011年,第7—55页。

③ 王子今、铁爱花已经注意到时人行旅中的风险问题。魏向东在《论晚明游具及其特征》一文中,认为明清时期部分服务缺失导致了旅游器具的兴盛,并注意到《遵生八笺》中有对携带药物及器具的记载,但仅有一段文字介绍:"有天生一寸小葫芦,最可人意,用以缀衣纽。又可悬于念珠,价高,不甚多见,惟京师有之。若用杖头挂带盛药者,二三寸葫芦亦妙。其长腰鹭鹚葫芦,可悬药篮在畔,似不可少。药篮,即水火篮也。制有佳者,惟远红漆为佳。内实应验方药,膏药,以便随处济人,山童携之,亦多物外风致。近有藤丝编者不佳,以大毛竹车旋之,太重。"([明]高濂:《遵生八笺》,成都:巴蜀书社,1988年,第306页)除《遵生八笺》中对盛药的器具如药篮及葫芦有记载外,屠隆的《游具雅编》中亦有记载:"葫芦有天生一寸小葫芦,用以缀为衣纽,又可悬于念珠,有物外风致。若用杖头挂带盛药,二三寸葫芦亦妙,漆长腰鹭鹚葫芦可悬药篮之左右,可为鹭瓢吸饮。小匾葫芦可为冠,及瓢俱以生相周匝,摸拳精神无汗气,方妙。药篮,即水火篮也,有以二匾瓢为之。有远红漆者,上开一盖,放丹炉一个,内实应验膏药,以便随处济人。山童携之,有物外风致。"([明]屠隆:《游具雅编》,北京:商务印书馆,1985年,第5—6页)《遵生八笺》与《游具雅编》中对葫芦及药篮的记载几乎完全一致,据魏向东的考察,屠隆之作应袭自高濂。另外,传统时期岭南地区被视为烟瘴之地,13世纪著名的岭南地区医方集粹《岭南卫生方》中记载了行旅中预防巫蛊的咒语:"佛说解蛊毒神咒出《大藏经》,凡在旅中饮食,先默念七遍,其毒不行。咒曰:'姑苏啄,摩邪啄,吾知蛊毒生四角。父是穷窿穷,母是舍邪女,眷属百万千。吾今悉知汝,摩诃蕯摩诃。'一法,每日或到处,念药王万福四字一七遍。亦验。"([宋]李璆,[宋]张致远原辑,[元]释继洪纂修:《岭南卫生方》,北京:中医古籍出版社,1983年,第139页。)

④ 刘小朦在《书籍刊刻与医学传承:李杲学说在元代及明初的流布》一文中,考察了"交游"或"游学"在医学知识传播中的作用,以此反思以往"师徒传承"等解释模型。参刘小朦:《书籍刊刻与医学传承:李杲学说在元代及明初的流布》,《华中师范大学学报(人文社会科学版)》2018年第3期,第129页。

编后语

本卷刊发五组专题论文、一组书评、一篇学术会议述评,共计 20 篇文章。

社会治理一组 2 篇论文。李勤通以岳麓秦简《为狱等状四种》为中心,探讨法家实践中的违法者群像及其反映的秦代社会。吴方浪以赐"三老"帛爵为中心,考察帛爵赐予与汉代民间社会治理的实践。

社会文化史一组由 5 篇论文组成,各具特色。秦铁柱讨论汉代列侯的文化角色,认为其逐步文质化,文化建树颇多。周尚兵通过后唐时期敦煌学童的习字作业 P.3644 复原出当时敦煌百姓的生活图景。陈青松探讨元明之际庐山陈氏在吴中的经营,揭示其从寓贤到乡贤的身份转换过程。彭法先生则以晚清重臣翁心存为个案,考察其 70 岁被清廷重新启用后的生活感受。李少龙对李叔同的人生价值、出家的根本原因进行了探讨。

社会经济史一组有 5 篇论文。胡宸论述明代景德镇官窑制度改革与市镇变迁,认为景德镇的兴起与变迁,是多种因素互动而产生的结果,其中官窑制度变化对景德镇的影响尤为重要。谢宁静从嘉靖时期万寿宝塔的捐建讨论辽藩与沙市市镇经济,认为明代辽藩在荆州的活动与地方经济的发展密切相关。吴玢以程君房和方于鲁斗墨为例论述晚明时期江南地区儒匠群体的社会网络构建,认为儒匠群体有意识地逐步走向专业化。董永强对清代陕南义渡做了社会史考察,认为清代后期陕西出现的义渡条规,是义渡组织进行制度性治理的结果,它闪烁着义渡可持续发展的自治智慧。余辉探讨了清光绪时期朝鲜商人直接进入中国内地贩卖人参情况。

日本的中国社会研究由 2 篇论文组成。小林义广教授就谷川共同体与家庭、宗族问题论述,将谷川道雄先生的研究分为三个阶段。伊东贵之教授就以中国为中心的近世东亚之"礼教"渗透、泛化及其展开讨论,通过考察韩国、日本的具体事例,论证其中的原型民族主义(Proto-Nationalism)与清朝的自我正当化理论具有相通之处。

社会心态部分刊发的是管书合对 1911 年春"日人水井撒毒"谣言事件的研究。

学术评述部分。郭志慧、张传勇撰写了纪念郑天挺先生诞辰 120 周年暨第五届明清史国际学术讨论会综述。

书评有 4 篇。李相森从法律社会史范式的视野,评述了张仁善所著《中国法律文明》。邢书航以"弱势区域的强势研究"为题评论了韩国著名学者吴金成《矛与盾的共存:明清时期江西社会研究》一书。郭志慧讨论了著名英国学者柯律格《蕴秀之域:中国明代园林文化》一书,强调这是来自社会生活视野中的艺术史研究。向亚军就陈建勤《明清旅游活动研究:以长江三角洲为中心》一书,评述了学术界从"旅游"到"行旅"研究的转变。

英文摘要
Summary of Articles

The Lawbreakers in the Practice of Legalism and Their Reflection on the Society of Qin Dynasty—Qin Bamboo Slips Collected by Yuelu Academy, "Four Types of Documents for Trying Criminal Cases and Other" as the Center

Li Qintong

(Law School, Hunan University)

Abstract: The "Four Types of Documents for Trying Criminal Cases and Other" in Qin bamboo slips collected by Yuelu Academy, it can be seen that there were many lawbreakers in the Qin Dynasty in all social classes, such as officials, slaves, businessmen, soldiers and the new Qin people. Due to the ubiquitous net of justice, people in the Qin Dynasty could easily get blamed for anything they did, so the whole society was in the state of administrative pressure transmission. The rigor of the law on the bureaucratic stratum made it easy for them to transfer the anger and pressure to other classes in the society, it directly led to the state of consistent tension in the whole society, which made the Qin Law itself had the fundamental factor of inducing people to break the law. As soon as the insurgents gathered around, they overthrew the Qin regime and the second emperor of Qin Dynasty died of it. Some scholars argued that Qin Dynasty did not extinct because of the rule of law, this suggests that they ignored the social tension caused by the Law of the Qin Dynasty.

Key Words: Qin Bamboo Slips Collected by Yuelu Academy; Official Illegal; Transmission Type of Administrative Pressure; Qin Did not Extinct due to the Law of Qin Dynasty; Society in the Qin Dynasty

The Giving of Silk, Jue and the Practice of Civil Society Governance in the Han Dynasty

Wu Fanglang

(College of History and Tourism, Jiangxi Normal University)

Abstract: There had been many studies in the academic circles about the *Sanlao*(三老) problem in the Han Dynasty, but it was not clear about the social stratification of the Sanlao in the two Han Dynasties, the relationship between the *Sanlao Wugeng*(三老五更) and the *Guosanlao*(国三老), and the participation of the county and township *Sanlao* in civil society governance practice. According to the administrative level, the *Sanlao* in the Han Dynasty could be divided into *Guosanlao*, *Junsanlao*(郡三老)including *Wangguosanlao*(王国三老), *Xiansanlao*(县三老)including *Houguosanlao*(侯国三老)and *Yisanlao*(邑三老), among them, *Guosanlao* and *Xiansanlao* were common in the two Han Dynasty. In terms of identity, the county and township *Sanlao* were non-official officials, they were only a class of local scholars who had fame and qualifications. It had a strong appeal and influence in local society which played an important role in participating in civil society governance. At the same time, *Sanlao* became an important target for Han rulers to use for rallies and respect. The Ruler by the *Sanlao* who were outside the official system were included in the ruling order of the dynasty in order to practice strengthened the governance of civil society.

Key words: Han Dynasty; *Sanlao*; Silk and Jue Giving; Civil Society Governance

Guarding Vassals: the Cultural Role of the Liehou in the Han Dynasty

Qin Tiezhu

(School of History and Culture, Shandong Normal University)

Abstract: As the political center of the Han Dynasty, the liehou group had gradually become Confucian scholars since the beginning of the Han Dynasty. The liehou had a profound cultural accumulation and played a role as the palace cultural transfer station sucessfully. They wrote books, taught students, proofreaded books, corrected the Five Classics, made rites and music, innovated the system, and made an important contribution to the establishment and consolidation of the unified cultural pattern. The liehou also gradually realized the monopoly of cultural resources, became the origin of the gentry, gradually moved to the opposite of the imperial power, opened the door of themonopoly of regime by the gentry after the Wei and Jin Dynasties, and had a profound impact on the ideological and cultural pattern and political pattern of the

Han Dynasty.

Key Words: Liehou; Great Unification; Han Dynasty; Rites and Music System

P.3644 in the French Collection of Dunhuang Documents Shows Dunhuang People's Daily Life and Their Regenerating Local Culture

Zhou Shangbing

(School of History and Culture, Shandong Normal University)

Abstract: P.3644 is homework of a pupil in Dunhuang in the Later Tang Dynasty about word-copying exercise. Despite just fregments of vocabulary from his memory, a picturesque description of social lives can be formed in a reader's mind on the basis of such clues as food, clothing, shelter, trade, medicine, festival celebrations, funerals, feasts, social gathering, religious ceremony, recreation, entertainment, Buddhist events, and lawsuits, etc. These vocabularies nearly cover every single aspect of Dunhuang people's daily life, which may help us have a clear un derstanding of how the local people keep a balanced diet, clean their living environment, treat others with the mainstream values and principles, follow Buddhist rules, negotiate with each other in business activities, make terms of contract, stick to a sense of justice in lawsuits and, last but not least, help each other in the neighborhood. As a proverb goes, do in Rome as Romans do. Influenced by these different kinds of customs, the little learner has mastered behavioural codes on cultural and legal system. Scholars like him have been made generation after generation, thus reviving and regenerating local culture in Dunhuang.

Key Words: P.3644; Dunhuang; Daily Life Regenerating Local Culture

From Sojourners to Local Gentries: The Study for the Management of Lushan Chen's Family in Wuzhong during Yuan-Ming Transition

Chen Qingsong

(Jiangxi Academy of Social Sciences)

Abstract: In the Middle and Late Yuan Dynasty, Lushan Chen's family had already entered Wuzhong. Inevitably, Chen's family also experienced the shock of Yuan-Ming Transition. In such an environment, although its family members had political experience, most of them earned their living by teaching. And because of that, it also brought up a group of talented people for Wuzhong. Chen's family main contribution to Wu Zhong was summed up by Qian Xianyi later as "in Wuzhong, all those who talked about Confucian classics were according to what Chen's said". At the same time, Chen's family members gradually formed their own social network in the local area through internal self-teaching and making full use of the relationship between relatives, teachers and friends. After several generations of management, Lushan Chen's family basically completed the identity transformation process from Sojourners to Local Gentries.

Key Words: Yuan-Ming Transition; Lushan Chen's Family; Wuzhong; Sojourner

Exploratory Research on the Lives of the Elderly Officials in the Late Qing Dynasty: A Case Study on Weng Xincun

Peng Fa

(School of Marxism, Guizhou Normal University)

Abstract: At the old age of 70 when serving as a senior official, Weng Xincun was re-appointed to an important position by the Qing Dynasty. His diary gives a detailed and vivid description about his life experience during that period of time. Living in the context of tribulations and trials, Weng suffered from serious illness and endured painful worries on his families and friends. Great anxiety and heavy workload left him weak and exhausted. In fact, his life experience proves no exception among the elderly officials in the late Qing Dynasty. Instead, it presents a global picture about their lives at that time. Taking Weng Xincun, an elderly senior official as a case study in particular, this research intends to explore the life qualities of the whole class in general. Hopefully, this exploratory research will give some insightful perspectives to help people to better understand the rich and colorful contents of social life in the late Qing Dynasty.

Key Words: Weng Xincun; the Elderly Officials; Life Experience

A Study on Li Shu-tong's Life Value

Li Shaolong

(Faculty of History, Nankai University)

Abstract: The author argues: the reason why Li "renounced the secular world" is not a supposed personal cultivating nor a regular discharging in disillusion, but a mature resolution, with his efforts and structured conducts, to dedicate himself to restore the orthodox Buddhism, to fill the gap of "the absence of religion" in Chinese culture, to awake people to return to humanity, to work out an approach to save the nation and culture. In short, the essential reason why Li "renounced the secular world" is to save the nation as well as the culture with a religion. It is also what his life value lies. Li made the ultimate sacrifice in a bid to restore Buddhism. He left "The Interweaving of Grief and Relief" as a legacy to the world due to his sympathy in Chinese culture, his comprehension and identification in the existence and value of human beings. Li told people that it was no easy to achieve life value and success; that the condition of life could be beautiful; that Chinese culture and Chinese people still have a promising future even though they have to confront hardship and sufferings. Throughout his life, Li constructed and displayed an elegant beauty.

Key words: Li Shu-tong; Renounced the Secular World; Life Value; Chinese Culture

Tribute, Fire and Commerce: The System Reform of Jingdezhen's Official Kiln and The Change of Jingdezhen Town

Hu Chen

(The Department of History, Sun Yat-Sen University)

Abstract: The rise and change of Jingdezhen is the result of the interaction of many factors, among which the influence of the system reform of official kiln is particularly important. In Song Dynasty, government access to porcelain by commercial means and Jingdezhen is only a tax gate, not a handicraft town. It's very different from what it looked like afterwards. In Ming Dynasty, Jingdezhen official kiln was burned as part of the taxation system. Jingdezhen gradually became a handicraft town because of the official kiln-centered expropriation. The official kiln firing model also shaped the power structure with the kiln households as the core. Official kiln firing brings a huge burden to Lijia in the mid-Ming Dynasty, the official kiln firing system is facing changes to let more people bear the burden of it. These reforms acknowledge the legitimacy of population movements, allowing foreign businessmen to replace the kiln households as a new center of power. The influx of immigrants has also promoted the commercial development of Jingdezhen and greatly expanded the size of its towns. The commercialized handicraft town Jingdezhen has come into being.

Key words: Taxation; Official Kiln; Jingdezhen; Market Town; Change Labour to Stationary Silver

A Perspective of the Relationship between Liao Seigniors and the Shashi Economy from the Construction of Wanshou Pagoda in Jiajing Period

Xie Ningjing

(The Department of History, Sun Yat-Sen University)

Abstract: The Liao Seigniors' activitives in Jingzhou in Ming Dynasty is closely related to the development of local town economy. In Jiajing period, the last local king Zhu Xianjie initiated the construction of wanshou pagoda, the people who involved in this project were not only imperial clan members but also local officials, monks and taoists, they came from at least 40 governments (states) of one capital (Nanjing) and nine provinces, which covered a wide area. These people had a relationship with the Liao Seigniors' business network. The construction of pagoda can not only reflect the economical prosperity of Shashi town in the midst and late Ming Dynasty, but also the complex relationship between imperial clan and local society.

Key Words: Seigniors; Local Society; Shashi; Commerce

Contradiction and Integration: Confucianism as the Collective Social Network Building of Late Ming Dynasty in Jiangnan Region——the Case of the Ink Industry Competition

Wu Bin

(School of Marxism, China University of Geosciences)

Abstract: The construction of a social network resources, it is to point to a social group in the industry, constantly rely on communication between each other, competition and mutual integration of social resources, and gradually form a social group between the interests of the related chain. Period of late Ming dynasty, in the southern region of the Confucianism, artisan groups increasingly large, its internal contradictions also become more intense. In order to survive, they do through various means to change their plight, solicit business, expand market. As ink industry's arch-rival, Cheng Jun room and party in lu published almost at the same time "Cheng Shi ink garden" and "fang ink spectrum", this kind of competition to the acme, crafted, presented a cheng, square bucket ink. But in order to improve his own fame, they also began spontaneously with other groups to form special industrial chain, integrate the related interest resources and Confucianism, artisan groups in this environment consciously edging towards specialization.

Key Words: Late Ming Dynasty in Jiangnan; Confucianism; Social network; Cheng Jun-fang; Fang Yulu

A Social Historical Study of the Charitable Ferries in Southern Shaanxi in Qing Dynasty
Dong Yongqiang

(College of Humanities, Xidian University)

Abstract: The Charitable ferrieswerethetraffic facilities set by the local people or local government for people to cross the rivers or lakes. They played an important role in the rural society. Local elites, such as officials, gentries, monks, merchants and even wealthy local families, often donated money or bought land to set up charitable ferries and to maintain the operation of the ferries with land rental income. Local historical documents such as local chronicles and inscriptions showed that due to different geomorphological features, there were obvious regional and temporal differences in Charitable ferries of Shaanxi Province in Qing Dynasty. The number, management level, distribution range and maintenance time of charitable ferries in southern Shaanxi were far more than those in the central Shaanxi plain and northern Shaanxi. After theDaoguang period, most of the charitable ferries of the Han River and its tributaries were set up by means of official donation and people's donation. The appearance of management organizations such as the Charitable Ferries Association and the publicationof its ruleson stones symbolized the perfection of Charitable ferries management system.The local officials honored the benevolence of Charitable ferries by building a plaque, which also reflected some traces of the will of the state when the local society was governed.

Key Words: Ferries; Charitable Ferries; Southern Shaanxi; Qing Dynasty

A Study on the Ginseng Trade between China and Korea in the Guangxu Period of Qing Dynasty

Yu Hui
(School of History, Capital Normal University)

Abstract: Emperor Guangxu period of Qing dynasty is a time period when the traditional Sino-Korea suzerain-vassal relations experienced dramatic changes. At that time, with the traditional tributary relation being swayed, both sides were seeking changes. The Qing government was still seeking for its suzerain status and trying to control Korea, one of its few remaining vassal nations. Traditionally, the trading way between two nations was tributary trade, while small changes were also happening in Guangxu period with the emblem of the signing of Sino-Korea Commercial Treaty. Meanwhile, in pursuit of excessive profit of Korean ginseng, some Koreans ignored Qing government's ban and came to do trading in inland China, which caused the governmental negotiation between two nations and thus indirectly accelerated the amendment of Sino-Korea Commercial Treaty. The bilateral trading way then enjoyed more free air. This article is the research on Korean businessmen's direct entering into inland China and doing the Korean ginseng business during Guangxu period of Qing dynasty.

Key Words: Qing-Korean Relations; Ginseng Trade; "Sino-Korean Commercial and Civil Water and Land Trade Regulations"; Long-distance Trafficking

Tanigawa Community Theory and Family Clan

Yoshihiro Kobayashi

(Department of Literature, Tokai University)

Abstract: Mr. Tanikawa Michio is a representative scholar of the study of Chinese history in Japan after the war. The track of his lifelong research can be divided into three phases. The first phase is the study of the popular rebellion in the middle and late Tang Dynasty under the guidance of the historical view of mass struggle. In the second phase he examined the national structure of the Sui and Tang Dynasties from the perspective of "community" and reveals the movement mechanism of the Haozu Community in this period. At the same time, he gradually established the aspiration of "humanism" under the influence of Mr. Utsunomiya Kiyoshi. The third phase then outlines the structural characteristics and evolution process of ancient Chinese society with the concept of family (clan)community and national community, and discussed the significance of this feature in modern society. Understanding Tanikawa's historical research is of great significance for the study of Chinese history today.

Key Words: Tanikawa Michio; Community; Human; Family; Lineage

Generalization of "Confucian-Rituals" and Its Development: A Case Study of Early Modern East Asia Centered on China

Takayuki Ito

(International Research Center for Japanese Studies)

Abstract: In this essay, from the aspect of generalization and development of "Confucian-Rituals" into the underlying society, we reconsider Neo-Confucianism, and at the same time, Ming-Qing transition. After that, what kind of influence it had on the Korean Dynasty and Japan, especially from the viewpoint of the rise of Petit-Sinocentrism, which should be called a kind of proto-nationalism.

Key Words: Confucian-Ritualism; Chu Hsi's Family Rituals; Learning of Rituals; Confucian Rituals in Late Imperial Chinese State and Society;Ming-Qing Transition;Petit-Sinocentrism in Korea

Plague, Rumors and Public Mindset in Modern Northeast China: A Study on the Rumor Event of "the Japanese Spreading Poison in Wells" in the Spring of 1911

Guan Shuhe
School of Literature, Jilin University

Abstract: In the spring of 1911, a rumor that the Japanese spread poison in wells to create plague to poison the Chinese was widely spread in the three northeast provinces, which attracted great attention and attention from all parties. Although this event was triggered by the social panic caused by the plague epidemic, behind the incident was the existence and continuous expansion of Japan in the region, which caused the general anxiety, fear and hatred mentality in the local Chinese society, and formed the collective cognition that Japan was the inner trouble. In this sense, this rumor should be regarded as the form of mass discourse and the carrier of social psychology. The process of its dissemination and social response is actually also a dynamic portrayal of the complicated perception of Japan between the middle and lower classes and the political and cultural elites within Chinese society, reflecting the hybridity and diversity of nationalism in the rise of the region.

Key word: Plague; Modern Northeast China; Japan; Public Mindset; Nationalism